Verein deutscher Eisenbahn-Verwaltung

Deutsche Eisenbahnstatistik für d. Betriebsjahr 1860-1862

Verein deutscher Eisenbahn-Verwaltung

Deutsche Eisenbahnstatistik für d. Betriebsjahr 1860-1862

ISBN/EAN: 9783743364288

Hergestellt in Europa, USA, Kanada, Australien, Japan

Cover: Foto ©ninafisch / pixelio.de

Manufactured and distributed by brebook publishing software (www.brebook.com)

Verein deutscher Eisenbahn-Verwaltung

Deutsche Eisenbahnstatistik für d. Betriebsjahr 1860-1862

Inhalt.

Einleitung, enthaltend allgemeine Nachrichten über sämmtliche Eisenbahnen, sowie solche, welche zum Verständniß der Tabellen dienen.

Statistische Berichte, enthaltend weitere Nachrichten über die Verhältnisse und Einrichtungen der einzelnen Deutschen Eisenbahnen und Erläuterungen zu den Tabellen.

Einleitung.

I. Die Maaße, Gewichte und Münzwährungen, welche den vorliegenden statistischen Notizen zu Grunde liegen, sind folgende:

a) 1 Fuß = 139,13 Pariser Linien = 0,96618 Pariser Fuß = 0,313853 Meter = 31,385354 Centimeter,

b) 1 Ruthe = 12 Preuß. Fuß = 3,7662435 Meter (1 Meter = 3,1862 Preuß. Fuß),

c) 1 Meile = 2000 Preuß. Ruthen = 7532 Meter = 7,532 Kilometer,

(1 Kilometer = 1000 Meter, 1 Meter = 100 Centimeter = 1000 Millimeter)

d) 1 Kubikfuß = 0,030916 Kubikmeter,

e) 1 Klafter = 108 Kubikfuß = 2,3 Kubikmeter,

f) 1 Zoll-Centner = 100 Pfund = 50 Kilogramm,

(1 Wiener Centner = 1,1200 Z.-Ctr. = 56 Kilogramm)

g) 1 Thaler = 30 Sgr. = 360 Pfg. = 1 Fl. 50 Kr. Oesterr. Währ. = 1 Fl. 45 Kr. Rhein.

II. Die Nachrichten über die allgemeine Beschreibung der Bahnen, d. h. ihrer baulichen Einrichtungen und Konstruktions-Verhältnisse (Abschnitt B, Abtheilung I), welche der Jahrgang 1858 enthält, werden der geringen Veränderungen wegen nicht jährlich wiederholt und sind in den vorliegenden Jahrgang nicht aufgenommen.

Ebenso werden die statistischen Notizen über das Beamten-Personal (Abschnitt F.) nicht jährlich wiederholt; zuletzt waren dieselben im Jahrgange 1859 enthalten.

III. Solche Nachrichten, welche sich in tabellarischer Form nicht darstellen lassen, deren Kenntniß aber bei der Beurtheilung einer Bahn von wesentlichem Interesse ist, sind in besonderen statistischen Berichten mitgetheilt, welche den Tabellen angehängt sind.

IV. Außer den in den nachfolgenden Tabellen aufgeführten Bahnen gehörten dem Vereine im Jahre 1860 noch an:

a) Die Homburger Eisenbahn. Dieselbe führt von Frankfurt a. M. nach Homburg, ist 2¾ Meilen lang und wurde am 10. September 1860 in Betrieb gesetzt. Wegen dieser kurzen Betriebszeit können für das Jahr 1860 statistische Notizen nicht mitgetheilt werden.

b) Die Nassauische Rhein- und Lahn-Eisenbahn. Der vollendete Theil derselben (Wiesbaden-Rüdesheim) ist 4,17 Meilen lang und wurde im Juni 1857 eröffnet. Diese Bahn, früher Eigenthum der Rhein- und Lahn-Eisenbahn-Gesellschaft, ist mit dem 1. Juni 1861 in den Besitz der Herzogl. Nassauischen Staatsregierung übergegangen und bildet seitdem einen Theil der im Bau begriffenen Nassauischen Staats-Eisenbahn. Letztere wird nach ihrer Vollendung von Wiesbaden über Rüdesheim nach Ober-Lahnstein und von hier durch das Lahnthal über Ems, Dietz, Limburg und Weilburg nach Wetzlar, woselbst sie in die Köln-Gießener Bahn mündet, führen und eine Ausdehnung von 24,8 Meilen erhalten. Im Betriebe war während des Jahres 1860 nur die Strecke Wiesbaden-Rüdesheim, über welche der gegenwärtigen Verwaltung statistische Materialien nicht zur Disposition stehen.

c) Die Niederländische Rhein-Eisenbahn. Diese Bahn umfaßt 23,51 Meilen und führt von Amsterdam resp. Rotterdam über Utrecht und Arnheim bis zur Preußischen Grenze und von hier bis Emmerich. Die Strecke von der Grenze bis Emmerich (1,31 Meilen) ist von der Köln-Mindener Eisenbahn-Gesellschaft gepachtet.

Die Verwaltung der Niederländischen Rhein-Eisenbahn befindet sich ihrer Mittheilung zufolge außer Stande, die statistischen Notizen pro 1860 liefern zu können, wird jedoch für die folgenden Jahrgänge der Statistik die erforderlichen Materialien einsenden.

V. Wo in den Tabellen Rubriken unausgefüllt geblieben, sind Seitens der betr. Verwaltungen keine Angaben gemacht worden resp. nicht zu machen gewesen. Wo in den Tabellen durch die Bemerkung „in Kol. . . .“ auf eine andere Stelle verwiesen wird, bedeutet dies, daß die hier fehlende Angabe in der allegirten Kolonne mitenthalten ist und eine Trennung (z. B. Reparaturkosten der Personenwagen von denen der Lastwagen) nach den einzelnen Rubriken nicht hat stattfinden können.

Das Zeichen * neben den Zahlen in den Tabellen bedeutet, daß die bezüglichen Angaben in den statistischen Berichten (siehe ad III) erläutert worden sind.

Abschnitt A.

Verwaltungs-Organe, Richtung, Länge und Betriebs-Eröffnung der Eisenbahnen.

		1		2			
				Mitglieder der Verwaltung			
	I. Staatsbahnen.	**Firma und Sitz** der dirigirenden Verwaltung.		a. unbesoldete.	b. besoldete.	c. Gehalt. Thlr.	d. Tantième. Thlr.
1	Badische	Direktion der Großherz. Badischen Verk.-Anstalten	**Carlsruhe**	—	9*	—	—
2	Bayerische: a. Ludw.-Südnordb., b. Ludw.-Westbahn, c. Maximilians-B., d. 3 gepacht. Zweigb.	General-Direktion der Königl. Bayerischen Verkehrs-Anstalten	München	—	11*	—	—
3	Braunschweigische	Herzogl. Eisenbahn- und Post-Direktion	**Braunschweig**	2	5	800—3000	—
4	Hannoversche	Königl. General-Direktion der Eisenb. u. Telegr.	**Hannover**	—	8	—	—
5	Main-Neckar	Direktion der Main-Neckar-Eisenbahn	**Darmstadt**	—	3	1372—1657	—
6	Main-Weser	Central-Direktion der Main-Weser-Bahn	Kassel	—	4	1000—1400	—
7	Preuß. Niederschles.-Märk.	Königl. Direktion d. Niederschlesisch-Märkischen E.	**Berlin**	—	2*	1600—2400	—
8	" **Ostbahn**	Königl. Direktion der Ostbahn	**Bromberg**	—	5	800—2000	—
9	a. " **Saarbrücker** b. " **Saarbrücken-Trier**	Königl. Eisenbahn-Direktion	**Saarbrücken**	—	4	1200—1800	—
10	" **Westfälische**	Königl. Direktion der Westfälischen Eisenbahn	**Münster**	—	2	1500—1800	—
11	Sächsische östliche: a. **Sächsisch-Böhmische**, b. **Sächsisch-Schlesische**	Königl. Staats-Eisenbahn-Direktion	**Dresden**	1	2	1700—2250	1700—2…
12	Sächsische **westliche**: a. **Niedererzgebirgische**, b. **Obererzgebirgische**, c. **Sächsisch-Bayerische**	Königl. Staats-Eisenbahn-Direktion	**Leipzig**	1*	3	1750—2450	—
13	Württembergische	Königl. Württembergische Eisenbahn-Direktion	**Stuttgart**	1*	9	571—1429	—
	II. Privatbahnen **a) unter Staatsverwaltg.**						
14	Aach.-Düss. Ruhrorter: a. Aach.-Düssel., b. Ruhrort-Crf.	Königl. Direktion d. Aachen-Düsseld.-Ruhrorter E.	**Aachen**	—	3*	800—1600	—
15	Bergisch-Märkische: a. Düss.-Dortm., b. **Dortm.-Soest**, c. **Ruhr-Sieg**, d. Witt.-Duisbg.	Königl. Eisenbahn-Direktion	**Elberfeld**	—	4	1000—1800	—
16	Prinz-Wilhelm-E.						
17	**Cöthen-Bernburger**	Herz. Betriebs-Verwaltg. d. Cöthen-Bernburger E.	**Cöthen**	—	1	1200	—
18	a. **Löbau-Zittauer** b. **Zittau-Reichenberger**	Königl. Staats-Eisenbahn-Direktion	Dresden	— —	—* —*	—* —*	— —
19	a. **Oberschlesische** b. Breslau-Posen-Glogauer	Königl. Direktion der Oberschlesischen Eisenbahn	**Breslau**	—	6	800 2000	—
20	Stargard-Posener						
21	**Rhein-Nahe**	Königl. Eisenbahn-Direktion	Saarbrücken	—	4	1200—1800	—
22	Wilhelms-Bahn	Königl. Direktion der Wilhelms-Bahn	**Ratibor**	—	2	1500—1600	—
	b) in Privatverwaltung.						
23	Aachen-Mastrichter	Direktion der Aachen-Mastrichter E.-G.	Aachen Mastricht	5 5	— —	—*	—
24	Alberts-Bahn	Direktorium der Alberts-Bahn	Dresden	—	4	300—1000	—
25	[illegible] Altona-Kieler	Direktion der Altona-Kieler E.-G.	Altona	—	5	525—2800	—
26	Rendsburg-Neumünster	Direktion der Rendsburg-Neumünsterschen E.-G.	**Neumünster**	2	1	600	—
27	Glückstadt-Elmshorner	Direktion der Glückstadt-Elmshorner E.-G.	**Glückstadt**	—	2	300	—
28	Aussig-Teplitzer	Verwaltungsrath d. K.K. priv. Aussig-Teplitzer E.-G.	**Teplitz**	12	—	—	—*

II. Privatbahnen. (Forts.)	1 Firma und Sitz der dirigirenden Verwaltung		2 Mitglieder der Verwaltung. a. unbesoldete.	b. besoldete.	c. Gehalt. Thlr.	d. Tantième. Thlr.
Bayerische Ostbahnen	Verwaltungsrath d. K. priv. Bayerischen Ostbahnen	München	15	—	—	—
Berlin-Anhaltische	Direktion der Berlin-Anhaltischen E.-G.	Berlin	6	2	300—1500	1036—2072
a. Berlin-Hamburger	Direktion der Berlin-Hamburger E.-G.	Berlin	—	3	2000—5000	—
b. Hamburg-Bergedorfer	Direktion der Hamburg-Bergedorfer E.-G.	Hamburg	5	—	—	—
Berlin-Potsdam-Magdebg.	Direktorium d. Berlin-Potsdam-Magdeburger E.-G.	Potsdam	2	5	800—4000	—*
Berlin-Stettiner a. Berl.-Stettin-Stargard b. Starg.-Cöslin-Colberg	Direktorium der Berlin-Stettiner E.-G.	Stettin	—	7	300—500	—
Breslau-Schweidnitz-Freib.	Direktorium der Breslau-Schweidn.-Freibg. E.-G.	Breslau	5*	—	—	—
Brünn-Rossitzer	Direktion der K. K. a. priv. Brünn-Rossitzer E.	Brünn	6	—	—	—
Buschtěhrader a. Lokom.-B. b. Pferde-B.	Direktion der K. K. a. priv. Buschtěhrader E.	Prag	8	—	—	1338
Frankfurt-Hanauer	Verwaltungsrath der Frankfurt-Hanauer E.-G.	Frankfurt a. M.	5	—	—	—
Galizische Carl-Ludw.-Bahn	Verwaltungsrath d. K. K. priv. Galiz. Carl-Ludw.-B.	Wien	20	—	—	35 000 (für alle Mitglieder)
Graz-Köflacher	Verwaltungsrath d. K. K. pr. Graz-Köflach. E.- u. Bergb.-G.	Wien	7	—	—	—
Hessische Ludwigs-E.	Verwaltungsrath der Hessischen Ludwigs-E.-G.	Mainz	9	—	—	713—1426
Kaiser Ferdinands Nordb.	Direktion der a. p. Kaiser Ferdinands Nordbahn	Wien	10	—	—	28 000 (für alle Mitglieder)
Kaiserin Elisabeth a. Wien-Salzburg b. Lambach-Gmdn. c. Pferdeb. Lz.-Bdw.	Verwaltungsrath d. K. K. priv. Kaiserin Elisabeth-B.	Wien	—	15	—	1400—4900
Köln-Mindener	Direktion der Köln-Mindener E.-G.	Köln	7	—	—	—
Kurf. Friedr. Wilh. Nordb.	Direktion der Kurf. Friedrich Wilhelms Nordbahn	Kassel	4	3	1400—2000	—
Leipzig-Dresdener	Direktorium der Leipzig-Dresdener Eisenb.-Comp.	Leipzig	5	5	1200—2000	—
Ludwigs-E. (Nürnb.-Fürth)	Direktorium der K. priv. Ludwigs-E.-G.	Nürnberg	7	—	—	—
Lübeck-Büchener	Direktion der Lübeck-Büchener E.-G.	Lübeck	3	2	600—2200	—
Magdb.-Cöth.-Halle-Leipz.	Direktorium d. Magdeb.-Cöthen-Halle-Leipz. E.-G.	Magdeburg	—	6	500—3500	—
Magdeburg-Halberstädter	Direktorium der Magdeburg-Halberstädter E.-G.	Magdeburg	—	6	2600	—
Magdeburg-Wittenbergesche	Direktorium d. Magdeburg-Wittenbergeschen E.-G.	Magdeburg	—	3	500—2000	—
Mecklenburgische	Direktion der Mecklenburgischen E.-G.	Schwerin	—	5	300—2800*	—
Neisse-Brieger	Direktorium der Neisse-Brieger E.-G.	Breslau	6	—	—	—
Niederschlesische Zweigbahn	Direktion der Niederschlesischen Zweigbahn-Ges.	Glogau	2	3	200—250	—
a. Oesterreich. nördliche b. Oesterreich. südöstliche c. Wien-Neu-Szönyer	Verwaltungsrath der K. K. priv. Oesterreichischen Staats-Eisenb.-G.	Wien	20	—	—	43 910 (für alle Mitglieder)
a. Oesterreich. südliche b. Nordtiroler c. Venetianische u. Südtirol.	Verwaltungsrath der K. K. priv. südlichen Staats-, Lombardisch-Venetianischen u. Central-Italienischen E.-G.	Wien	33	—		—
Oppeln-Tarnowitzer	Direktion der Oppeln-Tarnowitzer E.-G.	Breslau	4	—	—	—
a. Pfälzische Ludwigsbahn b. Pfälzische Maximiliansb.	Direktion der Pfälzischen Eisenbahnen	Ludwigshafen	24	2	2000—2857	—
a. Rheinische b. Köln-Crefelder	Direktion der Rheinischen Eisenb.-G.	Köln	12*	—	—	—
Süd-Norddeutsche	Verwaltungsr. der K. K. priv. Süd-Nordd. Verb.-B.	Wien	11	—	—	—
Taunus-Bahn	Verwaltungsrath der Taunus-E.-G.	Frankfurt a. M.	6	—	—*	—
Theiß-Bahn	Verwaltungsrath der K. K. priv. Theiß-E.-G.	Wien	15	—	—	28 000 (für alle Mitglieder)
Thüringische Gera-E.	Direktion der Thüringischen E.-G.	Erfurt	3	4	200—1500	—

	I. **Staatsbahnen.**	3 Kontrolirende Behörde.	4 Zahl der Mitglieder (des Verwaltungsraths, Ausschusses rc.)	5 Oberster ausführender Beamte (bei Privatbahnen). Amtstitel.	Gehalt.
1	Badische	Großherzogl. Badisches Handels-Ministerium	—	—	—
2	Bayerische a. Ludw.-Südnordb.	Königl. Ministerium des Handels und der öffentl. Arbeiten	—	—	—
	b. Ludw.-Westbahn				
	c. Maximilians-B.				
	d. 3 gepacht. Zweigb.				
3	Braunschweigische	Herzogl. Braunschweig-Lüneburgisches Staats-Ministerium	—	—	—
4	Hannoversche	Königl. Ministerium des Innern	—	—	—
5	Main-Neckar	Großherzogl. Hessisches Finanz-Ministerium, Großherzogl. Badisches Handels-Ministerium, Senat der freien Stadt Frankfurt	—	—	—
6	Main-Weser	Die Finanz-Ministerien von Kurhessen und Großherzogthum Hessen und der Senat der freien Stadt Frankfurt	—	—	—
7	Preuß. Niederschles.-Märk.	Königl. Preuß. Ministerium für Handel, Gewerbe u. öffentl. Arb.	—	—	—
8	" Ostbahn				
9	a. " Saarbrücker				
	b. " Saarbrücken-Trier				
10	" Westfälische				
11	Sächsische östliche	Königl. Sächsisches Finanz-Ministerium, Abtheilung für öffentl. Arbeiten und Verkehrsmittel	—	—	—
	a. Sächsisch-Böhmische				
	b. Sächsisch-Schlesische				
12	Sächsische westliche				
	a. Niedererzgebirgische				
	b. Obererzgebirgische				
	c. Sächsisch-Bayerische				
13	Württembergische	Königl. Centralbehörde für die Verk.-Anst. (Finanz-Minist.)	—	—	—
	II. Privatbahnen **a) unter Staatsverwaltg.**				
14	Aach.-Düss.-Ruhrorter a. Aach.-Düssel.	Königl. Preuß. Ministerium für Handel rc. — Gesellschafts-Deputation	5	—	—
	b. Ruhrort-Crf.	Gesellschafts-Deputation	5	—	—
15	Bergisch-Märkische a. Düss.-Dortm.	Dasselbe Ministerium und Gesellschafts-Deputation	9	—	—
	b. Dortm.-Soest				
	c. Ruhr-Sieg				
	d. Witt.-Duisbg.				
16	Prinz-Wilhelm-E.	Dasselbe Ministerium und Gesellschafts-Deputation	5	—	—
17	Cöthen-Bernburger	Herzogl. Anhaltische Regierung	—	—	—
18	a. Löbau-Zittauer	Königl. Sächs. Finanz-Ministerium, Abth. für öffentl. Arbeiten rc. — Gesellschafts-Ausschuß	9	—	—
	b. Zittau-Reichenberger	Gesellschafts-Ausschuß	9	—	—
19	a. Oberschlesische	Königl. Preuß. Ministerium für Handel rc. — Verwaltungsrath der Oberschlesischen E.-G.	16	—	—
	b. Breslau-Posen-Glogauer				
20	Stargard-Posener	Verwaltungsr. d. Starg.-Pos.	5	—	—
21	Rhein-Nahe	Verwaltungs-Ausschuß	7	—	—
22	Wilhelms-Bahn	Verwaltungsrath	6	—	—
	b) in Privatverwaltung.				
23	Aachen-Mastrichter	Kontrol-Kommission	10*	Spezial-Direktor	1600
24	Alberts-Bahn	Ausschuß	12	Bevollmächtigter	800*
25	Holstein. Altona-Kieler	Ausschuß	25	—*	—
26	Rendsburg-Neumünster	Ausschuß	0	—	—
27	Glückstadt-Elmshorner	Ausschuß	11	—	—
28	Aussig-Teplitzer	Revisions-Ausschuß	3	Administrativer Direktor Technischer Betriebs-Chef	160 160

	3	4	5	
9. Privatbahnen. (Forts.)	Kontrolirende Behörde.	Zahl der Mitglieder (des Verwaltungsraths, Ausschusses &c.)	Oberster ausführender Beamte (bei Privatbahnen). Amtstitel.	Gehalt. Thlr.
Bayerische Ostbahnen . .	Ausschuß der General-Versammlung .	—	Direkter . . .	6875
Berlin-Anhaltische . . .	Verwaltungsrath	13	Ob.-Ingen. u. Betr.-Dir.	2000
a. Berlin-Hamburger . .	Ausschuß	30	. . —* . .	—
b. Hamburg-Bergedorfer .	Ausschuß	20	Sub-Direkter . .	1500
Berlin-Potsdam-Magdeb.	Gesellschafts-Ausschuß . . .	28*	Betriebs-Direkter . .	2400
Berlin-Stettiner				
a. Berl.-Stettin-Stargard	Verwaltungsrath	15	Spezial-Direkter . .	2900
b. Starg.-Cöslin-Colberg .			Ober-Ingenieur . .	2800
Breslau-Schweidnitz-Freib.	Verwaltungsrath .	9*	Betriebs-Direkter . .	2755
Brieg-Neisser	Ausschuß . .	6	Betriebs-Direkter . .	2466
Buschtiehrader a. Lokom.-B. b. Pferde-B.	Revisions-Ausschuß der General-Versammlung .	3	Betriebs-Direkter .	2400
Frankfurt-Hanauer . . .	Revisions-Ausschuß	5	Betriebs-Direkter .	1600
Galizische Carl-Ludw.-Bahn	Revisions-Ausschuß der General-Versammlung	3	General-Inspekter General-Sekretair	4200 4200
Graz-Köflacher	Revisions-Ausschuß der General-Versammlung .	3	General-Sekretair	1200
Hessische Ludwigs-E. . .	Revisions-Ausschuß der General-Versammlung .	6	Direkter .	1714
Kaiser Ferdinands Nordb.	Revisions-Ausschuß der General-Versammlung . .	3	General-Inspekter General-Sekretair	7666 7666
Kaiserin-Elisabeth a. Wien-Salzburg b. Lambach-Gmdn. c. Pferdeb. Lz.-Bdw.	Revisions-Ausschuß der General-Versammlung	3	Betriebs-Direkter .	7700
Köln-Mindener	Administrationsrath . .	18	Spezial-Direkter . .	2200
Kurf. Friedr. Wilh. Nordb.	Verwaltungsrath . .	12	. . — . .	—
Leipzig-Dresdener . . .	Ausschuß . .	30	Bevollmächt. u. Betr.-Dir.	2000*
Ludwigs-E. (Nürnb.-Fürth)	Ausschuß . .	7	Technischer Betr.-Insp. .	586
Lübeck-Büchener	Ausschuß .	15	. . — . .	—
Magd.-Cöth.-Halle-Leipz.	Ausschuß	24*	Betriebs-Direkter . .	1600
Magdeburg-Halberstädter .	Ausschuß	21	. . — . .	—
Magdeburg-Wittenbergesche	Ausschuß	18	Ob.-Ingen. u. Betr.-Dir.	1400
Mecklenburgische	Ausschuß	12	. . —* . .	—
Neisse-Brieger	Ausschuß .	5	Betriebs-Dirigent .	1100
Niederschlesische Zweigbahn	Verwaltungsrath	12*	Ob.-Ingen. u. Betr.-Dir.	1200*
a. Oesterreich. nördliche .	Revisions-Ausschuß der General-Versammlung	3	General-Direkter .	16 000 mit Tant.
b. Oesterreich. südöstliche .				
c. Wien-Neu-Szönyer . .				
a. Oesterreich. südliche . .	Revisions-Ausschuß der General-Versammlung	3	General-Direkter .	13 333
b. Nordtiroler				
c. Venetianischeu. Südtirol.				
Oppeln-Tarnowitzer . . .	Ausschuß	5	Ob.-Ingen., Spezial- u. Betriebs-Dir. .	2000
a. Pfälzische Ludwigsbahn	Verwaltungs-Ausschuß	6	Direkter . . .	2857
b. Pfälzische Maximiliansb.				
a. Rheinische	Administrationsrath .	24*	Spezial-Direkter . .	2000
b. Köln-Crefelder . . .				
Süd-Norddeutsche . . .	Revisions-Ausschuß der General-Versammlung	3	General-Sekretair . Betriebs-Direkter . .	2800 2100
Taunus-Bahn	Rechnungs-Prüfungs-Ausschuß	5	Direkter . . .	2826*
Theiß-Bahn	Revisions-Ausschuß der General-Versammlung	3	Direkter . . .	7000
Thüringische	Verwaltungsrath	12*	Ob.-Ingen. u. Betr.-Dir.	2300
Werra-E.	Verwaltungsrath	12	Ob.-Ingen. u. Betr.-Insp.	1500

Nr.	Bahn	Von	Über	Nach
1	Badische	Mannheim	Heidelberg, Bruchsal, Carlsruhe (Zweigb. Durlach-Wilferdingen-Pforzheim), Oos (Zweigbahn n. Baden), Appenweier (Zweigb. n. Kehl), Offenburg, Freiburg und Basel	Waldshut
2	Bayerische a. Ludw.-Südnordb.	Lindau (am Bodensee)	Kempten, Kaufbeuern, Augsburg, Nürnberg, Erlangen, Bamberg und Lichtenfels (Zweigbahn nach Coburg)	Hof resp. b. k. Sächs. Gr.
	b. Ludw.-Westbahn	Bamberg	Schweinfurt, Würzburg, Lohr und Aschaffenburg	b. Bayer.-Hess. Gr. b. K.
	c. Maximiliansbahn	Ulm	Augsburg, München, Holzkirchen, Rosenheim (Zweigb. üb. Brannenburg n. d. Tiroler Grenze b. Kiefersfelden) und Traunstein	Salzburg
	d. Zweigb. Bayreuth	Neuenmarkt	Trebgast und Harsdorf	Bayreuth
	d. Zweigb. Starnbg.	Pasing	Planegg und Mühlthal	Starnberg
	d. Zweigb. Ansbach	Gunzenhausen	Triesdorf	Ansbach
3	Braunschweigische	b. Braunschw.-Hann. Gr.	Braunschweig, Wolfenbüttel (Zweigb. n. Harzburg u. v. Börßum nach Kreiensen), Jerxheim (Zweigb. nach Helmstedt)	Oschersleben
4	Hannoversche	Hannover Lehrte	Braunschweig, Minden, Harburg und Bremen Hildesheim nach Nordstemmen und von Minden über Löhne	Kassel Emden
5	Main-Neckar	Frankfurt a. M.	Darmstadt, Heppenheim, Ladenburg und Friedrichsfeld	Heidelberg
6	Main-Weser	Kassel	Guntershausen, Treisa, Marburg, Gießen und Friedberg	Frankfurt a. M.
7	Preuß. Niederschles.-Märk.	Berlin	Fürstenwalde, Frankfurt a. O., Guben, Hansdorf, Kohlfurt (Zwgb. n. Görlitz), Bunzlau, Hainau, Liegnitz und Neumarkt	Breslau
8	" Ostbahn	Frankfurt a. O.	Kreuz, Bromberg, Dirschau (Zweigbahn n. Danzig), Königsberg, Insterburg	b. Russ. Gr. b. Eydtkuhnen
9	a. " Saarbrücker	b. Bayer. Grenze b. Bexbach	Neunkirchen (Zweigb. nach der Grube „Heinitz"), Friedrichsthal (Zweigb. nach der Grube „Friedrichsthal"), St. Johann-Saarbrücken (Zweigb. nach der Grube „v. d. Heydt")	b. Franz. Gr. b. Forb.
	b. " Saarbrücken-Trier	St. Johann-Saarbrücken	Saarlouis, Merzig, Benzig-Saarburg und Conz	Trier [illegible]
10	" Westfälische	b. Kurhess. Gr. b. Haueda	Warburg, Paderborn, Lippstadt, Soest, Hamm u. Münster	Rheine
11	Sächsische östliche			
	a. Sächsisch-Böhmische	Dresden	Pirna, Königstein, Krippen (Schandau)	Bodenbach
	b. Sächsisch-Schlesische	Dresden	Radeberg, Bischofswerda, Bautzen, Löbau, Reichenbach	Görlitz
12	Sächsische westliche			
	a. Niedererzgebirgische	Riesa	Döbeln, Waldheim, Mittweida, Oberlichtenau (Frankenberg), Chemnitz, Hohenstein, Glauchau und Meerane	Zwickau resp. Gößnitz
	b. Obererzgebirgische	Zwickau	Wiesenburg, Stein, Niederschlema (Zweigbahn nach Neustädtel resp. Schneeberg) und Aue	Schwarzenberg
	c. Sächsisch-Bayerische	Leipzig	Kieritzsch, Altenburg, Gößnitz, Werdau (Zweigb. n. Zwickau), Reichenbach und Plauen	Hof
13	Württembergische	Bruchsal	Bietigheim (Zweigb. n. Heilbronn), Stuttgart, Plochingen (Zweigbahn nach Reutlingen), Süßen, Ulm, Ravensburg	Friedrichshafen
	II. Privatbahnen			
	a) unter Staatsverwaltg.			
14	Aach.-Düss.-Ruhrorter a. Aach.-Düssel.	Aachen	Rheydt, Gladbach und Neuß	Düsseldorf
	b. Ruhrort-Crf.	Ruhrort	Uerdingen, Crefeld und Viersen	Gladbach
15	Bergisch-Märkische a. Düss.-Dortm.	Düsseldorf	Elberfeld, Barmen, Rittershausen, Schwelm, Hagen u. Witten	Dortmund
	b. Dortm.-Soest	Dortmund	Hoerde, Unna und Werl	Soest
	c. Ruhr-Sieg	Hagen resp. Herdecke	Limburg und Letmathe	Altena [illegible]
	d. Witten-Duisbg.	Witten	Langendreer	Bochum
16	Prinz-Wilhelm-E.	Vohwinkel	Neviges und Langenberg	Steele
17	Cöthen-Bernburger	Cöthen	Biendorf (Zweigbahn nach den Kohlengruben Preußlitz, Körmigk und Gerlebogk)	Bernburg
18	a. Löbau-Zittauer	Löbau	Herrnhut und Oberoderwitz	Zittau
	b. Zittau-Reichenberger	Zittau	Grottau, Kratzau und Machendorf	Reichenberg
19	a. Oberschlesische	Breslau	Brieg, Oppeln, Cosel, Gleiwitz und Kattowitz	Myslowitz resp. Krak.
	b. Breslau-Posen-Glogauer	Breslau	Rawicz, Lissa (Zweigbahn über Fraustadt nach Glogau)	Posen
20	Stargard-Posener	Stargard	Woldenberg, Kreuz und Samter	Posen
21	Rhein-Nahe	Bingerbrück	Kreuznach, Sobernheim, Fischbach, Oberstein u. Birkenfeld	Neunkirchen
22	Wilhelms-Bahn	Cosel	Rendza (Zweigbahn nach Nicolai), Ratibor (Zweigbahn n. Leobschütz) und Annaberg	b. Preuß. Grenze b. Oderb.
	b) in Privatverwaltung.			
23	Aachen-Mastrichter	Aachen	Valkenburg, Mastricht, Hasselt und St. Trond	Landen
24	Alberts-Bahn	Dresden	Potschappel (3 Zweigb. nach Kohlenbergwerken)	Tharandt
25	Altona-Kieler	Altona	Elmshorn und Neumünster	Kiel
26	Rendsburg-Neumünster	Rendsburg	Nortorf	Neumünster
27	Glückstadt-Elmshorner	Elmshorn	Glückstadt	Itzehoe
28	Aussig-Teplitzer	Aussig	Karbitz (Zweigbahn nach Herbitz)	Teplitz

II. Privatbahnen. (Forts.)	6	7	8
	Die Bahn führt		
	von	über	nach
…ische Ostbahnen	Nürnberg	Hersbruck, Amberg, Schwandorf (Zweigb. nach Cham bis zur Böhmischen Grenze bei Furth), Regensburg, Geiselhöring (Zweigb. üb. Landshut u. Freising nach München), Straubing	Passau resp. Landesgr.
Berlin-Anhaltische	Berlin	Luckenwalde, Jüterbog (Zweigb. nach Riesa), Wittenberg (Zweigbahn über Dessau nach Cöthen), Bitterfeld (Zweigbahn nach Dessau und Leipzig)	Halle
a. Berlin-Hamburger	Berlin	Wittenberge, Hagenow, Büchen (Zweigb. nach Lauenburg)	Bergedorf [illegible]
b. Hamburg-Bergedorfer	Hamburg	Billwärder	Bergedorf
Berlin-Potsdam-Magdebg.	Berlin	Potsdam, Brandenburg, Genthin und Burg	Magdeburg
Berlin-Stettiner			
a. Berl.-Stettin-Stargard	Berlin	Neustadt-Eberswalde, Angermünde, Passow, Stettin u. Damm	Stargard
b. Starg.-Cöslin-Colberg	Stargard	Wangerin, Labes, Schivelbein und Belgard (Zweigbahn über Cöslin nach Colberg)	Cöslin
Breslau-Schweidnitz-Freib.	Breslau Liegnitz	Canth, Königszelt und Freiburg Jauer, Königszelt, Schweidnitz und Reichenbach	Waldenburg [illegible] Frankenstein
…nn-Rossitzer	Brünn	Ober-Gerspitz, Teltschitz und Rossitz	Segen-Gottes
Buschtěhrader a. Locom.-B.	Kralup	Brandeisl	Kladno
b. Pferde-B.	Prag	Weschybka	Lahna
Frankfurt-Hanauer	Frankfurt a. M.	Mainkur, Hanau und Groß-Auheim	d. Kurh.-Bayer. Gr. b. Kahl
Galizische Carl-Ludw.-Bahn	Krakau	Bierzanow (Zwgb. n. Wieliczka), Podlęże (Zwgb. n. Niepolomice), Bochnia, Tarnow, Debica, Rzeszow, Przeworsk und Jaroslaw	Przemysl [illegible]
Graz-Köflacher	Graz	Voitsberg	Köflach
Hessische Ludwigs-E.	Bingen Mainz	Ingelheim, Mainz, Oppenheim und Worms Gustavsburg, Darmstadt und Dieburg	d. Hessisch-Bayer. Grenze Aschaffenburg
Kaiser Ferdinands Nordb.	Wien	Floridsdorf (Zwgb. n. Stockerau), Gänserndorf (Zwgb. n. Marchegg), Lundenburg (Zwgb. n. Brünn), Prerau (Zwgb. n. Olmütz), Schönbrunn (Zwgb. n. Troppau), Oderberg (Zwgb. n. Annaberg), Dzieditz (Zwgb. n. Bielitz), Trzebinia (Zwgb. n. Myslowitz), Szczakowa (Zwgb. n. Granica), Ostrau (Zwgb. n. Witkowitz)	Krakau
Kaiserin Elisabeth a. Wien-Salzburg	Wien	St. Pölten, Melk, Linz, Wels, Lambach und Frankenmarkt	Salzburg
b. Lambach-Gmdn.	Lambach	Rettham, Laakirchen und Oberweis	Gmunden
c. Pferdeb. Lz.-Bdw.	Linz	St. Magdalena, Oberndorf, Lest, Kerschbaum, Angern u. Hellau	Budweis
Köln-Mindener	Deutz (Köln)	Düsseldorf, Duisburg, Ruhrort, Oberhausen (Zweigbahn über Wesel n. Emmerich), Dortmund, Hamm und Bielefeld	Minden
Kurf. Friedr. Wilh. Nordb.	Gerstungen	Bebra, Guntershausen, Kassel u. Hümme (Zwgb. n. Carlshafen)	Haueda
Leipzig-Dresdener	Leipzig	Riesa und Niederau	Dresden
Ludwigs-E. (Nürnb.-Fürth)	Nürnberg	Muggenhof	Fürth
Lübeck-Büchener	Lübeck	Ratzeburg u. Mölln	Büchen
Magdb.-Cöth.-Halle-Leipz.	Magdeburg	Schönebeck (Zwgb. n. Staßfurth u. Lödderburg), Cöthen u. Halle	Leipzig
Magdeburg-Halberstädter	Magdeburg	Langenweddingen, Hadmersleben und Oschersleben	Halberstadt
Magdeburg-Wittenbergesche	Magdeburg	Wolmirstedt, Wahlwinkel, Tangerhütte (Zweigb. n. Bülten), Stendal, Osterburg und Seehausen	Wittenberge
Mecklenburgische	Hagenow	Schwerin, Kleinen (Zwgb. n. Wismar), Bützow (Zwgb. n. Güstrow)	Rostock
Neisse-Brieger	Brieg	Grottkau	Neisse
Niederschlesische Zweigbahn	Glogau	Klopschen, Sprottau und Sagan	Hansdorf
a. Österreich. nördliche	Brünn	Böhmisch-Trübau (Zweigbahn nach Olmütz), Pardubitz, Prag, Aussig und Bodenbach	d. Böhm.-Sächs. Grenze
b. Österreich. südöstliche	Marchegg	Preßburg, Pesth, Czegled, Szegedin, Temesvar, Jaszenova (Flügelbahn nach Oravicza)	Baziás
c. Wien-Neu-Szönyer	Wien	Bruck a. L. und Raab	Neu-Szöny
a. Österreich. südliche	Wien	Mödling (Zweigb. nach Laxenburg), Baden, Wiener Neustadt (Zwgb. n. Oedenburg), Gloggnitz, Semmering, Mürzzuschlag, Bruck a. M., Graz, Marburg, Cilli, Laibach, Adelsberg, Nabresina	Triest
b. Nordtiroler	Kufstein	Wörgl, Brixlegg, Schwaz und Hall	Innsbruck
c. Venetianischen. Südtirol.	Peschiera	Verona (Zwgb. n. Mantua u. Südtir. B.), Vicenza, Padua, Mestre (Zwgb. n. Venedig), Treviso, Casarsa, Udine, Görz u. Roveredo	Nabresina
Oppeln-Tarnowitzer	Oppeln	Malapane, Klein-Stanisch, Zawadzki und Zwozog	Tarnowitz
a. Pfälzische Ludwigsbahn	d. Bayer. Gr. b. Bexbach	Homburg (Zweigb. n. Zweibrücken), Kaiserslautern, Neustadt, Schifferstadt (Zwgb. n. Speyer), Ludwigshafen u. Frankenthal	d. Hess. Grenze b. Worms
b. Pfälzische Maximiliansb.	Neustadt	Edenkoben und Landau	Weißenburg
a. Rheinische	d. Belg. Gr. b. Herbesthal	Aachen, Köln, Bonn, Koblenz	Bingerbrück
b. Köln-Crefelder	Köln	Neuß	Crefeld
Süd-Norddeutsche	Pardubitz	Königgrätz, Josefstadt (Zwgb. n. Schwadowitz), Josephsthal u. Turnau	Reichenberg
Taunus-Bahn	Frankfurt a. M.	Höchst, Hochheim und Castel (Mainz gegenüber)	Biebrich u. Wiesbaden
Theiß-Bahn	Czegled	Szolnok (Flügelb. n. Arad), Püspök-Ladany (Flügelb. n. Großwardein), Debreczin, Nyiregyhaza, Tokay und Miskolcz	Kaschau
Thüringische	Halle	Merseburg, Corbetha (Zwgb. n. Leipzig), Weißenfels (Zwgb. n. Gera), Naumburg, Apolda, Weimar, Erfurt, Gotha u. Eisenach	Gerstungen
Werra-E.	Eisenach	Salzungen, Meiningen, Hildburghausen und Eisfeld	Coburg u. Sonneberg

I. Staatsbahnen.	In die Bahn münden (innerhalb ihrer Endpunkte).
1 Badische	bei Friedrichsfeld u. Heidelberg die Main-Neckar-E., bei Bruchsal die Württembergische Staats-
2 Bayerische a. Ludw.-Südnordb.	bei Augsburg die Maximiliansb., bei Gunzenhausen die Zweigb. n. Ansbach, bei Nürnberg die Bayerische Ostbahnen u. die Nürnberg-Fürther E., bei Bamberg die Ludw.-Westb., bei Neuenmarkt die Zwgb. n. Bayr.
b. Ludw.-Westbahn	.
c. Maximiliansbahn	bei Augsburg d. Ludw.-Südnordb., bei Pasing d. Zwgb. n. Starnberg, bei München d. Bayer. Ostbahn
d. Zweigb. Bayreuth	.
Starnbg.	
Ansbach	
3 Braunschweigische	.
4 Hannoversche	bei Kreiensen die Braunschweigische Staatsbahn
5 Main-Neckar	bei Darmstadt die Main-Rhein-Bahn (d. Hessischen Ludwigs-E.-G. gehörig), bei Friedrichsfeld die Großh. Badische Staatsbahn
6 Main-Weser	bei Guntershausen die Kurfürst Friedrich Wilhelms Nordbahn
7 Preuß. Niederschles.-Märk.	bei Frankfurt a. O. die Preuß. Ostbahn, bei Hansdorf die Niederschlesische Zweigbahn, bei Liegnitz die Breslau-Schweidnitz-Freiburger E.
8 " Ostbahn	bei Kreuz die Stargard-Posener E.
9 a. " Saarbrücker	bei Neunkirchen die Rhein-Nahe-E., bei St. Johann-Saarbrücken die Saarbrücken-Trier-E.
b. " Saarbrücken-Trier	.
10 " Westfälische	bei Soest die Dortmund-Soester (2. Abth. der Bergisch-Märk. E.), bei Hamm die Köln-Mindener E.
11 Sächsische östliche	
a. Sächsisch-Böhmische	.
b. Sächsisch-Schlesische	bei Löbau die Löbau-Zittauer E.
12 Sächsische westliche	
a. Niedererzgebirgische	bei Wüstenbrand die Chemnitz-Würschnitzer E.
b. Obererzgebirgische	
c. Sächsisch-Bayerische	.
13 Württembergische	bei Ulm die Königl. Bayerische Staats- (Maximilians-) Bahn
II. Privatbahnen	
a) unter Staatsverwaltg.	
14 Aach.-Düss. Ruhrorter a. Aach.-Düssel.	bei Richterich (unweit Aachen) die Rheinische und Aachen-Mastrichter E., bei Gladbach die Ruhrort-Crefelder E., bei Neuß die Köln-Crefelder E.
b. Ruhrort-Cref.	bei Crefeld die Köln-Crefelder E.
15 Bergisch-Märkische a. Düss.-Dortm.	bei Vohwinkel die Prinz-Wilhelm-E., bei Hagen die Ruhr-Sieg-E., bei Witten die Witten-Duisb. E.
b. Dortm.-Soest	
c. Ruhr-Sieg	
d. Witten-Duisbg.	
16 Prinz-Wilhelm-E.	
17 Cöthen-Bernburger	
18 a. Löbau-Zittauer	.
b. Zittau-Reichenberger	.
19 a. Oberschlesische	bei Brieg die Neisse-Brieger E., bei Oppeln die Oppeln-Tarnowitzer E., bei Cosel die Wilhelmsbahn
b. Breslau-Posen-Glogauer	.
20 Stargard-Posener	bei Kreuz die Preuß. Ostbahn
21 Rhein-Nahe	
22 Wilhelms-Bahn	.
b) in Privatverwaltung.	
23 Aachen-Mastrichter	bei Richterich die Aachen-Düsseldorfer E., bei Mastricht die Lüttich-Mastrichter E. (i. Bau)
24 Alberts-Bahn	.
25 Altona-Kieler	bei Elmshorn die Glückstadt-Elmshorner E., bei Neumünster die Rendsburg-Neumünstersche E.
26 Rendsburg-Neumünster	
27 Glückstadt-Elmshorner	
28 Aussig-Teplitzer	

II. Privatbahnen. (Forts.)	In die Bahn münden (innerhalb ihrer Endpunkte):
29 Bayerische Ostbahnen	. . . .
30 Berlin-Anhaltische	. . . .
31 a. Berlin-Hamburger	bei Wittenberge die Magdeburg-Wittenbergesche E., bei Hagenow die Mecklenburgische E., bei Büchen die Lübeck-Büchener E.
b. Hamburg-Bergedorfer	. . . .
32 Berlin-Potsdam-Magdebg.	. . . .
33 Berlin-Stettiner	
a. Berl.-Stettin-Stargard	. .
b. Starg.-Cöslin-Colberg	. . . . .
34 Breslau-Schweidnitz-Freib.	. . . .
35 Brünn-Rossitzer	bei Ober-Gerspitz die Kaiser Ferdinands Nordbahn . .
36 Buschtěhrader a. Locom.-B.	. . . . . .
36 Buschtěhrader b. Pferde-B.	. . . .
37 Frankfurt-Hanauer	. .
38 Galizische Carl-Ludw.-Bahn	. . . . .
39 Graz-Köflacher	. . . .
40 Hessische Ludwigs-E.	bei Darmstadt die Main-Neckar-Bahn . .
41 Kaiser Ferdinands Nordb.	bei Oderberg (Preuß. Grenze bei Annaberg) die Preuß. Wilhelms-Bahn .
42 Kaiserin Elisabeth a. Wien-Salzburg	bei Lambach die Gmundener Zweigbahn, bei Linz die Budweiser Pferdebahn
b. Lambach-Gmdn.	. . . .
c. Pferdeb. Lz.-Bdw.	. . . .
43 Köln-Mindener	bei Düsseldorf und Dortmund die Bergisch-Märkische E., bei Hamm die Westfälische E., bei Löhne die Hannoversche Staatsbahn
44 Kurf. Friedr. Wilh. Nordb.	bei Guntershausen die Main-Weser-Bahn, bei Kassel die Hannoversche Staatsbahn .
45 Leipzig-Dresdener	bei Riesa die Niedererzgebirgische Staatsbahn, bei Roederau die Berlin-Anhaltische E. . .
46 Ludwigs-E. (Nürnb.-Fürth)	bei Muggenhof die Königl. Bayerische Ludwigs-Südnordbahn . . . .
47 Lübeck-Büchener	. . . .
48 Magdeb.-Cöth.-Halle-Leipz.	bei Cöthen die Berlin-Anhaltische und Cöthen-Bernburger E., bei Halle die Thüringische und Berlin-Anhaltische E.
49 Magdeburg-Halberstädter	bei Oschersleben die Herzogl. Braunschweigische Staats-E. . . .
50 Magdeburg-Wittenbergesche	. . . .
51 Mecklenburgische	. . . .
52 Neisse-Brieger	. . . .
53 Niederschlesische Zweigbahn	. . . .
54 a. Oesterreich. nördliche	bei Pardubitz die Süd-Norddeutsche Verbindungsbahn, bei Prag u. Kralup die Buschtěhrader E., bei Aussig die Aussig-Teplitzer E. .
b. Oesterreich. südöstliche	bei Czegled die Theißbahn . . . .
c. Wien-Neu-Szönyer	. . . .
55 a. Oesterreich. südliche	bei Pragerhof die Ungarischen Linien (Pragerhof-Kanisza-Stuhlweißenburg-Ofen), bei Nabresina die Venetianische Linie, bei Graz die Graz-Köflacher E.
b. Nordtiroler	. . . .
c. Venetianische u. Südtirol.	. . . .
56 Oppeln-Tarnowitzer	. . . .
57 a. Pfälzische Ludwigsbahn	bei Neustadt die Pfälzische Maximiliansbahn . . . . .
b. Pfälzische Maximiliansb.	. . . .
58 a. Rheinische	bei Aachen die Aachen-Düsseldorfer und Aachen-Mastrichter E., bei Köln die Köln-Mindener E. .
b. Köln-Crefelder	bei Neuß die Aachen-Düsseldorfer E. .
59 Süd-Norddeutsche	. . . . .
60 Taunus-Bahn	bei Höchst die Zweigbahn nach dem Badeorte Soden .
61 Theiß-Bahn	. . . .
62 Thüringische	bei Eisenach die Werra-Eisenbahn .
63 Werra-E.	. . . .

4

1	Badische	47,33	—	—	47,33	—	47,7*	12. September 1840.	18. August 185
2	Bayerische a. Ludw.-Südnordb.	77,37	4,33	—	73,03	144,93	153,71	1. Oktober 1844.	24. Januar 18
	b. Ludw.-Westbahn	27,17	2,19	—	25,38			1. August 1852.	1. Oktober 18
	c. Maximiliansbahn	44,46	—	1,56	46,02			1. Juni 1838.	15. August 18
	d. Zweigb. Bayreuth	i. M. 11b.	—	2,755	2,755			. . . . .	28. November 1
	d. Zweigb. Starnbg.	. . 11b.	—	2,763	2,763			21. Mai 1854.	15. Dezember 1
	d. Zweigb. Ansbach	. . 11b.	—	3,37	3,37			. . . . .	1. Juli 185
		149,00	6,52	10,11	153,71				
3	Braunschweigische	26,63	—	—	26,63	—	26,60	1. Dezember 1838*.	20. Juli 185
4	Hannoversche	100,01	—	10,12	110,13	—	—	19. Mai 1844.	23. September 1
5	Main-Neckar	11,63	—	—	11,63	—	11,63	22. Juni 1846.	1. August 184
6	Main-Weser	26,38	—	—	26,38	—	27*	19. Dezember 1849.	15. Mai 1852.
7	Preuß. Niederschles.-Märk.	51,63	—	—	51,63	—	51,7	23. Oktober 1842.	1. September 1 / 15. Oktober 18
8	" Ostbahn	100,33	—	—	100,33	91,23	100,33	27. Juli 1851*.	15. August 18
9	a. " Saarbrücker	6,72	—	0,39	6,31	6,30	6,34	15. September 1850.	7. August 18
	b. " Saarbrücken-Trier	11,40	—	—	11,40*	8,53	11,40	16. Dezember 1859.	26. Mai 18
10	" Westfälische	33,33	6,23	—	27,10	—	27,25	1. Oktober 1850.	23. Juni 18
11	Sächsische östliche								
	a. Sächsisch-Böhmische	7,31	—	1,16	8,47	—	8,76 u. 8,86*	1. August 1848.	19. April 1852.
	b. Sächsisch-Schlesische	13,55	—	—	13,55	—	13,94	17. November 1845.	1. September 1
12	Sächsische westliche								
	a. Niedererzgebirgische	16,53	—	1,63	18,16	—	17,5 u. 19,1*	30. August 1847.	15. November 1
	b. Obererzgebirgische	6,05	—	—	6,05	—	6,1	1. November 1854.	15. Mai 185
	c. Sächsisch-Bayerische	22,41	—	1,15	23,56	—	23,1 u. 23,6*	19. September 1842.	16. Juli 18
13	Württembergische	45,60	—	—	45,60	44,55	45,60	22. Oktober 1845.	20. September 1
	II. Privatbahnen								
	a) unter Staatsverwaltg.								
14	Aach.-Düss. Ruhrorter a. Aach.-Düssel.	11,43	—	—	11,43	—	11,4	12. August 1852.	17. Januar 18
	b. Ruhrort-Crf.	5,60	—	—	5,60	—	5,6	5. Oktober 1849.	15. Oktober 18
15	Bergisch-Märkische a. Düss.-Dortm.	11,34	—	—	11,34	—	11,2	20. Dezember 1838*.	29. Dezember 1
	b. Dortm.-Soest	7,13	—	—	7,13	—	7,2	. . . . .	9. Juli 185
	c. Ruhr-Sieg	4,29	—	—	4,29	3,50	4*	21. März 1859.	16. Juli 18
	d. Witten.-Duisbg.	2,13	—	—	2,13	0,78	1,8*	1. Februar 1860.	26. Oktober 1
16	Prinz-Wilhelm-E.	4,19	—	—	4,19	—	4,1	. . . . .	1. Dezember 1
17	Cöthen-Bernburger	4,0	—	—	4,0	—	3 u. 1*	1. September 1846.	2. April 185
18	a. Löbau-Zittauer	4,31	—	—	4,31	—	4,3	. . . . .	10. Juni 18
	b. Zittau-Reichenberger	3,55	—	—	3,55	—	3,88	. . . . .	1. Dezember 1
19	a. Oberschlesische	34,55	1,92	—	32,63	—	33	22. Mai 1842.	1. Januar 1
	b. Breslau-Posen-Glogauer	27,87	—	—	27,87	—	27,80	29. Oktober 1856.	18. Mai 1858.
20	Stargard-Posener	22,63	—	—	22,63	—	22,78	10. August 1847.	10. August 18
21	Rhein-Nahe	16,02	—	—	16,02	13,21	16,17	15. Juli 1858.	26. Mai 1860
22	Wilhelms-Bahn	21,38		2,08	23,46	—	23,46	1. Januar 1846*.	20. Dezember
	b) in Privatverwaltung.								
23	Aachen-Maßtrichter	8,66	—	3,71	12,10	—	12,8	27. Januar 1853.	1. Oktober 1
24	Alberts-Bahn a. Hauptb.	1,81	—	—	5,11	—	2,0	. . . . .	28. Juni 185
	b. Zweigb.	3,30	—	—		—	3,3	. . . . .	1. April 185
25	Altona-Kieler	14,05	—	4,42	18,50	—	18,6	. . . . .	18. September
26	Rendsburg-Neumünster	4,62	4,62	—	—	—		. . . . .	18. September
27	Glückstadt-Elmshorner	4,5	—	—	4,5	—	4,5	19. Juli 1845.	15. Oktober 1
28	Aussig-Tepliher	2,83	—	—	2,83	—	3 resp. 3,85*	. . . . .	20. Mai 18

II. Privatbahnen. (Forts.)	10 Länge d. Bahn nach Meilen (à 7532 Meter)	11 a. Davon sind verpachtet Meilen	11 b. Außerdem sind gepachtet Meilen	12 Also Betriebslänge Meilen	12 davon zweigleisig Meilen	13 Bei Tarifen wird die Bahnlänge angenommen auf Meilen	14 Der Betrieb ist eröffnet a. streckenweise zuerst am	14 b. auf der ganzen Bahn am
Bayerische Ostbahnen . .	51,10	—	—	51,10	35,67	51,10	3. November 1858.	. . * . .
Berlin-Anhaltische . . .	47,10	—	—	47,10	—	47,4	1. September 1840*.	1. Januar 1860.
a. Berlin-Hamburger . .	37,17	—	2,09	39,44	—	39,7	15. Oktober 1846.	15. Dezember 1846.
b. Hamburg-Bergedorfer .	2,09	2,09	—	—	—	—	. . . . .	17. Mai 1842.
Berlin-Potsdam-Magdebg.	19,74	—	—	19,74	—	20,0	22. September 1838.	7. August 1846*.
Berlin-Stettiner								
a. Berl.-Stettin-Stargard	22,19	—	—	22,19	—	22,44	1. August 1842.	[illegible]
b. Starg.-Cöslin-Colberg .	22,60	—	—	22,60	—	22,66	. . . . .	1. Juni 1859.
Breslau-Schweidnitz-Freib.	22,90	—	—	22,90	—	22,9	29. Oktober 1843.	1. November 1858.
Brünn-Rossitzer	3,10	—	—	3,10	—	3,0	. . . . .	2. Januar 1856.
Buschtiehrader a. Lokom.-B.	3,45	—	0,41*	3,86	—	3,0	5. November 1855.	30. Juli 1856.
Buschtiehrader b. Pferde-B.	7,5	—	—	7,5	—	7,5	im Jahre 1833.	im Jahre 1836.
Frankfurt-Hanauer . . .	3,99	—	2,17	5,16	—	5,5	10. September 1848.	22. Juni 1854.
Galizische Carl-Ludw.-Bahn	33,41	—	—	33,41	28,20	34,5	20. Februar 1856.	. . * . .
Graz-Köflacher	5,31	—	—	5,31	3,95	5,50	. . . . .	3. April 1860.
Hessische Ludwigs-E. . .	20,13	0,42	—	19,71	—	21,35	23. März 1853*.	17. Oktober 1859.
Kaiser Ferdinands Nordb.	80,37	0,13	—	80,24	—	82,4	6. Januar 1838.	1. Januar 1858.
Kaiserin Elisabeth a. Wien-Salzburg	42,03	0,70	—	41,33	36,02	41,4	15. Dezember 1858.	1. August 1860.
b. Lambach-Gmdn.	3,79	—	—	3,79	—	4,0	. . . . .	1. September 1859.
c. Pferdeb. Lz.-Bdw.	17,35	—	—	17,35	—	17,5	. . . . .	1. Mai 1836.
Köln-Mindener	46,70	2,41	—	44,29	—	44,36	20. Dezember 1845.	15. Oktober 1847. [illegible]
Kurf. Friedr. Wilh. Nordb.	19,30	—	0,61	19,91	—	20,25	10. April 1848.	25. September 1849.
Leipzig-Dresdener . . .	15,33	—	—	15,33	—	15,50	24. April 1837.	7. April 1839.
Ludwigs-E. (Nürnb.-Fürth)	0,80	—	—	0,80	—	0,8	. . . . .	7. Dezember 1835.
Lübeck-Büchener	6,30	—	—	6,30	—	6,5	. . . . .	16. Oktober 1851.
Magdeb.-Cöth.-Halle-Leipz.	17,99	—	1,55	19,54*	—	19,5	29. Juni 1839.	1. Juli 1857.
Magdeburg-Halberstädter .	7,75	—	—	7,75	—	7,75	. . . . .	15. Juli 1843.
Magdeburg-Wittenbergesche	14,25*	—	—	14,25	—	14,3*	7. Juli 1849.	25. Oktober 1851.
Mecklenburgische	19,17	—	—	19,17	—	19,3	1. Mai 1847.	13. Mai 1850.
Neisse-Brieger	5,85	—	0,33	6,18	—	6 resp. 6,2*	25. Juli 1847.	26. Juni 1848.
Niederschlesische Zweigbahn	9,50	—	—	9,50	—	9,50	. . . . .	1. November 1846.
Oesterreich. nördliche .	63,37	1,50	—	61,87	—	62,0	24. August 1845.	8. April 1851.
Oesterreich. südöstliche .	91,30	—	—	91,30	—	91,30	16. Juli 1846.	20. Juli 1858.
Wien-Neu-Szönyer . .	20,78	—	—	20,78	—	21,0	13. September 1846.	11. August 1856.
Oesterreich. südliche . .	80,84	—	—	80,84	—	83,50	6. Juni 1841.	27. Juli 1857.
Nordtiroler	9,86	0,30	—	9,56	—	10,0	. . . . .	25. November 1858.
Venetianische u. Südtirol.	68,76	—	—	68,76	50,37	69,0	18. Oktober 1858.	1. Oktober 1860.
Oppeln-Tarnowitzer . . .	10,12	—	—	10,12	—	10,3	16. Februar 1857.	24. Januar 1858.
Pfälzische Ludwigsbahn	19,88	—	0,12	20,0	—	20,0	11. Juni 1847.	7. Mai 1857.
Pfälzische Maximiliansb.	6,33	—	—	6,33	—	6,33	18. Juli 1855.	26.* November 1855.
Rheinische	32,06	—	—	32,0	—	32,0	2. August 1839.	22. Dezember 1859.
Ruhrort-Crefelder . . .	7,05	—	—	7,05	—	7,0	15. November 1855.	26. Januar 1856.
Süd-Norddeutsche . . .	26,18	—	—	26,18	—	27,0	4. November 1857.	1. Mai 1859.
Taunus-Bahn	5,85	—	—	5,85	—	5,8	26. September 1839.	3. August 1840.
Theiß-Bahn	77,17	—	—	77,17	70,38	79,06	23. November 1857*.	14. August 1860.
Thüringische	37,34	—	—	37,34	—	37,3	6. Juni 1846.	19. März 1859.
Werra-E.	19,92	—	2,72	22,64	—	22,75	2. November 1858.	20. Januar 1859.

Abschnitt B.

Bahnbeschreibung und Anlage-Kapital.

I. Allgemeine Beschreibung der Bahn.

Die betreffenden Nachrichten sind in der Statistik pro 1858 Kol. 15—74 enthalten.

II. Anlage-Kapital.

II. Anlage-

I. Staatsbahnen.	Anlage-Kapital im Ganzen a. concessionirt. Thlr.	Anlage-Kapital im Ganzen b. verwendet. Thlr.	Von dem Gesammt-AnlageKapitale (Kol. 75b) [illegible]: Vorarbeiten und sonstige Kosten. Thlr.	Grunderwerb. Thlr.	Bahnkörper (Erdarbeiten, Brücken, Durchlässe, Tunnels, Viaducte u. s. w.) Thlr.	Oberbau (Schienen, Schwellen, Drehscheiben u. s. w.) Thlr.	Bahnhöfe und Wärterhäuser. Thlr.	Betriebs- mittel Thlr.
1 Badische	—	26 711 249*	1 308 037	2 539 995	8 064 472	8 170 195	2 707 094	3 801 4[illegible]
2 Bayerische a. Ludw.-Südnordb.	—	33 750 409*	in Kol. 78.	in Kol. 78.	25 217 531	in Kol. 78.	3 230 806	4 02[illegible]
b. Ludw.-Westbahn	—	13 864 370			10 451 249		1 334 947	1 47[illegible]
c. Maximiliansbahn	—	19 398 732			14 809 318		1 639 154	2 [illegible]
		67 013 511			50 478 098		6 204 907	[illegible]
d. 3 gepacht. Zweigb.	—	2 091 429	—	—	—	—	—	—
3 Braunschweigische	—	8 406 542	in Kol. 82.	718 417	2 100 744	3 076 969	859 149	1 02[illegible]
4 Hannoversche	—	43 083 133*	—*	—	—	—	—	6 842[illegible]
5 Main-Neckar	—	6 495 043	285 165	970 470	1 780 750	1 467 194	1 335 085	65[illegible]
6 Main-Weser	—	13 889 319*	660 846	2 177 481	5 202 974	2 984 774	1 652 871	1 210[illegible]
7 Preuß. Niederschles.-Märk.	20 975 000*	29 501 667*	111 000	2 041 010	6 587 791	8 993 027	3 604 279	5 26[illegible]
8 " Ostbahn	—	32 969 034	80 456	2 560 471	9 570 200	8 953 117	4 260 373	5 061[illegible]
9 a. " Saarbrücker	—	4 008 739*	119 727	197 736	1 569 242	1 156 750	316 951	554[illegible]
b. " Saarbrücken-Trier	—	7 228 796	363 254	765 844	2 952 350	1 722 459	522 673	876[illegible]
10 " Westfälische	—	12 113 232*	352 685	978 277	4 644 973	2 946 716	1 116 812	1 46[illegible]
11 Sächsische östliche								
a. Sächsisch-Böhmische	—	5 598 697	14 306	851 461	3 883 612	in Kol. 78 mitenthalten.	256 055	527[illegible]
b. Sächsisch-Schlesische		7 061 290	20 945	482 560	5 155 942		504 194	458[illegible]
12 Sächsische westliche								
a. Niedererzgebirgische	—	12 044 449*	31 325	652 228	8 622 563		1 044 859	1 056[illegible]
b. Obererzgebirgische	—	2 883 151	10 150	205 569	1 914 806		345 289	316[illegible]
c. Sächsisch-Bayerische	—	14 620 415	31 328	724 183	11 388 316		785 324	1 222[illegible]
13 Württembergische	—	22 990 802	—*	—	—	—	—	—
II. Privatbahnen								
a) unter Staatsverwaltg.								
14 Aach.-Düss.-Ruhrorter a. Aach.-Düsseld.	7 950 000	7 385 171	90 037	891 810	2 002 221	1 518 932	913 012	1 150[illegible]
b. Ruhrort-Cref.	3 512 000	3 420 730	14 600	381 616	208 434	652 253	472 992	1 168
15 Bergisch-Märkische a. Düss.-Dortm.	11 513 000	10 118 777	207 250	1 038 875	3 770 931	2 069 954	658 812	1 675
b. Dortm.-Soest	3 120 000	2 788 797	—	376 291	653 103	758 663	217 319	561
c. Ruhr-Sieg	12 250 000	7 001 218	—*	—	—	—	—	—
d. Witten-Duisbg.	5 000 000	1 535 902	—*	—	—	—	—	—
16 Prinz-Wilhelm-E.	2 400 000	2 103 617	71 474	155 587	795 924	452 511	96 634	360[illegible]
17 Cöthen-Bernburger	—	650 000*	—*	—	—	—	—	—
18 a. Löbau-Zittauer	2 500 000	2 300 000	8347	226 403	1 824 733	in Kol. 78.	99 326	144
b. Zittau-Reichenberger	3 750 000	3 723 237	8552	219 813	2 688 482	in Kol. 78.	304 603	229
19 a. Oberschlesische	21 753 100*	16 338 602	208 613	520 559	3 019 560	4 815 361	1 484 029	4 228
b. Breslau-Posen-Glogauer	12 044 900	12 120 073	274 209	731 953	2 549 952	2 727 062	1 626 002	1 422
20 Stargard-Posener	7 300 000	6 473 257	in Kol. 82.	238 617	1 008 673	2 283 927	619 940	1 406
21 Rhein-Nahe	15 000 000	14 719 543	593 385	1 538 739	7 816 157	2 346 549	419 554	866
22 Wilhelms-Bahn	8 500 000	7 996 846	571 166	330 065	2 699 332	1 868 107	705 450	1 484
b) in Privatverwaltung.								
23 Aachen-Mastrichter	5 550 000	5 330 000	—*	—	—	—	—	—
24 Alberts-Bahn	2 300 000	2 332 096	81 225*	226 537	1 024 114	in Kol. 78.	114 893	45[illegible]
25 Altona-Kieler	3 250 200	3 661 679	156 654	425 588	826 305	707 010	1 016 559	529
26 Rendsburg-Neumünster	617 286	643 773	[illegible]	30 306	201 521	205 470	85 916	111
27 Glückstadt-Elmshorner	858 000	904 813	8547	204 442	196 432	238 500	143 061	
28 Aussig-Teplitzer	2 000 000	2 101 887	40 157	262 405	655 985	568 056	242 323	

Kapital.

82	83	84	85		86	87		88		89	
[illegible]	Das Anlage-Kapital beträgt pro Meile Bahnlänge.	Die ungewöhnlich kostspieligen Bauwerke, als: [illegible] haben gekostet.	Von d. Gesammt-Anlage-Kapitale (R. 75a) bestehen:		Die Stamm-Actien sind vom Staate garantirt mit	Zur weiteren Verstärkung und vollständigen Ausrüstung des Unternehmens (Vermehrung der Betriebsmittel ic.) sind verwendet:					
			a. in Stamm-Actien.	b. in Prioritäts-Actien.		aus dem Reserve- resp. Erneuerungsfonds		aus den Betriebs-Ueberschüssen		Zusammen bis Ende 1860.	
						a. in den früheren Jahren bis Ende 1859.	b. im Betriebsjahre 1860.	a. in den früheren Jahren bis Ende 1859.	b. im Betriebsjahre 1860.		
	Thlr.	Thlr.	Thlr.	Thlr.	Proc.	Thlr.	Thlr.	Thlr.	Thlr.	Thlr.	
—	561 279	1 223 627	—	—	—	—	—	—	—	—	1
[illegible]	444 502*	12 941 971	—	—	—	—	—	—	—	—	2 a—c
[illegible]	504 709										
[illegible]	432 428										
—	492 731 / 211 255	—	—	—	—	—	—	—	—	—	2d
[illegible]	315 798	—	—	—	—	—	—	2 008 320	152 082	2 160 402	3
—	408 251*	—	—	—	—	—	—	608 140	81 028	689 168	4
—	549 496	995 177*	—	—	—	—	—	181 489	39 497	220 986	5
—	522 351	3 372 000	—	—	—	—	—	567 592	52 902	620 494	6
[illegible]	571 472	1 064 073*	10 000 000	10 975 000	4	—	—	2 917 079	177 929	3 095 008*	7
[illegible]	328 868	—	—	—	—	—	—	—	—	—	8
[illegible]	647 357*	—	—	—	—	—	—	133 869	35 995	169 864	9a
[illegible]	634 105	—	—	—	—	—	—	—	—	—	- b
[illegible]	437 143	1 525 000	—	—	—	[illegible]	786 755	[illegible]	256 192	1 042 947	10
[illegible]	776 518	1 709 430	—	—	—	—	—	—	2085	2085	11a
[illegible]	521 128	873 629	—	—	—	—	—	241 355	12 781	254 136	- b
[illegible]	714 804*	3 200 000	—	—	—	—	—	28 986	12 340	41 326	12a
[illegible]	474 202	—	—	—	—	—	—	446	1232	1678	- b
[illegible]	652 406	3 336 316	—	—	—	—	—	1 185 031	26 710	1 211 741	- c
—	504 184	3 500 000	—	—	—	—	—	—	—	—	13
[illegible]	646 122	283 940	4 000 000	3 950 000	3½	272 267	—	—	—	272 267	14a
[illegible]	610 848	551 496*	1 500 000	2 012 000	3½	97 571	—	—	—	97 571	- b
[illegible]	900 247	—	5 713 000	5 800 000	—	—	—	—	67 185	67 185	15a
[illegible]	391 136	—	500 000	2 620 000	—	—	—	26 605	15 502	42 107	- b
—	—	—	—	12 250 000*	3½*	—	—	—	—	—	- c
—	—	—	5 000 000	—	—	—	—	—	—	—	- d
[illegible]	479 184	—	1 300 000	1 100 000	—	—	—	—	—	—	16
—	236 364*	—	500 000	—	2½	—	—	112 000	8000	120 000	17
[illegible]	554 324	226 507	2 000 000	500 000	—	—	—	57 056	1799	58 855	18a
[illegible]	1 049 363	—	3 750 000	—	4	—	—	—	—	—	- b
[illegible]	472 246	—	12 606 200	9 146 900	[illegible] 3½	—	—	—	—	—	19a
[illegible]	434 879	1 494 085	—	12 044 900	—	—	—	—	—	—	- b
[illegible]	286 048	—	5 000 000	2 300 000	3½	—	—	—	—	—	20
[illegible]	918 823	—	9 000 000	6 000 000	—	—	—	—	—	—	21
[illegible]	374 034	792 076	2 400 000	{4 600 000 / 1 500 000*}	—	14 734	23 831	199 992	—	238 557	22
—	639 475	—	2 750 000	2 800 000	—	—	—	—	—	—	23
[illegible]	452 326	—	900 000	1 400 000	—	—	—	120 384	—	120 384	24
—	990 062	—	3 075 000	175 200	—	338 545	14 774	—	—	353 319	25
—	139 951	—	390 000	227 286	—	26 489	—	—	—	26 489	26
[illegible]	201 070	—	450 000	408 000	—	3131	—	10 367	—	13 498	27
[illegible]	868 548	—	1 333 333⅓	666 666⅔	—	—	—	—	—	—	28

(Forts.) **II. Anlage-**

II. **Privatbahnen.** (Forts.)	75 Anlage-Kapital im Ganzen a. concessionirt. Thlr.	75 b. verwendet. Thlr.	76 Von dem Gesammt-Anlage-Kapitale (Kol. 75 b) … Vorarbeiten und sonstige Kosten. Thlr.	77 Grund-erwerb. Thlr.	78 Bahnkörper (Erdarbeiten, Brücken, Durchlässe, Tunnels, Wegeübergänge u. s. w.) Thlr.	79 Oberbau (Schienen, Schwellen, Weichen u. s. w.) Thlr.	80 Bahnhöfe und Wärterhäuser. Thlr.	81 Betriebs-mittel Th
29 Bayerische Ostbahnen	34 285 714	—*	—*	—	—	—	—	—
30 Berlin-Anhaltische	15 500 000	15 500 000	334 105	1 280 221	4 020 234	5 439 710	1 480 034	1610
31 a. Berlin-Hamburger	14 000 000*	13 902 641	839 749	1 130 118	3 522 881	3 846 286	1 858 286	1541
b. Hamburg-Bergedorfer	2 298 000	2 298 000	87 887	327 322*	583 619	414 052	616 246	—
32 Berlin-Potsdam-Magdebg.	13 000 000	13 061 694	53 831	857 862	6 835 545	in Kol. 78.	1 250 656	2037
33 Berlin-Stettiner								
a. Berl.-Stettin-Stargard	6 824 000	7 425 942	21 896	424 251	1 860 842	2 185 771	1 013 604	1243
b. Starg.-Cöslin-Colberg	11 500 000	8 812 018	335 314	189 178*	2 517 455	2 445 563	1 227 022	1170
34 Breslau-Schweidnitz-Freib.	8 300 000	8 417 077*	141 368	758 183	2 335 222	1 980 722	1 060 286	1620
35 Brünn-Rossitzer	2 100 000	1 882 929	8259	130 280	726 978	383 472	244 379	232
36 Buschtěhrader a. Locom.-B.	1 680 000	1 414 845	44 394	98 050	315 377	498 938	147 845	237
b. Pferde-B.		285 136	—*	—	—	—	—	—
37 Frankfurt-Hanauer	2 571 429	2 213 222	12 483	621 817	639 081	in Kol. 78.	315 534	95
38 Galizische Carl-Ludw.-Bahn	14 000 000	16 998 138	222 455	647 996	6 284 527	4 884 448	1 293 318	3016
39 Graz-Köflacher	2 193 332*	1 301 660	—	37 929	410 219	564 351	165 908	4
40 Hessische Ludwigs-E.	9 142 857	8 115 581	338 056	1 502 511	2 046 959	1 842 178	785 018	115
41 Kaiser Ferdinands Nordb.	50 356 058	48 415 832	259 632	2 483 158	9 984 080	15 367 860	6 171 180	11154
42 Kaiserin Elisabeth a. Wien-Salzburg, b. Lambach-Gmdn., c. Pferdeb. Lz.-Bdw.	43 119 567	41 953 603	364 317	2 346 092	17 755 316	8 062 242	6 273 690	300
43 Köln-Mindener	31 274 500	31 418 195	676 925	2 556 485	7 923 753	7 285 530	3 717 253	627
44 Kurf. Friedr. Wilh. Nordb.	11 600 000	11 392 936	205 648	912 144	4 430 757	2 282 169	791 449	992
45 Leipzig-Dresdener	9 000 000	8 888 043	in Kol. 78.	in Kol. 78.	6 308 082	in Kol. 78.	745 256	142
46 Ludwigs-E. (Nürnb.-Fürth)	124 000	124 000*	—	19 901	15 908	30 492	11 836	3
47 Lübeck-Büchener	2 558 000	2 538 000	97 659	239 650	851 298	566 354	358 653	29
48 Magdbg.-Cöth.-Halle-Leipz.	9 200 000	8 400 000	in Kol. 78.	in Kol. 78.	6 191 577	in Kol. 78.	in Kol. 78.	2 15
49 Magdeburg-Halberstädter	2 400 000	2 672 930	46 513	209 717	326 119	884 655	278 964	81
50 Magdeburg-Wittenbergesche	6 500 000	6 264 836	91 858	375 446	2 551 874	1 380 679	396 867	62
51 Mecklenburgische	6 298 000	6 298 000	37 722	415 224	2 240 923	1 291 660	574 863	72
52 Neisse-Brieger	1 200 000	1 336 313	35 082	126 795	316 776*	386 198*	76 987	2
53 Niederschlesische Zweigbahn	2 500 000	2 488 793	9166	146 091	528 556	765 398	244 083	14
54 a. Oesterreich. nördliche	112 000 000	30 473 945	—*	—*	23 847 448	—*	—*	658
b. Oesterreich. südöstliche		42 661 593	—*	—*	33 738 523	—*	—*	868
c. Wien-Neu-Szönyer		10 352 093	—*	—*	8 216 276	—*	—*	210
55 a. Oesterreich. südliche	226 400 000*	94 662 478	194 115	3 142 109	42 576 140	19 837 791	11 385 094	1077
b. Nordtiroler		—*	—	—	—	—	—	—
c. Venetianische u. Südtirol.		—*	—	—	—	—	—	
56 Oppeln-Tarnowitzer	2 500 000	2 406 287	58 125	114 721	361 684	1 039 932	173 092	58
57 a. Pfälzische Ludwigsbahn	8 882 970	9 773 400	116 500	1 142 536	2 316 480	2 630 202	889 369	147
b. Pfälzische Maximiliansb.	2 514 286	2 376 712	36 336	306 008	580 600	455 324	208 196	54
58 a. Rheinische	25 051 500	25 683 590	950 019	3 562 197	8 335 027	4 821 744	2 056 089	253
b. Köln-Crefelder	2 000 000	2 017 271	80 862	370 051	270 185	720 827	149 654	31
59 Süd-Norddeutsche	12 600 000	13 836 286*	122 500	546 746	5 767 062	3 270 250	1 204 558	19
60 Taunus-Bahn	2 111 286	2 435 218	38 777	387 580	1 149 082	in Kol. 78.	367 248	48
61 Theiß-Bahn	37 800 000	27 249 947	5 949 140*	487 965	3 109 067	9 846 323	2 941 852	3
62 Thüringische	20 900 000	20 370 185	93 558	2 275 784	7 199 629	4 973 841	1 528 321	2
63 Werra-E.	8 250 000	—*	—	—	—	—	—	

82	83	84	85		86	87		88		89	

Kapital.

82	83	84	85		86	87		88		89	
… allgemein	Das Anlage-Kapital beträgt pro Meile Bahnlänge.	Die ungewöhnlich kostspieligen Bauwerke, als: große Brücken, Tunnels, Viaducte, Dämme, Durchstiche &c. haben gekostet.	Von d. Gesammt-Anlage-Kapitale (K. 75a) bestehen: a. in Stamm-Actien.	b. in Prioritäts-Actien.	Die Stamm-Actien sind vom Staate garantirt mit	Zur weiteren Verstärkung und vollständigen Ausrüstung des Unternehmens (Vermehrung der Betriebsmittel &c.) sind verwendet: aus dem Reserve- resp. Erneuerungsfonds a. in den früheren Jahren bis Ende 1859.	b. im Betriebsjahre 1860.	aus den Betriebs-Ueberschüssen a. in den früheren Jahren bis Ende 1859.	b. im Betriebsjahre 1860.	Zusammen bis Ende 1860.	
Thlr.	Thlr.	Thlr.	Thlr.	Thlr.	Proc.	Thlr.	Thlr.	Thlr.	Thlr.	Thlr.	
—	—	—	34 285 714	—	4½	—	—	—	—	—	29
…35 676	327 004	—	8 500 000	7 000 000	—	1 993 293	276 870	206 181	37 965	2 514 309	30
…54 237	370 046	1 200 000	8 000 000	6 000 000	—	200 364*	25 578	1 390 262*	229 814	1 846 018	31a
…28 874	1 099 522	1 000 000	1 548 000	750 000	—	—	—	—	—	—	„ b
…28 669	661 687	—	4 500 000	8 500 000	—	—	—	—	—	—	32
…5 096	330 189	651 550	6 024 000	800 000	—	355 990	1809	513 052	—	870 851	33a
…6 712	386 492	—	—	11 500 000	3½	—	—	—	—	—	„ b
…1 290	367 719	497 786	5 100 000	3 200 000	—	—	—	3814	117 077*	120 891	34
…5 620	607 397	—	630 000	1 470 000	—	—	—	—	—	—	35
…2 056	421 237	—	1 680 000	—	—	23 306	24 076	—	—	47 382	36a
—	38 020	—				—	7388	—	—	7388	„ b
…9 562	673 320	51 600	1 714 285	857 144	—	—	—	—	—	—	37
…9 406	502 162	—	14 000 000	—	3,5	—	—	—	—	—	38
…0 824	282 798	217 000	1 931 650	283 200	—	—	—	—	—	—	39
…2 300	403 158	325 714*	5 142 857	4 000 000	—	285 369	27 405	—	—	312 774	40
…95 219	509 428	2 026 199	35 554 531	14 801 527	—	—	—	—	—	—	41
…0 068	665 191	5 653 879	21 000 000	22 149 567*	3,5	—	—	—	—	—	42
…821	672 766	1 795 794	13 000 000	18 274 500*	3½	—	—	1 113 984	75 175	1 189 159	43
…7 948	593 383	1 150 000	8 000 000	3 600 000	—	—	40 399	52 076	23 574	116 049	44
…844	579 781	—	5 000 000	4 000 000*	—	—	—	1 229 509	70 000	1 299 509	45
…867	124 000*	—	101 143	22 857	—	—	—	75 583	11 176	86 759	46
…457	406 032	—	2 558 000	—	—	35 797	20 070	—	—	55 867	47
…540	471 380	—	3 500 000	5 700 000	—	884 744	84 868	471 054	—	1 440 666	48
…506	344 894	—	1 700 000	700 000	—	149 947	—	—	—	149 947	49
…750	438 714	1 584 760	4 500 000	2 000 000	—	106 248	13 017	—	—	119 265	50
…2 450	326 829	—	4 350 000	1 948 000*	—	146 020	773	—	—	146 793	51
…4 650	229 213	—	1 100 000	100 000	—	119 312	29 337	—	—	148 649	52
…2 976	261 978	—	1 500 000	1 000 000	—	—	2080	—	—	2080	53
—	480 258	—*	56 000 000	56 000 000	3,5	—	—	—	—	—	54a
…2 793	466 247	—*				—	—	—	—	—	„ b
…5 003	498 185	—*				—	—	—	—	—	„ c
…2 250	1 169 539	15 000 000*	100 000 000	40 812 677*	3,5	—	—	—	—	—	55a
…	—	—				—	—	—	—	—	„ b
…	—	—				—	—	—	—	—	„ c
…5 750	237 775	—	2 500 000	—	—	—	—	—	—	—	56
…5 650	499 152	826 072	6 602 286	2 285 714*	4	—	—	—	—	—	57a
…5 296	407 707	146 933	2 514 286	—	4½	—	—	—	—	—	„ b
…0 420	801 110	4 067 400	14 801 200	10 253 300	—*	—	—	700 258	—	700 258	58a
…3 123	286 138	—	1 300 000	700 000	—	2136	—	—	—	2136	„ b
…5 572	528 506	1 779 184	10 500 000	2 100 000	3,5	—	—	—	—	—	59
…3 184	416 989	—	1 714 286	400 000*	—	—	—	148 528	42 043	190 571	60
…2 633	351 748	300 000	16 800 000	{10 500 000* / 10 500 000}	3,5*	—		—	—	—	61
…0 365	551 999	—	9 000 000	11 800 000	—	99 216	—	177 558	31 152	307 926	62
—	—	—	5 000 000	3 250 000	4	—	—	—	—	—	63

6

Abschnitt C.

Transportmittel.

1	Badische	—	86	4	4	94	33	94	—	—	90
2	Bayerische: a. Ludw.-Südnordb. b. Ludw.-Westbahn. c. Maximilians-B. d. 3 gepacht. Zweigb.	—	209	—	—	209	136	164	45	85	209
3	Braunschweigische	—	50	—	—	50	—	50	—	—	50
4	Hannoversche	—	196	—	6	202	135	202	—	202	171
5	Main-Neckar	—	24	—	—	24	7	24	—	—	23
6	Main-Weser	—	45	—	—	45	45	45	—	23	35
7	Preuß. Niederschles.-Märk.	—	135	—	—	135	61	127	8	42	135
8	" Ostbahn	—	125	—	—	125	57	125	—	48	125
9	a. " Saarbrücker b. " Saarbrücken-Trier	—	31	—	3	34	26	23	11	1	31
10	" Westfälische	—	46	—	—	46	32	32	14	—	46
11	Sächsische östliche a. Sächsisch-Böhmische. b. Sächsisch-Schlesische.	—	38	—	—	38*	36	38	—	6	31
12	Sächsische westliche a. Niedererzgebirgische. b. Obererzgebirgische. c. Sächsisch-Bayerische.	—	98	—	—	98*	95	95	—	—	68
13	Württembergische	—	2	87	—	89	59	89	—	60	89
	II. Privatbahnen a) unter Staatsverwaltg.										
14	Aach.-Düss.-Ruhrorter: a. Aach.-Düssel. b. Ruhrort-Crf.	—	33	—	—	33	18	33	—	9	33
15	Bergisch-Märkische: a. Düss.-Dortm. b. Dortm.-Soest c. Ruhr-Sieg. d. Witt.-Duisbg.	—	57	5	2	64	49	55	9	5	62
16	Prinz-Wilhelm-E.	—	1	7	—	8	8	8	—	—	7
17	Cöthen-Bernburger	—	4	—	—	4	—	2	2	4	4
18	a. Löbau-Zittauer	—	5	—	—	5	5	5	—	—	4
	b. Zittau-Reichenberger	—	5	—	—	5	5	5	—	—	5
19	a. Oberschlesische	—	68	—	5	73	56	73	—	42	68
	b. Breslau-Posen-Glogauer	—	34	—	—	34	21	34	—	34	34
20	Stargard-Posener	—	38	—	—	38	14	38	—	11	38
21	Rhein-Nahe	—	22	—	—	22	19	—	—	19	22
22	Wilhelms-Bahn	—	23	—	—	23	12	23	—	—	23
	b) in Privatverwaltung.										
23	Aachen-Mastrichter	—	17	—	—	17	13	17	—	5	17
24	Alberts-Bahn	—	4	—	4*	8	8	8	—	—	4
25, 26, 27	Altona-Kieler; Rendsburg-Neumünster; Glückstadt-Elmshorner	—	23	—	—	23	13	23	—	23	18
28	Aussig-Teplitzer	—	5	—	—	5	5	5	—	—	5
	zu übertragen	—	1424	103	21	1551					

Transportmittel.

Fabriken, welche die Lokomotiven geliefert haben.

16	17	18	19	20	21	22	23	24	25	26	27	28	29	30	31	32	33	34	35	36	37	38	39	40	41	42	43	44	45	46	47	48	49	50	51	52	53	54	55	56	57	58	59	60	61	62	
																										3														1							1
																																															2
														4		5							3																				1				3
													8																																		4
																																														1	5
																																															6
					2																						1			2																	7
											9							2																2													8
																																															9
																																															10
																																															11
																																															12
																						4																									13
																																															14
																					1			1																							15
																																															16
																																															17
																																															18a
																																															—b
																																										1					19a
															2																																—b
																																															20
																																															21
																																															22
																																															23
																																					1										24
																																															25
																																															26
					9											5																															27
																																															28

	90					91				92	93 I. Bestand der													
	Lokomotiven:					Davon sind:					Firma der													
II. Privatbahnen. (Forts.)	a. 4-rädrige.	b. 6-rädrige.	c. 8-rädrige.	d. Tender-Lokomotiven.	e. zusammen.	a. gekuppelt.	b. mit Expansion versehen.	c. ohne Expansion versehen.	d. mit Condensatoren versehen.	Tender.	1	2	3	4	5	6	7	8	9	10	11	12	13	14
übertragen	—	1421	103	21	1551						505	168	.	.	118	56	176	86	.	125	65	36	14	6
29 Bayerische Ostbahnen	60	—	—	—	60	36	60	—	—	60		60												
30 Berlin-Anhaltische	—	61	—	—	61	21	51	10	6	61	49										11			
31 a. Berlin-Hamburger / b. Hamburg-Bergedorfer	—	78	—	—	78	36	78	—	39	78	68										3	7		
32 Berlin-Potsdam-Magdebg.	—	45	—	—	45	13	20	25	—	45	32										5			
33 Berlin-Stettiner																								
a. Berl.-Stettin-Stargard	—	35	—	2	37	22	37	—	25	35	33											2		
b. Starg.-Cöslin-Colberg	—	22	—	—	22	—	22	—	22	22	19													
34 Breslau-Schweidnitz-Freib.	—	31	—	—	31	27	26	5	—	31	21										1	5		
35 Brünn-Rossitzer	—	4	—	—	4	4	4	—	—	4									4					
36 Buschtěhrader a. Lokom.-B.	—	—	—	5	5	5	5	—	—	—			5											
b. Pferde-B.	—	—	—	—	—	—	—	—	—	—														
37 Frankfurt-Hanauer	—	10	—	—	10	3	10	—	—	10					4									5
38 Galizische Carl-Ludw.-Bahn	—	32	—	17	49	16	43	6	—	39	8			27					7		3	2		
39 Graz-Köflacher	—	—	5	—	5*	5	—	5	—	5									5					
40 Hessische Ludwigs-E.	—	26	—	2*	28	12	26	—	—	26								26						
41 Kaiser Ferdinands Nordb.	198	20	—	—	218	184	173	45	—	218	12	25	111	7	3	29					1	4		
42 Kaiserin Elisabeth a. Wien-Salzburg	—	72	—	—	72	72	72	—	—	72				26					36					
b. Lambach-Gmdn.	—	14	—	—	14	14	—	14	14	—				14										
c. Pferdeb.Lz.-Bdw.	—	—	—	—	—	—	—	—	—	—														
43 Köln-Mindener	2	153	—	21	176	111	175	1	—	155	136				14	12					2	2	2	
44 Kurf. Friedr. Wilh. Nordb.	—	28	6	—	34	34	34	—	31	27					10							6		
45 Leipzig-Dresdener	—	52	—	—	52	19	45	1	46	51	37										6			
46 Ludwigs-E. (Nürnb.-Fürth)	—	3	—	—	3	—	1	2	—	3		2												
47 Lübeck-Büchener	—	7	—	—	7	3	7	—	3	7	6													
48 Magdb.-Cöth.-Halle-Leipz.	—	51	—	—	51	31	41	10	5	51	31							6					8	4
49 Magdeburg-Halberstädter	—	22	—	—	22	—	11	11	15	22	13											2	2	
50 Magdeburg-Wittenbergesche	—	17	—	3	20	12	19	1	4	17	15													
51 Mecklenburgische	—	21	—	—	24	6	24	—	—	21	23													
52 Neisse-Brieger	—	7	—	—	7	4	7	—	2	7	7													
53 Niederschlesische Zweigbahn	—	10	—	—	10	10	10	—	—	11	4													
54 a. Oesterreich. nördliche	—	50	71	26	147	106	143	4	5	102		3	31	36	2	47	.	14	5					
b. Oesterreich. südöstliche	—	118	3	41	162	110	162	—	5	111	.	25	29	59	4	19			23					
c. Wien-Neu-Szönyer	—	13	14	6	33	30	33	—	2	25			11						19				2	
55 a. Oesterreich. südliche	—	84	227	—	311	296	311	—	—	311		1	136	75	10	23		36					3	
b. Nordtiroler	—	—	—	10	10	10	10	—	—	—		2						8						
c. Venetianische u. Südtirol.	—	131	1	1	133	74	131	—	—	131	.	17	7	.	6							26	8	
56 Oppeln-Tarnowitzer	—	8	—	—	8	8	4	4	—	8	4													
57 a. Pfälzische Ludwigsbahn	—	41	—	—	41	21	41	—	—	40	.	24			9			4						
b. Pfälzische Maximiliansb.	—	12	—	—	12	6	12	—	—	12	.	6						6						
58 a. Rheinische	—	69	—	5	74	37	—*	—*	21	69	41				3	3						5	1	10
b. Köln-Crefelder	—	7	—	—	7	3	7	—	—	7	7													
59 Süd-Norddeutsche	—	28	12	—	40	40	40	—	—	40	.	12									28			
60 Taunus-Bahn	—	15	—	—	15	—	14	1	—	15					2	1						3		4
61 Theiß-Bahn	—	72	—	—	72	68	72	—	—	72				8					68					
62 Thüringische	—	62	—	—	62	[illegible]	[illegible]		[illegible]	[illegible]												62		

Transportmittel.

Fabriken, welche die Lokomotiven geliefert haben.

Nr.	18	19	20	21	22	23	24	25	26	27	28	29	30	31	32	33	34	35	36	37	38	39	40	41	42	43	44	45	46	47	48	49	50	51	52	53	54	55	56	57	58	59	60	61	62
	.	.	9	2	-	-	.	.	.	9	.	6	2	5	5	.	2	.	.	4	4	3	1	.	3	1	.	.	2	.	.	.	2	.	.	.	.	.	1	1	1	1	.	.	1
29	.	.	.	.	.	.	.	.	.	.	.	.	.	.	.	.	.	.	.	.	.	.	.	.	.	.	.	.	.	.	.	.	.	.	.	.	.	.	.	.	.	.	.	.	.
30	.	.	.	.	.	.	.	.	.	.	.	.	.	.	.	.	.	.	.	.	.	.	.	.	.	.	.	.	.	.	.	.	.	1	.	.	.	.	.	.	.	.	.	.	.
31	.	.	.	.	.	.	.	.	.	.	.	.	.	.	.	.	.	.	.	.	.	.	.	.	.	.	.	.	.	.	.	.	.	.	.	.	.	.	.	.	.	.	.	.	.
32	.	.	.	4	.	.	.	.	.	.	.	.	.	.	.	.	.	1	.	.	.	.	.	3	.	.	.	.	.	.	.	.	.	.	.	.	.	.	.	.	.	.	.	.	.
33a	.	.	.	.	.	.	.	.	.	.	.	.	.	.	.	.	.	.	.	.	.	.	.	.	.	.	.	.	.	.	.	2	.	.	.	.	.	.	.	.	.	.	.	.	.
—b	.	.	.	.	.	.	.	.	.	.	.	.	.	.	.	.	3	.	.	.	.	.	.	.	.	.	.	.	.	.	.	.	.	.	.	.	.	.	.	.	.	.	.	.	.
34	.	.	.	.	.	.	.	.	.	.	.	.	1	.	.	.	.	.	.	.	.	.	.	.	.	.	.	.	.	.	.	.	.	.	.	.	.	.	.	.	.	.	.	.	.
35	.	.	.	.	.	.	.	.	.	.	.	.	.	.	.	.	.	.	.	.	.	.	.	.	.	.	.	.	.	.	.	.	.	.	.	.	.	.	.	.	.	.	.	.	.
36a	.	.	.	.	.	.	.	.	.	.	.	.	.	.	.	.	.	.	.	.	.	.	.	.	.	.	.	.	.	.	.	.	.	.	.	.	.	.	.	.	.	.	.	.	.
—b	.	.	.	.	.	.	.	.	.	.	.	.	.	.	.	.	.	.	.	.	.	.	.	.	.	.	.	.	.	.	.	.	.	.	.	.	.	.	.	.	.	.	.	.	.
37	.	.	.	.	.	.	.	.	.	.	.	.	.	.	.	.	.	.	.	.	.	.	.	.	.	.	.	.	.	.	.	.	.	.	.	.	.	.	.	.	.	.	.	.	.
38	.	.	.	.	.	2	.	.	.	.	.	.	.	.	.	.	.	.	.	.	.	.	.	.	.	.	.	.	.	.	.	.	.	.	.	.	.	.	.	.	.	.	.	.	.
39	.	.	.	.	.	.	.	.	.	.	.	.	.	.	.	.	.	.	.	.	.	.	.	.	.	.	.	.	.	.	.	.	.	.	.	.	.	.	.	.	.	.	.	.	.
40	.	.	.	.	.	.	.	.	.	.	.	.	.	.	.	.	.	.	.	.	.	.	.	.	.	.	.	.	.	.	.	.	.	.	.	.	.	.	.	.	.	.	.	.	.
41	.	.	.	.	.	.	11	.	.	.	.	.	.	.	.	.	.	1	.	.	.	.	.	.	.	.	.	.	.	2	.	.	.	.	1	1	1	.	.	.	.	.	.	1	.
42a	.	.	.	.	.	10	.	.	.	.	.	.	.	.	.	.	.	.	.	.	.	.	.	.	.	.	.	.	.	.	.	.	.	.	.	.	.	.	.	.	.	.	.	.	.
—b	.	.	.	.	.	.	.	.	.	.	.	.	.	.	.	.	.	.	.	.	.	.	.	.	.	.	.	.	.	.	.	.	.	.	.	.	.	.	.	.	.	.	.	.	.
—c	.	.	.	.	.	.	.	.	.	.	.	.	.	.	.	.	.	.	.	.	.	.	.	.	.	.	.	.	.	.	.	.	.	.	.	.	.	.	.	.	.	.	.	.	.
43	.	.	1	.	.	.	.	.	.	.	.	.	.	.	.	.	.	2	.	.	.	.	2	.	.	.	.	.	.	.	.	.	.	.	.	.	.	.	.	.	.	.	.	.	.
44	.	.	.	.	.	.	.	.	.	.	.	.	.	.	.	.	.	.	.	.	.	.	.	.	.	.	.	.	.	.	.	.	.	.	.	.	.	.	.	.	.	.	.	.	.
45	.	.	2	.	.	.	.	.	.	.	.	.	.	.	.	.	.	.	4	.	.	.	.	.	.	.	.	2	.	.	.	.	.	.	.	.	.	1	.	.	.	.	.	.	.
46	.	.	.	.	.	.	.	.	.	.	.	.	.	.	.	.	.	.	.	.	.	.	.	.	.	.	.	.	.	.	.	.	.	.	.	.	.	.	.	.	.	.	.	.	.
47	.	.	.	.	.	.	.	.	.	.	.	.	.	.	.	.	.	.	.	.	.	.	.	.	.	.	.	.	.	.	.	.	.	.	.	.	.	.	.	.	.	.	.	.	.
48	.	.	.	1	.	.	.	.	.	.	.	.	.	.	.	.	.	.	.	.	.	.	.	.	.	.	.	.	.	.	.	.	.	.	.	.	.	.	.	.	.	.	1	.	.
49	.	.	.	1	.	.	.	.	.	.	.	.	.	.	.	.	.	.	.	.	.	.	.	.	.	.	.	.	.	.	2	.	.	.	.	.	.	.	.	.	.	.	.	.	.
50	.	.	.	5	.	.	.	.	.	.	.	.	.	.	.	.	.	.	.	.	.	.	.	.	.	.	.	.	.	.	.	.	.	.	.	.	.	.	.	.	.	.	.	.	.
51	.	.	.	.	.	.	.	.	.	.	.	.	.	.	.	.	.	.	.	.	.	.	.	.	.	.	.	.	.	.	.	.	.	.	.	.	.	.	.	.	.	.	.	.	.
52	.	.	.	.	.	.	.	.	.	.	.	.	.	.	.	.	.	.	.	.	.	.	.	.	.	.	.	.	.	.	.	.	.	.	.	.	.	.	.	.	.	.	.	.	.
53	.	.	.	.	.	.	.	.	.	.	.	.	5	.	.	.	.	.	.	.	.	.	.	.	.	1	.	.	.	.	.	.	.	.	.	.	.	.	.	.	.	.	.	.	.
54a	.	.	.	.	.	.	.	.	.	.	.	.	.	.	.	.	.	.	.	.	.	.	.	.	.	.	.	.	.	.	.	.	.	.	.	.	.	.	.	.	.	.	.	.	.
—b	.	.	.	.	.	.	.	.	.	.	.	.	.	.	.	.	.	.	.	.	.	.	.	.	.	.	.	.	.	.	.	.	.	.	.	.	.	.	.	.	.	.	.	.	.
—c	.	.	.	.	.	.	.	.	.	.	.	.	.	.	.	.	.	.	.	.	.	.	.	.	.	.	.	.	.	.	.	.	.	.	.	.	.	.	.	.	.	.	.	.	.
55a	.	.	.	.	.	1	.	.	.	.	.	.	.	.	.	.	.	.	.	.	.	.	.	.	.	.	.	.	.	.	.	.	.	.	.	.	.	.	.	.	.	.	.	.	.
—b	.	.	.	.	.	.	.	.	.	.	.	.	.	.	.	.	.	.	.	.	.	.	.	.	.	.	.	.	.	.	.	.	.	.	.	.	.	.	.	.	.	.	.	.	.
—c	9	12	.	.	.	.	.	10	10	10	.	.	.	.	.	.	.	.	.	.	.	.	.	.	.	.	.	.	.	.	.	.	.	.	.	.	.	.	.	.	.	.	.	.	.
56	.	.	2	.	.	.	.	.	.	.	.	.	.	.	.	.	.	.	.	.	.	.	.	.	.	.	2	.	.	.	.	.	.	.	.	.	.	.	.	.	.	.	.	.	.
57a	.	.	.	.	.	.	.	.	.	.	.	4	.	.	.	.	.	.	.	.	.	.	.	.	.	.	.	.	.	.	.	.	.	.	.	.	.	.	.	.	.	.	.	.	.
—b	.	.	.	.	.	.	.	.	.	.	.	.	.	.	.	.	.	.	.	.	.	.	.	.	.	.	.	.	.	.	.	.	.	.	.	.	.	.	.	.	.	.	.	.	.
58a	.	.	.	.	.	.	.	.	.	.	.	4	.	.	.	.	.	.	.	.	.	.	.	.	.	.	.	.	.	.	.	.	.	.	.	.	.	.	.	.	.	.	.	.	.
—b	.	.	.	.	.	.	.	.	.	.	.	.	.	.	.	.	.	.	.	.	.	.	.	.	.	.	.	.	.	.	.	.	.	.	.	.	.	.	.	.	.	.	.	.	.
59	.	.	.	.	.	.	.	.	.	.	.	.	.	.	.	.	.	.	.	.	.	.	.	.	.	.	.	.	.	.	.	.	.	.	.	.	.	.	.	.	.	.	.	.	.
60	.	.	.	.	.	.	.	.	.	.	.	.	.	.	.	.	3	.	.	.	.	.	.	.	.	.	.	.	.	.	.	.	.	.	.	.	.	.	.	.	.	.	.	.	.
61	.	.	.	.	.	.	.	.	.	.	.	.	.	.	.	.	.	.	.	.	.	.	.	.	.	.	.	.	.	.	.	.	.	.	.	.	.	.	.	.	.	.	.	.	.
62	.	.	.	.	.	.	.	.	.	.	.	.	.	.	.	.	.	.	.	.	.	.	.	.	.	.	.	.	.	.	.	.	.	.	.	.	.	.	.	.	.	.	.	.	.

I. Staatsbahnen.	Personenwagen: a. 4=	b. 6=	c. 8= (rädrige)	d. zusammen.	Die Personenwagen enthalten Plätze: a. I.	b. II. (Klasse)	c. III.	d. IV. (Klasse)	e. zusammen.	Auf eine Achse kommen durchschnittlich Plätze
1 Badische	262	63	—	325	995	3000	7942	—	11 937	16,74
2 Bayerische: a. Ludw.-Südnordb., b. Ludw.-Westbahn, c. Maximilians-B., d. 3 gepacht. Zweigb.	98	462	1	561	1150	5696	12 620	—	19 466	12,31
3 Braunschweigische	—	71	—	71*	236	864	2600	—	3700	17,31
4 Hannoversche	—	298	—	298*	698	2988	9086	—	12 772	14,74
5 Main-Neckar	28	58	—	86	316	882	2220	—	3418	14,46
6 Main-Weser	—	86	—	86*	273	956	2520	—	3749	14,66
7 Preuß. Niederschles.-Märk.	—	145	19	164	416	1876	5128	1489	8909	17,43
8 " Ostbahn	—	185	—	185	414	2416	4880	2184	9894	17,88
9 a. " Saarbrücker, b. " Saarbrücken-Trier	63	—	—	63	156	368	1130	1125	2779	22,06
10 " Westfälische	—	66	—	66	138	576	1690	1440	3844	19,41
11 Sächsische östliche: a. Sächsisch-Böhmische, b. Sächsisch-Schlesische	12	88	—	100	368	888	3160	—	4416	15,33
12 Sächsische westliche: a. Niedererzgebirgische, b. Obererzgebirgische, c. Sächsisch-Bayerische	121	60	—	181	346	1788	3920	—	6054	14,35
13 Württembergische	28	—	143	171	384	2876	6768	—	10 028	15,87
II. Privatbahnen										
a) unter Staatsverwaltg.										
14 Aach.-Düss.-Ruhrorter: a. Aach.-Düssel., b. Ruhrort-Cref.	18	51	—	69	290	680	1480	1188	3638	19,33
15 Bergisch-Märkische: a. Düss.-Dortm., b. Dortm.-Soest, c. Ruhr-Sieg, d. Witt.-Duisbg.	8	58		66	158	616	2020	720	3514	18,46
16 Prinz-Wilhelm-E.	—	6	—	6	30	74	300	—	404	22,44
17 Cöthen-Bernburger	4	2	—	6	14	28	160	—	202	14,43
18 a. Löbau-Zittauer	4	10	—	14	24	128	480	—	632	16,63
b. Zittau-Reichenberger	14	—	—	14	24	112	380	—	516	18,43
19 a. Oberschlesische	18	66	—	84	212	820	1655	1225	3912	16,72
b. Breslau-Posen-Glogauer	12	42	—	54	96	544	1760	350	2750	18,33
20 Stargard-Posener	—	46	—	46	108	608	1320	450	2486	18,01
21 Rhein-Nahe	40	—	—	40	89	240	1330	—	1659	20,74
22 Wilhelms-Bahn	8	17	—	25*	58	200	650	60	968	14,46
b) in Privatverwaltung.										
23 Aachen-Mastrichter	—	24	—	24	114	280	840	—	1234	17,14
24 Alberts-Bahn	3	13	—	16	32	168	500	—	700	15,56
25 Altona-Kieler, 26 Rendsburg-Neumünster, 27 Glückstadt-Elmshorner	—	46	—	46	154	552	1680	—	2386	17,39
28 Aussig-Teplitzer	—	20	—	20	120	276	320	—	716	11,93

97			98	99	100	101	102		103		
Transportmittel.											
Equipage-, Vieh-wagen.			Arbeitswagen.	Schneepflüge.	Draisinen.	Sonstige Transportmittel.	Anzahl der (unter den Wagen u. in Reserve) vorhandenen		Gesammtladungs-Fähigkeit		
e.	f.	g.					a.	b.	a.	b.	
übrige		zusammen.					eisernen	stählernen	der Güterwagen.	der übrigen Lastwagen (Gepäck-, Vieh- rc. Wagen).	
offene	bedeckte						Achsen.				
Stck.	Stck.	Stck.	Stck.	Stck.	Stck.				Zoll-Ctr.	Zoll-Ctr.	
—	—	1254	24	9	4	. . . .	3908	212	168 000	10 000	1
—	—	3898	211	27	63	. . . .	11 235	—	480 380	i. Col. 103a.	2
7	49	645*	24	—	—	. . . .	1796	4	75 300	14 920	3
35	324	3381*	450	—	9	. . . .	10 386	224	438 100	44 840	4
—	—	255	4	4	4	. . . .	899	—	20 400	3320	5
—	9	522*	32	—	6	. . . .	1391	—	59 900	7640	6
40	199	1573	154	—	9	. . . .	1812	2357	238 231	26 043	7
—	—	1468	72	9	11	110 Bahnmeisterwagen	4462	5	225 101	34 948	8
—	—	802	101	—	7	. . . .	1098	—	99 000	15 060	9
3	6	656	36	9	4	7 Umlade- und 18 Bahnmeisterwagen .	1900	—	63 905	6360	10
—	5	726	72	—	6	. . . .	1829	—	72 350	i. Col. 103a.	11
4	4	3216	59	—	9	. . . .	6879	—	319 880	—	12
81	333	548	30*	4	—	. . . .	3285	—	119 690	3600	13
—	—	1074	32*	1	3	[illegible]	1795	792	106 460	13 240	14
6	—	1403	—		1	1 steh. Maschine z. Ueberwindung v. Steigungen	3780	15	188 275	8820	15
—	—	423	—	—	—	. . . .	951	—	46 800	1100	16
—	—	44	4	—	1	. . . .	118	—	5200	—	17
—	2	57	5	—	—	. . . .	163	—	7060	i. Col. 103a.	18a
—	—	104	8	—	—	. . . .	236	—	12 800	i. Col. 103a.	- b
14	—	2274	—	—	4	. . . .	6365	52	325 540	8400	19a
—	—	550	—	—	2	. . . .	1563	—	76 800	4200	- b
7	19	316	30	4	4	. . . .	1141	—	29 156	10 470	20
—	—	232	63	—	1	. . . .	719	—	33 601	10 220	21
3	3	692*	22	1	1	. . . .	2102	—	103 660	4240	22
2	—	389	29	—	2	. . . . .	958	—	38 210	6700	23
—	—	638	8	—	—	. . . . .	1123	240	i. Col. 103b.	69 400	24
2	13	323	28	3	3	1 stehende Maschine am Quai, 13 Drehwagen für Oberbahnwärter und 6 Postwagen .	981	6	41 200	288	25–27
—	—	145	12	1	2	. .	390	—	28 000	1000	28

	94				95					96	97			
	(Fortſ.) **I. Beſtand der**													
II. Privatbahnen. (Fortſ.)	Perſonenwagen:				Die Perſonenwagen enthalten Plätze:					Auf eine Achſe kommen durchſchnittlich	Laſtwagen (Güter- und ...)			
	a. 4-	b. 6-	c. 8-	d. zuſammen.	a. I.	b. II.	c. III.	d. IV.	e. zuſammen.		a. 4 rädrige	b.	c. 6 rädrige	d.
	rädrige.				Klaſſe.		Klaſſe.				offene.	bedeckte.	offene.	bed.
	Stck.	Stck.	Stck.	Stck.						Plätze.	Stck.	Stck.	Stck.	Stck.
29 Bayeriſche Oſtbahnen	200	—	—	200	360	1440	7600	—	9400	23,50	338	760	—	—
30 Berlin-Anhaltiſche	21	81	—	102	342	1240	3000	—	4582	16,04	508	220	31	[illegible]
31 a. Berlin-Hamburger b. Hamburg-Bergedorfer	—	121	—	121	282	1680	4220	—	6182	17,03	103	204	66	[illegible]
32 Berlin-Potsdam-Magdebg.	5	94	—	99	390	1424	2650	—	4473	15,33	197	21	5	[illegible]
33 Berlin-Stettiner														
a. Berl.-Stettin-Stargard	5	61	—	66	176	914	1920	—	3040	15,15	44	64	25	[illegible]
b. Starg.-Cöslin-Colberg	—	44	—	44	60	544	1760	—	2364	17,01	108	126	30	[illegible]
34 Breslau-Schweidnitz-Freib.	23	60	1	84	90	672	2560	—	3622	15,75	397	159	21	[illegible]
35 Brünn-Roſſitzer	4	2	—	6	12	32	176		220	15,71	92	6	—	—
36 Buſchtěhrader a. Locom.-B.	1	—	3	4	30	56	96	—	182	13,8	84	2	—	—
b. Pferde-B.	5	—	—	5	—	—	—	—	30	3,0	182	—	—	—
37 Frankfurt-Hanauer	44	5	—	49	96	420	1260	—	1776	17,24	24	16	—	—
38 Galiziſche Carl-Ludw.-Bahn	28	38	—	66	172	776	2070	—	3018	17,73	197	673	42	[illegible]
39 Graz-Köflacher	7	—	—	7*	60	200	—	—	260	18,57	45	—	—	—
40 Heſſiſche Ludwigs-E.	54	33	—	87	188	848	2570	—	3606	17,43	239	257	—	[illegible]
41 Kaiſer Ferdinands Nordb.	374	—	—	374	828	3432	5920	—	10 180	13,61	2001	2658	—	—
42 Kaiſerin Eliſabeth a. Wien-Salzburg	351	—	—	351*	615	2392	8920	—	11 927	16,99	488	322	—	—
b. Lambach-Gmdn.	48	—	—	48	—	—	—	—	751	7,83	872	183	—	—
c. Pferdeb.Lz.-Btw.	38	—	—	38	—	—	—	—	358	4,71				
43 Köln-Mindener	25	135	—	160*	511	1740	3300	3120	8971	19,79	2579	520	375	[illegible]
44 Kurf. Friedr. Wilh. Nordb.	—	56	—	56*	96	544	1890	—	2530	15,06	206	65	—	[illegible]
45 Leipzig-Dresdener	69	45	—	114	186	1074	3016	—	4276	15,66	271	205	255	[illegible]
46 Ludwigs-E. (Nürnb.-Fürth)	15	10	—	25	58	284	458	—	800	13,33	1	—	—	—
47 Lübeck-Büchener	—	13	—	13	30	160	480	—	670	17,18	16	27	49	[illegible]
48 Magdb.-Cöth.-Halle-Leipz.	76	47	—	123	198	986	3278	—	4462	15,73	436	471	—	[illegible]
49 Magdeburg-Halberſtädter	2	34	—	36	124	640	960	—	1724	16,26	155	25	4	[illegible]
50 Magdeburg-Wittenbergeſche	—	31	—	31	54	352	1240	—	1646	17,70	40	51	12	[illegible]
51 Mecklenburgiſche	—	29	9	38	84	480	1290	—	1854	15,07	63	51	9	[illegible]
52 Neiſſe-Brieger	—	10	—	10	18	104	314	—	436	14,55	9	35	12	[illegible]
53 Niederſchleſiſche Zweigbahn	—	7	16	23	132	384	584*	—	1100	12,94	23	32	—	[illegible]
54 a. Oeſterreich. nördliche	124	—	74	198	760	2798	5118	—	8676	15,95	1198	532	—	—
b. Oeſterreich. ſüdöſtliche	165	1	86	252	848	4106	5260	—	10 214	15,06	694	1315	161	[illegible]
c. Wien-Neu-Szönyer	7	16	29	54	106	256	1836	—	2198	11,86	147	550	—	[illegible]
55 a. Oeſterreich. ſüdliche	120	—	329	449	1748	6324	15 467	—	23 539	15,11	1156	1240	1	[illegible]
b. Nordtiroler	—	32	7	39	144	588	1116	—	1848	14,00	46	77	—	—
c. Venetianiſche u. Südtirol.	245	13	52	310	1192	2776	7920	—	11 888	16,13	746	675	—	[illegible]
56 Oppeln-Tarnowitzer	—	6	—	6*	18	72	180	45	315*	17,50	116	31	—	[illegible]
57 a. Pfälziſche Ludwigsbahn	95	—	—	95	194	820	1920	—	2934	15,44	1040	161	—	—
b. Pfälziſche Maximiliansb.	36	—	—	36	128	210	800	—	1165	16,33	301	98	—	—
58 a. Rheiniſche	64	108	—	172	1365	2320	2640	400	6725	14,88	825	310	7	[illegible]
b. Köln-Crefelder	—	18	—	18	24	160	560	256	1000	18,33	83	10	—	[illegible]
59 Süd-Norddeutſche	58	—	—	88	154	896	1920	—	2970	16,44	244	215	—	—
60 Taunus-Bahn	119	15	—	134	534	1045	3140	—	4719	16,47	72	66	19	[illegible]
61 Theiß-Bahn	—	145	—	145	351	2464	4200	—	7015	16,13	391	909	—	[illegible]
62 Thüringiſche	—	106	—	106*	267	1436	3596	—	5299*	16,46	498	472	10	[illegible]
63 Werra-E.	—	40	—	40	120	544	1360	—	2024	16,87	192	103	—	[illegible]

97			98	99	100	101	102		103		
Transportmittel.											
…Equipage-, Vieh-wagen)			Arbeitswagen.	Schneepflüge.	Draisinen.	Sonstige Transportmittel.	Anzahl der (unter den Wagen u. in Reserve) vorhandenen		Gesammtladungs-Fähigkeit		
e. 8 rädrige …ne.	f. 8 rädrige bedeckte.	g. zusammen.					a. eisernen	b. stählernen	a. der Güterwagen.	b. der übrigen Lastwagen (Gepäck-, Vieh- x. Wagen).	
Anz.	Anz.	Anz.	Anz.	Anz.	Anz.		Achsen.		Zollctr.	Zollctr.	
—	—	1098	50	7	8	. . . .	5800	—	219 600	i. Kol. 103a.	29
4	26	851	122	3	8	. . . .	1858	782	119 730	1880	30
15	161	922	44	1	6	1 Dampf-Draisine und 24 vierrädrige Steinkohlenwagen der Coaksbrennereien x.	2441	805	105 670	19 435	31
2	5	469	50	—	3	. . . .	2125	—	76 565	i. Kol. 103a.	32
35	71	257	50	4	2	2 Brems- u. Seilwagen für die geneigte Ebene bei Neustadt und 4 Kohlen- u. Coakswagen	417	782	31 190	1500	33a
—	—	318	—	—	3	. . . .	1032	—	34 975	1440	- b
99	4	683	46	—	1	. . . .	1994	—	100 665	3080	34
—	—	98	—	1	1	22 Bahnwagen	222	—	16 150	336	35
—	—	86	7	2	2	. . . .	217	—	15 200	—	36a
—	—	152	15	1	—	. . . .	417	—	12 740	—	- b
—	—	40	—	—	2	2 Galawagen für fürstliche Personen .	214	—	1280	1920	37
37	50	1007	80	6	2	. . . .	2452	6	150 100	52 270	38
—	6	51*	—	1	1	. . . .	6	—	880	9440	39
—	—	504	50	1	4	. . . .	1303	—	69 200	25 000	40
55	228	5005	—	16	34	. . . .	11 902	20	657 775	13 676	41
—	—	810	—	10	—	. . . .	2322*	—	74 200	85 700	42a
16	—	1071	—	2	—	. . . .	2507	—	52 150	1600	- b
				—	—		76	—			- c
30	—	3798*	220	1	5	. . . .	6395	3931	560 100	39 580	43
—	8	284*	21	—	2	. . . .	847	—	25 090	3160	44
—	9	874	—	—	—	9 Postwagen	2740	2	111 690	i. Kol. 103a.	45
—	—	1	2	—	—	. . . .	75	—	—	—	46
2	—	133	—	—	—	. . . .	118	295	17 855	—	47
3	60	957	39	1	3	. . . .	2469	8	132 430	1820	48
—	25	299	—	—	1	. . . .	1037	24	33 785	i. Kol. 103a.	49
2	—	168	12	—	2	. . . .	673	44	15 997	5410	50
18	69*	262	—	—	2	. . . .	965	—	30 380	4160	51
6	—	71	—	—	1	7 Bahnmeisterwagen	237	—	7770	820	52
9	11	98	19	—	—	. . . .	429	—	15 696	756	53
264	583	2577	—	15	1	. . . .	7675	383	479 255	20 745	54a
373	709	3386	144	11	11	. . . .	10 876	523	563 510	126 360	- b
17	14	762	—	7	5	. . . .	1909	55	127 375	23 155	- c
253	594	3283	—	42	—	. . . .	9886	—	590 940	i. Kol. 103a.	55a
—	—	123	—	2	—	. . . .	370	—	12 400	—	- b
—	—	1625	60	11	6	. . . .	4000	—	204 160	66 240	- c
—	—	151	—	1	1	. . . .	497	—	22 500	1800	56
—	—	1201	3	3	2	. . . .	2698	—	126 120	i. Kol. 103a.	57a
—	—	399	—	1	—	. . . .	876	—	44 260	i. Kol. 103a.	- b
6	—	1162	—	—	3	9 Bremswagen auf der geneigten Ebene .	3115	25	171 074	17 390	58a
—	—	96	14	—	—	. . . .	277	—	13 250	3450	- b
—	—	459	i. K. 97a.	6	4	48 kleine Handbahnwagen	1574	—	75 800	18 400	59
—	—	175	—	1	3	. . . .	670	—	19 025	i. Kol. 103a.	60
—	—	1315	331	8	3	. . . .	3947	—	162 860	91 680	61
—	36	1046*	70	—	—	. . . .	2668	9	104 942	4880	62
—	—	307	20	—	—	. . . .	815	—	29 200	1710	63

II. Privatbahnen. (Forts.)	Personenwagen: a. 4-rädrige	b. 6-rädrige	c. 8-rädrige	d. zusammen	Die Personenwagen enthalten Plätze: a. I. Klasse	b. II. Klasse	c. III. Klasse	d. IV. Klasse	e. zusammen	Auf eine Achse kommen durchschnittlich Plätze	Lastwagen (Gepäck- und Güter-) a. 4 rädrige offene	b. 4 rädrige bedeckte	c. 6 rädrige offene	d. 6 rädrige bedeckte
	Stck.	Stck.	Stck.	Stck.						Plätze	Stck.	Stck.	Stck.	Stck.
29 Bayerische Ostbahnen	200	—	—	200	360	1440	7600	—	9400	23,50	338	760	—	—
30 Berlin-Anhaltische	21	81	—	102	342	1240	3000	—	4582	16,88	508	220	31	62
31 a. Berlin-Hamburger	—	121	—	121	282	1680	4220	—	6182	17,03	103	204	66	[illegible]
b. Hamburg-Bergedorfer														
32 Berlin-Potsdam-Magdebg.	5	94	—	99	399	1424	2650	—	4473	15,37	197	21	5	13[illegible]
33 Berlin-Stettiner														
a. Berl.-Stettin-Stargard	5	61	—	66	176	944	1920	—	3040	15,35	44	64	28	[illegible]
b. Starg.-Cöslin-Colberg	—	44	—	44	60	544	1760	—	2364	17,91	108	126	30	[illegible]
34 Breslau-Schweidnitz-Freib.	23	60	1	84	90	672	2860	—	3622	15,75	397	159	21	[illegible]
35 Brünn-Rossitzer	4	2	—	6	12	32	176	—	220	15,71	92	6	—	—
36 Buschtěhrader a. Locom.-B.	1	—	3	4	30	56	96	—	182	13,0	84	2	—	—
36 Buschtěhrader b. Pferde-B.	5	—	—	5	—	—	—	—	30	3,0	182	—	—	—
37 Frankfurt-Hanauer	44	5	—	49	96	420	1260	—	1776	17,24	24	16	—	—
38 Galizische Carl-Ludw.-Bahn	28	38	—	66	172	776	2070	—	3018	17,95	197	673	42	[illegible]
39 Graz-Köflacher	7	—	—	7*	60	200	—	—	260	18,57	45	—	—	—
40 Hessische Ludwigs-E.	54	33	—	87	188	848	2570	—	3606	17,63	239	257	—	[illegible]
41 Kaiser Ferdinands Nordb.	374	—	—	374	828	3432	5920	—	10 180	13,61	2001	2688	—	—
42 Kaiserin Elisabeth a. Wien-Salzburg	351	—	—	351*	615	2392	8920	—	11 927	16,99	488	322	—	—
b. Lambach-Gmdn.	48	—	—	48	—	—		—	751	7,82	872	183	—	—
c. Pferdeb. Lz.-Bdw.	38	—	—	38	—	—	—	—	358	4,71				
43 Köln-Mindener	25	135	—	160*	511	1740	3300	3420	8971	19,72	2579	520	375	[illegible]
44 Kurf. Friedr. Wilh. Nordb.	—	56	—	56*	96	544	1890	—	2530	15,06	206	65	—	[illegible]
45 Leipzig-Dresdener	69	45	—	114	186	1074	3016	—	4276	15,44	271	205	255	13[illegible]
46 Ludwigs-E. (Nürnb.-Fürth)	15	10	—	25	58	284	458	—	800	13,33	1	—	—	—
47 Lübeck-Büchener		13	—	13	30	160	480	—	670	17,18	16	27	49	[illegible]
48 Magdb.-Cöth.-Halle-Leipz.	76	47	—	123	198	986	3278	—	4462	15,13	436	471	—	[illegible]
49 Magdeburg-Halberstädter	2	34	—	36	124	640	960	—	1724	16,14	155	26	4	[illegible]
50 Magdeburg-Wittenbergesche	—	31	—	31	54	352	1240	—	1646	17,70	40	51	12	[illegible]
51 Mecklenburgische	—	29	9	38	84	480	1290	—	1854	15,87	83	54	9	[illegible]
52 Neisse-Brieger	—	10	—	10	18	104	314	—	436	14,55	9	35	12	[illegible]
53 Niederschlesische Zweigbahn	—	7	16	23	132	384	584*	—	1100	12,91	23	52	—	[illegible]
54 a. Oesterreich. nördliche	124	—	74	198	760	2798	5118	—	8676	15,85	1198	532	—	—
b. Oesterreich. südöstliche	165	1	86	252	848	4106	5260	—	10 214	15,88	694	1315	164	13[illegible]
c. Wien-Neu-Szönyer	7	18	29	54	106	256	1836	—	2198	11,85	147	580	—	[illegible]
55 a. Oesterreich. südliche	120	—	329	449	1748	6324	15 467	—	23 539	15,85	1156	1240	1	[illegible]
b. Nordtiroler	—	32	7	39	144	588	1116	—	1848	14,80	46	77	—	—
c. Venetianische u. Südtirol.	245	13	52	310	1192	2776	7920	—	11 888	16,13	746	875	—	[illegible]
56 Oppeln-Tarnowitzer	—	6	—	6*	18	72	180	45	315*	17,50	116	31	—	[illegible]
57 a. Pfälzische Ludwigsbahn	95	—	—	95	194	820	1920	—	2934	15,44	1040	161	—	—
b. Pfälzische Maximiliansb.	36	—	—	36	128	240	800	—	1168	16,22	301	98	—	—
58 a. Rheinische	64	108	—	172	1365	2320	2640	400	6725	14,88	825	319	7	[illegible]
b. Köln-Crefelder	—	18	—	18	24	160	560	256	1000	18,33	83	10	—	[illegible]
59 Süd-Norddeutsche	68	—	—	68	154	896	1920	—	2970	16,88	244	215	—	—
60 Taunus-Bahn	119	15	—	134	534	1045	3140	—	4719	16,47	72	66	19	[illegible]
61 Theiß-Bahn	—	145	—	145	351	2464	4200	—	7015	16,13	391	909	—	[illegible]
62 Thüringische	—	106	—	106*	267	1436	3596	—	5299*	16,44	498	472	10	[illegible]
63 Werra-E.	—	40	—	40	120	544	1360	—	2024	16,87	192	103	—	12

97			98	99	100	101	102		103		

Transportmittel.

Equipage-, Vieh-wagen). e. 8rädrige offne	f. 8rädrige bedeckte	g. zusammen	Arbeitswagen	Schneepflüge	Draisinen	Sonstige Transportmittel	Anzahl der (unter den Wagen u. in Reserve) vorhandenen Achsen a. eisernen	b. stählernen	Gesammtladungs-Fähigkeit a. der Güterwagen	b. der übrigen Lastwagen (Gepäck-, Vieh- rc. Wagen)	
Stck.	Stck.	Stck.	Stck.	Stck.	Stck.				Zoll-Ctr.	Zoll-Ctr.	
—	—	1098	50	7	8	. . . . .	5800	—	219 600	i. Col. 103a.	29
4	26	851	122	3	8	. . . . .	1858	762	119 730	1980	30
15	161	922	44	1	6	1 Dampf-Draisine und 24 vierrädrige Steinkohlenwagen der Coaksbrennereien rc.	2441	805	105 670	19 435	31
2	5	469	50	—	3	. .	2125	—	78 585	i. Col. 103a.	32
35	71	257	50	4	2	2 Brems- u. Seilwagen für die geneigte Ebene bei Neustadt und 4 Kohlen- u. Coakswagen	417	782	31 190	1500	33a
—	—	318	—	—	3	. . . .	1032	—	34 975	1440	- b
99	4	683	46	—	1	. . . .	1994	—	100 665	3080	34
—	—	98	—	1	1	22 Bahnwagen	222	—	16 150	336	35
—	—	86	7	2	2	. . . .	217	—	15 200	—	36a
—	—	152	15	1	—	. . . .	417	—	12 740	—	- b
—	—	40	—	—	2	2 Galawagen für fürstliche Personen .	214	—	1250	1920	37
27	50	1007	80	6	2	. . . .	2452	6	150 100	52 270	38
—	6	51*	—	1	1	. . . .	6	—	880	9440	39
—	—	504	50	1	4	. . . .	1303	—	69 200	25 000	40
58	228	5005	—	16	34	. . . .	11 902	20	657 775	13 676	41
—	—	810	—	10	—	. . . .	2322*	—	74 200	85 700	42a
16	—	1071	—	2	—	. . . .	2507	—	52 150	1600	- b
				—	—		76	—			- c
30	—	3798*	220	1	5	. . . .	6395	3831	560 100	39 580	43
—	8	284*	21	—	2	. . . .	817	—	25 090	3160	44
—	9	871	—	—	—	9 Postwagen	2740	2	111 890	i. Col. 103a.	45
—	—	1	2	—	—	. . . .	75	—	—	—	46
2	—	133	—	—	—	. . . .	118	295	17 855	—	47
3	60	957	39	1	3	. . . .	2469	8	132 430	1820	48
-	25	299	—	—	1	. . . .	1037	24	33 785	i. Col. 103a.	49
2	—	168	12	—	2	. . . .	673	44	15 997	5410	50
18	69*	262	—	—	2	. . . .	065	—	30 380	4160	51
6	—	71	—	—	1	7 Bahnmeisterwagen	237	—	7770	820	52
9	11	08	19	—	—	. . . .	428	—	15 696	756	53
264	583	2577	—	15	1	. . . .	7675	383	179 255	29 745	54a
373	709	3386	144	11	11	. . . .	10 870	523	563 510	126 380	- b
17	14	762	—	7	5	. . . .	1909	55	127 375	23 155	- c
153	594	3283	—	42	—	. . . .	9886	—	590 910	i. Col. 103a.	55a
—	—	123	—	2	—	. . . .	370	—	12 400	—	- b
—	—	1628	60	11	6	. . . .	4000	—	204 160	66 240	- c
—	—	151	—	1	1	. . . .	497	—	22 500	1800	56
—	—	1201	3	3	2	. . . .	2698	—	128 120	i. Col. 103a.	57a
—	—	399	—	1	—	. . . .	876	—	44 260	i. Col. 103a.	- b
6	—	1162	—	—	3	9 Bremswagen auf der geneigten Ebene .	3115	28	171 074	17 590	58a
—	—	96	14	—	—	. . . .	277	—	13 280	3480	- b
—	—	459	i. C. 97a.	6	4	48 kleine Handbahnwagen	1574	—	75 500	18 400	59
—	-	175	—	1	3	. . . .	670	—	19 025	i. Col. 103a.	60
—	—	1315	331	6	3	. . . .	3947	—	162 860	91 680	61
—	38	1046*	79	—	—	. . . .	2668	9	104 942	4880	62
—	—	807	20	—	—	. . . .	815	—	29 200	1710	63

1	Badische	100	5½ (vergl.)	1 444 049	577 468	1 363 203	4943	[illegible]
2	Bayerische: a. Ludw.-Südnordb.	175	3,44	3 852 139	757 818	2 354 129	24 983	35 144
	b. Ludw.-Westbahn							
	c. Maximiliansbahn							
	d. 3 gepacht. Zweigb.							
3	Braunschweigische	100	4½	766 105	223 096	564 360	2601	—
4	Hannoversche	100	5 (vergl.)	2 805 153	752 547*	3 140 466*	141 731	—
5	Main-Neckar	50	—	315 335	151 063	303 248	[illegible]	2472
6	Main-Weser	100	4½—5½	706 793	261 167	628 756	19 363	1500
7	Preuß. Niederschles.-Märk.	90	3½—5	2 133 814	493 472	2 156 307	116 250	—
8	" Ostbahn	98	3½—4½	1 947 907	558 192	2 072 484	83 705	8901
9	a. " Saarbrücker	100	5	572 698	136 517	727 727	50 360	910
	b. " Saarbrücken-Trier							
10	" Westfälische	75	4½	739 915	182 397	597 757	29 775	2797
11	Sächsische östliche: a. Sächsisch-Böhmische	90	3½—4½	570 062	275 057	655 362	6673	1313
	b. Sächsisch-Schlesische							
12	Sächsische westliche: a. Niedererzgebirgische	80	3½—4½	1 494 015*	369 957	2 049 932*	4799	[illegible]
	b. Obererzgebirgische							
	c. Sächsisch-Bayerische							
13	Würtembergische	50	5	1 434 454	395 137	1 219 459	—	—
	II. Privatbahnen							
	a) unter Staatsverwaltg.							
14	Aach.-Düss. Ruhrorter: a. Aach.-Düssel.	100	4%	517 036	190 970	957 714	[illegible]	—
	b. Ruhrort-Crf.							
15	Bergisch-Märkische: a. Düss.-Dortm.	100	3½—5½	1 045 913	175 610	1 481 485	—	—
	b. Dortm.-Soest							
	c. Ruhr-Sieg							
	d. Witten-Duisbg.							
16	Prinz-Wilhelm-E.	100	3½—4½	132 750	18 140	307 320	—	—
17	Cöthen-Bernburger	100	3%	47 000	8400	41 500	1600	100
18	a. Löbau-Zittauer	80	3½—4½	88 971	29 681	43 563	28 455	[illegible]
	b. Zittau-Reichenberger	80	3½—4½	116 267	32 788	90 694	[illegible]	[illegible]
19	a. Oberschlesische	100	3½—5	1 182 432	202 448	2 380 715	—	—
	b. Breslau-Posen-Glogauer	60	4%	592 118	137 416	617 882	—	—
20	Stargard-Posener	57	4½—4½	573 970	151 452	453 593	27 353	—
21	Rhein-Nahe	90	—	389 900	90 526	247 386	38 060	450
22	Wilhelms-Bahn	60	3½—4½	313 738	55 415	758 793	20 911	1017
	b) in Privatverwaltung.							
23	Aachen-Mastrichter	75	3½—4½	280 100	66 230	315 935	11 687	400
24	Alberts-Bahn	75	3½—4	108 220	41 181	436 750	600	—
25	Holstein: Altona-Kieler	75	4½ u. 4½	259 660	119 335	268 607	[illegible]	1123
26	Rendsburg-Neumünster							
27	Glückstadt-Elmshorner							
28	Aussig-Teplitzer	100	4½	105 703	60 356	142 669	1445	1983

II. Privatbahnen. (Forts.)	104 (Forts.) I. Bestand der Transportmittel. Größte zulässige (Netto-) Belastung einer Achse.	105 Durchmesser derselben (in der Nabe).	106 II. Anschaffungskosten der Transportmittel. Der Lokomotiven und Tender.	107 Der Personenwagen.	108 Der Lastwagen.	109 Der Arbeitswagen.	110 Der Schneepflüge u. Draisinen.	111 Der sonstigen Transportmittel.	112 Der Achsen u. Räder für die Postwagen (soweit solche die Bahnverwaltung zu liefern hat).
	Zentner.	Zoll.	Thlr.	Thlr.	Thlr.	Thlr.	Thlr.	Thlr.	Thlr.
Bayerische Ostbahnen	100	4 11/16	995 357	325 256	901 282	28 914	3000	661 013*	—
Berlin-Anhaltische	141	5	959 360	256 532	1 047 800	—	5155	—	—
a. Berlin-Hamburger / b. Hamburg-Bergedorfer	120	5 ½	1 125 869	380 870	1 458 370	35 200	2100	3500	—
Berlin-Potsdam-Magdebg.	100	3 ½ — 5	634 300	334 926	834 430	in Kol. 108.	in Kol. 108.	—	—
Berlin-Stettiner									
a. Berl.-Stettin-Stargard	50	{vorne 4 ½ / hinten 3 ¾}	521 600	185 852	490 298	30 700	3544	6874	—
b. Starg.-Cöslin-Colberg	50	4 ½ u. 4 ¾	379 000	121 956	297 243	—	—	—	—
Breslau-Schweidnitz-Freib.	120	5	552 850	151 232	577 964	—	205	—	—
Brieg-Neisser	89	4	85 770	15 050	86 578	—	1350	1756	—
Buschtěhrader a. Lokom.-B.	100	4 ½	101 752	8995	74 108	723	2324	4410	—
Buschtěhrader b. Pferde-B.	42	2 ½	—	925	25 549	730	129	2347	—
Frankfurt-Hanauer	40	3 ½	168 681	98 300	42 650	—	445	—	—
Galizische Carl-Ludw.-Bahn	100	4 ½	1 132 907	211 514	1 344 677	75 810	13 067	—	—
Graz-Köflacher	100	4 — 4 ½	—	15 217	14 332	—	210	—	—
Hessische Ludwigs-E.	100	3 11/16 u. 4 7/16	380 294	206 481	456 145	39 143	2193	—	—
Kaiser Ferdinands Nordb.	100	4 — 4 ½	3 905 550	709 282	5 592 220	in Kol. 108.	in Kol. 108.	—	—
Kaiserin Elisabeth a. Wien-Salzburg	100	4 11/16	1 714 960	984 697	1 041 700	—	11 989	—	—
Kaiserin Elisabeth b. Lambach-Gmdn. / c. Pferdeb. Lz.-Bdw.	28	2 ½ — 2 ¾	234 635* / —	50 400	235 341	—	1580 / —	—	—
Köln-Mindener	100	4 resp. 5	2 659 948*	in Kol. 108.	4 357 002*	in Kol. 108.	2012	—	—
Kurf. Friedr. Wilh. Nordb.	55	3 ½ — 4 ½	579 835	163 944	268 928	7250	270	—	—
Leipzig-Dresdener	66	4 — 4 ½	631 987	in Kol. 108.	1 024 865	in Kol. 108.	—	—	in Kol. 108.
Ludwigs-E. (Nürnb.-Fürth)	50	3 ½	29 350	21 900	350	250	—	—	—
Lübeck-Büchener	75	3 ½ — 4 ½	103 112	34 959	175 100	—	—	—	445
Magdb.-Cöth.-Halle-Leipz.	112,50	5 resp.	818 317	275 512	1 060 160	in Kol. 108.	904	—	—
Magdeburg-Halberstädter	57	3 ½ — 7	224 333	105 580	356 106	—	in Kol. 108.	—	—
Magdeburg-Wittenbergesche	45	3 ½ — 4 ½	279 471	87 576	267 082	—*	—*	—	—
Mecklenburgische	80	5	771 900*	in Kol. 106.	in Kol. 106.	—	416	—	—
Neisse-Brieger	49	3 ½ u. 4 ½	99 470	28 178	79 450	—	574	1897	—
Niederschlesische Zweigbahn	90	5	166 915	76 537	142 965	18 680	—	—	1000
a. Oesterreich. nördliche	75	3 ½ — 4 ½	2 387 320	494 341	3 528 625	in Kol. 108.	21 200	155 011*	—
b. Oesterreich. südöstliche	75	3 ½ — 4 ½	2 938 799	669 316	4 807 012	15 437	20 949	228 766*	—
c. Wien-Neu-Szönyer	95	3 ½ — 4 ½	765 729	152 551	1 122 909	—	13 032	52 503*	—
a. Oesterreich. südliche	100	4 7/16	—*	—	—	—	—	—	—
b. Nordtiroler	100	4 ½	196 000	90 307	142 933	—	3710	—	—
c. Venetianische u. Südtirol.	58	4 ½	1 949 168	486 170	1 597 500	50 340	—	—	—
Oppeln-Tarnowitzer	90	4 ½	147 900	19 569	179 350	—	180	1000	—
a. Pfälzische Ludwigsbahn	150	4 ½	595 990	127 378	716 658	600	500	900	—
b. Pfälzische Maximiliansb.	150	4 ½	184 457	51 175	281 960	—	150	—	—
a. Rheinische	100	4 ½	1 057 178	395 366	1 070 175	—	1400	10 350	7200
b. Köln-Crefelder	80	—	112 650	53 124	109 607	5714	—	—	—
Süd-Norddeutsche	100	4 11/16	968 857	225 865	645 475	7430	6877	—	—
Taunus-Bahn	100	5 ½	238 253	137 986	162 055	—	—	—	—
Theiß-Bahn	100	4 ½	1 689 103	511 811	1 557 367	149 643	14 907	—	—*
Thüringische	100	3 ½ — 5	1 000 173	318 726	918 866	10 850	—	—	—
Werra-E.	50	4 5/16 — 4 7/16	446 400	122 750	305 770	11 560	—	—	—

Abschnitt D.

Betriebs-Resultate.

I. **Staatsbahnen.**	a. der Courier- u. Schnell- (Eil-) Zügen.	b. der Personen- (Post-) Zügen.	c. der Güter- Zügen.	d. der gemischten Zügen.	e. als vorgelegte Reserve-Maschinen.	f. der Material- und Arbeits-zügen.	g. leer.	h. zusamme
1 Badische	55 055	102 030	51 750	21 701	—	2976	305	233 859
2 Bayerische: a. Ludw.-Südnordb., b. Ludw.-Westbahn, c. Maximilians-B., d. 3 gepacht. Zweigb.	90 299	154 526	245 234	26 825	7826	1213	52 538	578 461
3 Braunschweigische	—	—	—	—	—	—	—	152 271
4 Hannoversche	462 998	in Kol. 113a.	in Kol. 113a.	in Kol. 113a.	in Kol. 113a.	9572	—	472 570
5 Main-Neckar	11 847	28 813	8638	8638	—	12 966	265	71 167
6 Main-Weser	39 528	19 764	22 584	26 220	3308	332	2845	114 581
7 Preuß. Niederschles.-Märk.	40 730	98 303	144 862	—	12 031	20 361	26 018	342 311
8 „ Ostbahn	61 502	101 100	81 201	in Kol. 113c enth.	12 794	19 911	23 059	302 567
9 a. „ Saarbrücker, b. „ Saarbrücken-Trier	4026	33 846	43 935		2807	6107	927	91 648
10 „ Westfälische	—	36 201	55 618		2267	3985	4054	102 155
11 Sächsische östliche								
a. Sächsisch-Böhmische	38 230	in Kol. 113a miteinthalten	in Kol. 113d miteinthalten	7139	—	520	1060	46 999
b. Sächsisch-Schlesische	51 350			24 696	—	669	5453	82 168
12 Sächsische westliche								
a. Niedererzgebirgische	63 246			39 377	—	1016	4524	108 163
b. Obererzgebirgische	16 485			9141	—	390	831	26 847
c. Sächsisch-Bayerische	87 887			93 761	—	1343	12 229	195 240
13 Württembergische	255 298		in Kol. 113a.	in Kol. 113a.	—	in Kol. 113a.	13 054	268 352
II. **Privatbahnen** a) unter Staatsverwaltg.								
14 Aach.-Düss.-Ruhrorter: a. Aach.-Düssel., b. Ruhrort-Crf.	9413	29 365	18 533	12 444	2986	39	6021	78 801
15 Bergisch-Märkische: a. Düss.-Dortm., b. Dortm.-Soest, c. Ruhr-Sieg, d. Witten.-Duisbg.	11 203	48 906	79 650	—	6085	3256	9439	158 539
16 Prinz-Wilhelm-E.	—	—	—	21 569	3076	—	7759	32 404
17 Cöthen-Bernburger	—	—	—	9369	—	—	—	9369
18 a. Löbau-Zittauer	in Kol. 113b.	14 855	in Kol. 113b.	—	—	—	413	15 268
b. Zittau-Reichenberger	in Kol. 113b.	11 881	in Kol. 113b.	—	—	—	331	12 215
19 a. Oberschlesische	19 297	27 108	145 735	in Kol. 113c.	8219	11 127	18 356	229 842
b. Breslau-Posen-Glogauer	—	40 093	26 524	in Kol. 113c.	8678	2653	9426	87 374
20 Stargard-Posener	—	24 814	19 037	—	3183	2470	13 360	62 864
21 Rhein-Nahe	7008	34 938	6835	—	854	7843	—	57 478
22 Wilhelms-Bahn	5556	12 099	31 040	in Kol. 113c.	238	420	182	52 535
b) in Privatverwaltung.								
23 Aachen-Mastrichter	4099	5576	18 027	—	115	—	882	28 699
24 Alberts-Bahn	—	6170	19 482	—	—	—	—	25 652
25 Altona-Kieler	—	28 320	12 051	—	—	—	657	41 028
26 Rendsburg-Neumünster	—	10 481	5	—	—	—	331	10 817
27 Glückstadt-Elmshorner	—	6627	5	—	—	—	17	6649
28 Aussig-Tepliter	—	3650	2008	2737	—	—	1005	9400

Transportmittel.

motiven.

Zur Feuerung der Lokomotiven (einschließlich der Reservemaschinen) sind an Brennmaterial verbraucht:										
Holz zum Anheizen		Holz zur Feuerung während der Fahrt			Coaks, ungemischt mit and. Brennstoffen			Coaks, als Zusatz zu		
a. überhaupt.	b. pro Nutzmeile.	a. bei Nutzmeilen.	b. überhaupt.	c. pro Nutzmeile.	a. bei Nutzmeilen.	b. überhaupt.	c. pro Nutzmeile.	a. Steinkohlen.	b. Braunkohlen.	
720	0,33	—	—	—	—	—	—	—	—	1
2160	0,63	—	—	—	—	—*	—	28 222*	—	2
613,76	0,44	—	—	—	—	—	—	162 513	—	3
1494	0,34	—	—	—	—	—	—	379 353*	—	4
15,47	0,23	—	—	—	—	—	—	—	—	5
306,43	0,30	—	—	—	—	—	—	10 163	—	6
284,6	0,34	—	—	—	—	38 105	—	—	—	7
636	0,25	—	—	—	63 918	51 281*	50,33	51 211	—	8
113	0,13	—	—	—	—	—	—	42 248	—	9
355	0,29	—	—	—	—	—	—	66 000	—	10
79	0,19	—	—	—	—	—	—	18 038	—	11 a
88	0,10	—	—	—	—	—	—	21 375	—	- b
36	0,04	—	—	—	—	—	—	116	—	12 a
18	0,07	—	—	—	—	—	—	23	—	- b
66	0,05	—	—	—	—	—	—	261	—	- c
1080	0,15	32 909	4979	16,34	—	—	—	—	—	13
74,37*	0,04	—	—	—	—	—	—	8102*	—	14
206,86	0,18	—	—	—	—	—	—	—	—	15
26,33	0,08	—	—	—	—	—	—	—	—	16
30	0,47	—	—	—	—	2931	—	17 504	6397	17
27	0,20	—	—	—	—	—	—	4279	—	18 a
22	0,36	—	—	—	—	—	—	3423	—	- b
476,16	0,15	—	—	—	—	—	—	—	—	19 a
		—	—	—	—	—	—	—	—	- b
137	0,30	—	—	—	—	—	—	29 189	—	20
—*	—*	—	—	—	—	—	—	—	—	21
179	0,37	—	—	—	3146	4610	146,44	4105	—	22
32,5	0,126	—	—	—	—	—	—	46 042*	—	23
35,47	0,158	—	—	—	6170	8595	139,30	2154	—	24
170	0,34	—	—	—	45 230	47 085	104,10	—	—	25 26 27
54,16	0,78	—	—	—	—	—	—	—	—	28

(Forts.) **I. Leistungen der**

A. Loko-

II. Privatbahnen. (Forts.)	a. vor Courier- u. Schnell- (Eil-) Zügen. Meilen.	b. vor Personen- (Post-) Zügen. Meilen.	c. vor Güter- Zügen. Meilen.	d. vor gemischten Zügen. Meilen.	e. als vorgelegte Reserve-Maschinen. Meilen.	f. vor Material- und Arbeitszügen. Meilen.	g. leer. Meilen.	h. zusammen. Meilen.	Davon Nutzmeilen
	Die Lokomotiven haben im Betriebsjahre 1860 zurückgelegt:								
29 Bayerische Ostbahnen	—	79 359	54 159	—	—	419	—	133 937	133 937
30 Berlin-Anhaltische	49 234	50 941	57 034	—	1180	4974	4395	167 758	163 383
31 a. Berlin-Hamburger	27 816	31 836	66 617	45 700	17 464	14 061	18 316	221 810	203 491
b. Hamburg-Bergedorfer									
32 Berlin-Potsdam-Magdeb.	28 022	46 972	29 154	—	20	1168	3479	108 815	105 336
33 Berlin-Stettiner									
a. Berl.-Stettin-Stargard	—	47 791	22 400	—	10 247	1043	6858	88 339	51 381
b. Starg.-Cöslin-Colberg	—	18 458	22 047	in Col. 113a.	1156	4332	2440	48 463	46 623
34 Breslau-Schweidnitz-Freib.	—	73 537	34 792	—	—	—	1376	109 705	108 329
35 Brünn-Rossitzer	—	9	623	4526	11	229	—	5398	5398
36 Buschtěhrader a. Lokom.-B.	—	—	5156	5879	—	—	42	11 077	11 035
b. Pferde-B.	—	—	—	—	—	—	—	—	—
37 Frankfurt-Hanauer	—	—	—	—	—	—	—	25 653	25 462
38 Galizische Carl-Ludw.-Bahn	—	19 379	30 318	20 626	59	6123	2244	78 949	76 705
39 Graz-Köflacher	—	297	1827	3679	—	—	951	6754	5803
40 Hessische Ludwigs-E.	81 450	in Col. 113a.	19 504	—	—	1196	—	102 150*	102 180
41 Kaiser Ferdinands Nordb.	in Col. 113b.	125 527	242 798	57 743	23 998	6376	761	457 203	456 442
42 Kaiserin Elisabeth a. Wien-Salzburg	11 069	64 675	24 980	24 426	7428	8532	5396	146 506	141 110
b. Lambach-Gmdn.	—	2412	1587	5507	—	134	749	10 689	9940
c. Pferdeb. Lz.-Bdw.	—	—	—	—	—	—	—	—	—
43 Köln-Mindener	51 550	124 327	185 659	—	—	2532	12 907	376 975	364 068
44 Kurf. Friedr. Wilh. Nordb.	in Col. 112c	in Col. 113a.	79 745	in Col. 113a.	—	705	—	80 450	80 450
45 Leipzig-Dresdener	78 157	„ „ 113a.	49 817	„ „ 113a.	in Col. 113c.	in Col. 113a.	3184	131 158	127 974
46 Ludwigs-E. (Nürnb.-Fürth)	—	—	—	7536	—	—	—	7536	7536*
47 Lübeck-Büchener	—	9491	7834	—	—	220	—	17 545	17 325
48 Magdb.-Cöth.-Halle-Leipz.	11 534	29 609	57 438	10 147	3933	—	2930	115 591	112 661
49 Magdeburg-Halberstädter	10 329	10 642	28 494	—	87	524	1350	51 426	50 076
50 Magdeburg-Wittenbergesche	—	10 248	23 410	in Col. 113a.	2626	367	1767	38 418	36 651
51 Mecklenburgische	—	25 666	4645	22 472	859	1949	675	56 266	55 591
52 Neisse-Brieger	—	22	68	9235	110	649	1672	11 755	10 083
53 Niederschlesische Zweigbahn	—	10 476	7203	—	65	433	1755	19 932	18 177
54 a. Oesterreich. nördliche	—	84 009	154 267	43 714	5876	3181	6716	297 793	291 077
b. Oesterreich. südöstliche	—	76 242	127 859	50 395	4934	6145	5295	270 870	265 575
c. Wien-Neu-Szönyer	—	11 523	30 398	14 890	89	1294	399	58 593	58 194
55 a. Oesterreich. südliche	—	152 324	357 655	59 969	—	11 216	20 112	601 276	581 164
b. Nordtiroler	—	666	651	14 167	2662	1032	—	19 178	18 118
c. Venetianische u. Südtirol.	—	126 088	38 066	3748	—	—	—	167 902	167 902
56 Oppeln-Tarnowitzer	—	—	—	14 735	56	479	480	15 750	15 270
57 a. Pfälzische Ludwigsbahn	17 546	59 108	76 389		2282	—	1767	157 072	155 305
b. Pfälzische Maximiliansb.	4620	19 214	9214	—	150	—	107	33 335	33 228
58 a. Rheinische	30 135	104 579	45 066	—	—	9659	92 970*	282 409	189 439 / 1970*
b. Köln-Crefelder	—	25 085	2263	—	32	400	4256*	32 039	27 783
59 Süd-Norddeutsche	—	32 526	16 395	19 816	2025	4799	1592	77 153	75 561
60 Taunus-Bahn	3762	20 051	1867	2386	—	—	4264	32 330	28 066
61 Theiß-Bahn	—	45 444	15 554	46 388	448	24 126	8955	140 945	131 990
62 Thüringische	43 119	84 651	52 398	—	9945	2915	9819	202 847	193 028
63 Werra-E.	—	31 200	—	19 823	1775	410	2408	55 616	53 208

115		116			117			118		

Transportmittel.

motiven.

Zur Feuerung der Lokomotiven (einschließlich der Reservemaschinen) sind an Brennmaterial verbraucht:										
Holz zum Anheizen		Holz zur Feuerung während der Fahrt			Coaks, ungemischt mit and. Brennstoffen			Coaks, als Zusatz zu		
a. überhaupt.	b. pro Nutzmeile.	a. bei Nutzmeilen.	b. überhaupt.	c. pro Nutzmeile.	a. bei Nutzmeilen.	b. überhaupt.	c. pro Nutzmeile.	a. Steinkohlen.	b. Braunkohlen.	
[illegible]	0,314	—	—	—	—	—	—	—	—	29
327,4	0,25	—	—	—	14 312	17 923*	125,23	70 204	5135	30
625,31	0,33	—	—	—	114 376	150 321	131,43	—	—	31
173	0,177	—	—	—	30 339	39 850	131,35	—	—	32
234	0,11	—	—	—	—	87 473	—	—	—	33 a
92,87	0,25	—	—	—	46 023	57 718	125,11	—	—	- b
753,35	0,27	—	—	—	—	161 668	—	—	—	34
132,9*	3,06	—	in Sel. 115.	—	—	—	—	—	—	35
35,19	0,34	—	—	—	—	—	—	—	—	36 a
—	—	—	—	—	—		—	—	—	- b
62	0,26	—	—	—	—	—	—	23 544	—	37
—	—	—	6311*	—	—	—	—	—	—	38
60,5	1,13	—	—	—	—	—	—	—	—	39
41 500*	0,52*	—	—	—	—	—	—	—	—	40
1224	0,21	—	2485	—	27 009	77 388	286,41	7435	—	41
in Sel. 115b.	—	—	5342	4,89	—	—	—	6765	—	42 a
in Sel. 115b.	—	—	400	4,36	—	—	—	—	—	- b
—	—	—	—	—	—	—	—	—	—	- c
836	0,25	—	—	—	—	—	—	340 847	—	43
111	0,32	—	—	—	—	—	—	—	—	44
—*	—	—	—	—	—	—	—	—	—	45
39	0,56	—	—	—	7536	5148	68,21	—	—	46
54	0,34	—	—	—	—	24 340	—	—	—	47
94,35	0,091	—	—	—	—	—	—	54 255	—	48
66	0,18	—	—	—	—	24 615	—	—	—	49
121	0,36	—	—	—	—	—	—	—	—	50
102	0,23	—	—	—	46 455	40 077	86,37	—	—	51
25,78	0,27	—	—	—	—	—	—	—	—	52
192	1,14*	9866	734	8,06*	—	—	—	—	—	53
[illegible]	0,64	—	—	—	—	—	—	—	—	54 a
[illegible]	0,40	24 081	3553	15,83	—	—	—	—	—	- b
411	0,73	18 742	5027	34,13	—	—	—	11 760	—	- c
843	1,15	—	8636	—	—	420 073	—	—	—	55 a
315	1,36	18 146	3759	22,37	—	—	—	—	—	- b
131	0,16	—	—	—	—	—	—	—	—	- c
36	0,21	—	—	—	—	—	—	—	—	56
4,5	0,38	—	—	—	—	—	—	—	—	57 a
51	0,27	—	—	—	—	—	—	—	—	- b
343*	0,44	—	—	—	—	—	—	108 358	—	58 a
70	0,27	—	—	—	—	—	—	2230	—	- b
271	0,39	—	—	—	—	—	—	9216	—	59
122,78	0,49	—	—	—	—	—	—	13 259	—	60
in Sel. 115b.	—	131 990	28 933	23,73	—	—	—	—	—	61
80	0,28	—	—	—	—	—	—	81 427*	—	62
165,78	0,84	—	—	—	—	14 095*	—	—	—	63

Nr.	Bahn						
1	Badische	233 554	271 039	110,05	—	—	—
2	Bayerische: a. Ludw.-Südnordb., b. Ludw.-Westbahn, c. Maximilians-B., d. 3 gepacht. Zweigb.	—	—	—	—	—	426 516* / 54 910*
3	Braunschweigische	—	—	—	—	—	112 442
4	Hannoversche	—	—	—	—		345 816*
5	Main-Neckar	70 902	85 886	121,13	—	—	—
6	Main-Weser	—	—	—	93,91 : 6,09*	111 736	156 921
7	Preuß. Niederschles.-Märk.	—	451 468	—	—	—	—
8	" Ostbahn	40 790	56 241	137,88	1 : 2½	150 165	139 822
9	a. " Saarbrücker / b. " Saarbrücken-Trier	52 849	110 063	208,16	—	37 872	42 248
10	" Westfälische	—	—	—	18 : 11	98 101	108 300
11	Sächsische östliche						
	a. Sächsisch-Böhmische	—	—	—	verschieden	—	17 103
	b. Sächsisch-Schlesische	—	—	—	verschieden	—	125 191
12	Sächsische westliche						
	a. Niedererzgebirgische	—	—	—	verschieden	—	184 825
	b. Obererzgebirgische	—	—	—	verschieden	—	48 772
	c. Sächsisch-Bayerische	—	—	—	verschieden	—	359 809
13	Württembergische	176 668	252 942	141,57	—	—	—
	II. Privatbahnen						
	a) unter Staatsverwaltg.						
14	Aach.-Düss.-Ruhrorter: a. Aach.-Düsseld., b. Ruhrort-Crf.	72 780	134 230	154,43	—	—	—
15	Bergisch-Märkische: a. Düss.-Dortm., b. Dortm.-Soest, c. Ruhr-Sieg, d. Witten-Duisbg.	—	—	—	—	—	309 910
16	Prinz-Wilhelm-E.	—	—	—	—	—	73 637
17	Cöthen-Bernburger	—	—	—	—	—	—
18	a. Löbau-Zittauer	—	—	—	verschieden	—	25 204
	b. Zittau-Reichenberger	—	—	—	verschieden	—	20 163
19	a. Oberschlesische	—	—	—	—	—	—*
	b. Breslau-Posen-Glogauer	—	—	—	—	—	—*
20	Stargard-Posener	49 504	55 325	111,76	—	—	—
21	Rhein-Nahe	57 478	106 221	184,80	—	—	—
22	Wilhelms-Bahn	40 773	80 162	196,65	—*	8434	11 675
	b) in Privatverwaltung.						
23	Aachen-Mastrichter	—	—	—	—	—	—
24	Alberts-Bahn	15 772	11 458	72,64	1 : 1	3710	2154
25	[illegible] Altona-Kieler	12 259	19 775	161,31	—	—	—
26	Rendsburg-Neumünster						
27	Glückstadt-Elmshorner						
28	Aussig-Teplitzer	—	—	—	—	—	—

122		123					124				125		126		127		
Transportmittel.																	
motiven.																	
und an Brennmaterial verbraucht:											Der Heizkraft von 100 Z.-Pfd. Coaks kommen gleich:						
Torf, gemischt mit Kohlen		Torf, ungemischt					Torf, gem. m. Coaks od. Kohlen										
b. bei Nutzmeilen	c. überhaupt	a. bei Nutzmeilen	b. überhaupt		c. pro Nutzmeile		a. Mischungs-Verhältniß	b. bei Nutzmeilen	c. überhaupt		a. Stein- Kohlen	b. Braun- Kohlen	Torf		Holz a. hartes	Holz b. weiches	
	Z.-Ctr.		Z.-Ctr.	Kbf.	Z.-Pfd.	Kbf.			Z.-Ctr.	Kbf.	Z.-Pfd.		Z.-Pfd.	Kbf.	Kbf.		
—	—	—	—	—	—	—	—	—	—	—	—	—	—	—	—	—	1
—	—	—	77 632	70 225	—	—	—	—	—	72*	—	—	—	—	—	—	2
—	—	—	—	—	—	—	—	—	—	—	100	—	—	—	—	—	3
—	—	—	—	—	—	—	—	—	81 656*	—	100*	—	200*	—	—	—	4
—	—	—	—	—	—	—	—	—	—	—	—	—	—	—	—	—	5
—	—	—	—	—	—	—	—	—	—	—	100	—	—	—	—	—	6
—	—	—	—	—	—	—	—	—	—	—	66,44	—	—	—	—	7,28	7
—	—	24 269	—	4833	—	22	—	—	—	—	110	—	—	14	—	—	8
—	—	—	—	—	—	—	—	—	—	—	—	—	—	—	—	—	9
—	—	—	—	—	—	—	—	—	—	—	100	—	—	—	—	—	10
—	75 515	—	—	—	—	—	—	—	—	—	100	222	—	—	—	—	11a
—	—	—	—	—	—	—	—	—	—	—	100	—	—	—	—	—	- b
—	—	—	—	—	—	—	—	—	—	—	139	—	—	—	—	—	12a
—	—	—	—	—	—	—	—	—	—	—	139	—	—	—	—	—	- b
—	—	—	—	—	—	—	—	—	—	—	139	—	—	—	—	—	- c
—	—	43 721	—	6527	—	16,17	—	—	—	—	—	—	—	—	—	—	13
—	—	—	—	—	—	—	—	—	—	—	95	—	—	—	—	—	14
—	—	—	—	—	—	—	—	—	—	—	100	—	—	—	—	—	15
—	—	—	—	—	—	—	—	—	—	—	100	—	—	—	—	—	16
—	—	—	—	—	—	—	—	—	—	—	—	—	—	—	—	—	17
—	—	—	—	—	—	—	—	—	—	—	100	—	—	—	—	—	18a
—	—	—	—	—	—	—	—	—	—	—	100	—	—	—	—	—	- b
—	—	—	—	—	—	—	—	—	—	—	—	—	—	—	—	—	19a
—	—	—	—	—	—	—	—	—	—	—	—	—	—	—	—	—	- b
—	—	—	—	—	—	—	—	—	—	—	—	—	—	—	—	—	20
—	—	—	—	—	—	—	—	—	—	—	—	—	—	—	—	—	21
—	—	—	—	—	—	—	—	—	—	—	130	—	—	—	—	—	22
—	—	—	—	—	—	—	—	—	—	—	—	—	—	—	—	—	23
—	—	—	—	—	—	—	—	—	—	—	100	—	—	—	—	—	24
—	—	—	—	—	—	—	—	—	—	—	—	—	—	—	—	—	25, 26, 27
—	—	—	—	—	—	—	—	—	—	—	—	—	—	—	—	—	28

(Forts.) A.

	II. Privatbahnen. (Forts.)	Zur Feuerung der Lokomotiven (einschließlich b							
		Steinkohlen, ungemischt			Steinkohlen, gemischt mit Coaks			Braunkohlen, u	
		a. bei Nutzmeilen.	b. überhaupt. Z.-Ctr.	c. pro Nutzmeile. Z.-Pfd.	a. Mischungs-Verhältniß.	b. bei Nutzmeilen.	c. überhaupt. Z.-Ctr.	a. bei Nutzmeilen.	b. überhaupt. Z.-Ctr.
29	Bayerische Ostbahnen	93 602	131 214	141,09	—	—	—	—	—
30	Berlin-Anhaltische	19 922	37 260	187,03	100 : 53,14	125 260	135 466	—	—
31	a. Berlin-Hamburger b. Hamburg-Bergedorfer	89 118	152 508	171,13	—	—	—	—	—
32	Berlin-Potsdam-Magdebg.	74 997	94 995	126,47	—	—	—	—	—
33	Berlin-Stettiner								
	a. Berl.-Stettin-Stargard	..	32 128	—	—	—	—	—	—
	b. Starg.-Cöslin-Colberg	—	—	—	—	—	—	—	—
34	Breslau-Schweidnitz-Freib.	—	77 174	—	—	—	—	—	—
35	Brünn-Rossitzer	5398	16 277	301,54	—	—	—	—	—
36	Buschtěhrader a. Lokom.-B.	11 035	35 767	324,11	—	—	—	—	—
	b. Pferde-B.	—	—	—	—	—	—	—	—
37	Frankfurt-Hanauer	..	—	—	100 : 100	—	26 575	—	—
38	Galizische Carl-Ludw.-Bahn	—	209 765*	—	—	—	—	—	—
39	Graz-Köflacher	—	—	—	—	—	—	5803	30 223
40	Hessische Ludwigs-E.	102 180	100 828	98,67	—	—	—	—	—
41	Kaiser Ferdinands Nordb.	393 486	1 125 558	286,03	1 : 25	—	175 059	—	—
42	Kaiserin Elisabeth a. Wien-Salzburg	—	—	—	—	—	60 315	—	—
	b. Lambach-Gmdn.	—	—	—	—	—	—	—	—
	c. Pferdeb.-Lz.-Bdw.	—	—	—	—	—	—	—	—
43	Köln-Mindener		—	—	100 : 101	364 068	337 441	—	—
44	Kurf. Friedr. Wilh. Nordb.	80 450	116 342	144,61	—	—	—	—	—
45	Leipzig-Dresdener	—	—	—	—	—	—	—	—
46	Ludwigs-E. (Nürnb.-Fürth)	—	—	—	—	—	—	—	—
47	Lübeck-Büchener	—	3122	—	—	—	—	—	—
48	Magdb.-Cöth.-Halle-Leipz.	—	—	—	—	—	159 915	—	—
49	Magdeburg-Halberstädter	—	59 479	—	—	—	—	—	—
50	Magdeburg-Wittenbergesche	—	—	—	—	—	—	—	—
51	Mecklenburgische	9136	11 763	128,75	—	—	—	—	—
52	Neisse-Brieger	10 083	24 353	241,52	—	—	—	—	—
53	Niederschlesische Zweigbahn	8311	12 799	154,0*	—	—	—	—	—
54	a. Oesterreich. nördliche	137 232	286 814	209,0	100 : 115	81 263	187 579	72 642	223 737
	b. Oesterreich. südöstliche	241 494	485 348	200,91	—	—	—	—	—
	c. Wien-Neu-Szönyer	15 500	36 363	231,56	2 : 1	22 545	28 312	—	—
55	a. Oesterreich. südliche	—	—	—	—	—	—	—	2 570 665
	b. Nordtiroler	—	—	—	—	—	—	—	—
	c. Venetianischen u. Südtirol.	167 902	236 631	140,94	—	—	—	—	—
56	Oppeln-Tarnowitzer	15 270	25 651	167,98	—	—	—	—	—
57	a. Pfälzische Ludwigsbahn	155 305	177 222	114,11	—	—	—	—	—
	b. Pfälzische Maximiliansb.	33 225	36 508	110,71	—	—	—	—	—
58	a. Rheinische	—	—	—	2 : 1	189 439	204 213	—	—
	b. Köln-Crefelder	—	—	—	15 : 1	27 783	32 508	—	—
59	Süd-Norddeutsche*	—	—	—	—	—	—	—	—
60	Taunus-Bahn	—	—	—	—	—	19 371	—	—
61	Theiß-Bahn	—	—	—	—	—	—	—	—
62	Thüringische	—	—	—	—*	—	238 175	—	—
63	Werra-E.	—	105 601	—	—	—	—	—	—

122		123					124				125		126		127		
Transportmittel.																	
[…]motiven.																	
[…] an Brennmaterial verbraucht:											Der Heizkraft von 100 Z.-Pfd. Coaks kommen gleich:						
[…]e, gemischt mit Kohlen		Torf, ungemischt					Torf, gem. m. Coaks od. Kohlen								Holz		
b. bei Nutzmeilen	c. überhaupt	a. bei Nutzmeilen	b. überhaupt		c. pro Nutzmeile		a. Mischungs-Verhältniß	b. bei Nutzmeilen	c. überhaupt		a. Stein-Kohlen	b. Braun-Kohlen	Torf		a. hartes	b. weiches	
—	—	40 935	114 458	—	301,95	—	—	—	—	—	—	—	—	—	—	—	29
3409	4661	—	—	—	—	—	—	—	7	—	154,76*	204,75*	88,36*	—	—	10,12*	30
—	—	—	—	—	—	—	—	—	—	—	130,91	—	—	—	—	—	31
—	—	—	—	—	—	—	—	—	—	—	43,29	—	—	—	—	—	32
—	—	—	—	—	—	—	—	—	—	—	106,4	—	—	—	—	—	33a
—	—	—	—	—	—	—	—	—	—	—	—	—	—	—	—	—	- b
—	—	—	—	—	—	—	—	—	—	—	125	—	—	—	—	—	34
—	—	—	—	—	—	—	—	—	—	—	91	—	—	—	—	10	35
—	—	—	—	—	—	—	—	—	—	—	—	—	—	—	—	—	36a
—	—	—	—	—	—	—	—	—	—	—	—	—	—	—	—	—	- b
—	—	—	—	—	—	—	—	—	—	—	100	—	—	—	—	—	37
—	—	—	—	—	—	—	—	—	—	—	—	—	—	—	—	—	38
—	—	—	—	—	—	—	—	—	—	—	—	—	—	—	—	—	39
—	—	—	—	—	—	—	—	—	—	—	—	—	—	—	—	—	40
—	—	—	—	—	—	—	—	—	—	—	100	—	—	—	—	—	41
—	675 997	—	—	—	—	—	—	—	—	—	100	250	—	—	9,53	11,73	42a
3808	49 746*	—	—	—	—	—	—	—	—	—	—	—	—	—	—	—	- b
—	—	—	—	—	—	—	—	—	—	—	—	—	—	—	—	—	- c
—	—	—	—	—	—	—	—	—	—	—	150	—	—	—	—	—	43
—	—	—	—	—	—	—	—	—	—	—	—	—	—	—	—	—	44
—	—	—	—	—	—	—	—	—	—	—	—	—	—	—	—	—	45
—	—	—	—	—	—	—	—	—	—	—	—	—	—	—	—	—	46
—	—	—	—	—	—	—	—	—	—	—	122	—	—	—	—	—	47
—	—	—	—	—	—	—	—	—	—	—	110	—	—	—	—	—	48
—	—	—	—	—	—	—	—	—	—	—	95,67	—	—	—	—	—	49
—	—	—	—	—	—	—	—	—	—	—	—	—	—	—	—	—	50
—	—	—	—	—	—	—	—	—	—	—	100	—	—	—	—	—	51
—	—	—	—	—	—	—	—	—	—	—	120	—	—	—	—	—	52
—	—	—	—	—	—	—	—	—	—	—	116,7	—	—	—	—	7,12	53
—	—	—	—	—	—	—	—	—	—	—	127	187	—	—	8,57	10,85	54a
—	—	—	—	—	—	—	—	—	—	—	108	—	—	—	9,83	11,81	- b
—	—	—	—	—	—	—	—	—	—	—	100	320	—	—	8,95	11,61	- c
1167	10 571	—	—	—	—	—	—	—	—	—	—	55	—	—	10,49	8,70	55a
—	—	—	—	—	—	—	—	—	—	—	—	—	—	—	—	—	- b
—	—	—	—	—	—	—	—	—	—	—	—	—	—	—	—	—	- c
—	—	—	—	—	—	—	—	—	—	—	—	—	—	—	—	—	56
—	—	—	—	—	—	—	—	—	—	—	100	—	—	—	—	—	57a
—	—	—	—	—	—	—	—	—	—	—	100	—	—	—	—	—	- b
—	—	—	—	—	—	—	—	—	—	—	100	—	—	—	—	—	58a
—	—	—	—	—	—	—	—	—	—	—	100	—	—	—	—	—	- b
—	—	—	—	—	—	—	—	—	—	—	123 / 162	184	—	—	—	15	59
—	169 627*	—	—	—	—	—	—	—	—	—	—	—	—	—	—	—	60
—	—	—	—	—	—	—	—	—	—	—	—	—	—	—	—	—	61
—	—	—	—	—	—	—	—	—	—	—	120*	—	—	—	—	—	62
—	—	—	—	—	—	—	—	—	—	—	139,4	—	—	—	—	—	63
—	—	—	—	—	—	—	—	—	—								

1 Badische	—	—	—	—	—	—	—	3,[illegible]
2 Bayerische: a. Ludw.-Südnordb., b. Ludw.-Westbahn, c. Maximilians-B., d. 3 gepacht. Zweigb.	—	—	—	—	—	—	—	—*
3 Braunschweigische	112 442	—	—	—	112 442	274 955	189,52	4,[illegible]
4 Hannoversche	348 816	—	40 828	—	389 644	768 997	162,73	4,[illegible]
5 Main-Neckar	—	—	—	—	—	—	—	4,[illegible]
6 Main-Weser	156 921	—	—	—	156 921	167 084	149,53	3,[illegible]
7 Preuß. Niederschles.-Märk.	677 270	—	—	14 769	692 039	730 144	230,47	4,[illegible]
8 " Ostbahn	221 472*	—	41 096*	—	262 568	389 060*	130,14	3,[illegible]
9 a. " Saarbrücker; b. " Saarbrücken-Trier	—	—	—	—	—	152 311	167,49	5,[illegible]
10 " Westfälische	108 300	—	—	—	108 300	174 300	177,67	4,[illegible]
11 Sächsische östliche								
a. Sächsisch-Böhmische	17 103	34 015	—	—	51 118	69 156	150,51	3,[illegible]
b. Sächsisch-Schlesische	125 194	—	—	—	125 194	146 569	101,06	4,[illegible]
12 Sächsische westliche								
a. Niedererzgebirgische	132 965	—	—	—	132 965	133 051	128,50	3,[illegible]
b. Obererzgebirgische	35 095	—	—	—	35 095	35 118	135,50	3,[illegible]
c. Sächsisch-Bayerische	258 855	—	—	—	258 855	259 116	141,56	2,[illegible]
13 Württembergische	—	—	—	—	—	—	—	—
II. Privatbahnen								
a) unter Staatsverwaltg.								
14 Aach.-Düss. Ruhrorter: a. Aach.-Düssel., b. Ruhrort-Crf.	141 295	—	—	—	141 295	149 397	205,17	5,[illegible]
15 Bergisch-Märkische: a. Düss.-Dortm., b. Dortm.-Soest, c. Ruhr-Sieg, d. Witten.-Duisbg.	309 910	—	—	—	309 910	309 910	207,60	5,[illegible]
16 Prinz-Wilhelm-E.	73 637	—	—	—	73 637	73 637	298,79	8,[illegible]
17 Cöthen-Bernburger	—	—		—	—	29 132	310,91	23,[illegible]
18 a. Löbau-Zittauer	25 204	—	—	—	25 204	29 463	198,17	6,[illegible]
b. Zittau-Reichenberger	20 163	—	—	—	20 163	23 586	198,17	6,[illegible]
19 a. Oberschlesische	—	—	—	—	—	397 631*	188,07	2,[illegible]
b. Breslau-Posen-Glogauer	—	—	—	—	—	149 101*	191,29	
20 Stargard-Posener	—	—	—	—	—	84 514	170,72	3,[illegible]
21 Rhein-Nahe	—	—	—	—	—	—	—	13,[illegible]
22 Wilhelms-Bahn	70 644	—	—	—	70 644	79 359	151,56	4,[illegible]
b) in Privatverwaltung.								
23 Aachen-Mastrichter	—	—	—	—	—	46 042	165,53	5,[illegible]
24 Alberts-Bahn	2154	—	—	—	2154	24 361	94,07	4,[illegible]
25 Holsteinische: Altona-Kieler; 26 Rendsburg-Neumünster; 27 Glückstadt-Elmshorner	—	—	—	—	—	—	—	3,[illegible]
28 Aussig-Teplitzer	—	—	—	—	—	—	—	—

131				132		133		134	135		
Transportmittel.											
						B. Wagen.					
Durchschnittspreis der Brennmaterialien.				Kosten des im Betriebsjahre 1860 verbrauchten Brennmaterials.		Die Personenwagen haben im Betriebsjahre 1860		Die Postwagen haben (auf der eigenen Bahn)	Die Lastwagen (Güter- Vieh- u. Wagen) haben		
c. pro 100 Z.-Pfd. Steinkohlen. Sgr.	d. pro 100 Z.-Pfd. Braunkohlen. Sgr.	e. pro 100 Z.-Pfd. Torf. Sgr.	f. pro Cubikfuß Torf. Sgr.	a. überhaupt. Thlr.	b. pro Nutzmeile. Sgr.	a. auf der eigenen Bahn	b. auf fremden Bahnen		a. auf der eigenen Bahn	b. auf fremden Bahnen	
						Achsmeilen durchlaufen.			Achsmeilen durchlaufen		
8,17	—	—	—	78 655	10,10	2 092 085	158 712	201 747	5 285 335	1 207 303	1
6,18	10,81	6,80	0,44	433 471	24,11	7 588 434*	in Col. 133a	675 828	15 163 506	1 329 139	2
—	—	—	—	120 491	24,80	673 501	247 775	—	1 537 961	2 360 664	3
8,91	—	4,81	—	272 150	17,16	3 102 050	131 452	—	10 597 762	6 133 204	4
8,8	—	—	—	27 637	11,69	633 609	—*	—	629 159	690 247	5
10,11	—	—	—	61 640	16,55	890 772	171 719	63 972*	1 315 208*	962 466	6
7,71	—	—	—	175 830	16,47	1 676 001	270 504	374 745	8 073 488	2 703 982	7
8,[illegible]	—	—	0,87	182 531	19,58	2 121 056	153 915	415 642	6 396 393	1 148 007	8
—	—	—	—	38 288	12,44	373 408	117 198	37 068	857 324	1 495 444	9
6,15	—	—	—	46 499	14,31	584 889	79 777	130 307	1 409 007	1 298 363	10
7,8	4,8	—	—	22 858	14,93	547 639	8954	in Col. 135a enthalten.	715 085	533 473	11 a
9,[illegible]	—	—	—	38 448	15,03	612 490	38 058		1 121 261	507 408	— b
5,8	—	—	—	32 851	9,31	850 108	37 262		2 571 838	580 270	12 a
5,8	—	—	—	8150	9,10	192 672	—		888 205	—	— b
5,8	—	—	—	59 755	9,00	1 333 094	55 893		6 905 762	870 405	— c
11,11	—	—	0,33	130 552	16,00	3 801 656	124	607 064	8 604 614	416 082	13
5,88	—	—	—	26 177	10,38	604 720	1564	91 892	1 805 830	526 235	14
3,88	—	—	—	46 171	9,18	879 537	65 300	109 168	2 618 159	1 335 670	15
3,71	—	—	—	10 115	12,34	70 158	5	—	345 607	774 001	16
5,00	4,33	—	—	7496	24,8	39 335	—	—	33 034	50 372	17
7,8	—	—	—	8909	18,17	111 587	2618	i. Col. 133a.	99 947	115 406	18 a
7,8	—	—	—	7064	17,83	88 607	12 724	i. Col. 133a.	136 306	139 697	— b
6,11	—	—	—	90 153	12,78	865 570	280 406	303 842	11 168 748	7 492 852	19 a
				33 230	12,78						— b
—	—	—	—	28 589	18,17	157 293	134 557	29 969	639 248	1 370 835	20
7,81	—	—	—	26 946	14,04	124 260	44 462	15 635	281 766	146 048	21
2,8	—	—	—	10 224	5,56	201 839	11 297	33 588	1 065 307	1 841 964	22
—	—	8,8*	—	14 216	15,33	245 250	363	—	319 355	536 052	23
5,57	—	—	—	7093	8,39	149 200	—	—	321 068	470 604	24
						351 591		56 688	936 995		25
9,13	—	—	—	29 923	15,61	57 995	27 790	1766	73 092	69 488	26
						50 284		13 176	75 883		27
—	1,58	—	—	2445	8,73	6387	—	—	3800	—	28

29	Bayerische Ostbahnen . .	—	—	—	—	—	—	—	7,014	1,34
30	Berlin-Anhaltische . . .	118 264	2277	8	—	120 549	213 811	130,88	3,443	1,88
31	a. Berlin-Hamburger . . / b. Hamburg-Bergedorfer .	117 125	—	—	—	117 125	267 446	131,45	2,813	1,49
32	Berlin-Potsdam-Magdebg.	219 439	—	—	—	219 439	250 289	246,15	6,753	1,76
33	Berlin-Stettiner									
	a. Berl.-Stettin-Stargard	30 195	—	—	—	30 195	117 668	144,59	3,70	1,21
	b. Starg.-Cöslin-Colberg .	—	—	—	—	—	57 718	125,61	5,124	1,21
34	Breslau-Schweidnitz-Freib.	61 740	—	—	—	61 740	223 407	206,32	6,887	1,76
35	Brünn-Rossitzer	17 887	—	—	1648	19 535	19 535	361,00	6,139	1,34
36	Buschtěhrader a. Locom.-B.	—	—	—		—	—	—	8,163	2,41
	Buschtěhrader b. Pferde-B.	—	—	—	—	—	—	—	—	—
37	Frankfurt-Hanauer . . .	—	—	—	—	—	50 119	196,47	6,634	1,29
38	Galizische Carl-Ludw.-Bahn	—	—	—	—	—		—	7,473	1,44
39	Graz-Köflacher	—	—	—	—	—	—	—	13,59	0,94
40	Hessische Ludwigs-E. . .	—	—	—	—			—	4,503	—
41	Kaiser Ferdinands Nordb.	1 300 617	—	—	171 920	1 472 537	1 557 360	341,19	4,813	3,64
42	Kaiserin Elisabeth a. Wien-Salzburg	60 315	270 399	—	46 844	377 558	384 323	272,36	9,882	1,49
	Kaiserin Elisabeth b. Lambach-Gmdn.	—	—	—	—	—	—	—	[illegible]	1,49
	Kaiserin Elisabeth c. Pferdeb.Lz.-Bdw.	—	—	—	—	—	—	—	—	—
43	Köln-Mindener	224 961	—	—	—	224 961	565 808	155,61	3,213	1,1
44	Kurf. Friedr. Wilh. Nordb.	—	—	—	—	—	—	—	4,263	1,10
45	Leipzig-Dresdener . . .	—	—	—	—	—	177 081	138,13	2,791	2,09
46	Ludwigs-E. (Nürnb.-Fürth)	—	—	—	—	—	5148	68,11	3,311	1,54
47	Lübeck-Büchener	2559	—	—	—	2559	26 899	155,47	4,169	—
48	Magdb.-Cöth.-Halle-Leipz.	145 377	—	—	—	145 377	190 632	177,11	3,616	1,81
49	Magdeburg-Halberstädter .	62 173	—	—	—	62 173	86 788	173,31	3,761	1,43
50	Magdeburg-Wittenbergesche	—	—	—	—	—	38 582*	105,17	2,793	1,75
51	Mecklenburgische	11 763	—	—	—	11 763	51 840	93,35	3,215	1,23
52	Neisse-Brieger	20 294	—	—	—	20 294	20 294	201,37	5,396	1,85
53	Niederschlesische Zweigbahn	10 967	—	—	11 134	22 101	22 101	121,59	3,345	1,13
54	a. Oesterreich. nördliche .	373 536	119 645	—	—	493 181	493 181	169,43	3,559	1,81
	b. Oesterreich. südöstliche .	449 396	—	—	41 845	491 241	491 241	184,87	2,613	[illegible]
	c. Wien-Neu-Szönyer . .	64 675	2795	—	57 779	125 249	137 000	235,13	4,113	[illegible]
55	a. Oesterreich. südliche . .	—	1 413 535		81 327	1 494 862	1 914 935	329,36	7,71	—
	b. Nordtiroler	—	—	—	—	—	—	—	—	—
	c. Venetianische u. Südtirol.	—	—	—	—	—	—	—	2,11	—
56	Oppeln-Tarnowitzer . . .	—	—	—	—	—	—	—	7,457	0,83
57	a. Pfälzische Ludwigsbahn	177 222	—	—	—	177 222	177 222	114,11	3,175	1,45
	b. Pfälzische Maximiliansb.	36 508	—	—	—	36 508	36 508	110,72	3,500	1,58
58	a. Rheinische	204 213	—	—	—	204 213	312 571	165,9	6,760	1,30
	b. Köln-Crefelder . . .	32 508	—	—	—	32 508	34 738	125,83	9,035	1,28
59	Süd-Norddeutsche . . .	109 682*	1552*	—	—	111 234	120 450	159,44	6,611	1,44
60	Taunus-Bahn	—	—	—	—	—	32 630	116,34	3,638	0,49
61	Theiß-Bahn	—	—	—	—	—	—	—	[illegible]	1,33
62	Thüringische	108 480	—	—	—	108 480	279 907	144,94	4,183	1,43
63	Werra-E.	75 621	—	—	—	75 621	80 716	168,61	5,766	1,33

131				132		133		134	135		
Transportmittel.						**II. Wagen.**					
Einkaufspreis der Brennmaterialien.				Kosten des im Betriebsjahre 1860 verbrauchten Brennmaterials		Die Personenwagen haben im Betriebsjahre 1860		Die Postwagen haben (auf der eigenen Bahn)	Die Lastwagen (Güter-, Vieh- x. Wagen) haben		
c. pro 100 Z.-Pfd. Steinkohlen. Sgr.	d. pro 100 Z.-Pfd. Braunkohlen. Sgr.	e. pro 100 Z.-Pfd. Torf. Sgr.	f. pro Cubikfuß Torf. Sgr.	a. überhaupt. Thlr.	b. pro Nutzmeile. Sgr.	a. auf der eigenen Bahn	b. auf fremden Bahnen		a. auf der eigenen Bahn	b. auf fremden Bahnen	
						Achsmeilen durchlaufen.			Achsmeilen durchlaufen		
10,3	—	4,0	—	76 909	17,15	1 054 893	—	—	2 223 204	941 489	29
9,71	7,27	17,18	—	118 912	21,03	900 527	286 306	216 164	2 961 995	1 092 503	30
9,17	—	—	—	119 501	17,61	1 390 983	12 496	167 816	5 910 326	2 405 356	31
13,84	—	—	—	65 054	18,13	631 099	440 892	92 262	1 508 863	1 774 201	32
5,18 (2,07*)	—	—	—	61 740	22,78	381 348	185 684	154 080	1 410 460	330 957	33 a
12,44*	—	—	—	34 258	22,33	199 257	109 233	79 278	577 880	712 521	— b
6,76	—	—	—	61 375	16,99	607 116	—	98 734	1 851 407	398 792	34
7,10	—	—	—	5249	29,17	14 877	—	—	168 017	18 430	35
7,0	—	—	—	8676	23,55	33 600	—	—	117 681	10 998	36 a
—	—	—	—	—	—	—	—	—	300 440	—	— b
2,46	—	—	—	21 559	25,10	122 938	—	—	90 165	4693	37
5,76	—	—	—	61 780	24,14	573 557	—	—	2 296 759	1 695 519	38
—	3,2	—	—	2886	14,84	33 162	—	14 716	75 719	—	39
5,33	—	—	—	30 226	8,12	835 075	264 399	—	350 654	577 467	40
2,8	—	—	—	370 505	24,55	2 978 324	497 505	—	19 374 390	8 450 611	41
20,81	4,10	—	—	166 664	35,13	1 460 537	30 938	6 501 133.	2 500 512	123 405	42 a
—	4,10	—	—	6864	20,55	56 814	—	—	311 874	—	— b
—	—	—	—	—	—	—	—	—	—	—	c
5,2	—	—	—	140 249	11,55	2 042 433	221 493*	285 032	9 841 595	3 986 717*	43
8,10	—	—	—	33 094	12,44	222 207	412 616	—	555 640	883 373	44
7,11	—	—	—	76 249	17,44	1 015 079	136 858	56 730	2 718 187	2 555 174	45
—	—	—	—	2391	9,53	121 480	—	—	512	—	46
3,01	—	—	—	12 149	21,03	123 565	1783	42 954	258 721	282 976	47
5,71	—	—	—	76 415	20,33	885 622	25 066	142 023	2 138 311	1 745 844	48
12,47	—	—	—	40 378	24,10	234 256	40 020	37 875	578 565	1 035 045	49
8,13	—	—	—	20 436	16,73	259 000	—	62 076	480 223	417 404	50
9,08	—	—	—	21 194	11,44	514 870	428	110 080	878 040	517 887	51
6,07	—	—		5770	17,07	52 530	—	—	121 535	157 212	52
10,31	—	—	—	10 855	17,91	63 744	33 512	42 208	162 733	208 546	53
6,51	3,0	5,01*	—	139 220*	14,55	1 345 220	298 568	300 940	7 288 564	2 875 542	54 a
14,26	—	—	—	267 430*	30,11	2 514 396	187 750	468 250	12 919 117	4 406 656	— b
18,88	6,40	—	—	92 606*	47,71	309 809	10 747	20 720	2 415 926	292 315	— c
—	—	—	—	—	—	1 331 876*	14 567*	110 528*	6 284 574*	371 792*	55 a
—	—	—	—	—	—	—	—	—	—	—	— b
18,18	5,10	—	—	143 298	25,40	990 021*	—	30 037*	2 014 267*	—	c
4,0	—	—	—	4259	8,37	45 499	—	—*	251 878	87 879	56
5,24	—	—	—	31 613	6,51	867 050	191 108	—	2 876 946	1 160 193	57 a
5,15	—	—	—	6528	5,49	285 823	90 494	—	555 451	991 019	— b
3,86	—	—	—	72 030	11,41	1 730 142	231 212	249 646	1 524 534	374 227	58 a
5,86	—	—	—	6806	7,45	140 047	—	24 464	122 100	107 048	— b
18,8 (1,01)	5,0	—	—	36 820	14,47	339 446	22 444	62 042	788 863	434 947	59
9,24	—	—	—	17 448	18,45	476 223	—	—	374 176	129 971	60
—	—	—	—	155 147	35,78	1 236 316	4079	181 708	3 572 922	1 542 502	61
9,13	—	—	—	108 339	16,51	1 164 298	325 604	140 307	2 575 488	2 298 823	62
6,17	—	—	—	37 501	21,14	312 107	618	50 500	610 492	618 618	63

(Forts.) I. Leistungen der Transportmittel.

(Forts.) B. Wagen.

	I. Staatsbahnen.	136 a. Fremde Personenwagen haben auf der Bahn Achsmeilen durchlaufen.	136 b. Fremde Güter- ꝛc. Wagen haben auf der Bahn Achsmeilen durchlaufen.	137 Größte von einer a. eisernen Achse (seit der Anschaffung) zurückgelegte Meilenzahl	137 b. stählernen Achse	138 Größte von einem a. eisernen Radreifen (seit der Anschaffung) zurückgelegte Meilenzahl	138 b. stählernen Radreifen	139 An Miethe für fremde Wagen sind gezahlt. Thlr.	140 An Miethe für die eigenen, von fremden Bahnen benutzten Wagen sind eingenommen. Thlr.
1	Badische	172 975	930 581	—	—	—	—	18 005	25 713
2	Bayerische a. Ludw.-Südnordb. b. Ludw.-Westbahn c. Maximilians-B. d. 3 gepacht. Zweigb.	870 572	in Col. 136a.	—	—	—	—	54 939	1460
3	Braunschweigische	379 959	3 121 286	64 613	—*	40 472*	36 697*	94 617	8169
4	Hannoversche	4 087 624	in Col. 136a.	—	—	—	—	111 716	184 785
5	Main-Neckar	23 545	751 198	—	—	—	—	16 637	17 256
6	Main-Weser	201 991	1 961 841	—	—	—	—	45 468	20 317
7	Preuß. Niederschles.-Märk.	258 854	6 266 715	86 603	74 212	—	18 742	171 682	67 381
8	" Ostbahn	157 776	1 068 639	36 602	26 016	33 221	26 016	30 756	41 652
9	a. " Saarbrücker b. " Saarbrücken-Trier	109 792	1 514 538	25 089	—	20 870	25 089	49 670	37 799
10	" Westfälische	114 594	1 549 086	—	—	—	—	37 477	30 457
11	Sächsische östliche								
	a. Sächsisch-Böhmische	28 516	686 794	—	—	—	—	12 093	10 452
	b. Sächsisch-Schlesische	93 312	1 561 544	—	—	—	—	39 143	12 508
12	Sächsische westliche								
	a. Niedererzgebirgische	38 761	900 183	—	—	—	—	26 124	17 552
	b. Obererzgebirgische	—	—	—	—	—	—	—	—
	c. Sächsisch-Bayerische	58 141	1 350 276	—	—	—	—	30 187	26 335
13	Württembergische	—	683 654	—	—	—	—	17 406	10 151
	II. Privatbahnen								
	a) unter Staatsverwaltg.								
14	Aach.-Düss. Ruhrorter a. Aach.-Düsseld. b. Ruhrort-Crf.	19	196 176	46 968	s. Col. 137a.	46 968	s. Col. 138a.	3364 / 1892	11 181 / 5040
15	Bergisch-Märkische a. Düss.-Dortm. b. Dortm.-Soest c. Ruhr-Sieg d. Witt.-Duisbg.	20 112	1 947 975	—	—	—	—	48 374	33 662
16	Prinz-Wilhelm-E.	211	471 832	—	—	—	—	12 767	19 350
17	Cöthen-Bernburger	1175	48 106	—	—	—	—	2274	476
18	a. Löbau-Zittauer	11 422	205 437	—	—	—	—	7615	3081
	b. Zittau-Reichenberger	7954	150 524	—	—	..	—	4559	4240
19	a. Oberschlesische b. Breslau-Posen-Glogauer	273 522	3 746 306	—	—	—	—	73 905 / 22 426	165 688 / 26 556
20	Stargard-Posener	141 521	1 146 147	—	—	—	—	31 974	40 575
21	Rhein-Nahe	83 654	300 782	—	—	—	—	5926	4412
22	Wilhelms-Bahn	29 170	538 479	16 171	—	7495	12 912	12 525	37 515
	b) in Privatverwaltung.								
23	Aachen-Mastrichter	5884	197 250	31 950	—	31 950	—	5405	5569
24	Alberts-Bahn	—	41 028	6464	8186	6464	8186	1031	11 653
25	Holsteinische: Altona-Kieler	28 840	107 576	27 955	18 883	25 000	—	7740	3045
26	Rendsburg-Neumünster	13 358	83 853						
27	Glückstadt-Elmshorner	—	126						
28	Aussig-Teplitzer	30	3200	14 560	—	14 560	—	6300	—

II. Privatbahnen. (Forts.)	136		137		138		139	140
	(Forts.) **I. Leistungen der Transportmittel.** (Forts.) B. **Wagen.**							
	a.	b.	Größte von einer		Größte von einem		In Miethe	
	Fremde Personenwagen	Güter- ec. Wagen	a. eisernen	b. stählernen	a. eisernen	b. stählernen	für fremde Wagen sind gezahlt.	für die eigenen, auf fremden Bahnen benutzten Wagen sind eingenommen.
	haben auf der Bahn Achsmeilen durchlaufen.		Achse		Radreifen		Thlr.	Thlr.
			(seit der Anschaffung) zurückgelegte Meilenzahl.					
…erische Ostbahnen	—	225 193	—	—	—	—	6863	29 707
Berlin-Anhaltische	331 457	1 737 267	57 018	53 100	37 631	29 937	47 753	30 902
a. Berlin-Hamburger	1476	1 940 325	66 367	69 473	—	—	25 921	38 289
b. Hamburg-Bergedorfer								
Berlin-Potsdam-Magdebg.	400 429	1 115 812	39 343	—	20 631	39 343	29 677	61 245
Berlin-Stettiner								
a. Berl.-Stettin-Stargard	271 601	962 323	18 726	33 462	26 258	31 621	9097	11 976
b. Starg.-Cöslin-Colberg	—	269 753	8778	—	8778	—	276	22 534
Breslau-Schweidnitz-Freib.	—	707 678	16 800	—	12 000	16 400	17 692	9482
Brieg-Neisser	1314	134 049	—	—	—	—	4713	989
Buschtiehrader a. Locom.-B.	—	286 870	—	—	—	—	20 953	425
Buschtiehrader b. Pferde-B.	—	—	—	—	—	—	—	—
Frankfurt-Hanauer	170 627	369 521	—	—	—	—	10 347	—
Galizische Carl-Ludw.-Bahn	—	1 247 873	—	—	—	—	30 954	39 626
Graz-Köflacher	—	93 958	—*	—*	—*	—*	3837	—
Hessische Ludwigs-E.	348 356	565 660	—	—	—	—	9599	13 581
Kaiser Ferdinands Nordb.	9 788 769	—	—	—	—	—	40 481	35 527
Kaiserin-Elisabeth a. Wien-Salzburg	17 430	32 285	—	—	—	—	2198	7472
Kaiserin-Elisabeth b. Lambach-Gmdn.	—	—	—	—	—	—	—	—
Kaiserin-Elisabeth c. Pferdeb. Lz.-Bdw.	—	—	—	—	—	—	—	—
Köln-Mindener	594 756*	4 841 113*	35 796	12 640	—	—	145 550	187 387*
Kurf. Friedr. Wilh. Nordb.	354 516	1 596 113	—	—	—	—	41 384	23 706
Leipzig-Dresdener	106 692	2 243 682	—	—	—	—	65 483	72 314
Ludwigs-E. (Nürnb.-Fürth)	—	33 342	104 990	—	77 600	—	583	—
Lübeck-Büchener	6743	213 109	60 135	20 252	35 000	—	5640	7182
Magdbg.-Cöth.-Halle-Leipz.	21 026	2 334 461	—	—	26 916	8932	44 172	29 205
Magdeburg-Halberstädter	170 165	1 286 413	22 815	14 396	17 573	4793	40 822	31 845
Magdeburg-Wittenbergesche	36	578 786	29 630	20 046	—	—	14 470	10 570
Mecklenburgische	1352	105 200	31 819*	—	—	—	2990	12 984
Neisse-Brieger	74	194 973	—	—	—	—	4877	4189
Niederschlesische Zweigbahn	33 231	321 488	27 571	—	—	—	10 438	9816
a. Oesterreich. nördliche	567 430	4 195 314	—	—	—	—	30	50 542
b. Oesterreich. südöstliche	49 612	2 764 628	—		—	—	921	1565
c. Wien-Neu-Szönyer	5997	221 920	—	—	—	—	—	33 701
a. Oesterreich. südliche	—	315 192*	—	—	—	—	—	—
b. Nordtiroler	—	—	—	—	—	—	—	—
c. Venetianische u. Südtirol.	—	—	—		—	—	—	
Oppeln-Tarnowitzer	—	46 625	16 056	—	16 086	—	1176	2212
a. Pfälzische Ludwigsbahn	206 320	1 630 755	36 000	—	36 000	—	31 925	17 930
b. Pfälzische Maximiliansb.	—	204 118	15 000	—	15 000	—	—	33 413
a. Rheinische	164 682	955 481	32 000	19 000	14 000	15 900	26 830	22 399
b. Köln-Crefelder	—	97 064	—	—	—	—	2778	3061
Süd-Norddeutsche	312	631 772	26 811	—	10 775	—	85	700
Taunus-Bahn	—	49 048	—	—	—	—	1093	3887
Theiß-Bahn	—	2 259 340	—	—	—	—	52 421	53 043
Thüringische	409 741	2 465 643	55 695	38 455	32 033	15 639	56 217	56 002
Werra-E.	2723	580 124	16 850	—	16 850	—	15 393	17 326

II. Personen- und

A. Im Betriebsjahre 1860

Nr.	I. Staatsbahnen.	141	142	143	144	145	146	147		148	149
		Personen in der I. Klasse	Personen in der II. Klasse	Personen in der III. Klasse	Personen in der IV. Klasse	Personen zu ermäßigten Fahrpreisen	Ueberhaupt Personen	Davon a. im Binnen-Verkehre	Davon b. im directen Verkehre	Reisegepäck überhaupt	Davon a. [illegible]
1	Badische	57 713	587 095	2 011 361	—	22 785	2 678 954	2 342 709	336 245	199 871	—
2	Bayerische: a. Ludw.-Südnordb., b. Ludw.-Westbahn, c. Maximiliansbahn, d. 3 gepacht. Zweigb.	23 576	727 860	2 910 547	—	9793	3 671 776	3 607 808*	63 968*	205 72[illegible]	[illegible]
3	Braunschweigische	12 114	208 634	735 376	—	18 385	974 509	662 070	312 439	143 289	—
4	Hannoversche	21 975	373 [illegible]08	1 581 919	—	44 883	2 021 783	1 852 717	169 068	317 251	—
5	Main-Neckar	27 932	241 200	524 634	—	13 401	807 167	--	—	76 836	[illegible]
6	Main-Weser	11 509	146 744	537 854	—	14 640	710 747	635 970	74 777	71 183	[illegible]
7	Preuß. Niederschles.-Märk.	15 252	213 172	443 771	573 815	17 778	1 263 788	1 085 519	178 269	200 249	[illegible]
8	" Ostbahn	7206	262 143	485 571	609 939	51 699	1 416 558	1 272 197	144 361	149 967	—
9	a. " Saarbrücker	6288	80 458	302 829	179 239	4059	572 873	263 847	309 026	—	[illegible]
	b. " Saarbrücken-Trier	1298	33 786	151 547	305 680	2515	494 826	318 005	176 821	—	[illegible]
10	" Westfälische	3440	56 576	159 354	489 391	3943	712 704	642 411	70 293	40 987	[illegible]
11	Sächsische östliche										
	a. Sächsisch-Böhmische	9848	118 585	391 870	—	3476	523 779*	463 465	60 314	36 250	[illegible]
	b. Sächsisch-Schlesische	3509	121 235	482 278	—	21 831	628 943*	566 966	61 977	56 347	[illegible]
12	Sächsische westliche										
	a. Niedererzgebirgische	1797	155 568	779 169	--	17 300	953 854*	862 864	90 990	63 468	[illegible]
	b. Obererzgebirgische	970	47 933	195 763	—	1807	246 473*	242 448	4025	17 489	[illegible]
	c. Sächsisch-Bayerische	4859	193 014	823 805	—	9827	1 031 505*	991 414	40 091	77 707	[illegible]
13	Würtembergische	14 894	617 853	2 409 940		--	3 042 687	2 948 848	93 839	—	
	II. Privatbahnen										
	a) unter Staatsverwaltg.										
14	Aach.-Düss.-Ruhrorter: a. Aach.-Düssel.	5541	96 937	340 341	423 079	1079	866 977	625 319	241 658	28 659	[illegible]
	b. Ruhrort.-Cref.	1618	58 409	205 947	256 625	528	523 127	390 855	132 272	13 804	[illegible]
15	Bergisch-Märkische: a. Düss.-Dortm.	8198	195 092	702 844	731 983	6231	1 644 348	1 476 333	168 015	47 683	[illegible]
	b. Dortm.-Soest	995	23 263	97 864	122 258	2461	246 846	170 497	76 349	13 024	[illegible]
	c. Ruhr-Sieg	598	21 019	117 687	—	1957	141 261	103 591	37 670	6946	[illegible]
	d. Witt.-Duisbg.	40	2555	13 486	—	2	16 083	12 139	3944	383	[illegible]
16	Prinz-Wilhelm-E.	565	22 713	110 243	--	979	134 500	117 835	16 665	2113	[illegible]
17	Cöthen-Bernburger	212	10 645	54 752	—	1691	67 300	67 300	—	7100	[illegible]
18	a. Löbau-Zittauer	215	20 860	134 680	—	15	155 770	136 080	19 690	10 741	[illegible]
	b. Zittau-Reichenberger	246	23 721	115 633	—	25	139 625*	136 355	3270	2860	[illegible]
19	a. Oberschlesische	8330	152 916	276 678	185 266	17 545	640 735	545 893	94 842	69 514	[illegible]
	b. Breslau-Posen-Glogauer	2590	53 536	213 090	89 717	26 091	385 024	359 477	25 547	39 074	[illegible]
20	Stargard-Posener	1262	36 460	103 841	61 671	7801	211 035	137 325	73 710	37 203	[illegible]
21	Rhein-Nahe	5804	94 382	378 474	5798	8928	493 386	399 564	93 822	--	[illegible]
22	Wilhelms-Bahn	2074	38 791	109 366	25 490	3490	179 211	152 192	27 019	16 985	—
	b) in Privatverwaltung.										
23	Aachen-Mastrichter	11 877	67 592	238 039	—	23 222	340 730	249 624	91 106	15 602	[illegible]
24	Alberts-Bahn	943	60 211	265 765	—	473	347 392	347 392	—	7224	[illegible]
25	Altona-Kieler										
26	Rendsburg-Neumünster	2768	50 045	458 053	—	932	511 798	457 357	54 441	51 465	[illegible]
27	Glückstadt-Elmshorner	392	13 186	118 501	—	463	132 632	130 885	1747	8983	[illegible]
28	Aussig-Teplitzer	3335	33 846	116 160	—	1870	153 211	—	—	87 316	[illegible]

149	150	151		152	153		154		155		156	157	

Güter-Verkehr.

wurden befördert:

Güter: b. Eigengewicht. Ctr.	Hunde (der Reisenden). Stck.	Eilgüter a. im Binnen-Verkehre. Ctr.	Eilgüter b. im direkten Verkehre. Ctr.	Post-güter. Ctr.	Frachtgüter der Normalklasse (u. sperrige) a. im Binnen-Verkehre. Ctr.	Frachtgüter der Normalklasse (u. sperrige) b. im direkten Verkehre. Ctr.	Frachtgüter d. ermäßigten Klasse (excl. Kohlen) a. im Binnen-Verkehre. Ctr.	Frachtgüter d. ermäßigten Klasse (excl. Kohlen) b. im direkten Verkehre. Ctr.	Kohlen und Coaks a. im Binnen-Verkehre. Ctr.	Kohlen und Coaks b. im direkten Verkehre. Ctr.	Ueberhaupt Güter. Ctr.	Außerdem Betriebs-dienst- und Baugüter. Ctr.	
—*	14 207	82 293	130 801	45 759	756 342	1 571 681	3 925 700	2 789 808	—	—	9 302 384	575 725	1
—*	28 608	174 813	94 918	—	1 827 688	1 310 138	4 867 944	1 904 017	5 499 063*	758 600*	16 437 181	2 698 988	2
—	2617	27 124	142 420	—	236 066	2 981 002	2 467 871	4 565 534	774 220	2 727 142	13 921 379	1 841 971	3
—	7226	152 628	140 093	—	1 364 628	4 065 602	9 436 518	4 010 376	4 046 960	1 680 920	24 497 725	—	4
—*	3562	i. K. 153a.	i. K. 153a.	—	2 592 467	i. K. 153a.	i. K. 153a.	i. K. 153a.	i. K. 153a.	i. K. 153a.	2 592 467	—	5
21 773*	3136	25 755	61 487	—*	319 185	1 186 054	971 101	640 504	770 238	172 267	4 146 591	19 756	6
161 453	4638	89 503	63 640	9114	1 529 090	1 586 308	4 057 683	3 315 731	1 419 768	1 872 105	13 942 942	1 309 302	7
—*	7818	17 906	35 815	10 769	564 268	732 639	3 900 441	1 072 153	141 042	372	6 473 403	732 481	8
—	2342	2016	13 355	1858	20 519	155 300	2 545 828	2 114 460	934 080	24766615	30 554 031	254 788	9a
—	2388	1322	4856	1925	10 810	70 785	117 985	519 660	330 390	3 274 435	4 332 177	222 014	b
12 662	3303	10 148	42 799	5933	298 067	705 235	2 068 967	2 296 622	556 035	2 080 310	8 064 116	1 456 078	10
29 753	1301	40 761	—	—*	746 907	741 268	3 793 182	20 407	in Kol. 155a mitenthalten.	in Kol. 155b mitenthalten.	5 342 523	136 270	11a
44 610	1872	50 906	19 551	—*	998 928	474 524	3 444 752	832 993			5 821 654	891 280	b
96 998	2878	88 901	39 408	—*	735 300	539 443	6 753 771	1 279 893			9 436 716	289 720	12a
82 767	818	16 692	1349	—*	179 661	19 714	11 797 959	381 384			12 396 739	73 000	b
85 298	3354	119 156	63 287	—*	1 252 176	888 638	12 311 679	1 357 404			15 992 340	418 860	c
—	23 339	i. K. 153a.	i. K. 153b.	—*	6 604 668	2 181 991	i. K. 153a.	i. K. 153b.	i. K. 153a.	i. K. 153b.	8 786 659	—	13
19 218	2755	8447	54 129	50 807	129 807	412 338	908 863	1 087 980	1 262 763	908 720	4 823 834	185 340	14a
1016	1114	11 260	36 599	26 275	107 861	210 948	469 224	902 102	1 771 377	844 867	4 380 313	207 889	b
42 261	3292	93 831	42 070	51 469	1 143 793	735 962	8 628 380	1 048 022	13 121 165	2 118 715	26 983 407	1 608 487	15a
6357	708	5239	20 751	7677	93 358	332 071	2 291 050	644 157	3 147 075	1 244 195	7 785 573	519 185	b
4321	600	8290	2007	13 834	116 283	59 647	1 240 656	81 861	1 763 400	—	3 285 978	267 239	c
252	18	528	—	303	6807	—	34 619	—	236 380	—	278 637	55 578	d
1436	616	9026	526	3078	60 134	16 604	1 385 296	46 000	3 992 830	1 194 200	6 697 694	280 436	16
5387	231	5026	—	2840	78 125		1 306 932	—	in Kol. 155a.	—	1 392 923	—	17
4964	296	14 961	—	—	417 115	26 192	1 307 465	12 076		i. K. 155b.	1 777 809	—	18a
3903	360	7190	—	—	230 954	—	1 084 108	—		i. K. 155b.	1 322 252	—	b
86 998	1967	8624	14 669	2798	242 328	634 002	3 906 930	5 478 499	4 723 805	4 088 131	19 099 781	697 954	19a
30 430	1744	6409	7369	2166	143 850	191 293	1 113 477	1 769 917	—	723 031	3 957 612	53 680	b
29 992	1615	6535	15 354	6117	26 425	375 154	215 882	1 779 299	—	219 721	2 677 487	100 110	20
—	2338	5145	9106	6150	51 529	79 611	563 247	415 731	24 975	642 120	1 797 614	8 220 290	21
—	620	1221	3426	2549	55 712	259 968	729 826	2 048 906	2 954 136	565 860	6 621 604	181 614	22
[illegible]	—	23 862	56 395	95	77 602	332 064	356 762	1 338 291	485 920	205 340	2 876 331	66 971	23
6012	1727	2035	—	6574	34 014	—	631 303	—	3 957 725*	—	4 631 651	—	24
9 210	1080	46 793	6941	—	806 998	222 318	1 797 463	112 124	—	—	2 992 637	163 516	25 26
7355	106	10 148	379	—	184 380	23 632	224 545	1382	—		444 766	42 876	27
1 605	—	i. K. 153a.	i. K. 153a.	—	513 820	i. K. 153a.	660 612	i. K. 154a.	3 878 420	i. K. 155a.	5 052 852	103 824	28

29	Bayerische Ostbahnen	2173	116 138	874 837	512*	23 648	**1 017 608**	1 017 608	—	105 745	105
30	Berlin-Anhaltische	7507	140 317	506 491	—	27 470	**681 818**	552 045	129 773	105 761	28
31	a. Berlin-Hamburger	5830	209 684	573 600	—	49 391	**841 505**	683 368	158 137	118 808	-
	b. Hamburg-Bergedorfer	4718	99 744	217 799	—	—	**320 760**	—	320 760	—	-
32	Berlin-Potsdam-Magdebg.	27 791	230 710	616 135	—	45 562	**920 198**	829 670	90 528	92 567	-
33	Berlin-Stettiner										
	a. Berl.-Stettin-Stargard	4369	102 260	365 573	—	28 867	**501 069**	435 123	65 946	86 716	21
	b. Starg.-Cöslin-Colberg	399	27 766	102 587	—	12 053	**142 805**	101 632	41 173	24 171	5
34	Breslau-Schweidnitz-Freib.	3415	80 906	398 429*	—	89 026*	**371 776**	558 975	12 801	52 758	
35	Brünn-Rossitzer	914	10 201	40 592	—	—	**51 707**	51 707	—	1975	1
36	Buschtěhrader a. Locom.-B.	475	7877	42 978	—	—	**51 330**	15 226	36 104	3312	[illegible]
	Buschtěhrader b. Pferde-B.	—	—	—	—	—	**360**	—	—	—	
37	Frankfurt-Hanauer	5234	106 738	344 298	—	3642	**459 912**	412 733	47 179	21 856	21
38	Galizische Carl-Ludw.-Bahn	4591	57 114	156 595	52 275	[illegible]	**270 575**	254 055	16 520	45 008	20
39	Graz-Köflacher	7059	50 789	—	—	—	**57 848**	57 848	—	1127	
40	Hessische Ludwigs-E.	26 998	261 721	761 616	—	87 602	**1 137 937**	982 217	155 720	84 523	
41	Kaiser Ferdinands Nordb.	43 531	331 911	1 066 549	274 512	169 884	**1 886 390**	1 727 445	158 945	216 545	121
42	Kaiserin Elisabeth a. Wien-Salzburg	15 924	214 100	847 367	—	53 833	**1 131 224**	1 125 351	5873	63 576	33
	b. Lambach-Gmdn.	2162	13 100	20 758	—	81	**36 101**	36 101	—	7460	3
	c. Pferdeb. Lz.-Bdw.	—	2050	25 157	—	439	**27 646**	27 646	—	1511	
43	Köln-Mindener	29 308	356 293	509 337	1 598 591	27 656	**2 521 185**	2 332 698	188 487	154 338	
44	Kurf. Friedr. Wilh. Nordb.	6310	86 623	219 855	—	2125	**315 113**	220 219	94 894	58 938	
45	Leipzig-Dresdener	12 153	159 239	709 137	—	26 568	**907 097**	666 327	240 770	136 455	28
46	Ludwigs-E. (Nürnb.-Fürth)	3620	125 834	515 057	—	42 159*	**716 670**	681 811	34 859	3738	[illegible]
47	Lübeck-Büchener	1453	40 096	104 612	—	995	**147 156**	64 774	82 382	27 441	
48	Magdb.-Cöth.-Halle-Leipz.	3972	110 097	679 809	—	18 281	**812 162**	725 414	86 748	90 012	20
49	Magdeburg-Halberstädter	9545	116 594	322 617	—	24 867	**473 623**	269 137	201 486	100 964	
50	Magdeburg-Wittenbergesche	780	29 416	148 767	—	8598	**187 591**	169 315	18 276	23 320	
51	Mecklenburgische	3112	89 707	185 083	—	8157	**286 059**	219 560	66 499	62 153	
52	Neisse-Brieger	750	13 356	51 839	—	7645	**73 590**	54 397	19 193	8181	
53	Niederschlesische Zweigbahn	617	16 959	62 257	—	10 348	**90 181**	57 963	32 218	14 487	11
54	a. Oesterreich. nördliche	20 594	172 670	749 803	—	152 143	**1 095 210**	936 918	158 292	113 309	
	b. Oesterreich. südöstliche	28 651	255 553	507 913	—	329 427	**1 121 544**	789 391	332 153	139 265	
	c. Wien-Neu-Szöner	4622	50 586	191 714	—	23 158	**273 110**	266 385	6725	19 849	
55	a. Oesterreich. südliche	62 064	632 604	2 083 915	—	366 369	**3 144 982**	3 144 982	[illegible]	155 693	75
	b. Nordtiroler	1827	38 240	142 402	—	20 215	**232 684**	232 684	—	11 428	
	c. Venetianische u. Südtirol.	37 965	163 232	973 486	—	342 874	**1 817 557**	1 817 557	[illegible]	127 759	86
56	Oppeln-Tarnowitzer	315	4444	17 628	25 956	808	**49 151**	47 550	1601	3031	
57	a. Pfälzische Ludwigsbahn	8393	213 744	666 555	—	34 049	**922 741**	906 107	16 334	48 238	18
	b. Pfälzische Maximiliansb.	2507	63 560	197 235	—	12 710	**276 012**	—	—	13 297	13
58	a. Rheinische	201 562	546 927	1 227 488	98 199	40 202	**2 117 378**	1 854 400	262 978	170 309	92
	b. Köln-Crefelder	1518	45 531	174 167	156 716	743	**378 675**	—	—	9920	
59	Süd-Norddeutsche	6868	47 663	166 746	—	14 345	**235 622**	195 228	40 394	17 640	
60	Taunus-Bahn	35 804	299 200	740 240	—	—*	**1 075 244**	1 038 516	36 728	74 259	
61	Theiß-Bahn	10 756	129 697	282 603	—	98 819	**521 875**	521 875	—	60 996	2
62	Thüringische	8560	228 942	883 024	—	31 916	**1 152 462**	992 563	159 899	138 734	
63	Werra-E.	1584	62 512	291 306	—	5966	**361 398**	328 357	33 041	36 105	

Güter-Verkehr.

... wurden befördert:

150	151		152	153		154		155		156	157	
Hunde der Reisenden.	Eilgüter		Post-güter.	Frachtgüter der Normalklasse (u. sperrige)		Frachtgüter d. ermäßigten Klasse (excl. Kohlen)		Kohlen und Coaks		Ueberhaupt Güter.	Außerdem Betriebs-dienst- und Baugüter.	
	a. im Binnen- Verkehre.	b. im directen Verkehre.		a. im Binnen- Verkehre.	b. im directen Verkehre.	a. im Binnen- Verkehre.	b. im directen Verkehre.	a. im Binnen- Verkehre.	b. im directen Verkehre.			
Stück.	Ctr.		Ctr.	Ctr.		Ctr.		Ctr.		Ctr.	Ctr.	
7913	35 649	7733	—	2 941 906	303 740	111 560	163 891	s. c. 153a.	s. c. 153b.	3 564 479	386 870	29
3606	60 549	61 449	20 359	537 020	1 304 554	2 304 578	1 588 051	2 010 256	46 250	7 936 069	278 220	30
4012	36 618	86 982	9616*	1 769 985	2 809 139	1 383 446	2 310 553	s. c. 153a.	s. c. 153b.	8 376 338	517 315	31a
—	—	101 178	—	—	3 553 786	—	2 470 611	—	—	6 105 774	—	b
2456	95 745	52 544	18 910	1 033 985	1 019 395	718 253	635 946	204 433	12 782	3 791 993	—	32
3193	38 925	11 885	18 846	337 315	142 204	2 044 332	1 936 452	—	--	4 529 959	360 611	33a
1558	1372	3548	5289	21 019	66 533	323 882	423 885	—	---	845 528	35 908	b
1709	13 259	4216	2516	441 000	205 662	2 623 911	135 946	6 935 922	136 052	10 498 514	652 023	34
35	—	—	-	114 006	137 317	s. c. 153a.	s. c. 153b.	1 302 936	1 059 767	2 611 026	[illegible]	35
41	365	239	—	187 804	s. c. 153a.	17 753	—	5 391 085	3 163 181	8 769 427	55 772	36a
-	—	-	—	67 653		—	—	1 139 711	—	1 207 361	37 647	b
1371	9055	19 970	25 974	93 238	272 218	261 544	710 369	1869	7350	1 101 587	—	37
451	5420	6050	—	159 296	395 317	1 813 144	2 511 158	9960	8411	4 911 819	507 063	38
93	—	—		156 875	—	204 719	—	505 614	137 313*	1 001 521	212 724	39
7889	34 039	77 287	—	213 376	573 918	659 187	1 376 118	1 416 933	1 488 724	5 839 712	—	40
2429	75 703	66 483	*	1 193 656	3 077 010	7 053 467	13 150 016	7 013 968	2 067 978	33 692 281	2 500 171	41
1143	19 229	225	—	in Kol. 154a.	s. c. 154a.	3 812 302	s. c. 154a.	261 537	s. c. 155a.	4 123 281	869 356	42a
51	1555	—	—			98 917	—	—	—	100 502	43 478	b
—	295	—	—		·	114 139	—	—		114 134	106 919	c
5750	68 840	150 399	24 539	1 831 261	1 935 142	10 819 879	1 261 136	28 681 501	1 091 632	51 857 333	1 320 557	43
1227	10 150	80 725	*	162 469	1 315 111	915 336	2 266 777	s. c. 154a.	s. c. 154b.	4 730 568	—*	44
2442	72 217	100 796	65 752	1 539 634	1 234 614	1 479 519	2 823 828	s. c. 154a.	s. c. 154b.	10 316 360	—	45
—	—	23 653	—	—	187 577	—	230 150	—	86 210	527 620	4680	46
424	1837	37 846	—	34 527	861 191	39 131	800 652	—	—	1 775 787	—	47
2221	66 710	98 397	16 199	814 330	1 871 597	2 953 560	1 839 352	3 596 980	103 003	11 360 108	—	48
1306	42 456	110 711	14 618	1 061 015	3 344 755	616 474	1 961 082	557 321	437 207	8 145 669	—	49
1283	32 753	45 267	4586	498 554	951 515	404 474	218 530	183 351	166	2 369 499	2018	50
1574	15 797	14 681	—*	203 976	432 096	936 216	561 482	*	*	2 467 215	114 236	51
241	100	3071	753	6412	50 496	165 639	400 655	1778	658 687	1 290 594	32 660	52
275	4003	12 912	742	56 263	161 439	181 212	249 218	--		968 849	19 862	53
1500	36 363	47 923		2 561 313	4 463 232	2 493 510	3 346 418	594 475	5 710 877	19 254 111	1 288 421	54a
1851	23 867	48 549	—	1 409 820	4 795 573	2 383 736	5 711 571	701 673	246 971	15 324 760	3 128 362	b
458	47 112	993	—	456 106	100 715	5 557 891	1 189 508	131 679	25 856	7 509 860	436 263	c
3371	89 792	s. c. 151a.	—	9 932 140	s. c. 153a.	5 305 947	s. c. 154a.	2 301 364	s. c. 155a.	17 629 240	3 174 626	55a
481	6817	—	—	530 735	—	298 309	—			835 861	28 131	b
—	189 459	s. c. 151a.	—	2 675 160	s. c. 153a.	2 767 358	s. c. 154a.			5 631 977	913 064	c
177	257	820	422	14 800	59 192	838 873	341 745	90 979	312 583	1 659 673	132 967	56
4197	41 796	s. c. 151a.	—	402 771	s. c. 153a.	4 688 667	s. c. 154a.	6 903 030	s. c. 155a.	12 036 261		57a
1477	12 013	s. c. 151a.	—	92 960	s. c. 153a.	1 092 780	s. c. 154a.	1 813 455	s. c. 155a.	3 011 208	—	b
5625	59 013	121 656	102 115	215 807	503 206	2 619 166	3 895 039	2 277 360	16 286*	9 902 672	298 811	58a
1471	11 859	s. c. 151a.	9083	97 171	s. c. 153a.	885 939	s. c. 154a.	127 872	s. c. 155a.	1 131 921	3713	b
—	5806	6809		120 859	171 135	706 265	848 162	533 572	88 297	2 780 995	253 112	59
2762	22 455	19 635	35 815	327 356	271 820	180 195	353 413	159 480		1 373 168	—	60
384	5968	19 092		126 863	155 300	1 423 430	1 061 661	1918	5312	6 099 571	652 363	61
3472	84 620	97 912	14 706	670 361	1 695 430	2 738 292	1 719 105	1 070 526	595 137	8 686 389	170 382	62
1719	24 451	21 759	-	200 945	330 910	930 895	810 934	s. c. 154a.	s. c. 154b.	2 349 891	—	63

(Forts.) II

(Forts.) A.

	I. Staatsbahnen.	Benennung derjenigen Art
1	Badische	Abfälle, Bau- und Nutzholz, rohe Baumwolle, Baumwollenwaaren, Bier, B Geräthschaften, Werkzeuge, Getreide, Häute, Felle, Holz- und Metallwaaren
2	Bayerische { a. Ludw.-Südnordb. b. Ludw.-Westbahn. c. Maximilians-B. d. 3 gepacht. Zweigb.	Getreide, Brennholz, Kohlen, Baumaterialien, Hopfen, Bier, Zucker, Lumpen, Leder, Häute und Felle, Erze, Eisen und Metalle, Metallw
3	Braunschweigische	Holz, Baumwolle, Eisen, Stahl, Eisenbahnschienen, Eisen- und Stahlwaare u. Coaks, Kolonialwaaren, Kupfer, Messing, Manufakturwaaren, Mehl u.
4	Hannoversche	Baumwolle, Tabak, Kohlen, Eisen, Spiritus, Brenn- und Nutzholz,
5	Main-Neckar	Manufakturwaaren aller Art, Getreide, Tabak (roh und fabrizirt),
6	Main-Weser	Baumwolle, Blei, Kolonial-, Eisen- u. Eisengußwaaren, Eisensteine,
7	Preuß. Niederschles.-Märk.	Steinkohlen, Getreide, Manufakturwaaren, Nutz- u. Brennholz, Eise
8	" Ostbahn	Getreide, Steine u. Erden, Hülsenfrüchte, Bauholz, Bretter, Stabholz, Manufa kenfabrikate, Kartoffeln, Hopfen, Steinkohlen, Lumpen, Rohzucker, Flachs, Hanf,
9	a. " Saarbrücker	Kohlen, Coaks, fabrizirtes Eisen, Erze, Glas, Erde, Wein, Früchte,
	b. " Saarbrücken-Trier	Kohlen, Coaks, fabrizirtes Eisen, Erze, Glas, Erde, Wein, Früchte,
10	" Westfälische	Steinkohlen, Holz, Eisenerze, Hüttenprodukte, Getreide
11	Sächsische östliche	
	a. Sächsisch-Böhmische	Baumwolle, Bücher, Braunkohlen, Kaffee, Droguen, Eisen- und M
	b. Sächsisch-Schlesische	Baumwolle, Wolle, Manufakturw., Bier, Braun- und Steinkohlen,
12	Sächsische westliche	
	a. Niedererzgebirgische	Steinkohlen, Getreide, Kalk, Bau- u. Nutzholz, Baumwolle, Eisen,
	b. Obererzgebirgische	Steinkohlen, Eisensteine, Kalksteine, Eisenguß, Brenn- und Nutzhölz
	c. Sächsisch-Bayerische	Steinkohlen, Coaks, Getreide, Bau- und Nutzholz, Baumwolle, Wo
13	Württembergische	Baumwolle, Holz, Getreide, Kolonial-, Eisen-, Leder- und Schnittw
	II. Privatbahnen	
	a) unter Staatsverwaltg.	
14	Aach.-Düss.-Ruhrorter { a. Aach.-Düssel.	Steinkohlen, Erze, Steine, Wolle rc.
	b. Ruhrort-Crf.	Steinkohlen, Erze, Eisen, Getreide, Holz, Manufakturwaaren, Wolle,
15	Bergisch-Märkische { a. Düss.-Dortm.	Getreide, Kartoffeln, Hülsenfrüchte, Kolonial-, Eisen-, Stahl- u. Manu
	b. Dortm.-Soest	Coaks und Steinkohlen, Kalk und Kalksteine, Getreide, Kartoffeln,
	c. Ruhr-Sieg	Kolonial-, Eisen-, Stahl- u. Manufakturwaaren, Coaks u. Steinkoh
	d. Witten.-Duisbg.	Coaks u. Steinkohlen, Getreide, Kartoffeln, Hülsenfrüchte, Kolonial-,
16	Prinz-Wilhelm-E.	Getreide, Eisen- und Stahlwaaren, Eisenbahnschienen, Erze, Holz, K
17	Cöthen-Bernburger	Zucker, Getreide, Steine, Kohlen
18	a. Löbau-Zittauer	Baumwolle, Braunkohlen, Farbehölzer, Flachs, Garne, Getreide, geb
	b. Zittau-Reichenberger	Stein- und Braunkohlen, Baumwolle, Farbehölzer, Flachs, Garne,
19	a. Oberschlesische	Steinkohlen, Bodenprodukte, Kalk, Zink, Nutzholz, verarbeitetes Eise
	b. Breslau-Posen-Glogauer	Boden-Erzeugnisse, Steinkohlen, Kalk, Nutzholz, Sämereien, Zink,
20	Stargard-Posener	Boden-Erzeugnisse, Steinkohlen, Heringe, Spirituosa, Kalk, Gyps,
21	Rhein-Nahe	Verarbeitetes Eisen, Getreide, Mehl, Rohtabake, Wein, Spiritus, S
22	Wilhelms-Bahn	Steinkohlen, landwirth. Produkte, Roh- u. Gußeisen, Baumwolle, K
	b) in Privatverwaltung.	
23	Aachen-Mastrichter	Steinkohlen, Kolonialwaaren, Spiritus, Steine, Eisen, Holz und la
24	Alberts-Bahn	Kohlen und Coaks, Lumpen, Getreide, Steine, Holz, Papier
25	Holstein. { Altona-Kieler	Butter, Kolonialw., Dünger, Felle, Feld- und Gartenfrüchte, Fleisch
26	Rendsburg-Neumünster	
27	Glückstadt-Elmshorner	Kolonialwaaren, Dünger, Getreide, Holz, Manufakturwaaren, Feld-
28	Aussig-Teplitzer	Kohlen, Kalk, chemische Produkte, Holz, Zucker, Baumwolle, Koloni

158	159			160		161		

Güter-Verkehr.

wurden befördert:

Hauptverkehr auf der Bahn bildeten.	Fahrzeuge aller Art. a. Equipagen.	b. Eisenbahn-Fahrzeuge	c. Sonstige Fahrzeuge	Thiere. a. Pferde (Luxus-, Koppel- ꝛc.)	b. Rindvieh und sonstige Thiere.	Gewicht a. der in Kol. 160a u. b aufgeführten Thiere.	b. der außerdem beförderten Thiere.	
…waaren, Eisen, roh und geschmiedet, Erden, Erze, Steine, …, Sägewaaren, Tabak, roh und fabrizirt, Wein, Zucker ꝛc.	253	—*	—*	1192	59 046	248 036	2541	1
… Baumwolle, Wolle, Baumwollen- und Wollenwaaren, ...	574	—*	—	6303	246 192	—	—	2
… Porzellan u. dergl. Waaren, Kaffee, Kartoffeln, Kohlen, … Spiritus, Steine, Syrup, Tabak, Wein, Wolle, Zucker	232	162	—	6988	177 148*	281 600	—	3
…ufakturwaaren, Kalk ꝛc.	605	s. K. 159a.	s. K. 159a.	1506*	11 855*	—	513	4
. . . .	49	17*	9	1366	199	—	—	5
…holz, Tabak ꝛc.	129	5*	—*	306	658	23 190	175 450	6
…, Essig, Spiritus, Zink, Blei, Sämereien aller Art	516	4975	s. K. 159a.	3619	472 586	457 509	1038	7
…, Droguerie-, Material- u. Farbew., Mehl u. sonstige Mühl-, … Zucker, Glas, Porzellan, Hüttenprodukte, Häute, Felle, Leder	727	151	—	7988	624 248	655 375	—	8
. .	38	—	—	1318	51 884	34 010	586	9a
. .	23	—	—	863	24 527	16 621	597	- b
. .	81	102	—	1824	21 426	101 296	—	10
…ate, Glas, Guano, Häute, Kurz- u. Manufakturw. ꝛc.	42	40	—	375	372	—*	147 129	11a
… Getreide, Granitsteine, Eisen, Eisen- u. Metallw. ꝛc.	125	117	- -	117	1123	—*	209 556	- b
. . . .	92	16	—	55	1968	—*	181 674	12a
. . . .	15	—	—	0	267	—*	18 862	- b
…fabrikate, Bier, Spiritus, Eisen- u. Eisenw. ꝛc.	140	16	—	987	1213	—*	158 953	- c
… ꝛc.	—*	—	—	—*	—	—*	—	13
. . . .	63	65	—	1975	97 168	17 775	129 955	14a
. . . .	27	70	—	487	31 271	4383	64 099	- b
… Kalksteine, Kies, Steinkohlen, Coaks, Salz ꝛc.	9	224	in Kol. 159b.	481	26 978	80 355	658	15a
…Manufakturwaaren, Roheisen, Salz und Steine .	7	141		334	10 355	36 773	142	- b
…, Hülsenfrüchte, Salz, Mühlenfabrikate ꝛc. .	--	18		5	393	953	120	- c
…, Eisenbahnschienen, Erze, Kalk, Holz, Oel ꝛc. .	—	—	—	—	118	426	17	- d
…Steinkohlen, Roheisen und Steine . . .	—	—	1	1	2790	3308	271	16
. . . .	7	—	4	53	11 107	—	—	17
…en und Steinkohlen	24	—	—	25	314	—*	17 657	18a
…waaren und Roheisen	4	—	—	10	166	—*	16 773	- b
. . . .	303	—	—	1532	27 019	44 391	—	19a
. . . .	121	—	—	1338	59 333	68 256	10 764	- b
…, Flachs	126	—	—	1650	238 839	163 285	323	20
. . . .	57	—	—	323	25 165	45 101	634	21
…, Manufaktur- u. Materialw., Eisen, Tabak ꝛc.	71	28	—	320	14 512	24 643	—	22
. . . .	15	57	—	739	68 357	116 018	—	23
. . . .	6	—	—	--	102	6	—	24
…früchte, Steine, Steinkohlen, Sprit, Stroh, Wein ꝛc.	252	—	—	5619	69 221	301 650	—	25 26
. . . .	56	—	—	76	3590	13 401	—	27
. . . .	—*	—	—	—	—*	—	—	28

	II. **Privatbahnen.** (Forts.)	Benennung derjenigen Ar
29	Bayerische Ostbahnen	Getreide
30	Berlin-Anhaltische	Roggen, Metalle, Wolle, Lumpen, Wollen- u. Baumwollenw., Manuf
31	a. Berlin-Hamburger b. Hamburg-Bergedorfer	Baumwolle, Baumwollengarn, Kolonial- und Manufakturwaaren, S
32	Berlin-Potsdam-Magdebg.	Eisen u. Eisenwaaren, Getreide, Garten- u. Feldfrüchte, Metalle, Blei, D
33	Berlin-Stettiner	
	a. Berl.-Stettin-Stargard	Getreide u. Hülsenfrüchte, Mühlenfabrikate, Heringe, Spiritus, Eisenw., Kup
	b. Starg.-Cöslin-Colberg	Getreide, Bauholz, Spiritus, Salz, Abfälle, Cement, Fettw., Wolle, Eisenw
34	Breslau-Schweidnitz-Freib.	Steinkohlen, Schiefer-, Bruch- u. Sandsteine, Sand, Thon, Erde, Lehm, G
35	Brünn-Rossitzer	Kohlen
36	Buschtěhrader a. Lokom.-B.	Steinkohlen, Coaks, Bau- u. Grubenholz, Kalksteine, Theer, Viktual
	Buschtěhrader b. Pferde-B.	Steinkohlen, Coaks, Bau- u. Brennholz
37	Frankfurt-Hanauer	Getreide, Mehl, Hülsenfrüchte, Oelsaat, Kartoffeln, Bau-, Nutz- u. B
38	Galizische Carl-Ludw.-Bahn	Getreide, Salz, Hornvieh, Schweine, Eisenwaaren, Getränke, Wolle,
39	Graz-Köflacher	Kohlen und Roheisen
40	Hessische Ludwigs-E.	Kohlen, Eisen, Steine, Getreide, Holz, Wein, Glas, Leder u. Häute
41	Kaiser Ferdinands Nordb.	Stein- u. Braunkohlen, Coaks, Getreide, Holz, Eisen, Zucker, Mehl,
42	Kaiserin Elisabeth a. Wien-Salzburg	Salz, Kohlen, Eisen u. Eisenwaaren, Getränke, Getreide, Mehl, St
	b. Lambach-Gmdn.	Salz, Kohlen, Gyps, Garne, Baumwollen- u. Thonw., Eisensteine,
	c. Pferdeb. Lz.-Bdw.	Salz
43	Köln-Mindener	Steinkohlen, Coaks, Bau- u. Grubenholz, Erden, Erze, Getreide u. H
44	Kurf. Friedr. Wilh. Nordb.	Steinkohlen, Coaks, Bau- u. Brennholz, Backsteine, Eisen u. Eisenw.
45	Leipzig-Dresdener	Manufakturwaaren, Eisenwaaren und Eisenbleche
46	Ludwigs-E. (Nürnb.-Fürth)	Hopfen, Manufakturwaaren, Steinkohlen, Coaks, Bau- u. Brennhol
47	Lübeck-Büchener	Rohprodukte und Handelsgüter
48	Magdb.-Cöth.-Halle-Leipz.	Baumwolle, Eisen u. Eisenw., Farbehölzer, Farbew., Getreide, Heringe
49	Magdeburg-Halberstädter	Rohzucker, Zerw. Spiritus, Oel, Getreide, Mühlenfabrikate, Bau- und Br
50	Magdeburg-Wittenbergesche	Getreide, Baumwolle, Twiste, Wolle, Oel, Spiritus, Braun- u. Stei
51	Meklenburgische	Getreide, Hülsenfrüchte, Coaks u. Steinkohlen, Bau- und Nutzholz,
52	Neisse-Brieger	Steinkohlen, Getreide und Hülsenfrüchte, Kalk, Mühlenfabrikate, Ho
53	Niederschlesische Zweigbahn	Getreide
54	a. Oesterreich. nördliche	Getreide, Mühlenfabrikate, Sämereien, Pflanzen, Steine u. Baumat.
	b. Oesterreich. südöstliche	Getreide, Manufakturen, Mühlenfabrikate, Sämereien, Pflanzen, Tab.
	c. Wien-Neu-Szönyer	Getreide, Mühlenfabrikate, Sämereien u. Pflanzen, Nutzhölzer, Zucke
55	a. Oesterreich. südliche	Getreide, Hölzer, Kohlen, Kolonial- u. Spezereiwaaren, rohe Metall.
	b. Nordtiroler	Holz, Getreide, rohe Metalle, Salz, Webestoffe und Kolonialwaaren
	c. Venetianischen. Südtirol.	Kolonialwaaren, Spezereien, Webestoffe (als: Baumwolle, Hanf, Lei
56	Oppeln-Tarnowitzer	Kohlen, Roheisen, Eisen, Erze, Oppelner Kalksteine, Hölzer aller Art
57	a. Pfälzische Ludwigsbahn	Kohlen, Coaks, Erze, Roheisen, Schienen, Holz, Steine, Wolle, Getre
	b. Pfälzische Maximiliansb.	Kohlen, Coaks, Roheisen, Schienen, Holz, Steine, Wolle, Getreide, S
58	a. Rheinische	Baumwolle, Eisen, Erze, Feldfrüchte, Getreide, Häute, Metalle, Materia
	b. Köln-Crefelder	Baumwolle, Feldfrüchte, Getreide, Material-, Farbe- und Manufaktu
59	Süd-Norddeutsche	Steinkohlen, Getreide, Holz, Manufakturwaaren, Rohstoffe
60	Taunus-Bahn	Kolonialwaaren, Wein, Feldfrüchte, Häute, Eisenerze, Braunsteine, Ei
61	Theiß-Bahn	Bauholz, Borstenvieh, Felle u. Häute, Hornvieh, Mühlenprodukte, Oel
62	Thüringische	Braunkohlen, Holz, Salz, Getreide, Eisen und Eisenwaaren
63	Werra-E.	Holz, Kohlen, Steine, Vieh

Güter=Verkehr.

wurden befördert:

…Hauptverkehr auf der Bahn bildeten.	Fahrzeuge aller Art. a. Equipagen.	b. Eisenbahn-Fahrzeuge	c. Sonstige Fahrzeuge	Thiere. a. Pferde (Luxus-, Koppel- ꝛc.)	b. Rindvieh und sonstige Thiere.	Gewicht a. der in Kol. 160a u. b aufgeführten Thiere.	b. der außerdem beförderten Thiere.	
. . . .	112	—	—	766	69 773	—	—	29
…, Maschinen u. Maschinentheile, Spiritus, Häute u. Felle ꝛc.	182	20*	42*	2162	131 497	310 367	560	30
… Wolle	232	—*	—*	5939	360 523	628 225	—	31 a
	109	37	—	3194	[illegible]	[illegible]	—	— b
…, Materialwaaren, Wein, Zucker, Oel, Steinkohlen ꝛc. .	261	—	—	1763	65 599	107 112	—	32
…Baumwolle, Manufakturw., Tabak, Garne, Salz, Papier ꝛc.	325	18	—	1359	190 407	318 210	—	33 a
… Manufakturw., Mühlenfabrikate, Glas, Oelkuchen, Papier	70	—	—	839	79 907	118 422	—	— b
…, Bretter, Kalk, Manufaktur- u. Materialw., Droguen ꝛc.	82	—	107*	126	12 922	24 132	243	34
. . . .	2	—	—	7	899	1163	—	35
. . . .	—	—	244	—	5974	5756		36 a
. . . .	—	—	—		…	—	—	— b
… u. Hausteine, Eisensteine, Massel-Eisen . .	49	—	—	162	17 011	—	—	37
. . . .	709	—	—	1983	351 175	766 168		38
. . . .	7	—	—	—	72	676	—	39
. . . .	158	—	—	1295	26 910	197 760	—	40
…waaren, Garn ꝛc.	1743	451	—	12 632	946 025	2 232 796	—	41
. . . .	426	18	[illegible]	3372	123 753	196 299	—	42 a
. . . .	13	—	—	19	—	88	—	— b
. . . .	—	—	—	—	—	—	—	— c
…, Rohmetalle, Steine, Zucker ꝛc.	255	413	10	5402	154 065	404 809	—	43
. . . .	102	249	16	211*	862*	—	—	44
. . . .	184	110	35	465*	819*	—	—	45
. . . .	—	—	—	—	2377*	2350	—	46
. . . .	53	—	—	246	25 003	—	—	47
… Spiritus, Wolle, Zucker, Kartoffeln, Kohlen .	153	3	—	5446	76 807	275 127	443	48
… Getr., Salz, Tabak, Material-, Kolonial- u. Manufakturw.	184	—	—	2096	68 128	178 009		49
…Oelker, Droguen	38	—	—	2636	33 022	85 293	—	50
. . . .	174	—	—	1541	86 234	112 356	—	51
…waaren, Steine, Garne	11	—	—	68	3324	5027	48	52
. . . .	31	—	—	141	64 559	1128	50 886	53
… Manufakturen, Ochsen u. Schweine . .	698	—	47	3128	271 740	507 388	—	54 a
…kohlen, Rindvieh u. Schweine	835	—	105	10 271	837 206	1 528 627	—	— b
. . . .	111	—	26	2065	93 108	287 002		— c
…talische Produkte, Spirituosen, Fette, Abfälle ꝛc. .	1616	—	—	14 348	304 843	192 837	458 240	55 a
. . . .	72	—	—	282	3798	20 242	—	— b
…äfte ꝛc.	1104	—	—	6182	12 609	—	—	— c
. . . .	5	—	—	52	8506	16 588	—	56
. . . .	82	—	—	1526	95 216	—	—	57 a
. . . .	10	—	—	45	20 568	—	—	— b
… (mineralische), Steinkohlen, Wein, Wolle, Zucker	265	134	—	2354	25 610	116 004	—	58 a
. . . .	18	—	—	26	13 620	31 893	—	— b
. . . .	85	—	—	257	19 386	40 947	698	59
Steinkohlen, Farbe- und Nutzhölzer . . .	50	—	—	191	7458	—	—	60
…wolle, Spiritus, Steine u. Ziegel, Salz, Tabake ꝛc.	537	—	—	2196	270 454	31 278	692 230	61
. . . .	304	126	20	3401	53 456	252 553	—	62
. . . .	115	—	—	721	18 048	78 691	—	63

(Forts.) **II. Personen- und**

B. **Durchschnit**

	I. **Staatsbahnen.**	162 a. Sämmtliche beförderte Personen haben zurückgelegt Meilen	162 b. Sämmtliche beförderte Güter haben zurückgelegt Meilen	163 Durchschnittlich haben durchfahren: a. jede Person in der I. Klasse (Meilen)	163 b. jede Person in der II. Klasse	163 c. jede Person in der III. Klasse	163 d. jede Person in der IV. Klasse	163 e. jeder Militair rc.	164 jede Person (ohne Unterschied der Klasse) (Meilen)	165 a. jeder Zoll-Ctr. Eilgut (Meilen)	165 b. jeder Zoll-Ctr. Postgut	165 c. jeder Zoll-Ctr. Frachtgut der Normal-Klasse (Meilen)	165 d. jeder Z[oll-Ctr.] Frachtgut der ermäßigten Klasse
1	Badische	10 533 195	111 577 984	9,41	5,96	3,11	—	9,17	3,03	11,03	18,17	[illegible]	11,88
2	Bayerische a. Ludw.-Südnordb., b. Ludw.-Westbahn, c. Maximiliansbahn, d. 3 gepacht. Zweigb.	20 866 481	344 508 173	17,44	9,78	4,44	—	16,34	5,69	—	—	—	—
3	Braunschweigische	5 508 433	114 916 921	9,43	6,31	3,75	—	10,07	4,78	8,69	—	9,75	7,18
4	Hannoversche	12 946 356*	294 155 805*	—	—	—	—	—	6,88	—	—	—	—
5	Main-Neckar	3 333 817	22 913 249	—	—	—	—	—	4,1	—	—	—	—
6	Main-Weser	5 039 790	68 626 704	16,15	12,53	5,31	—	10,68	7,09	20,43	—*	21,99	13,06
7	Preuß. Niederschles.-Märk.	12 243 555	327 430 297	20,38	15,47	8,57	7,78	16,36	9,40	18,0	15,79	26,39	19,84
8	" Ostbahn	13 615 151	110 317 830	37,91	14,91	9,55	6,13	16,56	9,41	36,17	22,16	31,83	13,35
9	a. " Saarbrücker	756 641	62 889 668	3,16	1,83	1,40	0,63	2,01	1,35	2,83	2,47	2,87	2,04
	b. " Saarbrücken-Trier	1 312 227	9 614 825	6,03	3,80	2,71	2,45	5,44	2,65	5,65	7,33	5,36	3,85
10	" Westfälische	3 111 710	67 329 596	6,56	6,18	4,08	4,99	6,11	4,36	11,36	6,56	9,85	7,67
11	Sächsische östliche												
	a. Sächsisch-Böhmische	1 725 695	28 214 179	5,40	4,27	2,84	—	4,35	3,30	8,30	—*	8,73	3,94
	b. Sächsisch-Schlesische	3 123 931	53 235 275	11,06	6,76	4,35	—	6,09	4,07	10,22	—*	10,06	8,81
12	Sächsische westliche												
	a. Niedererzgebirgische	3 285 850	57 109 583	7,58	4,88	3,17	—	6,33	3,44	5,09	—*	6,71	5,88
	b. Obererzgebirgische	645 314	23 727 690	5,03	3,58	2,47	—	3,67	2,63	3,65	—*	3,99	1,88
	c. Sächsisch-Bayerische	4 570 181	105 232 372	10,95	7,0	3,78	—	6,76	4,13	12,19	—*	13,13	9,67
13	Württembergische	10 040 867	114 226 567	—*	—	—	—	—	3,30	4,90	—	9,80	13,80
	II. Privatbahnen **a) unter Staatsverwaltg.**												
14	Aach.-Düss. Ruhrorter a. Aach.-Düsseld.	2 363 801	23 189 662	6,50	3,80	2,60	2,40	4,10	2,70	6,90	3,40	5,43	5,41
	b. Ruhrort-Crf.	991 758	17 265 815	3,40	1,90	1,80	1,80	4,0	1,99	3,49	2,53	3,61	4,0
15	Bergisch-Märkische a. Düss.-Dortm.	3 916 966	89 561 371	3,50	2,49	2,31	2,38	3,09	2,18	5,05	4,30	5,36	4,16
	b. Dortm.-Soest	828 979	30 664 864	4,09	3,57	3,12	3,27	5,57	3,36	6,37	5,34	6,99	3,33
	c. Ruhr-Sieg	291 227	8 964 344	2,10	2,12	2,04	—	2,76	2,06	2,36	2,88	2,77	2,49
	d. Witt.-Duisbg.	23 346	322 287	1,45	1,49	1,44	—	1,40	1,43	1,34	1,40	1,66	1,38
16	Prinz-Wilhelm-E.	227 094	24 315 365	1,83	1,08	1,48	—	2,74	1,49	2,44	2,72	2,58	2,64
17	Cöthen-Bernburger	179 002	3 255 171	2,46	2,70	2,60	—	2,75	2,47	2,75	2,76	2,38	2,43
18	a. Löbau-Zittauer	403 130	6 915 918	4,05	3,29	2,05	—	4,48	2,39	4,19	—	4,08	3,63
	b. Zittau-Reichenberger	278 321	4 282 364	3,07	2,35	1,98	—	2,79	1,88	3,34	—	3,18	3,19
19	a. Oberschlesische	4 042 657	309 386 550	13,81	8,88	5,03	4,67	8,19	6,31	14,43	11,81	17,22	12,10
	b. Breslau-Posen-Glogauer	2 726 624	63 031 935	9,30	8,03	6,60	5,77	11,09	7,09	13,22	9,50	15,66	19,95
20	Stargard-Posener	1 564 639	37 769 865	9,36	8,78	7,85	6,00	9,76	7,11	10,16	9,71	13,01	14,05
21	Rhein-Nahe	1 327 961	15 687 016	5,49	3,53	2,43	2,74	7,10	2,49	6,86	8,70	9,81	9,28
22	Wilhelms-Bahn	617 040	42 529 626	5,63	4,18	3,46	2,32	5,11	3,16	6,07	5,65	5,93	6,35
	b) in Privatverwaltung.												
23	Aachen-Mastrichter	895 995	9 203 007	3,78	2,05	2,13	—	3,47	2,43	3,03	4,49	3,06	4,04
24	Alberts-Bahn	487 499	5 176 923	1,05	1,33	1,37	—	1,00	1,40	1,73	1,47	1,66	1,63
25	Altona-Kieler	3 007 124	28 720 280	10,66	8,45	5,52	—	[illegible]	5,68	9,63	—	11,91	8,72
26	Rendsburg-Neumünster												
27	Glückstadt-Elmshorner	349 755	1 423 397	3,84	2,01	2,60	—	[illegible]	2,64	3,0	—	3,67	2,77
28	Aussig-Teplitzer	347 932	—	—	—	—	—	—	2,18	—	—	—	—

Güter-Verkehr.

Verhältnisse.

166	167 a. Auf eine (d. h. jede) Meile Bahnlänge sind durchschnittl. befördert: Personen	167 b. Güter.	168 a. Uebersichtl. Verhältnißzahlen zur leicht. Vergleich. d. Personen-Frequenz	168 b. Güter-Frequenz	169 a. für jede Person in der I. Klasse.	169 b. II. Klasse	169 c. III. Klasse	169 d. IV. Klasse.	169 e. für jeden Militair rc.	170 für jede Person (ohne Unterschied der Klasse).	171 a. für jeden Zoll-Centner Eil-gut.	171 b. Post-gut.	171 c. Frachtgut der Normalklasse.	171 d. Frachtgut der ermäßigten Klasse.	171 e. Kohlen und Coaks.	172 für jeden Z.-Ctr. Gut überhaupt.	
[illegible]	220 822	2 339 161	22,1	234	5,81	4,40	2,11	—	1,86	3,24	11,25	12,38	s. K. 171d	3,61	s. K. 171d	3,81	1
[illegible]	143 936	2 377 030	14,4	238	5,75	3,63	2,33	—	1,14	2,91	—	—	—	—	—	3,63	2
[illegible]	210 467	4 320 185	21,0	432	—	—	—	—	—	3,33	8,64	—	3,65	2,38	s. K. 171d	2,86	3
[illegible]	117 236	2 663 731	11,7	266	—	—	—	—	—	3,61	—	—	—	—	—	3,61	4
[illegible]	282 051	1 938 515	28,2	194	—	—	—	—	—	3,26	—	—	—	—	—	5,23	5
[illegible]	186 659	2 541 730	18,7	254	6,81	4,40	2,61	—	1,39	3,00	10,3.	—*	5,20	4,01	3,09	4,40	6
[illegible]	236 819	6 294 590	23,7	629	6,05	4,79	3,37	1,50	1,33	3,01	10,38	10,18	4,31	2,00	1,44	2,83	7
[illegible]	149 207	1 208 963	14,0	121	6,43	4,45	3,05	1,69	1,27	3,12	10,53	10,90	5,36	2,97	1,97	3,96	8
[illegible]	114 817*	9543 197*	11,5	954	6,73	4,77	2,97	1,53	1,52	3,14	12,38	10,64	5,71	2,98	2,01	2,05*	9 a
[illegible]	148 274*	1086 421*	14,8	109	6,84	4,53	3,03	1,57	1,43	2,35	12,34	10,57	5,01	3,79	2,14	2,33*	b
[illegible]	114 191	2 470 811	11,4	247	6,30	4,30	3,0	1,30	1,31	2,27	10,6	12,81	5,30	3,0	2,0	3,10	10
[illegible]	196 995	3 148 924	19,7	315	4,63	3,41	2,30	—	1,66	2,70	13,30	—*	5,37	3,43	in Kol. 171d mitenthalten.	4,38	11 a
[illegible]	224 098	3 818 886	22,4	382	4,93	3,71	2,64	—	1,63	2,93	12,97	—*	6,18	3,86		4,86	b
[illegible]	187 763	2 990 031	18,8	299	5,36	3,79	2,43	—	1,33	2,84	12,41	—*	6,09	3,33		3,75	12 a
[illegible]	105 789	3 889 785	10,6	389	4,75	3,36	2,33	—	1,73	2,76	13,17	—*	6,43	2,93		2,30	b
[illegible]	196 145	6 913 488	19,6	691	5,47	4,15	2,61	—	1,53	3,11	12,08	—*	5,85	2,65		3,33	c
[illegible]	225 233	2 562 283	22,5	256	—	—	—	—	—	2,33	—	—	—	—	—	3,60	13
[illegible]	207 351	2 034 181	20,7	203	6,75	4,03	3,33	1,83	1,75	2,92	12,10	10,8	7,17	4,83	2,58	3,28	14 a
[illegible]	177 100	3 083 181	17,7	308	6,30	4,45	3,43	2,0	1,67	2,65	12,10	10,8	12,09	4,0	2,71	3,14	b
[illegible]	349 729	7 996 551	35,0	800	6,57	4,19	3,43	1,75	1,36	2,78	11,67	12,03	5,11	3,14	2,96	3,41	15 a
[illegible]	115 136	4 250 009	11,5	426	6,26	4,41	3,10	1,79	1,31	2,61	10,57	10,86	5,61	3,17	2,56	3,03	b
[illegible]	83 208*	2561 241*	8,3	256	6,37	4,05	3,11	—	1,42	3,45	15,61	12,91	6,19	3,63	2,41	3,15	c
[illegible]	77 820*	424 062*	7,8	42	6,91	4,67	3,10	—	0,91	3,47	15,07	15,0	6,70	4,34	2,43	2,66	d
[illegible]	51 612	5 526 219	5,2	553	6,35	4,65	3,41	—	1,31	3,40	13,83	14,80	7,22	3,17	2,61	2,73	16
[illegible]	59 667*	813 793	6,0	82	6,36	4,73	3,26	—	3,33	3,43	16,12	4,0	—	2,67	—	3,85	17
[illegible]	89 584	1 536 871	9,0	154	5,03	3,70	2,61	—	2,08	2,83	14,15	—	6,33	2,49	s. K. 171d	3,66	18 a
[illegible]	77 743	1 196 191	7,8	120	6,75	3,69	2,34	—	1,83	2,61	18,38	—	7,34	2,06	s. K. 171d	3,46	b
[illegible]	122 504	9 375 330	12,3	938	6,61	4,01	2,93	1,38	1,43	3,33	12,73	13,03	6,01	2,36	1,43	2,14	19 a
[illegible]	97 728	2 259 200	9,8	226	6,03	4,17	2,01	1,54	1,47	2,91	12,0	12,09	5,57	1,01	1,36	2,63	b
[illegible]	68 927	1 663 871	6,9	166	6,18	4,70	3,15	1,61	1,40	3,10	11,39	11,39	5,76	2,60	1,39	2,78	20
[illegible]	100 528	1187 511*	10,1	119	6,01	4,63	2,96	1,40	1,30	3,11	10,90	10,0	5,20	2,53	1,84	2,52	21
[illegible]	26 902	1 812 857	2,6	181	6,80	4,57	2,01	1,58	1,39	3,33	15,59	15,03	8,85	4,11	2,13	2,39	22
[illegible]	72 258	742 178	7,2	74	5,39	4,01	2,50	—	1,37	2,59	12,79	80,03	4,75	3,29	4,30	3,61	23
[illegible]	243 750*	995 562	24,4	99,6	5,36	3,53	2,43	—	2,01	2,66	32,55	7,57	13,51	7,33	6,17	6,35	24
[illegible]	161 674	1 544 101	16,3	154	—	—	—	—	—	2,73	12,67	—	4,12	2,17	—	3,76	25, 26
[illegible]	77 723	316 323	7,8	32	—	—	—	—	—	2,70	16,44	—	5,74	3,35	—	4,35	27
[illegible]	115 977	—	11,6	—	—	—	—	—	—	—	—	—	—	—	—	—	28

	II. Privatbahnen. (Forts.)	Sämmtliche beförderte Personen haben zurückgelegt Meilen.	Sämmtliche beförderte Güter haben zurückgelegt Meilen.	a. jede Person in der I. Klasse (Meilen)	b. jede Person in der II. Klasse	c. jede Person in der III. Klasse (Meilen)	d. jede Person in der IV. Klasse	e. jeder Militair etc. (Meilen)	jede Person (ohne Unterschied der Klasse)	a. jeder Zoll-Ctr. Eilgut (Meilen)	b. jeder Zoll-Ctr. Postgut	c. jeder Zoll-Ctr. Frachtgut der Normal-Klasse (Meilen)	d. jeder Ztr. Frachtgut der ermäßigten Klasse
29	Bayerische Ostbahnen	5 054 676	28 551 214	10,77	7,0	4,57	—	8,66	4,86	26,66	-	18,51	12,75
30	Berlin-Anhaltische	6 033 982	97 635 115	18,13	13,75	7,24	—	9,00	8,65	17,05	11,28	18,21	13,30
31	a. Berlin-Hamburger	5 714 700	160 225 249	14,11	9,18	5,65	—	4,39	6,78	18,50	17,19	22,41	15,09
	b. Hamburg-Bergedorfer	[illegible]	[illegible]	—	—	—	—	—	2,0	—	—	—	—
32	Berlin-Potsdam-Magdebg.	6 049 401	56 671 714	7,16	8,03	5,74	—	9,61	6,57	12,08	11,34	16,13	16,18
33	Berlin-Stettiner												
	a. Berl.-Stettin-Stargard	4 358 872	42 973 232	11,52	10,19	8,19	—	8,37	6,70	13,56	11,51	12,60	9,03
	b. Starg.-Cöslin-Colberg	1 110 584	8 492 499	8,67	8,73	7,16	—	10,81	7,18	12,91	11,69	14,11	9,53
34	Breslau-Schweidnitz-Freib.	3 072 114	75 067 913	6,01	7,0	5,01	—	7,73	5,27	7,06	7,01	7,76	6,55
35	Brünn-Rossitzer	144 960	7 511 684	2,76	2,47	2,41	—	—	2,50	—	—	2,16	—
36	Buschtěhrader a. Locom.-B.	102 295	17 920 212	2,51	2,03	1,87	—	—	1,09	2,00	—	2,30	2,72
	Buschtěhrader b. Pferde-B.	1 259	4 518 440	—	—	—	—	—	3,54	—	—	—	—
37	Frankfurt-Hanauer	1 096 715	6 499 926	3,60	2,41	2,13	—	5,41	2,10	—	—	—	—
38	Galizische Carl-Ludw.-Bahn	2 639 073	72 341 957	12,31	10,18	8,44	11,53	[illegible]	9,76	26,60	—	15,15	14,61
39	Graz-Köflacher	163 508	4 142 575	4,13	2,61	—	—	—	2,43	—	—	3,97	4,79
40	Hessische Ludwigs-E.	3 689 239	35 536 524	4,45	4,32	2,05	—	3,61	3,16	6,50	—	5,67	6,41
41	Kaiser Ferdinands Nordb.	18 383 457	624 143 367	8,50	8,0	10,50	7,0	14,0	9,77	16,0	—*	18,0	14,00
42	Kaiserin Elisabeth a. Wien-Salzburg	10 032 898	72 837 565	—	—	—	—	—	8,57	—	—	—	—
	Kaiserin Elisabeth b. Lambach-Gmdn.	123 963	—		—	—	—	—	3,01	—		—	—
	Kaiserin Elisabeth c. Pferdeb. Lz.-Bdw.	139 091	—	—	—	—	—	—	5,03	—	-	—	—
43	Köln-Mindener	13 338 686	391 262 737*	16,78	10,10	5,19	3,64	21,09	5,30	17,69	8,36	14,16*	9,39
44	Kurf. Friedr. Wilh. Nordb.	1 823 783	50 412 920	—	—	—	—	—	5,79	—	—	—	—
45	Leipzig-Dresdener	5 459 563	90 016 814	10,01	9,57	5,05	—	8,10	6,02	10,59	9,57	10,02	8,16
46	Ludwigs-E. (Nürnb.-Fürth)	556 472	285 656	—	—	—	—	—	0,78	—	—	—	—
47	Lübeck-Büchener	608 584	10 549 568	5,15	4,52	3,65	—	—	4,16	—			—
48	Magdb.-Cöth.-Halle-Leipz.	4 190 293	91 145 513	12,75	8,31	4,51	—	8,61	5,16	11,00	8,11	12,35	9,65
49	Magdeburg-Halberstädter	1 972 961	40 064 640	5,08	4,66	3,55	—	5,35	4,16	4,07	5,19	5,11	4,51
50	Magdeburg-Wittenbergesche	1 079 314	26 654 709	10,97	8,17	5,16	—	6,03	5,75	11,15	8,75	12,18	10,20
51	Mecklenburgische	1 631 387	17 040 691	7,11	6,08	5,79	—	6,78	5,70	8,08	—*	9,77	7,05
52	Neisse-Brieger	390 678	6 827 410	4,75	5,09	4,19	—	5,18	4,08	5,61	5,11	5,73	5,41
53	Niederschlesische Zweigbahn	494 222	9 284 979	6,09	5,97	5,03	—	7,31	5,41	7,05	4,53	6,01	5,04
54	a. Oesterreich. nördliche	11 596 824	363 355 492	20,01	14,68	8,01	—	21,62	10,50	25,01	—	—	—
	b. Oesterreich. südöstliche	14 551 345	314 096 434	13,75	12,10	9,51	—	18,61	11,11	20,54	—	—	—
	c. Wien-Neu-Szönyer	1 901 371	94 557 259	10,10	8,15	5,74	—	13,02	6,57	9,01	—	—	—
55	a. Oesterreich. südliche	26 554 350	492 467 730	10,30	7,10	4,10	—	34,00	8,60	22,70	—	30,10	23,18
	b. Nordtiroler	916 154	5 622 903	7,35	4,32	3,32	—	8,13	3,92	5,50	—	6,60	6,90
	c. Venetianische u. Südtirol.	11 306 168	50 397 271	—	—	—	—	12,0	5,0	9,0	—	—	—
56	Oppeln-Tarnowitzer	229 847	11 296 155	7,10	5,10	4,10	4,10	7,10	4,60	8,50	5,00	6,10	6,70
57	a. Pfälzische Ludwigsbahn	2 944 642	118 315 823*	6,40	4,17	3,0	—	—	3,51	8,17	—	10,07	6,09
	b. Pfälzische Maximiliansb.	567 971	12 689 669*	3,49	2,63	1,86	—	—	2,16	5,79	—	6,33	3,60
58	a. Rheinische	8 987 733	78 657 263	6,45	4,91	3,41	2,44	10,10	4,71	8,06	9,93	9,13	8,57
	b. Köln-Crefelder	1 342 418	4 831 060	6,31	5,72	3,62	2,15	5,40	3,35	6,64	5,31	6,53	4,01
59	Süd-Norddeutsche	1 187 520	29 847 562	4,11	4,39	5,66	—	3,95	5,04	11,67	—	14,41	9,31
60	Taunus-Bahn	2 710 153	6 157 877	3,66	2,15	2,33	—	—	2,53	—	—	—	—
61	Theiß-Bahn	5 893 976	82 403 298	—	—	—	—	14,40	11,30	16,56	—	—	—
62	Thüringische	6 484 182	97 011 818	16,41	9,13	4,51	—	7,56	5,62	13,51	10,77	15,43	9,01
63	Werra-E.	1 399 234	22 964 436	8,30	5,32	3,10	—	8,36	3,47	8,56	—	11,06	9,14

Güter-Verkehr.

Verhältnisse.

Auf eine (d. h. jede) Meile Bahnlänge sind durchschnittl. befördert: a. Personen	b. Güter	Uebersichtl. Verhältnißzahlen zur leicht. Vergleich. d. a. Personen-Frequenz	b. Güter-Frequenz	Eingenommen sind durchschnittlich pro Meile: a. für jede Person in der I. Klasse	b. II. Klasse	c. III. Klasse	d. IV. Klasse	e. für jeden Militair ꝛc.	für jede Person (ohne Unterschied der Klasse)	für jeden Zoll-Centner a. Eilgut	b. Postgut	c. Frachtgut der Normalklasse	d. Frachtgut der ermäßigten Klasse	e. Kohlen und Coaks	für jeden Z.-Ctr. Gut überhaupt	
141 707	1 361 122	14,1	136	4,01	3,13	2,33	—	1,03	2,40	8,16	—	5,00	3,43	—	3,64	29
127 031	2 055 476	12,7	206	7,01	4,74	3,41	—	1,67	3,66	12,44	13,25	5,66	4,01	2,39	4,11	30
143 947	4 035 901	14,4	404	38,47	42,30	18,75	—	7,30	25,17	14,90	11,73	6,74	3,19	—	5,71	31 a
[illegible]	[illegible]	[illegible]	[illegible]	—	—	—	—	—	[illegible]	—	—	—	—	—	[illegible]	— b
302 470	2 833 585	30,2	283	6,13	4,73	2,02	—	1,11	3,61	9,67	11,36	5,43	3,67	1,78	5,78	32
193 814	1 910 771	19,4	191	6,49	4,70	2,09	—	1,09	3,41	12,60	13,36	6,53	3,10	—	4,03	33 a
48 710	372 478	4,9	37	6,43	4,44	3,10	—	1,64	3,40	12,74	13,53	6,66	3,17	—	3,99	— b
134 742	3 292 452	13,5	329	5,71	3,68	2,44	—	3,01	2,40	12,59	12,01	9,31	3,73	2,13	2,96	34
48 320	2 503 895	4,8	250	7,8	3,45	2,75	—	—	3,01	—	—	7,36	—	8,03	8,01	35
34 098	5 973 404	3,4	597	—	—	—	—	—	3,30	99,70	—	7,34	6,13	5,88	6,02	36 a
169	602 458	0,02	60	—	—	—	—	—	1,07	—	—	—		—	6,84	— b
199 403	1 181 805	19,9	118	5,47	3,86	2,73	—	1,53	3,19	—	—	—	—	—	4,53	37
93 287	2 557 157	9,3	256	7,20	5,00	3,50	1,20	[illegible]	4,33	12	—	7,5	4,88	3,78	6,48	38
41 394*	1048753*	4,1	105	5,13	1,88	—	—	—	2,11	—	—	4,84	4,38	4,45	4,83	39
173 611	1 672 307	17,3	167	5,66	3,57	2,12	—	1,70	2,45	9,84	—	5,15	3,88	2,67	3,79	40
222 830	7 565 374	22,3	757	7,20	5,00	3,00	2,0	1,05	3,06	18,0	—*	7,49	4,08	3,33	5,0	41
271 673*	1972314*	27,1	197	—	—	—	—	—	3,09	—	—	—	—	—	4,33	42 a
30 841	—	3,1	—	—	—		—	—	4,90	—	—	—	—	—	—	— b
7948	—	0,8	—	—	—	—	—	—	4,10	—	—	—	—	—	—	— c
299 208	8776643*	29,9	878	7,07	4,45	3,13	1,55	1,43	2,53	10,66	11,61	5,54*	3,67	2,08	2,99*	43
90 063	2 489 527	9,0	249	—	—	—	—	—	3,74	—	—	—	—	—	3,01	44
352 290	5 807 536	35,2	581	5,47	4,11	2,84	—	1,17	3,26	11,91	9,84	6,16	3,26	[illegible]	4,46	45
674 511*	285 656	67,5	29	4,0	3,0	2,0	—	—	2,15	8,0	8,0	6,0	3,0	3,0	—	46
96 601	1 674 535	9,7	167	—	—	—	—	—	3,56	—	—	—	—	—	4,14	47
214 887	4 674 129	21,5	467	6,10	4,15	2,54	—	1,74	2,91	10,68	10,57	5,15	3,54	3,38	4,79	48
254 575	5 169 631	25,5	517	7,35	4,43	2,53		1,55	3,12	10,64	12,40	5,13	4,26	2,38	4,07	49
75 476	1 863 970	7,5	186	7,08	6,15	2,30	—	1,64	3,25	9,0	10,0	4,0	3,0	3,0	3,0	50
84 528	882 937	8,5	88	—	—	—	—	—	3,44	—	—	—	—	—	4,33	51
53 335	1 137 902	5,3	114	7,47	4,03	3,35	—	1,30	3,12	12,62	27,11	6,54	3,73	2,45	3,26	52
52 023	977 366	5,2	98	—	—		—	—	3,39	—	—	—	—	—	4,38	53
187 045	5 908 960	18,7	591	8,14	6,21	4,11	—	1,21	4,12	21,10	—	—	—	—	4,30	54 a
159 031	3 432 748	15,9	343	—	—	—	—	—	3,90	26,26	—	—	—	—	4,66	— b
90 511	4 502 726	9,1	450	—	—	—	—	—	4,43	14,32		—	—	—	4,33	— c
318 016	5 897 817	31,8	590	7,20	5,35	3,40	—	1,20	2,45	22,16	—	4,83	3,67	[illegible]	4,20	55 a
91 615	562 250	9,2	56	7,19	5,41	3,58	—	1,81	1,47	24,31	—	5,55	4,31	—	5,30	— b
190 436*	1000460*	19,0	100	—	—	—	—	1,33	4,20	13,0	—	—	—	—	3,0	— c
21 890	1 075 824	2,2	108	6,0	4,10	3,0	2,0	1,0	2,47	10,0	10,0	5,0	2,40	2,0	2,0	56
147 232	5 915 791	14,7	592	5,41	4,35	2,19	—	—	2,96	8,34	—	4,13	3,13	2,10	3,17	57 a
89 870	2 007 859	9,0	201	5,13	4,38	2,28	—	—	2,81	8,35	—	4,17	3,33	2,10	3,10	— b
280 866	2 458 039	28,1	246	8,76	4,03	2,41	1,15	1,33	3,01	12,03	12,25	6,01	3,11	1,85	4,03	58 a
191 774	690 151	19,2	69	5,76	3,11	2,10	2,01	1,35	2,53	12,07	12,15	5,44	2,41	2,03	4,07	— b
43 982	1 105 405	4,4	111	6,40	4,70	3,10	—	1,10	4,06	19,76	—	6,17	5,07	2,70	5,06	59
183 956	1 099 621	48,4	110	—	—	—	—	—	3,29	—	—	—	—	—	6,10	60
83 980*	1173001*	8,4	117	—	—	—	—	1,36	3,30	21,02	—	—	—	—	4,98	61
172 912	2 586 982	17,3	259	7,66	4,58	3,01	—	1,07	3,40	10,08	7,08	6,0	3,30	2,44	4,41	62
61 505	1 000 426	6,3	101	8,0	4,33	3,85	-	1,84	3,33	10,97	—	4,13	[illegible]	[illegible]	4,36	63

1 Badische	993 880	144 800	94 933	1927	1 235 540	24 446	49 623	29 728	i. g. 190a.	i. g. 190a.
2 Bayerische a. Ludw.-Südnordb. b. Ludw.-Westbahn c. Maximilians-B. d. 3 gepacht. Zweigb.	2 027 095	i. g. 173a.	114 283	i. g. 194b.	2 141 378	i. g. 180a.	i. g. 180a.	i. g. 158a.	i. g. 190a.	i. g. 194a.
3 Braunschweigische	167 300	301 884	20 830	—	490 014	3968	38 656	17 481	20 580	381935
4 Hannoversche	1 233 031	371 858	66 844	1685	1 673 418	48 847	67 439	12 263	304 719	814777
5 Main-Neckar	372 630	i. g. [illegible]	31 840	464	404 934	i. g. 170a.	i. g. 179a.	6630	332 165	i. g. [illegible]
6 Main-Weser	322 252	250 506	40 110	746	613 614	7939	43 172	13 700	60 424	415579
7 Preuß. Niederschles.-Märk.	898 262	333 738	41 798	1764	1 275 562	48 975	30 553	4076	512 702	473071
8 " Ostbahn	823 410	593 350	62 160	3296	1 482 216	8147	47 549	7283	167 255	436446
9 a. " Saarbrücker	34 679	44 415	2642	142	81 878	252	1234	136	846	719
b. " Saarbrücken-Trier	53 351	49 294	1520	155	104 320	195	1002	415	1078	609
10 " Westfälische	178 296	62 937	5012	477	246 722	2435	14 145	1357	34 500	109863
11 Sächsische östliche										
a. Sächsisch-Böhmische	118 296*	38 943	6899	160	164 298	12 530	—	—*	106 818	86800
b. Sächsisch-Schlesische	224 731*	81 009	8821	327	314 888	16 973	8865	—*	154 427	160008
12 Sächsische westliche										
a. Niedererzgebirgische	228 432*	85 637	5715	279	320 063	13 495	12 549	—*	62 210	8258
b. Obererzgebirgische	57 394*	2530	1395	60	61 379	2175	223	—*	12 610	156
c. Sächsisch-Bayerische	388 709*	87 020	13 826	470	490 025	35 075	30 600	—*	209 786	255185
13 Württembergische	713 862	125 737	48 378	2420	890 397	i. g. 158a.	i. g. 179a.	—*	781 618	440109
II. Privatbahnen										
a) unter Staatsverwaltg.										
14 Aach.-Düss. Ruhrorter a. Aach.-Düssel.	155 135	73 267	4658	241	233 301	2182	13 398	4795	18 041	44740
b. Ruhrort-Crf.	62 349	33 199	1396	73	97 017	2958	4797	1719	11 580	15911
15 Bergisch-Märkische a. Düss.-Dortm.	289 758	74 759	4160	311	368 988	14 683	7946	7372	93 555	72446
b. Dortm.-Soest	38 072	34 068	1177	109	73 426	718	4144	1248	6490	33559
c. Ruhr-Sieg	21 556	11 974	393	38	33 961	845	180	1433	5721	2802
d. Witten-Duisbg	1962	738	18	1	2719	34	—	20	200	—
16 Prinz-Wilhelm-E.	20 708	4951	123	31	25 873	915	54	339	3086	887
17 Cöthen-Bernburger	20 116	—	286	22	20 424	675	—	87	6300	—
18 a. Löbau-Zittauer	28 808	9116	587	19	38 530	2464	—	—	29 235	1546
b. Zittau-Reichenberger	22 502*	1747	162	19	24 430	1188	—	—	16 359	—
19 a. Oberschlesische	299 111	149 100	16 901	567	465 679	4126	7239	1209	67 326	188627
b. Breslau-Posen-Glogauer	216 925	38 458	6345	424	262 152	2363	3769	720	35 665	49908
20 Stargard-Posener	69 816	89 867	5352	459	165 494	956	6229	1907	3946	74536
21 Rhein-Nahe	90 365	60 318	3711	219	154 613	670	2256	1502	5135	12557
22 Wilhelms-Bahn	46 879	21 564	1762	97	70 302	282	929	671	5976	30159
b) in Privatverwaltung.										
23 Aachen-Mastrichter	58 404	27 461	4905	—	90 770	2999	5574	95	4164	12478
24 Alberts-Bahn	43 166	—	377	57	43 600	380	—	318	2354	—
25 Altona-Kieler 26 Rendsburg-Neumünster	205 310	68 193	8545	215	282 263	15 439	3200	6455	130 651	36440
27 Glückstadt-Elmshorner	32 071	459	820	16	33 366	1414	67	—	11 061	1155
28 Aussig-Teplitzer	25 145*	22 227	1594	—	48 968	930	907	—	87 109	17 358

180		181		182	183			184		185	186	

Ergebnisse.

(Fortſ.) A. Einnahmen.

Für Frachtgüter d. ermäß. Tarife (excl. Kohlen ꝛc.)		Für Kohlen u. Coaks		Für Betriebsdienst- und Baugüter	Für Fahrzeuge aller Art			Für Thiere		Neben-Erträge (Lagergeld, Provision, Frachtzuschlag ꝛc.)	Zusammen im Güter-Verkehre.	
a. im Binnen-	b. im directen	a. im Binnen-	b. im directen		a. für Equipagen.	b. für Eisenbahn-Fahrzeuge.	c. für sonstige Fahrzeuge	a. für Pferde.	b. für Rindvieh, Schweine u. sonstige Thiere.			
Verkehre. Thlr.		Verkehre. Thlr.		Thlr.	Thlr.	Thlr.	Thlr.	Thlr.	Thlr.	Thlr.	Thlr.	
967 677	517 631	i. K. 180a.	i. K. 180b.	—	2227	—*	—*	3872	20 251	12 038	1 227 493	1
3 476 733	i. K. 180a.	i. K. 180a.	i. K. 180a.	i. K. 180a.	6306	i. K. 183a.	i. K. 183a.	i. K. 184b.	108 387	i. K. 180a.	3 591 426	2
163 862	429 087	i. K. 180a.	i. K. 180b.	—	1687	2927	—	36 183	i. K. 184a.	12 257	1 090 632	3
997 593	574 335	132 323	56 576	16 354	9566	i. K. 183a.	i. K. 183a.	38 450	84 035	60 429	3 027 706	4
i. K. 179a.	i. K. 179a.	i. K. 179a.	i. K. 179b.	7178	1318	„ „ 179a.	„ 179a.	5370	i. K. 184a.	i. K. 179a.	352 661	5
94 517	157 854	60 470	37 115	47	2052	1102	1116	11 275	16 334	19 311	942 016	6
671 248	503 688	109 178	238 901	—	6835	6355	—	13 760	73 485	20 833	2 703 680	7
224 268	218 558	5462	15	11 794	16 532	2164	—	31 108	154 572	8249	1 439 402	8
37 547	41 142	14 783	411 897	1008	61	—	—	495	2246	1577	520 513	9a
4382	18 784	7046	36 160	1846	116	—	—	564	1822	508	80 038	— b
94 996	189 168	17 264	112 352	—	629	1480	—	2467	10 674	4365	595 635	10
126 903	2213	in Kol. 180a mitenthalten.	in Kol. 180b mitenthalten.	969	360	180	—	1325	10 947	33 088	382 742	11a
228 577	92 432			899	1149	1393	—	1123	18 981	8114	632 737	— b
306 608	122 081			1838	807	614	—	434	15 124	7637	625 924	12a
136 180	4757			306	81	—	—	16	566	4708	163 188	— b
794 842	196 368			2313	1506	502	—	2678	12 062	27 638	1 577 456	— c
i. K. 179a.	i. K. 179b.	i. K. 179a.	i. K. 179b.	—	2040	—	—	52 971	i. K. 184a.	9643	1 286 421	13
45 953	61 229	48 226	17 947	2864	317	297	—	2114	13 438	8306	284 137	14a
16 350	33 924	59 320	25 630	289	81	223	—	212	3577	55 890	232 464	— b
332 065	54 744	270 091	31 681	4227	478	i. K. 183b.	i. K. 183a.	7371	i. K. 184a.	33 035	930 584	15a
50 343	41 161	74 681	50 628	1387	639	„ 183b.	„ „ 183a.	3871	„ „ 184a.	4162	272 942	— b
33 570	2257	38 134	—	350	—	28	„ 183b.	i. K. 184b.	96	5339	90 854	— c
577	—	2061	—	—	—	—	—	—	14	5323	8229	— d
31 674	1500	115 432	33 566	2336	—	3	—	i. K. 184b.	358	1274	191 514	16
16 800	—	10 780	—	—	19	—	—	48	733	72	35 514	17
36 202	604	i. K. 180a.	i. K. 180a.	—	65	—	—	91	614	477	71 498	18a
28 382	—	„ „ 180b.	„ „ 180b.	—	11	—	—	58	442	504	46 944	— b
399 402	643 241	465 958	307 825	4073	2929	1233	—	4429	7694	41 801	2 147 112	19a
94 162	215 692	—	51 897	565	1226	996	—	2868	10 696	6282	476 809	— b
12 283	212 942	—	9374	—	1009	569	—	2038	17 325	3326	346 210	20
33 245	31 196	3007	23 312	34 650	331	—	—	460	4078	679	153 698	21
34 261	129 401	116 993	20 325	—	363	209	—	548	1562	2440	344 119	22
14 877	47 684	8012	2282	—	118	430	—	i. K. 184b.	9033	9892	118 238	23
5173	—	85 303	—	—	16	—	—	—	85	15 957	109 586	24
106 571	7992	—	—	—	730	—	—	„ 184b.	44 086	25 273	376 866	25 26
5857	29	—	—	—	52	—	—	i. K. 184b.	1095	488	21 199	27
i. K. 178a.	i. K. 178b.	i. K. 178a.	i. K. 178b.	i. K. 178a.	i. K. 178a.	—	—	—	i. K. 178a.	2530	108 827	28

	II. Privatbahnen. (Forts.)	Für Personen-Beförderung a. im Binnen-Verkehre.	b. im direkten Verkehre.	Für Reise-gepäck.	Für Hunde (der Reisenden).	Zusammen im Personen-Verkehre.	Für Eilgüter a. im Binnen-Verkehre.	b. im direkten Verkehre.	Für Post-güter.	Für Frachtgüter d. Normal-Klasse (u. ...) a. im Binnen-Verkehre.	b. im direkten Verkehre.
		Thlr.	Thlr.	Thlr.	Thlr.	Thlr.	Thlr.	Thlr.	Thlr.	Thlr.	Thlr.
29	Bayerische Ostbahnen	410 254	s. Nr. 17a.	19 292	s. Nr. 18a.	429 546	14 508	s. Nr. 17a.	—	107 377	s. Nr. 17a.
30	Berlin-Anhaltische	480 514	296 822	25 296	996	803 628	34 892	41 475	8856	160 987	381 508
31	a. Berlin-Hamburger	532 202	174 790	24 225	s. Nr. 18a.	731 217	36 170	35 143	11 989*	443 138	586 638
	b. Hamburg-Bergedorfer	—	[illegible]	[illegible]	s. Nr. 18a.	79 472	—	s. Nr. 17b.	[illegible]	—	[illegible]
32	Berlin-Potsdam-Magdebg.	459 243	257 324	22 542	854	739 963	18 489	29 630	6062	208 819	295 [illegible]
33	Berlin-Stettiner										
	a. Berl.-Stettin-Stargard	419 459	75 404	15 864	916	511 643	19 329	4780	7950	75 391	3461
	b. Starg.-Cöslin-Colberg	66 312	59 480	3437	400	129 629	449	1785	2288	5412	1520
34	Breslau-Schweidnitz-Freib.	275 177	11 426	8415	326	295 344	3589	1217	673	57 091	3165
35	Brünn-Rossitzer	14 653	—	345	4	15 002		—	—	14 289	s. Nr. 17c.
36	Buschtěhrader a. Lokom.-B.	3328	7887	403	5	11 623	361	74	—	6174	294
	b. Pferde-B.	45	—	—	—	45	—		—	8004	—
37	Frankfurt-Hanauer	90 151*	25 506	4764	114	120 535	—		2049	85 745	s. Nr. 17c.
38	Galizische Carl-Ludw.-Bahn	306 771	18 804	17 083	s. Nr. 17c.	342 768	3938	6294	—	60 532	15 023
39	Graz-Köflacher	24 574		236	s. Nr. 18b.	24 810	—	—	—	9776	—
40	Hessische Ludwigs-E.	253 636	94 465	23 183	671	371 955	5365	12 944	6956	20 861	6411
41	Kaiser Ferdinands Nordb.	1 791 585	326 648	89 937	s. Nr. 17c.	2 208 170	50 200	76 400	—*	384 766	199 043
42	Kaiserin Elisabeth a. Wien-Salzburg	1 035 205	s. Nr. 17a.	31 305	433	1 066 943	24 141	s. Nr. 17a.	—	s. Nr. 19a. enth.	s. Nr. 17c.
	b. Lambach-Gmdn.	19 424	—	691	8	20 123	499	—	—		—
	c. Pferdeb. Lz.-Bdw.	18 630	—	370	—	19 000	304	—	—		—
43	Köln-Mindener	748 439	555 819	59 862	1175	1 365 295	20 529	94 124	6619	260 913	356 065
44	Kurf. Friedr. Wilh. Nordb.	91 888	141 517	10 226	237	243 868	2249	23 943	13 853	74 142	42 [illegible]
45	Leipzig-Dresdener	335 182	275 850	19 122	589	630 743	30 122	30 566	17 363	151 060	343 456
46	Ludwigs-E. (Nürnb.-Fürth)	42 555	996	71	—	43 622	—	450	—	—	353
47	Lübeck-Büchener	18 342	54 632	3011	s. Nr. 18b.	75 985	s. Nr. 17b.	s. Nr. 17b.	571	3398	119 650
48	Magdbg.-Cöth.-Halle-Leipz.	280 070	130 655	10 492	428	421 645	15 174	41 658	4129	128 067	311 [illegible]
49	Magdeburg-Halberstädter	91 609	134 036	9144	313	235 102	6803	15 776	2634	163 213	216 [illegible]
50	Magdeburg-Wittenbergesche	88 565	31 293	3118	247	123 223	5466	17 281	1164	48 346	115 [illegible]
51	Mecklenburgische	134 207	66 205	6749	s. Nr. 18b.	207 161	s. Nr. 17a.	s. Nr. 17b.	1240	79 298	125 [illegible]
52	Neisse-Brieger	24 807	12 845	1015	36	38 793	22	962	310	712	584
53	Niederschlesische Zweigbahn	28 772	27 010	1426	55	57 263	703	3537	141	6373	2606
54	a. Oesterreich. nördliche	1 159 056	433 363	70 444	1019	1 663 882	117 079	13 202	—	1 145 735	295 [illegible]
	b. Oesterreich. südöstliche	1 285 410	538 113	73 087	1186	1 897 796	24 767	85 377		900 500	263 419
	c. Wien-Neu-Szönyer	259 128	11 228	8367	180	278 903	16 780	2543	—	909 209	166 668
55	a. Oesterreich. südliche	2 521 051	s. Nr. 17a.	74 809	1572	2 598 032	125 757	s. Nr. 17a.	—	4 112 077	s. Nr. 17c.
	b. Nordtiroler	113 268	—	2703	120	116 091	2532	—		57 378	—
	c. Venetianische u. Südtirol.	1 198 251	s. Nr. 17a.	28 548	s. Nr. 17c.	1 226 799	90 460	s. Nr. 17a.	19 920	871 830	s. Nr. 17c.
56	Oppeln-Tarnowitzer	18 058	2336	325	35	20 754	204	99	70	2740	403
57	a. Pfälzische Ludwigsbahn	282 503	s. Nr. 17a.	15 898	s. Nr. 18a.	298 491	8529	s. Nr. 17a.	—	52 609	s. Nr. 17c.
	b. Pfälzische Maximiliansb.	55 789	s. Nr. 17a.	3201	s. Nr. 18a.	58 990	1656	s. Nr. 17a.	—	6602	s. Nr. 17c.
58	a. Rheinische	654 284	497 016	64 377	917	1 216 594	16 983	38 013	42 236	40 637	8258
	b. Köln-Crefelder	113 526	s. Nr. 17a.	1828	145	115 499	2557	s. Nr. 17a.	1971	10 900	s. Nr. 17c.
59	Süd-Norddeutsche	118 742	42 163	4463	s. Nr. 17c.	165 368	3906	4491	—	23 327	12 914
60	Taunus-Bahn	306 131	s. Nr. 17a.	18 952	355	325 438	s. Nr. 17a.	s. Nr. 17a.	3170	86 537	s. Nr. 17c.
61	Theiß-Bahn	691 535	—	28 687	—	720 222	4033	21 775	—	34 795	16 423
62	Thüringische	470 823	309 123	27 047	724	807 717	22 052	51 125	3510	429 575	509 [illegible]
63	Werra-E.	114 242	43 046	4504	s. Nr. 18b.	161 792	3731	8329	426	76 934	182 [illegible]

Ergebnisse.

(Forts.) A. Einnahmen.

Frachtgüter d. ermäß. Sätze (excl. Kohlen etc.) a. im [Binnen-] Verkehre	b. im direkten Verkehre	Für Kohlen u. Coaks a. im Binnen-Verkehre	b. im direkten Verkehre	Für Betriebsdienst- und Baugüter	Für Fahrzeuge aller Art a. für Equipagen	b. für Eisenbahn-Fahrzeuge	c. für sonstige Fahrzeuge	Für Thiere a. für Pferde	b. für Rindvieh, Schweine u. sonstige Thiere	Neben-Erträge (Lagergeld, Provision, Frachtzuschlag etc.)	Zusammen im Güter-Verkehre	
Thlr.	Thlr.	Thlr.	Thlr.	Thlr.	Thlr.	Thlr.	Thlr.	Thlr.	Thlr.	Thlr.	Thlr.	
…4514	s. Sp. 180a.	s. Sp. 180a.	s. Sp. 180a.	—	826	—	—	18 522	s. Sp. 184a.	32 495	558 102	29
…704	263 670	66 528	4829	—	2702	s. Sp. 183.	s. Sp. 183.	7754	48 206	6327	1 281 299	30
…134	271 177	—	—		1712	—	—	206 625	s. Sp. 184a.	12 549	1 716 465	31a
—	s. Sp. 179b.	—	s. Sp. 179b.	—	19	—	—	[illegible]	s. Sp. 184a.	—	[illegible]	—b
…089	117 807	5336	838	—	3102	—	—	6084	16 306	—	797 172	32
…770	125 107	—	—	—	3252	410	—	3427	58 732	23 037	570 326	33a
…89	45 769	—	—	8598	578	—	—	1244	13 005	2131	119 718	—b
…643	9378	327 689	6832	—	409	—	503	505	3851	3695	586 630	34
[illegible]	s. Sp. 179a.	152 899	s. Sp. 181a.	—	4	—	—	6	63	2421	169 682	35
…82	—	128 278	162 104	—	—	—	45	—	306	10 610	311 038	36a
	—	77 761	—	—	—	—	—	—	—	20	85 875	—b
[illegible]	s. Sp. 179a.	s. Sp. 179a.	s. Sp. 179a.	—	155	—	—	5241	s. Sp. 184a.	240	93 430	37
…591	323 868	1328	1126	—	4026		—	5086	135 654	20 209	1 036 983	38
…310	—	52 667	16 172*	—	38	—	—	—	61	203	92 627	39
…251	113 538	54 261	62 939	—	666	—	—	9539	s. Sp. 184a.	2180	391 918	40
…233	2 727 550	1 535 822	455 066	—	19 375	23 130	s. Sp. 183a.	27 788	567 360	180 442	8 055 556	41
…204	s. Sp. 180a.	23 377	s. Sp. 181a.	—	2418	3643	s. Sp. 183a.	11 816	35 801	32 936	856 836	42a
…791	—	—	—	—	95	—	—	12	—	1181	102 578	—b
…29	—	—	—	—	—	—	—	—	—	8369	345 963	—c
…477	678 651	907 238	211 049	27 553	3109	6701	220	8087*	93 038*	19 667	3 409 360	43
[illegible]	s. Sp. 179b.	s. Sp. 179a.	s. Sp. 179b.	—	2503	s. Sp. 183a.	s. Sp. 183a.	2591	4601	2434	559 002	44
…32	224 306	s. Sp. 180a.	s. Sp. 180b.	—	1473	578	278	5049	22 423	4330*	1 147 310	45
	1645	—	1238	—	20	—	—		135	—	7061	46
[illegible]	s. Sp. 179b.	—	—	—	188	—	—	s. Sp. 184b.	3072	3355	129 634	47
[illegible]	241 655	84 695	12 391	—	1337	54	—	8464	25 687	49 907	1 117 438	48
[illegible]	108 915	15 348	10 628	—	872	—	—	2694	8694	—	531 728	49
…31	25 702	7082	43	—	318	—	—	12 610	s. Sp. 184a.	9019	268 587	50
[illegible]	s. Sp. 179b.	s. Sp. 179a.	s. Sp. 179b.	—	931	—	—	s. Sp. 184b.	26 995	689	234 436	51
…1	21 063	173	23 001	-	323	—	—	98	348	1661	64 308	52
…2	44 055	s. Sp. 180a.	s. Sp. 180b.	—	137	—	—	304	5683	342	116 633	53
				16 397	5459	—		8720	134 024		4 406 287	54a
[illegible]	s. Sp. 179b.	s. Sp. 179a.	s. Sp. 179a.	19 067	9029	—	s. Sp. 183a.	15 135	589 534	s. Sp. 179.	3 681 237	—b
				4556	652	—		3777	53 385		1 157 630	—c
[illegible]	s. Sp. 180a.	s. Sp. 180a.	s. Sp. 180a.	—	27 432	—	—	53 019	44 255	—	5 992 047	55a
[illegible]	—	—		—	—	1616	—	488	2134	3534	93 565	—b
[illegible]	s. Sp. 179a.	—	—	33 979	1844	—	—	s. Sp. 184b.	10 720	—	1 028 759	—c
[illegible]	12 809	5718	14 194	2056	34	—	—	173	1440	1597	76 399	56
[illegible]	s. Sp. 180a.	487 881	s. Sp. 181a.	—	448	—	—	10 924	s. Sp. 184a.	2656	875 156	57a
[illegible]	s. Sp. 180a.	52 641	s. Sp. 181a.	—	18	—	—	1709	s. Sp. 184a.	641	103 109	—b
[illegible]	267 182	87 616	1805	4022	2418	3034	—	6957	17 474	15 043	842 614	58a
[illegible]	s. Sp. 180a.	2558	s. Sp. 181a.	—	60	—	—	56	2118	514	48 765	—b
[illegible]	120 298	42 020	9328	—	464	—	—	462	5078	5162	421 191	59
[illegible]	s. Sp. 179a.	4557	—	—	229	—	—	5009	s. Sp. 184a.	1384	111 486	60
[illegible]	492 822	271	803	—	4303	—	—	5005	178 218	16 977	1 120 341	61
[illegible]	s. Sp. 179b.	s. Sp. 179a.	s. Sp. 179b.	—	3030	1874	118	5528	30 244	6409	1 263 389	62
[illegible]	s. Sp. 179b.	s. Sp. 179a.	s. Sp. 179b.	—	954	—	—	11 255	s. Sp. 184a.	1574	285 365	63

1 Badische	125 382	2 588 413	54 390	11,[illegible]	119 640	272 745	8269	17 218	—	5607
2 Bayerische a. Ludw.-Südnordb. b. Ludw.-Westbahn c. Maximiliansbahn d. 3 gepacht. Zweigb.	164 162	5 896 966	40 677	11,[illegible]	273 761	452 357	15 891	77 555	7411	5656
3 Braunschweigische	11 537	1 392 183	59 812	10,[illegible]	120 545	126 927	[illegible]	21 902	4206	[illegible]
4 Hannoversche	171 645	4 873 769	44 153	10,37	251 995	305 053	[illegible]	47 175	10 164	[illegible]
5 Main-Neckar	93 282	830 877	71 986	12,0	38 937	77 543	550	9835	3162	[illegible]
6 Main-Weser	12 186	1 367 816	58 963	14,03	74 515*	112 342*	4390	9378	150	[illegible]
7 Preuß. Niederschles.-Märk.	159 668	4 138 910	80 180	13,[illegible]	251 851	118 333	8127	29 575	7216	[illegible]
8 " Ostbahn	118 021	3 039 639	33 311	10,[illegible]	238 860	81 514	6440	18 650	7265	[illegible]
9 a. " Saarbrücker	52 614	653 033	99 398	7,[illegible]	22 007	61 155	[illegible]	11 752	1616	—
b. " Saarbrücken-Trier	22 987	207 343	18 188		28 951	37 462		1269	816	
10 " Westfälische	59 553	901 910	33 281	9,[illegible]	94 234	78 350*	1869	7435	4506	[illegible]
11 Sächsische östliche										
a. Sächsisch-Böhmische	23 652	570 692	65 824	12,[illegible]	31 021	30 145	405	3287	2330	[illegible]
b. Sächsisch-Schlesische	16 900	961 523	71 183	12,[illegible]	36 807	63 859	320	4098	721	[illegible]
12 Sächsische westliche										
a. Niedererzgebirgische	26 318	972 303	52 611	9,[illegible]	45 723	148 297	5819	6252	630	[illegible]
b. Obererzgebirgische	1828	226 393	37 236	8,[illegible]	15 803	25 793	1513	1694	526	[illegible]
c. Sächsisch-Bayerische	36 940	2 104 431	88 2[illegible]	11,[illegible]	61 063	294 656	13 281	17 471	5456	[illegible]
13 Württembergische	170 789	2 347 607	52 661	9,[illegible]	157 454	218 989	9260	25 740	*	[illegible]
II. Privatbahnen										
a) unter Staatsverwaltg.										
14 Aach.-Düss. Ruhrorter a. Aach.-Düssel.	31 097	348 333	47 991	11,[illegible]	37 127	13 161	205	1370	1539	[illegible]
b. Ruhrort-Crf.	20 421	349 903	62 483	14,[illegible]	22 069	4804	48	2202	750	[illegible]
15 Bergisch-Märkische a. Düss.-Dortm.	49 512	1 349 084	120 025	13,[illegible]	71 712	48 916	4832	28 036	9935	[illegible]
b. Dortm.-Soest	20 923	367 291	51 553	10,[illegible]	28 365	11 030	379	3675	3305	[illegible]
c. Ruhr-Sieg	7770	132 585	37 581	9,[illegible]	14 714	15 450	140	450	1544	[illegible]
d. Witten.-Duisbg.	564	11 312	15 147	7,[illegible]	1856	—	—	—	192	[illegible]
16 Prinz-Wilhelm-E.	26 121	243 308	55 469	9,[illegible]	19 626	9218	535	1457	1397	[illegible]
17 Cöthen-Bernburger	9267	63 203	16 301	6,[illegible]	5590	5139	260	1367	187	[illegible]
18 a. Löbau-Zittauer	5818	115 840	25 687	7,[illegible]	10 235	9465	551	205	110	[illegible]
b. Zittau-Reichenberger	5997	77 371	21 795	6,[illegible]	6584	4805*	—	173	125	[illegible]
19 a. Oberschlesische	315 701	2 928 492	90 163	13,[illegible]	—	—	—	—	—	—
b. Breslau-Posen-Glogauer	57 191	796 152	28 566	10,[illegible]	—	—	—	—	—	—
20 Stargard-Posener	53 757	563 461	24 987	11,[illegible]	—	—	—	—	—	—
21 Rhein-Nahe	8805	317 116	21 006	5,[illegible]	39 028	6172	[illegible]	3335	1360	—
22 Wilhelms-Bahn	91 189	305 610	21 552	9,[illegible]	40 791	23 219	666	2583	1568	
b) in Privatverwaltung.										
23 Aachen-Mastrichter	36 302*	245 310	19 783	8,[illegible]	26 427	14 187	829	2201	697	[illegible]
24 Alberts-Bahn	16 732	169 918	33 252	6,[illegible]	11 535	6366	1854	798	190	[illegible]
25 Altona-Kieler / 26 Rendsburg-Neumünster	11 399	670 328	35 806	13,[illegible]	48 473	30 705	1145	6804	1826	[illegible]
27 Glückstadt-Elmshorner	1249	55 814	12 403	8,[illegible]	8853	3507	221	1210	353	[illegible]
28 Aussig-Teplitzer	9147	166 940	68 983	19,[illegible]	2307	7150	—	853	104	

30 058	5634	953	1034	s. S. 196.	2079	453 243	9502	228 931	78 249	14 769	8790	1
12 915	5420	-	37 508*	—	10 268*	899 100	6202	506 474*	391 788	43 397	9494	2
3580	4176	1158	779	3200	19 272	313 385	11 765	75 061	120 491	6957	5151	3
11 216	12 681	1526	1797	4122	523	646 355	5853	314 605	277 060	78 705	20 094	4
511	1407	597	—	856	1024	135 340	11 450	59 563	27 638	9147	3545	5
2310	4212*	1759	1672	114	—	215 466	8103	96 308*	68 415	15 670	6158	6
11 229	—*	2561	6371	51 981	24 436	533 578	10 337	193 743	142 756	43 910	22 627	7
5183	7019	918	4166	2341	27 595	446 008	4558	217 035	175 872	36 986	10 298	8
-	7581	s. S. 197.	s. S. 197.	s. S. 201.	4000	108 141	16 410	59 472	35 616	s. S. 200b.	s. S. 200a.	9a
—	s. S. 201.	„ „ 201.	„ „ 201.	„ „ 201.	10 077	78 575	8879	34 917	25 303	„ „ 200b.	„ „ 200a.	- b
3198	1671	395	1277	1130	18 196	220 887	8151	83 692	46 600	21 616	18 245	10
1129		313	309*	110	1760	74 100	8554	82 348	22 858	1060	2334	11a
1293		635	678*	168	2012	112 984	8338	100 837	38 418	2990	6074	- b
1121	--	793	2405*	505	1791	217 849	11 758	115 520	32 851	2654	2119	12a
136	—	48	—	200	486	49 026	8064	30 032	8150	658	524	- b
2501	—	1449	6973*	463	3405	419 429	17 579	187 261	59 755	4790	4678	- c
11 573	43 234	2090	3385	10 606	4662	520 705	11 680	80 412	137 444	28 362	10 027	13
3187	1227	2007	306	704	3763	68 354	5980	55 694	16 195	4899	1646	14a
955	705	2092	210	390	2114	42 065	7512	40 577	9110	2755	926	- b
2293	560	6013	1111	507	9876	210 355	19 516	118 292	31 720	22 003	5948	15a
963	259	512	151	222	156	55 212	7741	40 119	10 758	7493	2017	- b
149	159	54	305	167	1435	30 217	11 205	13 086	3509	2444	658	- c
528	25	—	77	24	97	2826	3718	689	185	128	35	- d
968	7	455	173	150	67	36 808	8405	18 189	10 115	3229	1429	16
139	184	--	—	120	1567	14 907	3742	9118	6943	900	200	17
390	--	509	1331*	56	452	24 151	5355	22 609	8999	580	790	18a
112	-	1595	-	14	350*	16 302	4592	25 716	7064	691	620	- b
—	—	—	—	—	—	318 880	9815	—	—	—	—	19a
—	--		...	—	—	156 752	5624	—	—	—	--	- b
—	-	—			—	94 133	4139	—	--	—	—	20
	2391	—	s. S. 197.	s. S. 197.	—	52 286	3958	45 151	44 355	s. S. 201b.	s. S. 201b.	21
[illegible]	—	866	1620	157	10 438	82 890	3533	24 813	10 349	2438	2112	22
[illegible]	77	1201	448	133	1511	55 320	4461	23 057	14 216	5358	2050	23
[illegible]	s. S. 201.	s. S. 201.	s. S. 201.	s. S. 201.	4628	28 378	5553	30 116	7093	1113	1520	24
[illegible]	410	3058	54	70	4615	110 049	3891	67 027	29 923	2002	2220	25, 26, 27
276	127	340	26	17	564	18 355	4079					
-	--	1400	—	27	109	11 980	4950	25 012	3136	1010	s. S. 200a.	28

III. Finanz- (Forts.)

II. Privatbahnen. (Forts.)	187	188	189		190	191	192	193	194	195
	(Forts.) A. Einnahmen.				B. Ausgaben.				1) zur	
	Aus sonstigen Quellen (Pacht, Miethe, Erlös für verkaufte Materialien etc.).	Summa aller Einnahmen.	Durchschnittlich a. pro Meile Bahnlänge.	Durchschnittlich b. pro Nutzmeile.	Besoldung der Bahnbeamten incl. Dienstleitung etc.	Unterhaltung des Bahndamms, der Schienen u. Schwellen.	Unterhaltung der Brücken u. Durchlässe.	Unterhaltung der Gebäude.	Unterhaltung der Telegraphen.	Unterhaltung der übrigen Anlagen.
	Thlr.	Thlr.	Thlr.	Thlr.	Thlr.	Thlr.	Thlr.	Thlr.	Thlr.	Thlr.
29 Bayerische Ostbahnen	57 095	1 044 743	29 389	7,10	85 194	10 258	414	772	42	31
30 Berlin-Anhaltische	32 318	2 117 245	44 668	12,56	149 660	79 736	11 427	29 591	8237	–
31 a. Berlin-Hamburger	82 967	2 330 649	63 809	12,11	113 580	118 347	12 124	111 625	13 947	3072
b. Hamburg-Bergedorfer	66 655*	270 071	129 221	—	—	—	—	– –	—	–
32 Berlin-Potsdam-Magdebg.	69 035	1 606 170	81 366	15,15	87 945	79 522	6851	15 876	4855	13 586
33 Berlin-Stettiner										
a. Berl.-Stettin-Stargard	20 240*	1 102 209	49 009	13,51	71 456	117 187	8850	10 351	6375	–
b. Starg.-Cöslin-Colberg	2032	251 379	11 025	5,46	42 006	11 501	34	1429	792	–
34 Breslau-Schweidnitz-Freib.	51 445	933 419	10 778	8,49	54 009*	38 733	2868	8716	2341	[illegible]
35 Brünn-Rossitzer	1125	185 809	59 938	34,12	6896	9689	848	2997	—	–
36 Buschtěhrader a. Locom.-B.	13 587	336 218	87 565	30,11	9256	22 096	367	2458	253	711
36 Buschtěhrader b. Pferde-B.	110	86 030	11 472	—	4094	10 463	246	1219	38	161
37 Frankfurt-Hanauer	1961	215 929	39 517	8,18	1258	8750	s. w. 191.	1056	s. w. 191.	s. w. [illegible]
38 Galizische Carl-Ludw.-Bahn	25 957	1 405 638	19 687	18,33	101 413	110 271	21 505	13 527	2316	[illegible]
39 Graz-Köflacher	6305	123 772	31 335	21,11	7755	19 745	2426	531	290	912
40 Hessische Ludwigs-E.	30 258	791 131	10 291	7,17	48 874	11 766	—	1594	1934	s. w. [illegible]
41 Kaiser Ferdinands Nordb.	104 281	10 368 007	129 052	22,11	470 380	506 868	79 125	116 336	31 485	[illegible]
42 Kaiserin Elisabeth a. Wien-Salzburg	76 466	2 000 215	54 163	14,18	113 548	105 426	948	22 279	20 321	4188
42 Kaiserin Elisabeth b. Lambach-Gmdn.	2667	125 368	33 079	12,41	8840	19 408	322	2347	2508	735
42 Kaiserin Elisabeth c. Pferdeb. Lz.-Bdw.	16 292	381 253	22 102		17 261	30 919	1300	3982	—	64
43 Köln-Mindener	427 205	5 201 860	116 659	14,78	260 284	107 031	2159	8488	11 623	3346
44 Kurf. Friedr. Wilh. Nordb.	4967	807 837	40 779	10,01	60 115	52 081	2489	9303	760	11 164
45 Leipzig-Dresdener	97 376*	1 875 429	122 337	14,66	52 781	107 633	18 086	31 797	s. w. 191.	[illegible]
46 Ludwigs-E. (Nürnb.-Fürth)	986	51 669	64 586	6,85	1251	8239	—	4998	—	–
47 Lübeck-Büchener	12 157	217 776	34 568	12,17	10 041	12 263	1144	4246	992	–
48 Magdb.-Cöth.-Halle-Leipz.	106 094	1 645 177	81 978	14,60	72 930	48 051	s. w. 191.	12 311	6074	–
49 Magdeburg-Halberstädter	1928	768 758	98 559	15,15	37 905	22 046	111	5450	2112	3151
50 Magdeburg-Wittenbergische	18 585	410 395	28 739	11,25	49 160	13 225	2515	3241	1564	7947
51 Meklenburgische	18 477	460 074	23 874	8,28	34 371	18 446	4176	3311	1400	7541
52 Neisse-Brieger	9523	112 924	18 272	11,20	9872	6820	s. w. 191.	1592	590	591
53 Niederschlesische Zweigbahn	6136	180 032	18 951	9,00	13 585	7613	77	2250	636	872
54 a. Oesterreich. nördliche	60 151	6 130 320	99 084	21,06	151 976	135 547	17 982	36 065	9068	13 299
b. Oesterreich. südöstliche	16 738	5 595 771	61 156	21,07	186 136	183 979	28 745	41 043	9966	18 475
c. Wien-Neu-Szönyer	52 274	1 488 807	71 593	25,58	37 735	59 866	3328	11 573	3594	7287
55 a. Oesterreich. südliche	418 433	9 008 512	111 299	15,50	270 184	403 895	s. w. 191.	44 800	s. w. 191.	s. w. [illegible]
b. Nordtiroler	—	209 656	21 263	11,55	5101	5217	26	3200	533	13 342
c. Venetianischen. Südtirol.	—	2 233 538	37 991	13,11	22 769	149 877	1653	9231	3357	1329
56 Oppeln-Tarnowitzer	13 917	111 070	10 975	7,17	15 404	7688	1015	2457	1002	s. w. [illegible]
57 a. Pfälzische Ludwigsbahn	126 765	1 300 412	65 020	8,37	61 735	35 600	386	6217	106	1823
b. Pfälzische Maximiliansb.	52 113	214 212	33 893	6,78	15 915	1985	–	722	22	185
58 a. Rheinische	88 816	2 148 054	67 001	11,38	77 814	43 732	2382	5912	11 181	10 915
b. Köln-Crefelder	10 885	173 149	24 844	6,10	11 559	4760	119	3926	2031	782
59 Süd-Norddeutsche	9855	596 414	22 781	7,88	48 135	21 887	21 864	7675	1588	1012
60 Taunus-Bahn	2077	439 001	75 171	15,61	14 201	14 572	s. w. 191.	3261	771	41
61 Theiß-Bahn	33 975	1 874 541	26 684	14,10	146 912	137 257	2794	11 663	6317	[illegible]
62 Thüringische	170 820	2 241 926	60 170	17,81	109 594	125 319	3613	8201	2084	10 164
63 Werra-E.	28 273	173 430	21 000	8,85	57 309	41 759	188	1059	1001	1588

Ergebnisse.

[illegible]	1) Bahn-Verwaltung.							2) Für die Transport-Verwaltung.	Kosten der Transportkräfte:			
…zahl …ges des …waltung der Reihe.	Heizung der Wärterlokale.	Grundsteuer, Feuerversicherung 2c.	Reinigen der Bahn vom Schnee.	Büreaubedürfnisse, Drucksachen und Formulare.	Sonstige Ausgaben.	Zusammen.	Durchschnittlich pro Meile Bahnlänge.	Besoldung der Betriebs-Beamten incl. Dienstkleidung 2c.	a. Feuerung der Lokomotiven.	b. Schmieren u. Putzen der Maschinen u. Tender.	c. Schmieren u. Reinigen der Wagen.	
[illegible]	Thlr.	Thlr.	Thlr.	Thlr.	Thlr.	Thlr.	Thlr.	Thlr.	Thlr.	Thlr.	Thlr.	
…59	4448*	123	632	113	416	103 425	2899	110 767	76 909	29 538	i. m. 2016.	29
…574	1777	4815	4479	40	544	298 860	6306	157 584	119 398	21 258	11 617	30
…565	8870	1619	9001	377	2783	434 910	10 966	140 403	119 501	20 933	14 010	31 a
—	—	—	—	—	—	33 611	16 101	—	—	—	—	— b
…235	1502	715	—	—	13 669	226 141	11 456	101 520	64 141	9819	4768	32
…351	8399	5503	629	1161	13 399	279 664	12 435	69 238	71 018	11 707	4154	33 a
…45	5159	915	535	238	17 862	84 406	3702	24 355	24 980	4118	1461	— b
…07	807	3758	2530	108	4117	125 311	5474	39 221	61 375	14 967	15 365	34
…73	i. m. 190.	i. m. 130.	471	i. m. 210.	—	21 174	6830	9595	5273	418	596	35
…106	358	1601	203	792	1327	40 861	10 641	9679	8677	1628	700	36 a
…534	23	116	1721	12	668	19 258	2568	8205	—	—	358	— b
i. m.	i. m. 285.	1130	i. m. 191.	i. m. 211.	—	12 194	2233	48 043	21 706	2145	i. m. 2016.	37
…565	518	2958	10 506	4842	30 326	306 227	10 824	116 460	61 780	7918	10 963	38
…556	751	1227	360	698	816	36 137	9149	9554	7995	983	1161	39
…472	2138	8850	2050	241	—	77 949	3955	82 084	43 231*	22 165	i. m. 2016.	40
…363	9812	44 594	21 358	9992	2334	1 442 893	17 960	171 274	341 849	106 273	92 795	41
—	—	47 725	8360	7114	12 116	342 298	9269	241 908	166 664	13 069	2858	42 a
i. m.	—	4438	545	299	i. m. 100.	39 022	10 296	25 756	6864	875	670	— b
…821	—	5858	2765*	1105	—	66 907	3861	66 052*	—	—	970	— c
…565	5771	2384	2643	2055	68 204*	532 216	11 936	365 427*	150 650	69 919	24 304	43
…672	1304	1056	963	1440	145	148 392	7491	50 628	33 094	10 261	2512	44
…866	1217	33 941	1492	8651	2592	272 831	17 799	213 820	76 249	23 394	i. m. 2016.	45
…13	i. m. 208.	691	i. m. 191.	i. m. 310.	—	15 295	19 118	5217	2392	770	498	46
…179	591	398	—	38	355	30 547	4849	16 007	12 516	2016	231	47
…250	6325	6258	—	i. m. 218.	8716	162 918	8415	79 957	90 082	47 172	i. m. 2016.	48
…297	247	186	—	—	12 435	85 940	11 018	58 189	40 379	5062	2081	49
…028	742	5659	—	—	7599	91 784	6427	29 448	21 222	2467	3333	50
…385	795	926	156	264	1428	74 232	3852	42 160	22 414	5391	890	51
…716	192	86	168	71	539	20 946	3592*	7732	5770	1311	1034	52
…316	276	209	332	60	399	26 745	2815	11 591	10 555	2600	774	53
…57*	—*	25 867*	7951	3404	25 927*	451 143	7292	452 671	154 584	15 725	15 718	54 a
…78*	—*	32 960*	5102	6392	16 604*	565 583	6181	425 210	282 968	15 450	18 168	— b
…12*	—*	8416*	16 186	1132	2719*	160 428	7720	114 177	92 992	2956	2268	— c
…20	—	25 833	17 378	i. m. 201.	7366	805 546	9952	1 183 962	881 692	82 662	43 874	55 a
…58	—	—	—	—	87	30 844	3128	41 343	19 271	3418	i. m. 2016.	— b
—	—	10 353	—	1633	93 732	293 934	4951	443 180	113 643	13 566	3302	— c
…27	781	219	855	161	607	20 846	3048	11 319	4260	1562	607	56
…77	512	5369	—	317	1149	114 898	5745	74 291	33 296	9707	7377	57 a
…	237	1448	—	182	421	21 658	3427	24 210	11 912	1621	805	— b
…24	1352	3632	1322	257	—	102 144	5058	191 513	76 235	30 895	12 096	58 a
…46	723	441	313	332	—	25 439	3608	21 715	7061	3468	563	— b
…11	—	3500	11 566	535	167	124 771	4766	86 914	35 608	8241	i. m. 2016.	59
…17	45	2200	389	—	555	36 391	6231	36 218	17 757	5357	" " 2016.	60
…31	7272	3920	5904	3298	3123	342 811	4857	56 645	216 198	51 889	" " 785.	61
…30	2678	4165	3630	978	2159	279 505	7501	109 495	110 297	22 450	14 200	62
…14	1130	883	1640	466	1165	110 053	4861	34 560	38 664	8109	2771	63

	205			206				207	208	209
								(Forts.)	**III. Finanz…**	
				(Forts.) B. **Ausgaben.**				2) Für die Transport…		
	(Forts.) Kosten der Transportkräfte:			Reparaturkosten:						
I. Staatsbahnen.	d. Beleuchtung der Züge.	e. Güterverladung	f. Sonstige Kosten.	a. der Lokomotiven und Tender.	b. der Personenwagen.	c. der Lastwagen.	d. der sonstigen Transportmittel.	Ergänzung der Transportmittel (d. h. soweit dies [illegible])	Heizung und Reinigung der Betriebs-Lokale.	Sign… (mit … …)
	Thlr.	Thlr.	Thlr.	Thlr.	Thlr.	Thlr.	Thlr.	Thlr.	Thlr.	Thlr.
1 Badische	1753	33 494	14 744	57 908	164 481	i. Sp. 206b.	i. Sp. 206b.	—	14 656	15 60…
2 Bayerische: a. Ludw.-Südnordb., b. Ludw.-Westbahn, c. Maximiliansbahn, d. 3 gepacht. Zweigb.	10 746	112 510	1117*	237 132	i. Sp. 206a.	288 261	—	—	101 934*	5459…
3 Braunschweigische	8522*	—	—	80 436	20 737	30 942	—	12 230	i. Sp. 212.	i. Sp. …
4 Hannoversche	2403	143 396*	24 848	267 508	49 379	274 126	1822	44 151	26 293	4…
5 Main-Neckar	563	9403	10 971	30 149	21 377	23 306	—	39 497	4057	—*
6 Main-Weser	4830*	19 797*	31 274	67 942	16 262	39 329*	—	—	5170	219…
7 Preuß. Niederschles.-Märk.	8995	116 265	190 300	129 758	i. Sp. 206c.	111 443	—	—	5954	1716
8 „ Ostbahn	5252	15 799	47 039	80 936	„ „ 206c.	78 200	i. Sp. 206c.	—	20 650	307…
9 a. „ Saarbrücker	i. Sp. 205a.	—	—	68 826	„ „ 206a.	i. Sp. 206a.	„ „ 206a.	—	7694	—
b. „ Saarbrücken-Trier	„ „ 205a.	—	—	39 383	„ „ 206a.	„ „ 206a.	„ „ 206a.	—	5466	—
10 „ Westfälische	1414	8799	2589	43 277	7761	32 793	2850*	—	7605	374…
11 Sächsische östliche										
a. Sächsisch-Böhmische	1931	18 732	1285	23 665	7803	9832	—	—	1810	126…
b. Sächsisch-Schlesische	1586	14 757	1064	35 625	11 166	19 898	—	33 954	2494	391…
12 Sächsische westliche										
a. Niedererzgebirgische	1815	11 164	3771	31 923	15 661	23 255	45	8232	1606	261…
b. Obererzgebirgische	397	4426	2315	7923	3361	5949	22	3116	355	-
c. Sächsisch-Bayerische	3116	18 843	5570	57 622	24 266	55 299	67	25 408	2151	391…
13 Württembergische	1438	20 939	1032	192 638	i. Sp. 206c.	93 532	i. Sp. 206a.	—	i. Sp. 19…	74
II. Privatbahnen										
a) unter Staatsverwaltg.										
14 Aach.-Düss. Ruhrorter: a. Aach.-Düssel.	824	5867	—	7511	in Col. 206c mitenthalten.	11 197	567	1507	—	33
b. Ruhrort-Crf.	464	3300	10 250	4225		6298	3576	699	-	18
15 Bergisch-Märkische: a. Düss.-Dortm.	1828	18 485	1395	33 701		24 858	657	3169	—	332
b. Dortm.-Soest	620	5794	473	11 460		8431	223	1075	—	112
c. Ruhr-Sieg	202	1890	154	3738		2750	73	350	—	36
d. Witten-Duisbg.	11	99	8	107		145	4	18		1
16 Prinz-Wilhelm-E.	258	3270	137	8300		6021	—	9224	—	127
17 Cöthen-Bernburger	141	—	700	3569	i. Sp. 206a.	i. Sp. 206a.	277	7999	265	57
18 a. Löbau-Zittauer	371	1473	342	4200	1116	2227	—	—	535	76
b. Zittau-Reichenberger	280	1755	197	3508	982	1854	—	—	1167	45
19 a. Oberschlesische	—	—	—		—	—	—	—	—	-
b. Breslau-Posen-Glogauer	—	—	—	-	…	—	—	—	—	-
20 Stargard-Posener		—	—	—	—	—	—	—	—	-
21 Rhein-Nahe	i. Sp. 205a.	—	—	25 152	i. Sp. 206a.	i. Sp. 206a.	—	—	5472	-
22 Wilhelms-Bahn	757	1235	6542	14 691	„ „ 206c.	14 259	i. Sp. 206c.	271	685	12…
b) in Privatverwaltung.										
23 Aachen-Mastrichter	220	2855	6385	10 094	3142	3468	91	—	1145	34
24 Alberts-Bahn	i. Sp. 205e.	3888	i. Sp. 205a.	5572	i. Sp. 206c.	5959	—	—	i. Sp. 213.	i. Sp. …
25–27 Altona-Kieler, Rendsburg-Neumünster, Glückstadt-Elmshorner	1057	31 310	6041	16 149	9962	26 330	479	—	3380	77
28 Aussig-Teplitzer	153	2519	—	2296	201	3203	i. Sp. 206c.	—	1441	…

210	211	212	213	214	215	216	217	218	219	220	221	

Ergebnisse.

Verwaltung.					3) Für die allgemeine Verwaltung.							
…ädi-…gen im …ver-…hör.	Drucksachen und Büreaubedürfnisse.	Sonstige Ausgaben.	Zusammen.	Durchschnittlich pro Nutzmeile.	Besoldung ꝛc. der Verwaltungs-Vorstände.	Besoldung der Büreau- und Kassen-Beamten.	Gerichtskosten, Stempel, Porto und Inserate.	Drucksachen, Schreibmaterialien und sonstige Büreau-Bedürfnisse.	Heizung, Reinigung und Beleuchtung des Verwaltungs-Gebäudes.	Sonstige Ausgaben.	Zusammen.	
Thlr.	Thlr.	Thlr.	Thlr.	Thlr.	Thlr.	Thlr.	Thlr.	Thlr.	Thlr.	Thlr.	Thlr.	
1590	i. K. 196.	8427	645 806	2,77	2666	17 964	403	2450	i. K. 218.	1474	24 977	1
1766	30 092	140 291	1 934 941	3,47	i. K. 216.	30 199*	660	9545	940	11 575	52 919	2
1161	6400	18 187	386 278	2,44	6500	44 911	—	2822	—	7603	61 836	3
6-63	15 224	7821	1 557 005	3,38	119 149	i. K. 215.	4829	26 777	i. K. 218.	11 228	161 983	4
2557	4154	1262	247 229	3,08	5108	7523	—	1721	265	2574	17 291	5
509	6260	4772	407 698	3,45	6600	23 010	220	2323	1275	687	34 115	6
1019	24 843	12 246	1 175 582	3,73	5100	35 600	520	5849	879	19 905	67 862	7
1577	12 419	12 908	746 026	2,67	i. K. 216.	85 925	219	6532	2813	2461	97 950	8
—	i. K. 212.	47 832*	219 440	3,48	11 923	i. K. 215.	2322	i. K. 220.	i. K. 220.	29 948	44 193	9a
—	" " 212.	8937*	114 006		8468	" " 215.	1650	" " 220.	" " 220.	1319	11 437	- b
722	4953	9939	333 382	3,10	3823	24 182	225	2699	1450	7930	40 309	10
165	2247	16 509	205 252	4,17	6950	in Kol. 215 mitenthalten.	44	942	156	324	10 416	11a
130	2836	22 438	333 443	4,38	16 817		138	1845	332	1818	20 948	- b
96	4175	9560	288 571	2,78	12 131		67	1289	190	584	14 261	12a
11	1295	2280	79 814	3,07	5614		33	613	93	29	6382	- b
314	5702	27 994	522 043	2,85	17 890		133	1853	421	11 736	32 033	- c
236	i. K. 200.	733	575 288	2,73	5355	14 291	166	4656	i. K. 218.	894	25 362	13
1288	3755	7306	142 810	2,93	3479	12 050	3870	2041	515	2562	24 527	14a
1-7	2012	2046	93 237	3,98	1925	6899	2468	918	290	2316	14 816	- b
759	5681	4706	308 565	3,13	1476	15 479	750	1620	281	5950	25 502	15a
309	1927	1596	104 176	2,89	938	9833	477	1029	178	3258	15 713	- b
509	629	521	33 080	2,50	369	3860	188	406	70	1272	6185	- c
16	33	27	1788	1,16	—	—	—	—	—	8	8	- d
13	1034	2963	79 150	3,31	577	6049	293	633	109	2030	9691	16
26	169	961	38 065	4,86	—	2944	69	135	150	359	3657	17
7	671	3301	55 146	3,71	2030	i. K. 215.	76	347	—	2700	5243	18a
1	1413	3970	53 868	4,83	1452	" " 215.	—	376	—	663	2491	- b
-	—	—	614 868	2,91	—	—	—	—	—	—	50 411	19a
-	—	—	183 866	2,45	—	—	—	—	—	—	43 437	- b
-	—	—	161 692	3,37	—	—	—	—	—	—	37 550	20
—	i. K. 212.	12 270	132 430	2,38	4964	i. K. 215.	i. K. 220	i. K. 220.	1144	8348	14 356	21
431	1851	20 245	114 037	2,18	3100	11 347	200	1350	190	10 017	26 204	22
7	1534	5781	84 948	3,85	—	4592	210	318	257	520	5897	23
	i. K. 212.	9825*	65 086	2,54	i. K. 216.	4641	i. K. 220.	i. K. 220.	i. K. 220.	940	5581	24
6	5620	6364	216 090	3,78	5275	8129	626	1110	567	2498	18 205	25, 26, 27
	237	557	46 084	5,69	i. K. 216.	9470	1024	2357	98	334	13 283	28

III. Finan[zielle Ergebnisse] (Forts.)

(Forts.) B. Ausgaben. 2) Für die Transport-[mittel]

II. Privatbahnen. (Forts.)	205			206				207	208	2[09]
	(Forts.) Kosten der Transportkräfte:			Reparaturkosten:						
	d. Beleuchtung der Züge.	e. Güterverladung.	f. Sonstige Kosten.	a. der Lokomotiven und Tender.	b. der Personenwagen.	c. der Lastwagen.	d. der sonstigen Transportmittel.	Ergänzung der Transportmittel (d. h. soweit dies aus den ord. Betriebs-Einnahmen und nicht aus dem Neubau- u. Anlage-Kapital geschehen ist.)	Heizung und Reinigung der Betriebs-Lokale.	Wag[en]mie[the] (und ... ventil ... stra[...])
	Thlr.	Thlr.	Thlr.	Thlr.	Thlr.	Thlr.	Thlr.	Thlr.	Thlr.	Th[lr.]
29 Bayerische Ostbahnen	i. g. Rubr.	14 023	7	1327	142	i. g. Rubr.	392	5951	37 453	i. g.
30 Berlin-Anhaltische	18 927	96 742	2580	44 950	i. g. Rubr.	38 733	1709	27 026	6606	159
31 a. Berlin-Hamburger	23 895	162 547*	18 609	79 301	41 863	78 161	—	126 178	6905	259
b. Hamburg-Bergedorfer	—	—	—	—	—	—	—	—	—	—
32 Berlin-Potsdam-Magdebg.	1944	31 399	3593	38 111	17 259	38 748	—	—	6564	—
33 Berlin-Stettiner										
a. Berl.-Stettin-Stargard	1443	—	1037	34 294	9561	2985	—	—	6007	317
b. Starg.-Cöslin-Colberg	507	—	364	12 062	3362	6446	—	21 111	2817	111
34 Breslau-Schweidnitz-Freib.	991	5033	720	35 554	i. g. Rubr.	36 172*	—	—	1061	82
35 Brünn-Rossitzer	174	9979	—	4752	360	2356	—	—	891	35
36 Buschtěhrader a. Lokom.-B.	1278	1181	990	6900	728	4380	2145	—	1544	209
b. Pferde-B.	88	1355	18 411*	—	—	8120		—	415	—
37 Frankfurt-Hanauer	i. g. Rubr.	—	—	15 611	5594	i. g. Rubr.	—	—	3977	103
38 Galizische Carl-Ludw.-Bahn	2032	11 622	3295	51 558	14 995	53 572	—	—	3212	309
39 Graz-Köflacher	220	79	—	1965	471	1141	27	—	503	38
40 Hessische Ludwigs-E.	3522*	34 215	923	5869	9914	i. g. Rubr.	3059	4791	6215	—
41 Kaiser Ferdinands Nordb.	32 959	151 083	278 127	482 890	112 256	227 032	62 387	—	14 215	49
42 Kaiserin Elisabeth a. Wien-Salzburg	2832	51 894	14 454	36 692	11 252	13 697	i. g. Rubr.	—	3569	—
b. Lambach-Gmunden	—	5017*	4473*	5661	415	8359	—	—	i. g. Rubr.	—
c. Pferdeb. Lz.-Bdw.	—	—	125 588*	—	2038	16 731	4731	8639*	617	—
43 Köln-Mindener	7951	100 377	52 718	85 459	i. g. Rubr.	143 186	47 796*	—	22 712	1155
44 Kurf. Friedr. Wilh. Nordb.	1450	7888	10 239	58 699	8548	24 766	—	23 574	4658	1767
45 Leipzig-Dresdener	9789	—	—	27 899	i. g. Rubr.	60 361	i. g. Rubr.	70 000	9613	—
46 Ludwigs-E. (Nürnb.-Fürth)	167	—	—	480	339	—	599*	3523	750	5
47 Lübeck-Büchener	—	11 824	3447	8363	2398	4922	—	—	2006	36
48 Magdb.-Cöth.-Halle-Leipz.	4358	45 552	2555	41 384	29 386	36 194	—	—	262	1451
49 Magdeburg-Halberstädter	667	14 761	15 550	19 906	4678	6630	—	—	4112	—
50 Magdeburg-Wittenbergsche	696	2031	816	16 337	3736	6235	—	—	—	39
51 Mecklenburgische	597	2617	615	13 636	7142	11 527	—	—	779	—
52 Neiße-Brieger	195	918	757	4258	i. g. Rubr.	1863	814	—	343	7
53 Niederschlesische Zweigbahn	172	4728	—	3336	i. g. Rubr.	1821		—	1033	61
54 a. Oesterreich. nördliche	12 000	67 137	22 212	206 142	47 444	149 862	260	—	30 733	3
b. Oesterreich. südöstliche	13 916	145 244	30 919	263 210	65 912	260 595	866	—	28 072	92
c. Wien-Neu-Szőnyer	1971	61 132	5140	39 786	3730	40 884	726	—	7869	—
55 a. Oesterreich. südliche	77 942	—	70 563*	372 811	101 658	156 245	—	—	9490	—
b. Nordtiroler	i. g. Rubr.	12 711	3139	3012	1765	2129	—	—	916	—
c. Venetianische u. Südtirol.	11 127	—	31 361	64 523	25 153	28 000	8198	—	5275	—
56 Oppeln-Tarnowitzer	180	3722	869	5210	500	1680	361	—	557	117
57 a. Pfälzische Ludwigsbahn	1273	5771	14 431	33 279	8616	30 836	—	—	3111	319
b. Pfälzische Maximiliansb.	168	2285	4321	7063	3065	11 823	—	—	1056	—
58 a. Rheinische	2938	25 376*	22 698*	31 287	7552	15 101	—	—	17 658	21
b. Rhein-Crefelder	276	2180	—	4036	i. g. Rubr.	3635	—	—	1687	27
59 Süd-Norddeutsche	1990	10 795	249	20 402	2113	10 009	1183	—	5267	—
60 Taunus-Bahn	i. g. Rubr.	18 445	4903	10 087	i. g. Rubr.	10 820	—	—	4335*	i. g.
61 Theiß-Bahn	3062	28 573	1131	77 737	17 438	28 555	75	—	11 976	
62 Thüringische	3517	63 730	23 068	78 211	22 871	31 425	—	—	18 113	56
63 Wilh.-B.	1061	7851	13 299	21 310	i. g. Rubr.	6365	—	—	5311	15

Ergebnisse.

…Verwaltung.					B) Für die allgemeine Verwaltung.							
…ti… …im …en… …n.	Drucksachen und Büreaubedürfnisse.	Sonstige Ausgaben.	Zusammen.	Durchschnitt pro Kopf der Bevölkerung (?)	Besoldung u. der Verwaltungs-Vorstände.	Besoldung der Büreau- und Kassen-Beamten.	Gerichtskosten, Stempel, Porto und Inserate.	Drucksachen, Schreibmaterialien und sonstige Büreau-Bedürfnisse.	Heizung, Reinigung und Beleuchtung der Verwaltungs-Gebäude.	Sonstige Ausgaben.	Zusammen.	
…	Thlr.	Thlr.	Thlr.	Sgr.	Thlr.	Thlr.	Thlr.	Thlr.	Thlr.	Thlr.	Thlr.	
…98	1440	3199	281 208	2,18	—	4656	i. g. 218.	2178	i. g. 215.	227	7091	29
125	11 208	5744	683 462	3,51	18 474	24 239	4000	2900	i. g. 219.	7720	57 333	30
610	5488	15 249	879 574	4,33	13 556	26 922	1233	3793	2790	2698	52 992	31 a
—	—	—	68 057	—	—	—	—	—	—	—	3408	- b
223		13 588	332 007	3,15	i. g. 218.	33 451	591	2584	i. g. 218.	2257	38 883	32
181	6015	63 996	315 380	3,41	4276	13 710	840	1192	696	5562	26 276	33 a
61	2128	22 510	137 440	2,99	4334	13 899	851	1209	706	8534	29 533	- b
88	2147	8657	230 470	2,13	i. g. 218.	11 988	347	895	i. g. 208.	3021	16 251	34
…	517	2229	40 726	7,51	—	6714	—	1880	—	10 305	18 929	35
14	778	14 644	76 217	6,90	2400	4138	322	1765	483	5118	14 226	36 a
—	28	1660	38 840	—	—	849	—	226	—	—	1066	- b
62	2117	994	110 956	4,36	i. g. 215.	4939	i. g. 298.	i. g. 218.	i. g. 208.	943	5882	37
5	9128	5792	383 586	5,0	i. g. 216.	10 528	251	779	1702	10 491	24 051	38
-	1024	6080*	30 040	5,18	—	—	—	—	—	—	1798*	39
7107	2501	3451	229 347	2,21	—	11 293	2539	532	211	2080	16 655	40
1141	17 531	139 064	2 209 169	4,97	13 654	89 675	2432	5347	651	33 575*	145 334	41
—	14 888	12 122	585 800	4,15	19 188	39 028	2279	9962	i. g. 218.	3840	74 297	42 a
-	2522	437	61 049	6,18	i. g. 215 [illegible]	i. g. 216 [illegible]	i. g. 218.	798	i. g. 218.	679	1477	- b
531	2992	2278	231 170	—	i. g. 215 [illegible]	1651	349	620	—	3666	6289	- c
2095	15 150	59 094	1 295 818	3,66	—*	42 001*	1449	6215	1466	33 767*	84 889	43
198	3422	5878	263 493	3,29	5676	11 575	438	756	611	4929	23 965	44
1141	i. g. 200.	1231	592 797	4,63	i. g. 218.	26 392	1478	1295	i. g. 2054.	1764	30 929	45
—	i. g. 218.	3698	19 016	2,53	708	i. g. 201.	—	213	i. g. 205.	—	921	46
26	831	2505	75 735	4,37	2600	3748	497	221	409	1288	8700	47
1012	i. g. 218.	6540	399 451	3,54	11 215	17 086	586	6736	589	12 984	49 526	48
178	—	10 216	183 312	3,66	16 234	503	i. g. 218.	1930	i. g. 218.	2277	.0944	49
81	67	4345	94 714	2,58	12 650	i. g. 215.	i. g. 218.	2682	i. g. 218.	231	15 563	50
251	1914	8180	118 195	2,13	10 066	8644	407	1021	438	931	21 510	51
1024	551	85	27 451	2,77	—	4913	340	100	60	1142	6615	52
59	876	4485	42 928	2,34	650	6655	299	581	567	423	9175	53
288	27 605	30 852*	1 235 993	4,15	i. g. 216.	150 781	13 004	11 691	3711	20 236*	202 423	54 a
1112	22 229	20 391*	1 595 246	6,01	i. g. 216.	179 515	16 678	18 058	4798	25 914*	244 963	- b
934	5747	6262*	386 504	6,61	i. g. 216.	51 179	4217	4889	1213	6556*	68 054	- c
–	219 634	22 787	3 253 320	5,80	—	120 619	160 191	21 275	2334	120 914	428 333	55 a
–	4815	—	93 119	5,13	—	10 772	474	1263	i. g. 198.	760	13 279	- b
5127	42 354	10 822	835 431	4,88	—	45 936	2582	9775	—	—	58 293	- c
29	626	2134	35 132	2,30	i. g. 218.	7631	477	345	419	91	8986	56
…2	6825	72 818	362 388	2,33	16 056	i. g. 215.	170	1458	218	5640	23 542	57 a
5.6	1875	15 769*	86 629	2,63	5380	i. g. 215.	269	168	340	1172	7329	- b
1778	12 339	83 997*	555 488	2,81		25 481	1061	3182	2272	2132	34 131	58 a
181	935	6735	55 258	1,89	i. g. 218.	7411	700	817	1119	2162	12 580	- b
–	6095	803	189 672	2,51	6473	26 930	6792	3319	1220	32 513	79 277	59
…	5517*	2978	116 447	4,15	4571	3715	161	1964	i. g. 204.	195	10 606	60
1869	3875	5530	522 703	3,96	21 000	30 666	7157	1667	3718	586	70 794	61
3152	11 626	18 337	586 780	3,01	6714	17 336	1906	2551	781	12 279	41 570	62
1053	3141	925	163 746	3,84	4070	11 826	698	2243	947	5963	25 747	63

(Forts.) B. **Ausgaben.** 3) Für die allgemeine Verwaltung.

I. **Staatsbahnen.**	Zins für gepachtete Bahnstrecken. Thlr.	Summe aller Ausgaben. Thlr.	Durchschnittlich a. pro Meile Bahnlänge. Thlr.	Durchschnittlich b. pro Nutzmeile. Thlr.	Von den Ausgaben (excl. Kol. 222) kommen a. auf die Bahn-Verwaltung Proc.	b. auf die Transport-Verwaltung Proc.	c. auf die allgemeine Verwaltung Proc.	Sämmtliche Ausgaben betragen Proc. der Brutto-Einnahme.	Der Ueberschuß beträgt: a. überhaupt. Thlr.	b. pro Meile Bahnlänge. Thlr.	c. Proc. des Gesammt-Anlage-Kapitals.
1 Badische	—	1 124 026	23 619	4,91	40,33	57,46	2,21	43,13	1 464 389	30 771	5,01
2 Bayerische: a. Ludw.-Südnordb., b. Ludw.-Westbahn, c. Maximilians-B., d. 3 gepacht. Zweigb.	—	2 886 960	19 914	5,48	31,14	67,03	1,83	48,95	3 010 006	20 763	4,55
3 Braunschweigische	—	761 499	28 606	5,35	41,15	50,73	8,12	47,43	830 684	31 205	[illegible]
4 Hannoversche	—	2 363 343	21 419	5,01	27,32	65,83	6,85	48,51	2 510 426	22 734	[illegible]
5 Main-Neckar	—	399 860	33 829	5,64	33,55	61,53	4,32	46,80	431 017	38 157	[illegible]
6 Main-Weser	—	657 279	24 719	5,84	32,78	62,03	5,10	41,93	910 537	34 244	6,35
7 Preuß. Niederschles.-Märk.	—	1 777 022	34 425	5,63	30,03	66,15	3,83	42,83	2 361 888	45 755	[illegible]
8 " Ostbahn	—	1 289 981	14 137	4,62	34,58	57,83	7,39	42,46	1 749 655	19 174	5,11
9 a. " Saarbrücker	52 040	453 814	68 864	7,15	29,09	59,05	11,89	69,36	201 221	30 534	[illegible]
b. " Saarbrücken-Trier	—	204 018	23 053		38,51	55,88	5,61	98,40	3327	357	[illegible]
10 " Westfälische	—	394 378	21 910	6,94	37,15	56,07	6,78	65,93	307 332	11 341	[illegible]
11 Sächsische östliche											
a. Sächsisch-Böhmische	27 326	317 154	36 581	6,00	25,51	70,83	3,30	55,57	253 338	29 243	[illegible]
b. Sächsisch-Schlesische	—	467 375	34 493	6,09	24,18	71,34	4,16	48,66	497 150	36 690	[illegible]
12 Sächsische westliche											
a. Niedererzgebirgische	22 958	543 639	29 418	5,35	41,84	55,17	2,74	55,91	428 666	23 196	[illegible]
b. Obererzgebirgische	—	135 222	22 241	5,20	36,26	59,03	4,71	59,73	91 173	14 996	[illegible]
c. Sächsisch-Bayerische	24 426	997 931	41 821	5,63	43,08	53,63	3,29	47,17	1 106 320	46 376	[illegible]
13 Württembergische	—	1 121 355	25 154	4,79	46,81	51,10	2,06	47,76	1 226 232	27 507	[illegible]
II. **Privatbahnen** a) unter Staatsverwaltg.											
14 Aach.-Düss.-Ruhrorter: a. Aach.-Düssel.	—	235 691	20 620	4,53	29,6	60,55	10,41	42,97	312 844	27 370	[illegible]
b. Ruhrort-Cref.	—	130 118	26 807	6,76	28,07	62,11	9,81	42,90	199 787	35 676	[illegible]
15 Bergisch-Märkische: a. Düss.-Dortm.	—	553 482	49 212	5,65	39,63	55,75	4,62	41,03	795 602	70 753	[illegible]
b. Dortm.-Soest	—	175 101	24 558	4,86	31,53	59,50	8,97	47,67	192 190	26 955	[illegible]
c. Ruhr-Sieg	—	79 382	22 681	5,81	49,10	42,81	7,79	59,81	53 203	15 201	[illegible]
d. Witt.-Duisbg.	—	4622	6052	2,55	61,14	38,69	0,17	40,15	6890	9066	[illegible]
16 Prinz-Wilhelm-E.	—	125 748	25 614	5,10	29,35	62,95	7,70	51,84	117 760	26 525	[illegible]
17 Cöthen-Bernburger	—	56 689	14 172	1,31	26,40	67,17	6,43	86,49	8516	2129	[illegible]
18 a. Löbau-Zittauer	—	84 540	18 745	5,69	28,17	65,33	6,30	72,98	31 306	6942	[illegible]
b. Zittau-Reichenberger	—	72 661	20 168	6,11	22,13	74,11	3,43	93,31	4710	1327	[illegible]
19 a. Oberschlesische	—	984 159	30 300	4,44	32,10	62,48	5,43	33,61	1941333*	59 562	[illegible]
b. Breslau-Posen-Glogauer	—	384 055	13 780	4,90	40,82	47,87	11,34	48,28	412 097	14 786	[illegible]
20 Stargard-Posener	—	293 375	12 961	5,93	32,09	55,13	12,79	51,88	272 086	12 023	[illegible]
21 Rhein-Nahe	—	199 072	15 070	3,44	26,28	66,53	7,21	62,77	118 044	8936	[illegible]
22 Wilhelms-Bahn	5446	228 577	9743	4,37	37,13	51,11	11,76	45,31	277 033	11 809	[illegible]
b) in Privatverwaltung.											
23 Aachen-Mastrichter	47 204	193 369	15 594	6,95	37,85	58,12	4,03	78,83	51 941	4155	[illegible]
24 Alberts-Bahn	—	99 045	19 382	3,46	28,43	65,71	5,64	58,39	70 873	13 475	[illegible]
25 Altona-Kieler	30 750	353 358	18 916	6,95	34,11	60,36	5,53	52,69	317 170	22 526	[illegible]
26 Rendsburg-Neumünster	—								32 498	7031	[illegible]
27 Glückstadt-Elmshorner	—	40 091	8909	6,04	45,78	51,73	2,49	70,03	13 723	3492	[illegible]
28 Aussig-Teplitzer	—	71 347	29 482	8,10	16,78	64,58	18,64	42,74	93 393	39 501	[illegible]

—	—	—	—	—	. . . . . .	—
—	—	—	720 853	—	. . . . . .	—
—	—	—	—	—	. . . . . .	—
—	—	—	—	—	. . . . . .	—
—	—	—	—	—	an die Staatskasse abgeliefert .	451 017
—	—	—	—	—	a) [illegible] b) [illegible] c) [illegible]	[illegible]
4*	314 812	—	—	s. S. 220.	a) [illegible] b) [illegible] c) [illegible]	[illegible]
—	—	—	—	10 944	. . . . . .	—
—	—	—	—	—	. . . . . .	—
—	—	—	—	—	. . . . . .	—
—	—	—	—	—	zu Restausgaben pro 1859 . . zur Ablieferung an die Gen.-Staatskasse	352 306 950
—	—	—	73 030	865	zu Vervollständigungen der Bahn	2085
—	—	—	55 425	1250	. . . .	12 781
—	—	—	46 380	1423	z. Vervollständigung d. Bahnanlagen	12 340
—	—	. .	25 022	510	. . . .	1232
—	—	—	28 393	1962	zu Immobiliar-Erwerbungen etc.	26 710
—	—	—	—	—	. . . . . .	—
0,97*	36 647	7950	100 266	s. S. 220.	. . . . . .	—
2,71*	41 542	3512	57 257	" " 220.	. . . . . .	—
5½	304 693	51 828	130 714	—	zur Ueberweisung an den Baufonds	25 185
4	20 000	3120	41 891	—	. . . . .	15 503
—	—	1300	8845	—	. . . . .	43 058
—	—	—	466	—	. . . . .	6424
2	26 000	2200	40 776	—	. . . . . .	—
—	—	—	—	—	. . . . . .	—
—	—	—	—	410	zu Erweiterungen u. Vervollständigungen	1799
—	—	—	—	190	. .	—
7 7/10	523 754	s. S. 221b.	492 601	—	als Superdividende a. d. Staat gezahlt als Bestand auf d. Rechn. pro 1861 übertrag.	158 612 1406
—	—	—	60 224	—	. . .	—
3½	95 505*	82	100 000	—	. . .	—
—	—	—	—	—	. . .	—
—	—	44 867	—	—	. . .	—
—	—	—	—	—	. . . . . .	—
—	—	—	—	—	zur vorläufigen Asservation .	799
8½	266 500	36 560	—	1500	zu außerordentlichen Ausgaben	5970
6½	25 350	1223	—	—	. . . . . .	—
—	—	—	—	—	. . . . . .	—
4	53 334	1060	—	—*	. . . . .	—

	222	223	224		225			226	227		
	(Forts.) B. **Ausgaben.** 3) Für die allgemeine Verwaltung.								(Forts.) **III. Finanz-**		
II. Privatbahnen. (Forts.)	Zins für gepachtete Bahnstrecken.	Summe aller Ausgaben.	Durchschnittlich a. pro Meile Bahnlänge.	b. pro Nutzmeile.	Von den Ausgaben (excl. Kol. 222) kommen a. auf die Bahn-	b. auf die Transport-Verwaltung	c. auf die allgemeine	Sämmtliche Ausgaben betragen Proc. der Brutto-Einnahme.	Der Ueberschuß beträgt: a. überhaupt.	b. pro Meile Bahnlänge.	c.
	Thlr.	Thlr.	Thlr.	Thlr.	Proc.	Proc.	Proc.		Thlr.	Thlr.	
29 Bayerische Ostbahnen	--	391 724	10 982	2,02	26,30	71,50	1,91	37,49	653 019	18 307	..
30 Berlin-Anhaltische	—	939 675	19 824	5,15	31,41	62,09	6,10	44,38	1 177 370	24 813	7,..
31 a. Berlin-Hamburger	110 878*	1 478 334	37 276	7,36	31,81	64,17	3,52	58,42	1 032 295	26 533	7,..
b. Hamburg-Bergedorfer	—	105 116	50 295	—	32,02	64,74	3,24	38,93	164 955	78 926	7,..
32 Berlin-Potsdam-Magdebg.	—	397 031	30 245	5,67	37,55	55,61	6,51	37,44	1 009 139	51 122	7
33 Berlin-Stettiner											
a. Berl.-Stettin-Stargard		621 320	27 627	7,63	15,01	50,74	4,13	56,53	480 889	21 382	6,..
b. Starg.-Cöslin-Colberg	—	231 379	11 025	5,46	33,55	54,67	11,75	100	—	—	—
34 Breslau-Schweidnitz-Freib.	—	372 032	16 253	3,13	33,64	61,95	4,37	39,56	361 387	24 521	6,..
35 Brünn-Rossitzer	—	80 829	26 071	11,97	26,49	50,38	23,13	43,30	101 980	33 864	5,..
36 Buschtěhrader a. Locom.-B.	..*	131 304	34 194	11,80	31,13	58,03	10,83	39,05	231 810	20 141	1..
b. Pferde-B.	—	39 164	7889	—	32,35	65,65	1,50	68,91			
37 Frankfurt-Hanauer	13 097	142 129	26 030	5,54	9,45	86,0	4,55	65,53	73 800	13 517	3,..
38 Galizische Carl-Ludw.-Bahn		713 864	25 231	9,11	42,90	53,74	3,37	50,36	691 774*	24 453	1,..
39 Graz-Köflacher	—	67 975	17 209	11,..	53,26	44,10	2,65	54,93	55 797	14 126	3..
40 Hessische Ludwigs-E.	--	323 951	16 436	3,17	24,06	70,80	5,14	40,20	470 180	23 853	3..
41 Kaiser Ferdinands Nordb.	—	3 837 396	48 013	8,15	37,51	58,52	3,97	37,34	6 310 611*	81 038	15,..
42 Kaiserin Elisabeth a. Wien-Salzburg	—	1 002 494	27 146	7,10	34,14	58,15	7,11	50,13	997 731	27 017	
b. Lambach-Gmdn.	—	101 548	26 794	10,73	38,13	60,12	1,15	51,0	23 820	6285	2..
c. Pferdeb. Lz.-Bdw.	—	304 066	17 627	—	21,80	76,03	2,07	79,75	77 189	4475	
43 Köln-Mindener	—	1 012 923	12 900	5,33	27,52	67,74	4,14	36,77	3 288 937	73 759	19,..
44 Kurf. Friedr. Wilh. Nordb.	9007	441 877	22 457	5,53	34,04	60,46	5,50	55,07	362 960*	18 322	3,..
45 Leipzig-Dresdener	—	896 537	58 483	7,01	30,11	66,13	3,51	47,80	978 872	63 853	11,..
46 Ludwigs-E. (Nürnb.-Fürth)	—	35 232	44 040	4,47	13,11	53,07	2,43	68,10	16 437	20 546	13
47 Lübeck-Büchener	—	115 042	18 261	6,43	26,55	65,53	7,87	52,83	102 734	16 307	4..
48 Magdb.-Cöth.-Halle-Leipz.	60 704	672 599	34 742	5,93	26,43	65,28	8,09	40,88	972 578	50 236	11..
49 Magdeburg-Halberstädter	—	290 196	37 205	5,79	29,61	63,17	7,12	37,75	478 362	61 354	17..
50 Magdeburg-Wittenbergesche	--	202 061	14 150	5,14	15,13	46,47	7,70	49,33	208 334	1459	3..
51 Mecklenburgische	—	213 937	11 102	3,85	34,70	55,35	10,05	46,50	246 137	12 773	3
52 Neisse-Brieger	1217*	56 229	9641*	5,55	38,05	49,90	12,02	49,79	56 695	9174	1
53 Niederschlesische Zweigbahn	—	78 848	8300	4,33	33,93	54,14	11,61	43,79	101 184	10 651	1
54 a. Oesterreich. nördliche	—	1 889 532	30 540	6,49	23,55	65,11	10,71	30,53	1 240 788	68 511	15
b. Oesterreich. südöstliche	--	2 405 702	26 293	9,06	23,51	66,11	10,38	42,89	3 189 979	34 863	7..
c. Wien-Neu-Szönner	—	615 076	29 599	10,57	26,08	62,85	11,07	41,31	873 731	42 017	8..
55 a. Oesterreich. südliche	—	1 487 199	55 138	7,72	17,85	72,50	9,35	19,63	4 521 313	55 860	1..
b. Nordtiroler	—	137 242	13 919	7,56	22,59	67,53	9,88	65,66	72 414	7314	-
c. Venetianischen Südtirol	--	1 187 658	20 001	7,57	24,75	70,26	1,99	52,69	1 067 900	17 957	-
56 Oppeln-Tarnowitzer	-	74 974	7108	1,80	41,..	46,86	12,0	67,50	36 096	3567	1
57 a. Pfälzische Ludwigsbahn		500 828	25 010	3,72	22,94	72,36	4,70	38,53	799 384	39 979	..
b. Pfälzische Maximiliansb.		115 616	18 293	3,88	18,75	74,93	6,14	53,91	98 396	15 600	
58 a. Rheinische		731 763	23 449	3,57	21,57	73,89	4,51	31,88	1 396 291	43 552	5
b. Köln-Crefelder		93 206	13 221	3,15	27,70	59,29	13,01	53,79	81 943	11 623	
59 Süd-Norddeutsche		393 720	15 039	5,21	31,76	48,13	20,11	66,01	202 694	7712	
60 Taunus-Bahn		163 411	27 987	5,..	22,..	71,35	6,..	37,..	275 337	47 183	11
61 Theiß-Bahn		936 308	12 328	7,09	36,41	55,83	7,56	19,94	938 233	12 35.	
62 Thüringische		907 855	..365	1,70	30,78	64,..	4,58	10,19	1 334 071	35 805	
63 Werra-E.	63 128*	362 974	16 032	6,87	36,71	51,..	8,39	76,55	112 456*	4967	

—	—	653 019	—	—	—	. . . .
37 187	6⅔	552 500	—	260 383	[illegible]	. . . .
—*	6,37*	510 000	140 000	—	5000	. . . .
7765*	8	124 193*	—	—	—	auf die Rechnung pro 1861 übertrg.
47 812	9	405 000	—	—	[illegible]	Abgaben, Lasten und Renten . . . Extra-Reserve für nachträgl. Ausgaben etc.
20 956	6⅔	371 480	7370	—	—	Zuschuß zur Verzinsung des Anlage-Kapitals d. Hinterpommersch. Bahn mit ½% Auf die Rechnung pro 1861 übertragen
—	—	—	—	—	—	. . . .
11 333	5⅓	280 500	—	112 000	2500	Beamten Theuerungszulage . . . noch zu berichtigende Rechnungen .
[illegible]	1	6219	8777	—	—	Zinsen und Dividende der Prioritäts-Actien à 7 Proc. . . . . .
17 720	9,81	159 875	43 715	—	—	zum Amortisationsfonds . . . .
—	3⅓	53 170*	—	—	—	. . . .
—	11⅓	673 958	43 836	—	[illegible]	auf die Rechnung pro 1861 übertrg.
—	2	30 735	1308	—	—	Tantième für den Verwaltungsrath
—	5⅔	284 286	—	62 857	1714	Tantième . . . . . Zuschuß zur Kranken- und Sterbekasse
09 479*	15⅓	5 343 680	54 812	200 000	[illegible]	auf die Rechnung pro 1861 übertragen Tantième an die Direktions-Mitglieder
[illegible]	—	—	—	—	—*	zur Verminderung der Zinsen während der Bauzeit
89 078	10⅔	1 365 000	2098*	391 756*	3811	Extradividende an den Staat . . . Zinsen für Vorschüsse, Tantièmen, Beitrag zum Dombau . . . . .
—	2,33	180 000	30 000	—	—	auf die Rechnung pro 1861 übertrg.
15 000*	16	800 000	—	—	5000	Tantième an den Bevollmächtigten . auf die Rechnung pro 1861 übertragen
—	15	15 171	—	—	343	zur Schuldentilgung . . . . .
—	3,33	83 135	19 509	—	—	. . . .
89 688	15	525 000	85 485	—	2000	zu Kommunal-Steuern . . . .
50 146	18⅔	317 333	80 530	—	—	. . . .
1887	2	73 580	31 567	—	600	Gratifikationen für die Beamten .
—	2⅓	92 438	10 875	46 000	800	auf die Betr.-Rechnung pro 1861 übertrg.
616	2⅓	23 833	27 000	—	—	dem Betriebe pro 1861 überwiesen
181	⅔	7061	—	32 732	1000	. . . .
77 632	8,33	5 199 902	129 812	—	[illegible]	Tantième an die Gründer . . . Tantième an den Verwalt.-Rath u. den Gen.-Direktor Diverse Zinsen . . . .
—	10*	6 000 000	192 495	—	—	Tantième an die Gründer . . . auf die Betr.-Rechnung pro 1861 übertrg.
356	⅔	9999	2500	23 000	228	z. Deckung etwaig. Restausgaben reservirt
—	9	599 346	66 623	12 865	5715	. . . .
—	3,63*	98 596	—	—	—	. . . .
20 029	4⅓ resp. 5⅓	676 566	10 000	160 000	3206	zur Kommunal- und Einkommensteuer für d. Erneuerungsfonds, Tantième u. reservirt
667	2	26 000	2000	18 000	[illegible]	reservirt für die Kosten des Bauprojekts der Bahn
—	—	—	—	—	—	. . . .
8080*	8	137 143	34 631	71 429	2286	zum Amortisationsfonds . . . .
—	—	—	—	—	—	. . . .
16 667*	6,30	585 000	36 493	—	[illegible]	zu Ergänzungsbauten . . . . . zur Deckung der Wiederherstellung pro 1860 reservirt
—	2,30	115 159	40 000	—	[illegible]	auf die Betr.-Rechnung pro 1861 übertrg.

(Forts.) III. Finanz-Ergebnisse.

I. Staatsbahnen.	D. Reservefonds. Bestand am Schlusse des Jahres 1859. Thlr.	Einlage und sonstige Einnahmen pro 1860. Thlr.	Ausgegeben im Betriebsjahre 1860 a. für Bahn-Anlagen Thlr.	b. für Betriebsmittel. Thlr.	Bestand am Schlusse d. Jahres 1860. Thlr.	E. Erneuerungsfonds. Bestand am Schlusse des Jahres 1859. Thlr.	Einlage und sonstige Einnahmen pro 1860. Thlr.	Ausgegeben im Betriebsjahre 1860 a. für Bahn-Anlagen Thlr.	b. für Betriebsmittel. Thlr.	Bestand am Schlusse d. Jahres 1860. Thlr.
1 Badische	—	—	—	—	—	—	—	—	—	
2 Bayerische a. Ludw.-Südnordb. b. Ludw.-Westbahn c. Maximilians-B. d. 3 gepacht. Zweigb.	—	—	—	—	—	—	720 853	720 853	[illegible]	—
3 Braunschweigische	50 000	—	—	—	50 000	216 464	172 190	73 748	—	314 9…
4 Hannoversche	—	—	—	—	—	—	—	—	—	—
5 Main-Neckar		—	—	—	—	—	—	—	—	—
6 Main-Weser	—	—	—	—	—	—	—	—	—	—
7 Preuß. Niederschles.-Märk.	—*	4343	787	3556	—	—*	212 635	118 072	94 563	—
8 " Ostbahn	—*	—	15 830	16 776	—	—*	—	42 831	37 922	—
9 a. " Saarbrücker	—	—	—	—	—	—	—	—	—	—
b. " Saarbrücken-Trier	—	—	—	—	—	—	—	—	—	—
10 " Westfälische	—*	—		—	—	—*	—	—	—	
11 Sächsische östliche a. Sächsisch-Böhmische b. Sächsisch-Schlesische 12 Sächsische westliche a. Niedererzgebirgische b. Obererzgebirgische c. Sächsisch-Bayerische	—	—	—	—	—	1 036 280	948 385	655 426	52 440	1 276…
13 Württembergische	—	—		—	—	—	—	—	—	—
II. Privatbahnen a) unter Staatsverwaltg.										
14 Aach.-Düss. Ruhrorter a. Aach.-Düssel.	20 398	8764	5552*		23 610	49 426	119 042	54 774	42 015	71 6…
b. Ruhrort-Cref.	5426	3755	1854*	—	7327	27 262	65 261	15 346	23 031	54 1…
15 Bergisch-Märkische a. Düss.-Dortm. b. Dortm.-Soest c. Ruhr-Sieg d. Witt.-Duisbg.	40 617	59 262	2683*	15 434	81 762	47 040	240 101	135 173	80 362	71 6…
16 Prinz-Wilhelm-E.	9277	2739	3317	—	8699	26 540	51 915	37 027	26 418	15 0…
17 Cöthen-Bernburger	—	—	—	—	—	—	—	—	—	—
18 a. Löbau-Zittauer	—	—	—	—	—	—	—	—	—	—
b. Zittau-Reichenberger	—	—	—			—	—	—	—	—
19 a. Oberschlesische	63 102	10 699	74 634*		—	602 954	532 608	1583	402 841	731 1…
b. Breslau-Posen-Glogauer	—	—	—	—	—	44 395	90 975	35 818	27 307	72 1…
20 Stargard-Posener	20 000	82	—	82	20 000	123 966	121 048	38 058	15 710	191 2…
21 Rhein-Nahe	—	—	—	—	—	—	—	—	—	—
22 Wilhelms-Bahn	339 548	83 490	—	23 831	399 207	—*	—	—	—	—
b) in Privatverwaltung.										
23 Aachen-Mastrichter	4236	—	—	—	4236	7809	—	—	—	78…
24 Alberts-Bahn	—	—	—	—	—	—	—	—	—	—
25 Altona-Kieler	312 832	43 383	12 419	14 774	329 022		—	—	—	—
26 Rendsburg-Neumünster	39 839	1594	—	—	41 433	—	—	—	—	
27 Glückstadt-Elmshorner	1260	—	—	—	1260	—	—	—	—	—
28 Aussig-Teplitzer	16 150	1080	—	—	17 230	—	—	—	—	—

50 000	—	—	—	50 000	296 976	291 608
509 745	343 885	291 151	—	562 479*	. .*	—
—	—	—	—	—	—	—
500 000	—	—	—	500 000	—	—
19 805	—	1809	—	17 996	865 419	274 818
—	—	—	—	—	64 295	95 875
20 000	—	—	—	20 000	201 587	112 244
24 094	8777	2807	5134	24 930	—*	—
85 202	39 677	11 884	19 580	93 415	—	—
21 860	—	12 496	1. # 114a.	9364	—	—
24 909	48 261	422*	—	72 748		—
803	1729	—	—	2522	—	—
—	—	—	—	—	72 320	62 857
1 351 838	1 149 481	—	1 044 514	1 465 805	200 000	200 000
—	—	—	—	—		—
104 001	—	25 890*	—	78 111	—	—
102 457	3210*	5667*	—	100 000	983 525	592 400
108 489	33 073	40 399	—	101 163	—	—
500 000	—	—	—	500 000	—	—
—	—	—	—	—	—	—
105 268*	23 038	32	20 038	108 236	—*	—
261 709	92 215	57 375	27 493	269 116	—	—
119 367	80 530	—	—	199 897*	—	—
84 713	33 142	—	13 017	104 838	—	—
56 551	13 192	21 672	—	48 071	22 331	48 162
26 607	27 164	13 869	{12 003 / 3464*}	24 435	—*	—
37 674	1715	688*	500*	38 201	16 230	38 418
585 346*	129 812	—	—	715 158	—	—
—	192 495	—	—	192 495	—	—
2500	3380	—	—	5880	17 500	29 592
394 592	66 623	—	—	461 215	25 293	12 868
—	—	—	—	—	—	—
61 272	14 697	10 760*	—	65 209	410 460	210 085
5580	2024	413*	—	7191	49 308	17 933
—	—	—	—	—	—	—
153 698	34 632	—	—	188 330	52 571	71 429
—	—	—	—	—	—	—
417 847	36 493	4340	—	450 000	—	—
40 000	40 332	2375	—	77 957	—	. .

Abschnitt E.

Außergewöhnliche Ereignisse beim Eisenbahn-Betriebe.

1	Badische	—	—	—	—	—	. . . .	—	—
2	Bayerische { a. Ludw.-Südnordb. b. Ludw.-Westbahn . c. Maximilians-B. . d. 3 gepacht. Zweigb.	—	—	—	—	—	. . . .	—	—
3	Braunschweigische	—	—	—	—	—	. . . .	—	—
4	Hannoversche	—	—	—	—	—	. . . .	—	—
5	Main-Neckar	—	—	—	—	—	. . . .	—	—
6	Main-Weser .	—	—	—	—	1	. . . .	—	1
7	Preuß. Niederschles.-Märk.	—	—	1	—	—	. . . .	—	1
8	" Ostbahn	—	—	—	—	—	. . . .	—	—
9	a. " Saarbrücker . . b. " Saarbrücken-Trier	—	—	—	—	—	. . . .	—	—
10	" Westfälische . . .	—	1	—	—	1	durch Zerreißen d. Zughakens	1	3
11	Sächsische östliche								
	a. Sächsisch-Böhmische . .	—	—	—	—	—	. . . .	—	—
	b. Sächsisch-Schlesische . .	—	—	—	—	—	. . . .	—	—
12	Sächsische westliche								
	a. Niedererzgebirgische . .	—	—	—	—	—	. . . .	—	—
	b. Obererzgebirgische . .	—		—	—	—	. . . .	—	—
	c. Sächsisch-Bayerische .	1	—	—	—	—	durch einen Stoß in Folge heftigen Bremsens . .	1	2
13	Würtembergische . . .	1	—	—	—	—	durch unvorsichtiges Betreten d. Bahn	1	5
	II. Privatbahnen **a) unter Staatsverwaltg.**								
14	Aach.-Düss. { a. Aach.-Düssel.	—	—	—	—	—	durch Herunterfallen vom Zuge in Folge Schwindels	1	1
	Ruhrorter { b. Ruhrort-Cref.	—			—	—		—	—
15	Bergisch-Märkische { a. Düss.-Dortm. b. Dortm.-Soest c. Ruhr-Sieg . d. Witten-Duisbg.	1	—		—			—	1
16	Prinz-Wilhelm-E. . . .	—	—	1		—		—	1
17	Cöthen-Bernburger . . .	—	—	—	—	—		—	—
18	a. Löbau-Zittauer . . .	—	—	—		—		—	—
	b. Zittau-Reichenberger .	—	—	—	—	—		—	—
19	a. Oberschlesische . . .	—	—	—	—	—		—	—
	b. Breslau-Posen-Glogauer	—	—	—	—	—		—	—
20	Stargard-Posener . . .	—	—	—		—		—	—
21	Rhein-Nahe	—	—	—	—	—		—	—
22	Wilhelms-Bahn	—	—	—	—	—		—	—
	b) in Privatverwaltung.								
23	Aachen-Mastrichter . . .	—	—	—	—	—		—	—
24	Alberts-Bahn*	—	—	—	—	—		—	—
25 26 27	Holsteinische { Altona-Kieler . . . Rendsburg-Neumünster Glückstadt-Elmshorner	—	—	—	—	—	in Folge eines vom Winde fortgetriebenen Wagens	1	1
28	Aussig-Teplitzer	—	—	—	—	—	.	—	—

(incl. ihres Aufenthalts auf den Bahnhöfen).

Außerdem wurden (unabhängig von den Unfällen ad Kol. 242) durch eigene Schuld der Betroffenen

Reisende durch Unvorsichtigkeit beim Ein- und Aussteigen oder während der Fahrt der Züge		Bahnbeamte und Arbeiter a. durch Unvorsichtigkeit bei Handhabung des Dienstes		b. durch unvorsichtiges Betreten der Bahn		c. durch sonstige Ursachen.			Dritte Personen a. durch unbefugtes od. unvorsicht. Betreten der Bahn		b. durch Betreten der Bahn in selbstmörderischer Absicht		c. durch sonstige Ursachen.			Zusammen Personen		
getödtet	verletzt	getödtet	verletzt	getödtet	verletzt		getödtet	verletzt	getödtet	verletzt	getödtet	verletzt		getödtet	verletzt	getödtet	verletzt	
—	—	—	—	—	—	. . . .	—	—	—	1	—	—	.	—	—	—	1	1
—	—	1	5	1	1	. . .	—	—	2	3	—	6	.	—	—	4	15	2
—	—	—	—	1	—	. . .	—	—	—	—	—	—	.	—	—	1	—	3
—	1	1	1	—	—	. . .	—	—	1	—	—	—	.	—	—	2	2	4
—	1	—	—	—	—	. . .	—	—	—	1	—	—	.	—	—	—	2	5
—	—	1	1	—	—	. . .	—	—	—	—	—	—	.	—	—	1	1	6
—	—	—	—	—	—	. . .	—	—	—	—	—	1	.	—	—	—	1	7
—	—	—	1	—	—	. . .	—	—	1	2	—	1	.	—	—	1	4	8
—	—	—	2	—	1	.	—	—	—	1	—	—		—	—	—	4	9
—	—	—	—	—	—	.	—	—	—	—	—	—		—	—	—	—	10
—	—	1	—	—	—	Ausgleiten beim Coupiren der Billets .	1	—	—	1	—	2	.	—	—	2	3	11a
—	—	1	—	—	—	. . .	—	—	—	1	—	—	.	—	—	1	1	— b
—	—	—	1	—	—	. . .	—	—	1	—	—	—		—	—	1	1	12a
—	—	—	1	—	—	. . .	—	—	—	1	—	—		—	—	—	2	— b
—	—	—	2	—	—	. . .	—	—	—	—	1	3		—	—	1	5	— c
—	—	—	1	—	—	. . .	—	—	1	1	—	1		—	—	1	3	13
—	—	—	—	—	—	.	—	—	—	—	—	—		—	—	—	—	14a
—	—	—	—	—	—	.	—	—	—	—	—	1		—	—	—	1	— b
—	—	—	2		2	.	—	—	—	2	—	—		—	—	—	6	15
—	—	—	—	—	—	. .	—	—	—	—	—	—		—	—	—	—	16
—	—	—	—	—	—	. .	—	—	—	—	—	—		—	—	—	—	17
—	—	—	—	—	—	. .	—	—	—	—	—	—		—	—	—	—	18a
—	—	—	—	—	—	. .	—	—	—	—	—	—		—	—		—	— b
—	—	—	—	—	—	. .	—	—	—	—	—	—		—	—	—	—	19a
—	—	—	—	—	—	. .	—	—	—	—	—	1		—	—	—	1	— b
—	—	—	—	—	—	. .	—	—	—	—	—	—		—	—	—	—	20
—	—	—	—	—	—	. .	—	—	—	—	—	—		—	—	—	—	21
—	—	—	—	—	—	. .	—	—	—	—	—	—		—	—	—	—	22
—	—	—	—	—	—	. . .	—	—	—	1	—	—	.	—	—	—	1	23
—	—	—	1	—	—	. . .	—	—	—	1	—	—	.	—	—	—	2	24
																		25
—	—	—	—	—	—	. .	—	—	—	—	—	—		—	—	—	—	26
																		27
—	—	1	—	—	—	.	—	—	—	—	—	—		—	—	1	—	28

I. Unfälle a) bei fahrenden Zügen

II. Privatbahnen. (Forts.)	Die Unfälle im Betriebsjahre 1860, bei denen Personen beschädigt oder getödtet wurden, sind veranlaßt durch: a. Zusammenstoß ganzer Züge	b. Entgleisung	c. unvorsichtiges Fahren der Weichen	d. in der Fahrbahn...	e. Achsbrüche	f. sonstige Ursachen	Anzahl	Zusammen	Bei diesen Unfällen (Kol. 242) wurden unverschuldet: Reisende beschädigt	Reisende getödtet	Bahn-Beamte und Arbeiter beschädigt	Bahn-Beamte und Arbeiter getödtet	Dritte Personen beschädigt	Dritte Personen getödtet	Zusammen Pers.
	Anzahl der Unfälle														
29 Bayerische Ostbahnen	—	2	—	—	—	. . .	—	2	—	—	1	—	—	—	1
30 Berlin-Anhaltische	—	—	—	—	—	. . .	—	—	—	—	—	—	—	—	—
31 a. Berlin-Hamburger / b. Hamburg-Bergedorfer	—	—	—	—	—	. . .	—	—	—	—	—	—	—	—	—
32 Berlin-Potsdam-Magdebg.	1	—	—	—	—	. . .	—	1	4	—	—	—	—	—	4
33 Berlin-Stettiner															
a. Berl.-Stettin-Stargard	—	—	—	—	—	. . .	—	—	—	—	—	—	—	—	—
b. Starg.-Cöslin-Colberg	—	—	—	—	—	. . .	—	—	—	—	—	—	—	—	—
34 Breslau-Schweidnitz-Freib.	—	—	—	—	—	. . .	—	—	—	—	—	—	—	—	—
35 Brünn-Rossitzer	—	—		—	—	. . .	—	—	—	—	—	—	—	—	—
36 Buschtěhrader a. Locom.-B. / b. Pferde-B.	—	—	—	—	—	. . .	—	—		—	—	—	—	—	—
37 Frankfurt-Hanauer	—	—		—	—	. . .	—	—	—	—	—	—	—	—	—
38 Galizische Carl-Ludw.-Bahn	—	—		—	—	. . .	—	—	—	—	—	—	—	—	—
39 Graz-Köflacher	—	—	—	—		. . .	—	—	—	—	—	—	—	—	—
40 Hessische Ludwigs-E.	—	—		—	—	. . .	—	—	—	—	—	—	—	—	—
41 Kaiser Ferdinands Nordb.	—	1		—	6	. . .	—	7	—	—	7	—	—	—	7
42 Kaiserin Elisabeth a. Wien-Salzburg	—	2		—	—	. . .	—	2	—	—	—	1	—	—	—
b. Lambach-Gmdn.	—	—	—	—	—	. . .	—	—	—	—	—	—	—	—	—
c. Pferdeb.Lz.-Bdw.	—	—	—	—	—	. . .	—		—	—	—	—	—	—	—
43 Köln-Mindener	—	—	1	—	—	. . .	—	1	1	—	—	—	—	—	1
44 Kurf. Friedr. Wilh. Nordb.	—			—	—	. . .	—	—	—	—	—	—	—	—	—
45 Leipzig-Dresdener	—	1			—	. . .	—	1	—	—	1	1	—	—	1
46 Ludwigs-E. (Nürnb.-Fürth)	—	—				. . .	—	—	—	—	—	—	—	—	—
47 Lübeck-Büchener	—	—				. . .	—	—	—	—		—	—	—	—
48 Magdb.-Cöth.-Halle-Leipz.	—	—		—	—	. . .	3	3	—	—	2	—	—	—	2
49 Magdeburg-Halberstädter	—	—		—	—	. . .	—	—	—	—	—	—	—	—	—
50 Magdeburg-Wittenbergesche	—				—	. . .	—	—	—	—	—	—	—	—	—
51 Mecklenburgische	—					. . .	—	—	—	—	—	—	—	—	—
52 Neisse-Brieger	—					. . .	—	—	—	—	—	—	—	—	—
53 Niederschlesische Zweigbahn	—	—				. . .	—	—		—	—	—	—	—	—
54 a. Oesterreich. nördliche	—	—			—	[illegible]	1 1	2		—	2	—	—	—	2
b. Oesterreich. südöstliche	—	—			—	.	—	—	—	—	—	—	—	—	—
c. Wien-Neu-Szönyer	—	—	—		—	.	—	—	—	—	—	—	—	—	—
55 a. Oesterreich. südliche	1	1	—	—	—	.	—	2	—	—	2	—	—	—	2
b. Nordtiroler	—	—	—	—	—	.	—		—	—	—	—	—	—	—
c. Venetianischen. Südtirol.	—	—	—	—	—	. .	—	—	—	—	—	—	—	—	—
56 Oppeln-Tarnowitzer	—	—	—	—	—	. . .	—	—	—	—	—	—	—	—	—
57 a. Pfälzische Ludwigsbahn	—	1	—	—	—	. . .	—	1	—	—	—	1	—	—	—
b. Pfälzische Maximiliansb.	—	—	—	—	—	. . .	—	—	—	—	—	—	—	—	—
58 a. Rheinische	1	—	—	—	—	Anlauf einer Hülfsmaschine an einen im Schnee liegen gebliebenen Zug	1	2	—	—	2	—	—	—	2
b. Köln-Crefelder	—	—	—	—	—	. . .	—	—	—	—	—	—	—	—	—
59 Süd-Norddeutsche	—	—	—	—	—	. . .	—	—	—	—	—	—	—	—	—
60 Taunus-Bahn	—	—	—	—	—	. . .	—	—	—	—	—	—	—	—	—
61 Theiß-Bahn	—	—	—	—	—	. . .	—	—	—	—	—	—	—	—	—
62 Thüringische	—	—	—	—	—	. . .	—	—	—	—	—	—	—	—	—
63 Werra-E.	—	—	—	—	—	. . .	—	—	—	—	—	—	—	—	—

—	. .	—	—	. . .	—	—	1	2
—	—	—	—	. . .	—	—	—	—
—	—	—	2	. . .	—	—	—	2
—	—	—	—	. . .	—	—	—	—
—	1	—	2	. . .	—	—	—	3
—	—	—	—	. . .	—	—	—	—
—	1	—	1	. . .	—	—	—	2
—	—	—	—	. . .	—	—	—	—
—	—	—	—	. . .	—	—	—	—
—	—	—	1	. . .	—	—	—	1
—	—	—	1	. . .	—	—	3	1
—	—	—	—	. . .	—	—	—	—
—	—	—	1	. . .	—	—	—	1
—	1	—	2	[illegible]	1	—	3	3
—	1	—	—	. . .	—	—	6	3
—	—	—	—	. . .	—	—	—	—
—	—	—	—	. . .	—	—	—	—
1	3	—	1	. . .	—	—	4	8
—	—	—	—	. . .	—	—	—	1
—	1	—	—	. . .	—	—	—	2
—	—	—	—	. . .	—	—	—	—
—	—	—	—	. . .	—	—	—	—
—	—	—	—	. . .	—	—	2	—
—	—	—	—	. . .	—	—	—	—
—	—	—	—	. . .	—	—	—	—
—	—	—	—	. . .	—	—	—	—
—	—	—	1	. . .	—	—	—	1
—	—	—	—	. . .	—	—	—	—
3	1	—	—	. . .	—	—	5	1
3	1	—	1	[illegible]	1	—	7	5
—	—	—	—	. . .	—	—	1	2
3	11	—	—	[illegible]	1 2	—	14	13
—	—	—	—	.	—	—	—	—
—	—	—	—		—	—	—	—
—	—	1	—		—	—	1	—
—	1	—	—		—	—	—	2
—	—	—	—		—	—	—	—
1	1	—	1		—	—	3	4
—	—	—	—		—	—	1	—
—	—	—	—		—	—	2	—
—	—	—	1	.	—	—	—	3
—	1	—	1	.	—	—	5	2
—	—	—	1	.	—	—	1	3
—	—	—	1		—	—	—	2

Nr.	Bahn														
1	Badische	—	—	—	—	—	—		—	—	—	—	—	—	
2	Bayerische a. Ludw.-Südnordb. b. Ludw.-Westbahn c. Maximiliansbahn d. 3 gepacht. Zweigb.	—	—	1	—	1	—			2	—	—	1	5	
3	Braunschweigische	—	1	1	—	—	—	[illegible]	1	3	1	—	—	7	
4	Hannoversche	—	—	—	—	—	—		—	—	—	—	—	—	
5	Main-Neckar	—	—	—	—	—	—		—	—	—	—	—	—	
6	Main-Weser	—	—	—	—	—	—		—	—	—	—	1	1	
7	Preuß. Niederschles.-Märk.	—	—	—	—	—	—		—	—	—	—		—	
8	" Ostbahn	—	—	1	—	—	—	[illegible]	1	2	1	—	1	1	Postwagen
9	a. " Saarbrücker b. " Saarbrücken-Trier	—	—	—	—	—	—		—	—	—	—	—	—	
10	" Westfälische	—	4		—	—	1		—	5	1	—	—	14	
11	Sächsische östliche														
	a. Sächsisch-Böhmische	—	—		—	—	—		—	—		—	—	—	
	b. Sächsisch-Schlesische	—	—	—	—	—	—		—	—	—	—	—	—	
12	Sächsische westliche														
	a. Niedererzgebirgische	—	—	1	—		—		—	1	—	—	—	2	
	b. Obererzgebirgische	—	—		—	—	1		—	1	—	—	—	1	
	c. Sächsisch-Bayerische	—	—		—	—	—	[illegible]	1	1	—		—	7	
13	Württembergische	1	—		2	—	—		—	3	1	—	—	4	
	II. Privatbahnen														
	a) unter Staatsverwaltg.														
14	Aach.-Düss. Ruhrorter a. Aach.-Düssel.	—	—	—	—	—	—		—	—		—	—	—	
	b. Ruhrort-Crf.	—	—		—	—	—		—		—	—	—	—	
15	Bergisch-Märkische a. Düss.-Dortm. b. Dortm.-Soest c. Ruhr-Sieg d. Witten-Duisbg.	—	1	1	—	—	—	[illegible]	1	3	2	—	—	6	
16	Prinz-Wilhelm-E.	—	—	1	—		—		—	1	1	1	—	5	
17	Cöthen-Bernburger	—	—		—	—	—		—	—	—	—	—	—	
18	a. Löbau-Zittauer	—	—	—	—	—	—		—	—	—	—	—	—	
	b. Zittau-Reichenberger	—	—	—	—	—	—		—	—	—	—	—	—	
19	a. Oberschlesische	—	—	—	—	—	—		—	—	—	—	—	—	
	b. Breslau-Posen-Glogauer	—	—	—	—	—	—		—	—	—	—	—	—	
20	Stargard-Posener	—	—	—	—	—	—		—	—	—	—	—	—	
21	Rhein-Nahe	—	—	—	—	—	—		—	—	—	—	—	—	
22	Wilhelms-Bahn	—	—	—	—	—	—		—	—	—	—	—	—	
	b) in Privatverwaltung.														
23	Aachen-Mastrichter	—	—	—	—	—	—		—	—	—	—	—	—	
24	Alberts-Bahn	—	—	—	—	—	—		—	—	—	—	—	—	
25	Holsteinische Altona-Kieler	—	—	—	—	—	—		—	—		—	—	—	
26	Rendsburg-Neumünster														
27	Glückstadt-Elmshorner														
26	Aussig-Teplitzer	—	—	—	—	—	—	[illegible]	1	1	—	—	—	4	

II. **Privatbahnen.** (Forts.)	252									253	254					
	(Forts.) I. **Unfälle** a) bei fahrenden Zügen (incl. ihres Aufenthalts **auf den Bahnhöfen**).															
	Die Unfälle, bei denen Personen nicht verletzt, aber die Fahrzeuge erheblich beschädigt wurden, sind veranlaßt durch:										Bei diesen Unfällen (Kol. 252) wurden zerstört oder stark beschädigt:					
	a. Zusammenstoß zweier Züge	b. Entgleisung	c. [illegible]	d. [illegible]	e. Achsbrüche	f. [illegible]	g. sonstige Ursachen		zusammen.		a. Lokomotiven	b. Tender	c. Personenwagen	d. Lastwagen	e. sonstige Fahrzeuge	
	Anzahl der Unfälle.							Anzahl	Anzahl		Anzahl.					Anzahl
Bayerische Ostbahnen	—	1	—	—	—	1	. . .	—	2		—	—	2	1	. .	—
Berlin-Anhaltische	—	—	—	—	—	—	. . .	—	—		—	—	—	—	. .	—
a. Berlin-Hamburger / b. Hamburg-Bergedorfer	—	—	—	—	—	—	. . .	—	—		—	—	—	—		—
Berlin-Potsdam-Magdebg.	—	—	—	—	—	—	. . .	—	—		—	—	—	—	. .	—
Berlin-Stettiner																
a. Berl.-Stettin-Stargard	—	—	—	—	—	—	. . .	—	—		—	—	—	—	. .	—
b. Starg.-Cöslin-Colberg	—	—	—	—	—	—	. . .	—	—		—	—	—	—	. .	—
Breslau-Schweidnitz-Freib.	—	—	—	—	—	—	. . .	—	—		—	—	—	—	. .	—
Brünn-Rossitzer	—	—	—	—	—	—	. . .	—	—		—	—	—	—	. .	—
Buschtěhrader a. Locom.-B. / b. Pferde-B.	—	—	—	—	—	—	. . .	—	—		—	—	—	—	.	—
Frankfurt-Hanauer	—	—	—	—	—	—	. . .	—	—		—	—	—	—	. .	—
Galizische Carl-Ludw.-Bahn	—	—	1	—	—	—	d. einen Tyres-Bruch	1	2		—	—	—	2	. .	—
Graz-Köflacher	—	—	—	—	—	—	. . .	—	—		—	—	—	—	. .	—
Hessische Ludwigs-E.	—	—	—	—	—	—	. . .	—	—		—	—	—	—	. .	—
Kaiser Ferdinands Nordb.	1	—	—	—	2	—	. . .	—	3		1	—	—	15	. .	—
Kaiserin Elisabeth a. Wien-Salzburg	1	8	1	—	—	—	. . .	—	10		—	—	—	—	. .	—
b. Lambach-Gmdn.	—	3	—	—	—	—	. . .	—	3		—	—	1	5	. .	—
c. Pferdeb. Lz.-Bdw.	—	—	—	—	—	—	. . .	—	—		—	—	—	—	. .	—
Köln-Mindener	—	1	—	—	—	1	Bruch der Tragfeder eines [illegible] Wagens	1	3		—	—	—	9	. .	—
Kurf. Friedr. Wilh. Nordb.	—	—	—	—	—	—	. .	—	—		—	—	—	—	. .	—
Leipzig-Dresdener	—	—	—	—	—	—	. .	—	—		—	—	—	—	. .	—
Ludwigs-E. (Nürnb.-Fürth)	—	—	—	—	—	—	. .	—	—		—	—	—	—	. .	—
Lübeck-Büchener	—	—	—	—	—	—	. .	—	—		—	—	—	—	. .	—
Magdb.-Cöth.-Halle-Leipz.	—	—	—	—	—	—	. .	—	—		—	—	—	—	. .	—
Magdeburg-Halberstädter	—	—	—	—	—	—	. .	—	—		—	—	—	—	. .	—
Magdeburg-Wittenbergesche	—	—	—	—	—	—	. . .	—	—		—	—	—	—	. .	—
Mecklenburgische	—	—	—	—	1	—	. . .	—	1		—	—	—	2	. .	—
Neiße-Brieger	—	—	—	—	—	—	. . .	—	—		—	—	—	—	. .	—
Niederschlesische **Zweigbahn**	—	—	—	—	—	—	. . .	—	—		—	—	—	—	. .	—
a. **Oesterreich. nördliche**	3	—	—	—	—	—	[illegible]	1	4		3	—	—	2	. .	—
b. **Oesterreich. südöstliche**	3	—	—	—	—	—	. . .	—	3		2	—	8	14	. .	—
c. **Wien-Neu-Szönyer**	2	—	—	—	—	—	. . .	—	2		2	1	—	—	. .	—
d. **Oesterreich. südliche**	7	37	2	—	4	3	[illegible]	2 / 1	57		12	1	14	66	Schneepflug / Draisinen	1 / 2
e. **Nordtiroler**	—	—	—	—	—	—	. . .	—	—		—	—	—	—	. .	—
f. Venetianische u. Südtirol.	—	—	—	—	—	—	. . .	—	—		—	—	—	—	. .	—
Oppeln-Tarnowitzer	—	—	—	—	—	—	. . .		—		—	—	—	—	. .	—
a. Pfälzische **Ludwigsbahn**	—	1	—	—	—	—	. . .	—	1		—	—	—	—	. .	—
b. Pfälzische Maximiliansb.	—	—	—	—	—	—	. . .	—	—		—	—	—	—	. .	—
a. **Rheinische**	1	1	—	—	—	1	. . .	—	3		2	—	2	6	. .	—
b. **Köln-Crefelder**	—	—	—	—	—	—	. . .	—	—		—	—	—	—	. .	—
Süd-Norddeutsche	—	2	—	—	—	1	. . .	—	3		1	1	—	4	**Schneepflug**	1
Taunus-Bahn	—	—	—	—	—	—	. . .	—	—		—	—	—	—	. .	—
Theiß-Bahn	1	4	1	—	—	1	. . .	—	7		4	1	1	27	. .	—
Thüringische	2	—	—	—	—	1	. . .	—	3		—	—	1	6	. .	—
Werra-E.	—	—	—	—	1	—	. . .	—	1		—	—	—	1	. .	—

I. Staatsbahnen.	Die Unfälle im Betriebsjahre 1866, bei denen Personen (ohne eigene Schuld) beschädigt oder getödtet wurden, sind veranlaßt durch:				Bei diesen Unfällen (S. 255) wurden unverschuldet:								Außerdem wurden (unabhängig v										
	a. Rangiren der Züge.	b. sonstige Ursachen.	Zusammen.		Reisende.		Bahnbeamte und Arbeiter.		Dritte Personen.		Zusammen Personen.		Reisende.		Bahnbeamte un								
															a. [illegible]		b. [illegible] der Züge.		c. [illegible]		d. [illegible]		e. [illegible]
			verl.	getödt.	verl.	get.	verl.	get.	verl.	get.	verl.	get.	verl.	get.	verl.	get.	verl.	get.	verl.	get.	verl.	get.	verl.
1 Badische	—		—	—	—	—	—	—	—	—	—	—	—	—	—	1	2	2	—	—	—	—	—
2 Bayerische: a. Ludw.-Südnordb., b. Ludw.-Westbahn, c. Maximilians-B., d. 3 gepacht. Zweigb.	1		—	1	—	—	—	—	—	—	—	—	—	—	—	—	2	—	—	1	—	—	—
3 Braunschweigische	—	1) Rangiren v. [illegible] 2) Herabfallen v. [illegible] vom Wagen	[illegible]	6	—	—	6	—	—	—	6	—	—	—	—	—	1	1	—	—	2	—	—
4 Hannoversche	—		—	—	—	—	—	—	—	—	—	—	—	—	—	1	1	—	—	2	1	1	—
5 Main-Neckar	—		—	—	—	—	—	—	—	—	—	—	—	—	—	—	1	—	—	—	—	—	—
6 Main-Weser	—		—	—	—	—	—	—	—	—	—	—	—	—	1	—	1	—	—	—	—	—	—
7 Preuß. Niederschles.-Märk.	1		—	1	—	—	—	—	—	—	—	—	—	—	—	—	1	—	—	4	—	—	—
8 " Ostbahn	—		—	—	—	—	—	—	—	—	—	—	—	—	1	2	—	1	—	—	3	—	—
9 a. " Saarbrücker / b. " Saarbrücken-Trier	—		—	—	—	—	—	—	—	—	—	—	—	—	—	—	—	—	—	—	—	—	—
10 " Westfälische	—		—	—	—	—	—	—	—	—	—	—	—	—	—	—	—	—	—	—	1	—	—
11 Sächsische östliche																							
a. Sächsisch-Böhmische	—		—	—	—	—	—	—	—	—	—	—	—	—	—	—	1	—	—	1	—	—	—
b. Sächsisch-Schlesische	—		—	—	—	—	—	—	—	—	—	—	—	—	—	—	1	1	—	—	—	—	—
12 Sächsische westliche																							
a. Niedererzgebirgische	—		—	—	—	—	—	—	—	—	—	—	—	—	—	—	1	—	—	—	—	—	—
b. Obererzgebirgische	—		—	—	—	—	—	—	—	—	—	—	—	—	—	—	—	—	—	2	—	—	—
c. Sächsisch-Bayerische	—		—	—	—	—	—	—	—	—	—	—	—	—	—	1	1	—	—	—	—	—	—
13 Württembergische	3	Fahrlässigkeit ein. Lokomotivführers	1	4	—	—	1	1	—	—	1	1	—	—	1	—	1	—	—	—	—	—	—
II. Privatbahnen a) unter Staatsverwaltg.																							
14 Aach.-Düss.-Ruhrorter: a. Aach.-Düsseld.	2		—	2	—	—	1	—	—	—	1	—	—	—	—	—	1	—	—	—	—	—	—
b. Ruhrort-Crefeld	—		—	—	—	—	—	—	—	—	—	—	—	—	—	—	—	2	—	—	—	—	—
15 Bergisch-Märkische: a. Düss.-Dortm., b. Dortm.-Soest, c. Ruhr-Sieg, d. Witten-Duisbg.	—		—	—	—	—	—	—	—	—	—	—	—	—	—	—	—	—	—	1	—	—	—
16 Prinz-Wilhelm-E.	—		—	—	—	—	—	—	—	—	—	—	—	—	—	—	—	—	—	—	—	—	—
17 Cöthen-Bernburger	—		—	—	—	—	—	—	—	—	—	—	—	—	—	—	—	—	—	—	—	—	—
18 a. Löbau-Zittauer	—		—	—	—	—	—	—	—	—	—	—	—	—	—	—	—	—	—	—	—	—	—
b. Zittau-Reichenberger	—		—	—	—	—	—	—	—	—	—	—	—	—	—	—	—	1	—	—	—	—	—
19 a. Oberschlesische	—		—	—	—	—	—	—	—	—	—	—	—	—	2	—	6	—	—	1	3	1	—
b. Breslau-Posen-Glogauer	—		—	—	—	—	—	—	—	—	—	—	—	—	—	—	1	—	—	—	1	—	—
20 Stargard-Posener	—		—	—	—	—	—	—	—	—	—	—	—	—	—	—	—	—	—	1	1	—	—
21 Rhein-Nahe	—		—	—	—	—	—	—	—	—	—	—	—	—	—	—	—	—	—	—	—	—	—
22 Wilhelms-Bahn	—		—	—	—	—	—	—	—	—	—	—	—	—	—	—	1	1	—	—	—	—	—
b) in Privatverwaltung.																							
23 Aachen-Mastrichter	—		—	—	—	—	—	—	—	—	—	—	—	—	—	—	—	—	—	—	—	—	—
24 Alberts-Bahn	—		—	—	—	—	—	—	—	—	—	—	—	—	—	—	—	—	—	—	—	—	—
25 Altona-Kieler / 26 Rendsburg-Neumünster / 27 Glückstadt-Elmshorner	—		—	—	—	—	—	—	—	—	—	—	—	—	—	—	—	—	—	—	—	—	—
28 Aussig-Teplitzer	—		—	—	—	—	—	—	—	—	—	—	—	—	—	—	—	1	—	—	—	—	—

auf der Bahn und bei nicht im Gange befindlichen Zügen.

…n Unfällen (Kol. 255) durch eigene Schuld der Betreffenden: Arbeiter f. …nd sonstige Ursachen, getödtet	verletzt	Dritte Personen a. [illegible], getödtet	verletzt	Dritte Personen b. durch sonstige Ursachen	getödtet	verletzt	Zusammen Personen, getödtet	verletzt	Die Unfälle, bei denen Personen nicht verletzt, aber die Fahrzeuge erheblich beschädigt wurden, sind veranlaßt durch: a. Rangiren der Züge	b. Anfahren der Züge an stillstehende Wagen	c. Entgleisung	d. unrichtiges Stellen der Weichen	e. Achsbrüche	f. sonstige Ursachen	Tödtet	Zusammen	Nr.
									Anzahl der Unfälle.								
—	—	—	—	.	—	—	2	3	—	—	—	—	—	.	—	—	1
—	—	1	—		—	—	3	1	—	—	—	—	—		—	—	2
—	—	—	—		—	—	3	1	1	—	—	1	—		—	2	3
—	—	—	2		—	—	2	7	—	—	1	1	—		—	2	4
—	—		—		—	—	1	—	—	—	—	—	—		—	—	5
—	—	—	—		—	—	2	—	—	—		—	—		—	—	6
—	—	—	—		—	—	1	4	3	2	4	—	—		1	10	7
—	—	—	—		—	—	4	3	—	—	—	—	—		—	—	8
—	—	—	—		—	—	—	—	—	—	—	—	—		—	—	9a, b
—	—	—			—	—	1	—	—	—	—	—	—		—	—	10
—	—	—	—		—	—	1	1	—	—	—	—	—		—	—	11a
—	—	—	—		—	—	1	1	—	—			—		—	—	b
—	—		—		—	—	1	—	—	—	—	—	—		—	—	12a
—	—	—	—		—	—	—	2		—	—		—		—	—	b
—	—	—	—		—	—	1	1	—	—	—	—	—		—	—	c
—	—	—	—		—	—	2	—	1	1	—	—	—		—	2	13
—	—	—	—		—	—	1	—	—	—	—	—	—		—	—	14a
—	—	—	1		—	—	—	3	—	—	—	—	—		—	—	b
—	—	—	2	in selbstmörd. Absicht	—	1	—	4	—	—	—	—	—		—	—	15
—	—	—	1		—	—	—	1		—	—	—	—		—	—	16
—	—	—	—		—	—	—	—	—	—	—	—	—		—	—	17
—	—	—	—		—	—	—	—	—		—	—	—		—	—	18a
—	—	—	—		—	—	—	1	—	—	—	—	—		—	—	b
—	—	2	4		—	—	13	6	—		—		—		—	—	19a
—	—	—	—		—	—	2	—	—	—	—	—	—		—	—	b
—	—	—	—		—	—	1	1	—	—			—		—	—	20
—	—	—	—		—	—	—	—		—	—	—	—		—		21
—	—	—	—		—	—	1	1		—		—			—		22
—	—		—		—	—	—	—	—	—	—		—		—	—	23
—	—		—		—	—	—	—	—	—	—	—	—		—	—	24
																	25
—	—	—	—		—	—	—	—	—	—	—		—		—		26, 27
—	—	—	—		—	—	—	1	—	—	—	—	—		—	—	28

23

29 Bayerische Ostbahnen	—		—	—	—	—	—	—	—	—	—	—	—	—	—
30 Berlin-Anhaltische	—		—	—	—	—	—	—	—	—	—	—	—	—	2
31 a. Berlin-Hamburger b. Hamburg-Bergedorfer	—		—	—	—	—	—	—	—	—	—	—	—	—	—
32 Berlin-Potsdam-Magdebg.	—		—	—	—	—	—	—	—	—	—	—	—	—	—
33 Berlin-Stettiner															
a. Berl.-Stettin-Stargard	—		—	—	—	—	—	—	—	—	—	—	—	—	—
b. Starg.-Cöslin-Colberg	—		—	—	—	—	—	—	—	—	—	—	—	—	—
34 Breslau-Schweidnitz-Freib.	—		—	—	—	—	—	—	—	—	—	—	—	—	—
35 Brünn-Rossitzer	—		—	—	—	—	—	—	—	—	—	—	—	—	—
36 Buschtěhrader a. Lokom.-B.	—		—	—	—	—	—	—	—	—	—	—	—	—	—
b. Pferde-B.	—		—	—	—	—	—	—	—	—	—	—	—	—	—
37 Frankfurt-Hanauer	1		—	1	—	—	1	—	—	—	1	—	—	—	—
38 Galizische Carl-Ludw.-Bahn	—		—	—	—	—	—	—	—	—	—	—	—	—	—
39 Graz-Köflacher	—		—	—	—	—	—	—	—	—	—	—	—	—	—
40 Hessische Ludwigs-E.	—		—	—	—	—	—	—	—	—	—	—	—	—	—
41 Kaiser Ferdinands Nordb.	—	[illegible]	3	3	—	—	1	2	—	—	1	2	—	—	2
42 Kaiserin Elisabeth a. Wien-Salzburg	1		—	1	—	—	1	—	—	—	1	—	—	—	—
b. Lambach-Gmdn.	—	durch Brand	6	6	—	—	—	—	—	—	—	—	—	—	—
c. Pferdeb. Lz.-Bdw.	—		—	—	—	—	—	—	—	—	—	—	—	—	—
43 Köln-Mindener	—		—	—	—	—	—	—	—	—	—	—	—	—	1
44 Kurf. Friedr. Wilh. Nordb.	—		—	—	—	—	—	—	—	—	—	—	—	—	—
45 Leipzig-Dresdener	—		—	—	—	—	—	—	—	—	—	—	—	—	—
46 Ludwigs-E. (Nürnb.-Fürth)	—		—	—	—	—	—	—	—	—	—	—	—	—	—
47 Lübeck-Büchener	—		—	—	—	—	—	—	—	—	—	—	—	—	—
48 Magdb.-Cöth.-Halle-Leipz.	—		—	—	—	—	—	—	—	—	—	—	—	1*	—
49 Magdeburg-Halberstädter	—		—	—	—	—	—	—	—	—	—	—	—	—	—
50 Magdeburg-Wittenbergesche	—		—	—	—	—	2	—	—	—	2	—	—	—	—
51 Mecklenburgische	—		—	—	—	—	—	—	—	—	—	—	—	—	—
52 Neisse-Brieger	—		—	—	—	—	—	—	—	—	—	—	—	—	—
53 Niederschlesische Zweigbahn	—		—	—	—	—	—	—	—	—	—	—	—	—	—
54 a. **Oesterreich.** nördliche	—	Abladen der Fracht	1	1	—	—	1	—	—	—	1	—	—	—	—
b. **Oesterreich. südöstliche**	—		—	—	—	—	—	—	—	—	—	—	—	—	—
c. **Wien-Neu-Szönyer**	—		—	—	—	—	—	—	—	—	—	—	—	—	—
55 a. Oesterreich. **südliche**	—		—	—	—	—	—	—	—	—	—	—	—	—	1
b. Nordtiroler	—		—	—	—	—	—	—	—		—	—	—	—	—
c. Venetianischen u. Südtirol.	—		—	—	—	—	—	—	—	—	—	—	—	—	—
56 Oppeln-Tarnowitzer	—		—	—	—	—	—	—	—	—	—	—	—	—	—
57 a. Pfälzische Ludwigsbahn	—		—	—	—	—	—	—	—	—	—	—	—	—	—
b. Pfälzische Maximiliansb.	—		—	—	—	—	—	—	—	—	—	—	—	—	—
58 a. **Rheinische**	—		—	—	—	—	—	—	—	—	—	—	—	—	—
b. **Köln-Crefelder**	—		—	—	—	—	—	—	—	—	—	—	—	—	—
59 **Süd-Norddeutsche**	—		—	—	—	—	—	—	—	—	—	—	—	—	—
60 Taunus-Bahn	—		—	—	—	—	—	—	—	—	—	—	—	—	—
61 **Theiß-Bahn**	—		—	—	—	—	—	—	—	—	—	—	—	—	—
62 Thüringische	—		—	—	—	—	—	—	—	—	—	—	—	—	2
63 Werra-E.	—		—	—	—	—	—	—	—	—	—	—	—	—	—

auf der Bahn und bei nicht im Gange befindlichen Zügen.

[...]en Unfällen (Kol. 255) durch eigene Schuld der Betroffenen: Arbeiter f. durch sonstige Ursachen	getödtet	verletzt	Dritte Personen a. durch unbefugtes oder unvorsichtiges Betreten der Bahn, der Bahnhöfe oder Gleise: getödt.	verl.	Dritte Personen b. durch sonstige Ursachen	getödtet	verletzt	Zusammen Personen: getödt.	verl.	a. Rangiren der Züge	b. Anfahren der Züge an stillstehende Wagen	c. Entgleisung	d. unrichtiges Stellen der Weichen	e. Achsbrüche	f. sonstige Ursachen	Anzahl	Zusammen	
. . . .	—	—	—	—	. . . .	—	—	1	—	—	—	—	—	—	. . . .	—	—	29
. . . .	—	—	—	—	. . .	—	—	11	2	—	—	—	—	—	. . . .	—	—	30
. . . .	—	—	—	—	.	—	—	6	1	—	—	—	—	—	. . . .	—	—	31
. . . .	—	—	—	—	. . . .	—	—	10	—	—	—	—	—	—	. . . .	—	—	32
[illegible] u. [illegible]	2	—	—	1	. . .	—	—	3	1	—	2	3	—	—	. . . .	—	5	33 a
. . . .	—	—	—	—	. .	—	—	1	—	—	1	3	—	—	[illegible]	1	5	—b
. . . .	—	—	—	—	. .	—	—	3	—	—	—	—	—	—	. . . .	—	—	34
. . . .	—	—	—	—	.	—	—	—	—	1	—	—	—	—	. . . .	—	1	35
. . . .	—	—	—	—	. .	—	—	1	—	—	—	—	—	—	. . . .	—	—	36 a
. . . .	—	—	—	—	. .	—	—	—	—	—	—	—	—	—	. . . .	—	—	—b
. . . .	—	—	—	—	. .	—	—	—	—	—	—	—	—	—	. . . .	—	—	37
. . . .	—	—	—	—	.	—	—	4	1	—	—	—	—	—	. . . .	—	—	38
. . . .	—	—	—	—	.	—	—	1	—	—	—	—	—	—	. . . .	—	—	39
. . . .	—	—	—	—	. . .	—	—	—	1	—	—	—	—	—	. . . .	—	—	40
. . . .	1	—	—	2	. . .	—	—	7	5	—	—	—	—	—	Zusammenstoß [illegible]	2	2	41
. . . .	—	—	—	—		—	—	—	—	—	—	—	—	—	. .	—	—	42 a
. . . .	—	—	—	—	.	—	—	—	—	—	—	—	—	—	. . . .	—	—	—b
. . . .	—	—	—	—		—	—	—	—	—	—	—	—	—	. . . .	—	—	—c
. . . .	—	—	1	—		—	—	9	3	—	1	—	—	—	. . .	—	1	43
. . . .	—	—	—	—		—	—	—	—	—	—	—	—	—	. .	—	—	44
. . . .	—	—	—	—	.	—	—	—	—	—	—	1	—	—		—	1	45
. . . .	—	—	—	—		—	—	—	—	—	—	—	—	—		—	—	46
. . . .	—	—	—	—		—	—	—	—	—	—	—	—	—		—	—	47
. . . .	—	—	—	1		—	—	6	2	—	—	—	—	—		—	—	48
. . . .	—	—	—	—		—	—	1	—	—	—	—	—	—		—	—	49
. . . .	—	—	—	—		—	—	—	—	—	—	—	—	—		—	—	50
. . . .	—	—	—	—		—	—	—	—	—	—	—	—	—		—	—	51
. . . .	—	—	—	—	.	—	—	—	—	—	—	—	—	—		—	—	52
. . . .	—	—	—	—	.	—	—	—	—	—	—	—	—	—		—	—	53
. . . .	—	—	—	—	.	—	—	7	4	1	2	—	—	—		—	3	54 a
. . . .	—	—	1	—		—	—	10	1	—	—	—	—	—		—	—	—b
. . . .	—	—	—	—		—	—	1	2	—	—	—	—	—		—	—	—c
. . . .	—	—	—	—	Herabfallen v. Wag.	1	—	7	7	7	3	4	1	—	[illegible] der Wagen	2	17	55 a
. . . .	—	—	—	—	.	—	—	—	—	—	—	—	—	—		—	—	—b
. . . .	—	—	—	—	.	—	—	—	—	—	—	—	—	—		—	—	—c
. . . .	—	—	—	—		—	—	—	—	—	—	—	—	—		—	—	56
. . . .	—	—	—	—		—	—	—	—	—	—	—	—	—		—	—	57 a
. . . .	—	—	—	—		—	—	—	—	—	—	—	—	—		—	—	—b
. . . .	—	—	—	1	.	—	—	4	2	—	—	—	—	—		—	—	58 a
. . . .	—	—	—	—		—	—	—	—	—	—	—	—	—		—	—	—b
. . . .	—	—	—	—		—	—	—	2	—	—	—	—	—		—	—	59
[illegible]	—	1	—	—		—	—	—	—	—	—	—	—	—		—	—	60
. . . .	—	—	—	—	.	—	—	10	—	—	1	1	—	—		—	2	61
. . . .	—	—	2	—	. . .	—	—	3	—	—	—	—	—	—		—	—	62
. . . .	—	—	—	—		—	—	—	—	—	—	—	—	—		—	—	63

	I. Staatsbahnen.	(Forts.) I. Unfälle. Bei diesen Unfällen (Kol. 265) wurden zerstört oder stark beschädigt: a. Lokomotiven.	b. Tender.	c. Personenwagen.	d. Lastwagen (u. Gepäckwagen).	e. sonstige Fahrzeuge.		II. Achsbrüche. In den früheren Jahren von ... bis Ende 1859.	a. bei Lokomotiven.	b. bei Tendern.	c. bei Personenwagen.	d. bei Lastwagen (u. Gepäckwagen).	Im Betr.-Jahre 1860 a. bei Lokomotiven.	b. bei Tendern.	c. bei Personenwagen.	d. bei Lastwagen (u. Gepäckwagen).
		Anzahl.							Anzahl der Achsbrüche.				Anzahl der Achsbrüche.			
1	Badische	—	—	—	—	. . .	—	von 1840	4	1	2	185	1	1	—	1
2	Bayerische: a. Ludw.-Südnordb., b. Ludw.-Westbahn, c. Maximiliansbahn, d. 3 gepacht. Zweigb.	—	—	—	—	. .	—	„ 1845	—	in Kol. [illegible]	in Kol. [illegible]	87	—	2	—	11
3	Braunschweigische	—	—	—	2	. . . .	—	„ 1857	—	—	1	6	—	—	—	—
4	Hannoversche	—	—	—	—	. . .	—	„ 1847	6	6	3	60	—	1	2	18
5	Main-Neckar	—	—	—	—	. . .	—	„ 1846	—	2	2	10	—	—	—	2
6	Main-Weser	—	—	—	—	. . .	—	„ 1850	—	—	6	14	—	1*	—	—*
7	Preuß. Niederschles.-Märk.	3	—	—	24	.	—	„ 1850	11	—	5	71	—	—	—	19*
8	„ Ostbahn	—	—	—	—	.	—	„ 1854	2	—	1	—	2	—	—	—
9	a. „ Saarbrücker, b. „ Saarbrücken-Trier	—	—	—	—		—	„ 1850	1	—	—	—	—	—	—	—
10	„ Westfälische	—	—	—	—		—	„ 1850	—	—	3	17	—	—	—	1
11	Sächsische östliche															
	a. Sächsisch-Böhmische	—	—	—	—		—	„ 1848	1	1	—	—	—	—	—	—
	b. Sächsisch-Schlesische	—	—	—	—		—	„ 1845	—	8	9	14	—	—	—	—
12	Sächsische westliche															
	a. Niedererzgebirgische	—	—	—	—		—	„ 1847	—	3	2	15	—	—	—	1
	b. Obererzgebirgische	—	—	—	—		—	„ 1858	—	—	—	—	—	—	—	—
	c. Sächsisch-Bayerische	—	—	—	—		—	„ 1842	1	—	1	34	—	—	—	1
13	Württembergische	2	—	—	1		—	„ 1854	3	2	—	9	1	2	2	4
	II. Privatbahnen															
	a) unter Staatsverwaltg.															
14	Aach.-Düss. Ruhrorter: a. Aach.-Düssel.	—	—	—	—		—	„ 1853	2	—	2	25	—	1	—	—
	b. Ruhrort-Crf.	—	—	—	—		—									
15	Bergisch-Märkische: a. Düss.-Dortm., b. Dortm.-Soest, c. Ruhr-Sieg, d. Witten-Duisbg.	—	—	—	—		—	„ 1841	4	—	13	43	—	—	—	—
16	Prinz-Wilhelm-E.	—	—	—	—		—	„ 1848	—	1	1	5	—	2	—	—
17	Cöthen-Bernburger	—	—	—	—		—	„ 1857	1	—	—	1	—	—	—	—
18	a. Löbau-Zittauer	—	—	—	—		—	„ 1848	—	4	1	1	—	—	—	—
	b. Zittau-Reichenberger	—	—	—	—	.	—	—	—	—	—	—	—	—	—	—
19	a. Oberschlesische	—	—	—	—	.	—	„ 1842	2	—	—	108	—	—	—	2
	b. Breslau-Posen-Glogauer	—	—	—	—		—	—	—	—	—	—	—	—	—	—
20	Stargard-Posener	—	—	—	—		—	„ 1848	—	—	1	4	—	—	—	—
21	Rhein-Nahe	—	—	—	—		—	—	—	—	—	—	—	—	—	—
22	Wilhelms-Bahn	—	—	—	—		—	„ 1846	4	—	1	9	1	—	—	—
	b) in Privatverwaltung.															
23	Aachen-Mastrichter	—	—	—	—	.	—	„ 1854	—	—	—	2	—	—	—	1
24	Alberts-Bahn	—	—	—	—	.	—	„ 1855	—	—	—	10	—	—	—	1
25	Altona-Kieler	—	—	—	—	.	—	„ 1844	1	1	6	32	—	—	—	—
26	Rendsburg-Neumünster															
27	**Glückstadt-Elmshorner**															
28	Aussig-Teplitzer	—	—	—	—	.	—	—	—	—	—	—	—	—	—	—

Achsbrüche.

Die Achsbrüche sind vorzugsweise vorgekommen:	Die Achsbrüche (Rel. 270) haben stattgefunden in einem Zeitraume von Jahren:	Durchschnittlich kommen auf ein Jahr Achsbr.	
bei Güterwagen mit eisernen Achsen von 3⅝" Durchmesser . .	20	9,75	1
bei Lastwagen . .	16	6,25	2
bei 4rädrigen Transportwagen mit Achsen von geschmiedetem Eisen von 3¼—4⅛" Durchmesser . .	4	1,36	3
bei 4- und 8rädrigen bedeckten Güterwagen	13	7,38	4
bei zweiachsigen Güterwagen mit eisernen Achsen, die in der Nabe (Bruchstelle) 3" 8"' stark sind . .	15	1,07	5
bei Güterwagen	11	1,81	6
bei Lastwagen mit eisernen Patent-Bündelachsen	11	9,45	7
bei 2 Schnellzug-Maschinen mit Blindachsen ohne Räder nach Cramptonschen System, beide Achsen von Feinkorneisen hatten eine Stärke von 5" in der Mittelachse, 4½" in der Nabe und 5" im Schenkel	7	0,71	8
bei einer Tender-Hinterachse von feinkörn. geschmiedetem Eisen von 4½" Durchmesser in der Nabe . .	10	0,10	9
bei 4rädrigen offenen Güterwagen .	10	2,10	10
bei 1 eisernen Maschinen-Vorderachse von 6⁵⁄₁₆" und dergl. Tenderachse von 3⅝" Durchmesser . . .	12	0,17	11a
bei eisernen Tenderachsen von 4¹¹⁄₁₆", dergl. Personenwagen-Achsen von 3⅝" u. dergl. Güterwagen-Achsen von 3⅝" Durchmesser	15	2,47	—b
bei Güterwagen mit eisernen Achsen von verschiedenen Dimensionen	13	1,45	12a
. . . .	—	—	—b
bei Güterwagen mit eisernen Achsen von 3⅝" Durchmesser	18	2,06	—c
bei Güterwagen	6	3,45	13
bei offenen u. bedeckten Güterw., sämmtlich (mit Ausnahme zweier geschm.) mit Achsen von Patent-Bündeleisen	8	3,75	14
bei Lokomotiven, Personen- und 4räder. Güterwagen. Die Achsen waren sämmtlich von Patent-Bündeleisen	20	3,0	15
bei 4rädrigen Kohlenwagen mit Achsen von Patent-Bündeleisen	13	0,85	16
bei einer Lokomotiv- und einer Güterwagen-Achse	4	0,50	17
bei eisernen Tenderachsen von 3⅛ u. 3¼" Durchmesser	12	0,50	18a
. . . .	—	—	—b
bei 6rädrigen Lastwagen mit engl. Patentachsen von 3⅝" Durchmesser an der Nabe . .	19	5,05	19a
. . . .	—	—	—b
bei Lastwagen mit Patent-Bündelachsen von 2⅝—3⅝" Durchmesser	12	0,42	20
. . . .	—	· –	21
bei Güterwagen mit Patent-Bündelachsen von 3⅝—4" Durchmesser	15	1,0	22
bei 4rädrigen bedeckten Güterwagen mit Patent-Bündelachsen	7	0,43	23
bei den für die Zweigbahnen bestimmten Kohlenwagen mit Achsen von Walzeisen, u. 3" Durchmesser in der Nabe	5	2,20	24
			25
bei 6rädrigen Personenwagen und bei 4-, 6- u. 8rädrigen Güterwagen mit Achsen von 3⅝—4" Durchmesser	16	2,50	26
			27
. . .	—	—	28

II. Privatbahnen. (Forts.)	(Forts.) I. Unfälle. Bei diesen Unfällen (Kol. 265) wurden zerstört oder stark beschädigt: a. Lokomotiven.	b. Tender.	c. Personenwagen.	d. Last- (u. Gepäck-) wagen.	e. sonstige Fahrzeuge.	Anzahl	II. Achsbrüche. In den früheren Jahren: von . . . bis Ende 1859.	a. bei Lokomotiven.	b. bei Tendern.	c. bei Personenwagen.	d. bei Last- (u. Gepäck-) wagen.	Im Betr.-Jahre 1860: a. bei Lokomotiven.	b. bei Tendern.	c. bei Personenwagen.	d. bei Lastwagen.
	Anzahl							Anzahl der Achsbrüche.				Anzahl der Achsbrüche.			
29 Bayerische Ostbahnen	—	—	—	—	. . . . .	—	—	—	—	—	—	—	—	—	—
30 Berlin-Anhaltische	—	—	—	—	. . . . .	—	von 1841	5	—	6	45	—	—	—	—
31 a. Berlin-Hamburger / b. Hamburg-Bergedorfer	—	—	—	—	. . . . .	—	„ 1848	7	1	—	71	—	—	—	2
32 Berlin-Potsdam-Magdebg.	—	—	—	—	. . . . .	—	„ 1856	8	—	—	10	—	—	—	—
33 Berlin-Stettiner															
a. Berl.-Stettin-Stargard	1	—	—	4	. . . . .	—	„ 1842	2	—	1	21	—	—	1	—
b. Starg.-Cöslin-Colberg	2	2	2	1	Postwagen	1	—	—	—	—	—	—	—	—	—
34 Breslau-Schweidnitz-Freib.	—	—	—	—		—	„ 1852	—	—	—	42	—	—	—	5
35 Brünn-Rossitzer	—	—	—	4		—	—	—	—	—	—	—	—	—	—
36 Buschtěhrader a. Lokom.-B. / b. Pferde-B.	—	—	—	—		—	—	—	—	—	—	—	—	—	—
37 Frankfurt-Hanauer	—	—	—	—		—	„ 1848	—	—	1	—	—	—	—	1
38 Galizische Carl-Ludw.-Bahn	—	—	—	—		—	„ 1859	—	2	—	2	—	2	—	4
39 Graz-Köflacher	—	—	—	—		—	—	—	—	—	—	—	—	—	—
40 Hessische Ludwigs-E.	—	—	—	—		—	—	—	—	—	—	—	—	—	—
41 Kaiser Ferdinands Nordb.	3	—	—	—		—	„ 1838	68	7	11	176	3	7	—	18
42 Kaiserin Elisabeth a. Wien-Salzburg	—	—	—	—		—	—	—	—	—	—	—	—	—	—
b. Lambach-Gmdn.	—	—	—	—		—	—	—	—	—	—	—	—	—	1
c. Pferdeb. Lz.-Bdw.	—	—	—	—		—	—	—	—	—	—	—	—	—	—
43 Köln-Mindener	1	—	—	—		—	„ 1846	2	5	3	29	—	2	—	4
44 Kurf. Friedr. Wilh. Nordb.	—	—	—	—		—	„ 1848	—	2	3	7	—	—	—	—
45 Leipzig-Dresdener	—	—	2	—		—	„ 1849	4	3	2	34	—	—	—	—
46 Ludwigs-E. (Nürnb.-Fürth)	—	—	—	—		—	„ 1836	4	2	4	—	—	—	—	—
47 Lübeck-Büchener	—	—	—	—		—	„ 1851	—	—	3	20	—	—	—	2
48 Magdb.-Cöth.-Halle-Leipz.	—	—	—	—		—	„ 1854	1	1	—	4	1	—	—	—
49 Magdeburg-Halberstädter	—	—	—	—		—	„ 1855	—	—	—	6	—	—	—	—
50 Magdeburg-Wittenbergesche	—	—	—	—		—	„ 1849	—	1	2	5	—	—	—	—
51 Mecklenburgische	—	—	—	—		—	„ 1847	—	—	—	20	—	—	—	1
52 Neisse-Brieger	—	—	—	—		—	—		—	—	—	—	—	—	—
53 Niederschlesische Zweigbahn	—	—	—	—		—	„ 1847	—	—	—	12	—	—	—	—
54 a. Oesterreich. nördliche	—	—	—	6		—	„ 1856	7	19	1	30	—	1	—	9
b. Oesterreich. südöstliche	—	—	—	—		—	„ 1856	2	2	3	42	—	—	—	16
c. Wien-Neu-Szönyer	—	—	—	—		—	„ 1856	2	1	1	18	—	—	1	9
55 a. Oesterreich. südliche	3	1	—	28	.	—	„ 1856	2	12	7	157	—	—	—	36
b. Nordtiroler	—	—	—	—	. .	—	—	—	—	—	—	—	—	—	—
c. Venetianische u. Südtirol.	—	—	—	—		—	—	—	—	—	—	—	—	—	—
56 Oppeln-Tarnowitzer	—	—	—	—		—	—	—	—	—	—	—	—	—	—
57 a. Pfälzische Ludwigsbahn	—	—	—	—		—	„ 1859	—	—	2	4	—	—	—	7
b. Pfälzische Maximiliansb.	—	—	—	—		—	—	—	—	—	—	—	—	—	—
58 a. Rheinische	—	—	—	—		—	„ 1847	7	1	1	15	—	—	—	—
b. Köln-Crefelder	—	—	—	—		—	„ 1856	—	1	—	—	—	—	—	—
59 Süd-Norddeutsche	—	—	—	—		—	—	—	—	—	1	—	—	—	1
60 Taunus-Bahn	—	—	—	—		—	„ 1840	18	4	2	12	—	—	1	5
61 Theiß-Bahn	2	—	—	—		—	v. 11/1. 1857	—	—	—	3	—	—	—	—
62 Thüringische	—	—	—	—		—	von 1846	5	12	12	38	—	—	—	—
63 Werra-E.	—	—	—	—		—	v. 4/1. 1859	—	—	—	—	—	1	—	—

Die Achsbrüche sind vorzugsweise vorgekommen:

. . . .

bei 8rädrigen Lastwagen mit Patent-Bündelachsen von 3[illegible]" Durchmesser . . . . . .

„ 4- und 8rädrigen Güterwagen mit Patent-Bündelachsen . . .

„ Lastwagen . . . .

„ 4-, 6- und 8rädrigen Güterwagen mit Patent-Bündelachsen und bei Achsen von gehärtetem Gußstahl

. . . .

bei offenen Kohlenwagen mit 3[illegible]" starken Achsen an der Nabe . . . .

. . . .

.

. . . .

bei 4rädrigen Lastwagen mit englischen Hohlachsen . . . .

. . . .

. . . .

bei 4rädrigen offenen und bedeckten Lastwagen . . . .

. . . .

. . . .

. . . .

bei 6rädrigen Coulissen- u. 8rädrigen Güterwagen mit Patent-Bündelachsen, sowie bei 4rädrigen Kieswagen
„ offenen Güterwagen mit eisernen Achsen von 3[illegible]" Nabenstärke . . . .
„ 4rädrigen Lastwagen mit eisernen Achsen von 4" Durchmesser . . . .
„ Maschinen mit Curbelachsen u. sechsrädrigen Personenwagen, deren Achsen keine verstärkte Naben hatten
„ Güterwagen mit Achsen von gehärtetem Gußstahl und 3[illegible]" im Durchmesser . . . . . .
„ Güterwagen . . . .
„ 8rädrigen bedeckten Güterwagen mit schmiedeeisernen Achsen von 3[illegible]" Durchmesser . . . .
„ Lastwagen mit Stahl-Achsen von 3[illegible]" Durchmesser . . . .
„ Güterwagen mit eisernen Achsen von 3[illegible]" (englisch) Durchmesser . . . .

. . . .

bei offenen 4- und 8rädrigen Güterwagen mit 3[illegible] und 3[illegible]" starken Patent-Bündelachsen . . .
„ Lastwagen mit schmiedeeisernen Achsen von 3[illegible]" Durchmesser . . . .
„ Lastwagen mit schmiedeeisernen Achsen von 3[illegible]" Durchmesser . . . .
„ Lastwagen mit schmiedeeisernen Achsen von 3[illegible]" Durchmesser . . . .
„ 4rädr. Lastwagen mit schmiedeeisern. vollen konischen Achsen (Länge der Stummel 5,03" u. 2,51" Durchm.)

. . . .

. . . .

. . . .

bei Lastw. m. Achsen v. gewöhnl. Gußeis. m. Lagerkasten v. Metall u. Compositionsfutter u. m. Oelschmier-Einricht.

. . . .

bei Lastwagen mit Achsen von 3[illegible]" Durchmesser und bei Krummachsen der Lokomotiven . . .
„ einer Tender-Vorderachse (einer ungekuppelten Lokomotive) von gewalztem Eisen und 4[illegible]" Durchmesser
„ fremden Lastwagen . . . .
„ Lokomotiv-Curbelachsen und bei 6rädrigen Güterwagen mit eisernen Achsen . . . . .
„ 4rädr. Lastwagen mit packettirten, schmiedeeisernen, gewalzten u. cylindr. Vollachsen von 5" Durchm. (engl.)
„ Güterwagen mit eisernen Bündelachsen von 3[illegible]" und bei Lokomotiv-Treibachsen von 5[illegible]" Stärke .
„ einer Tenderachse . . . .

I. Staatsbahnen.	274		275		276	277	278	279	280	281	282	283
	III. Schienenbrüche.						IV. Verkehrs-Störungen im Betriebs-Jahre 1860.					
	In den früheren Jahren (seit dem Bestehen d. Bahn)		Im Betr.-Jahre 1860		Zusammen bis Ende 1860.	Gewicht der gebrochenen Schienen pro laufenden Fuß.	Dieselben sind veranlaßt durch:					
	a. bei Stuhlschienen.	b. bei breitbasigen.	a. bei Stuhlschienen.	b. bei breitbasigen.			Einsturz von Bauwerken.	Dammrutschung	Schneefall.	Wasserfluthen.	sonstige Ereignisse.	Dauer der Unterbrechung
	Anzahl der Brüche.		Anzahl der Brüche.		Schienenbrüche.	Pfd.	Anzahl der Verkehrs-Störungen.					[illegible]
1 Badische	—	—	—	—	—	—	—	—	—	—	—	—
2 Bayerische a. Ludw.-Südnordb. b. Ludw.-Westbahn c. Maximilians-B. d. 3 gepacht. Zweigb.	[illegible]	171	[illegible]	10	181	14—20	—	—	—	—	—	—
3 Braunschweigische	—	—	—	—	—	—	—	—	—	—	—	—
4 Hannoversche	—	63	—	8	71	20	—	—	—	—	—	—
5 Main-Neckar	1	—	—	—	1	17,5	—	—	—	—	—	—
6 Main-Weser	—	5	—	1	6	20,21	—	—	—	—	—	—
7 Preuß. Niederschles.-Märk.	—	242*	—	3	245	19,6	—	—	—	—	—	—
8 " Ostbahn	—	—	—	—	—	—	—	—	—	—	—	—
9 a. " Saarbrücker b. " Saarbrücken-Trier	—	13	—	—	13	24 u. 24,5 [illegible]	—	—	—	—	—	—
10 " Westfälische	—	—	—	—	—	—	—	2	2	—	—	[illegible]
11 Sächsische östliche												
a. Sächsisch-Böhmische	—	99	—	2	101	14 u. 16	—	—	—	—	—	—
b. Sächsisch-Schlesische	—	22	—	—	22	16 u. 17	—	—	—	—	—	—
12 Sächsische westliche												
a. Niedererzgebirgische	6	3	—	1	10	18—19	—	—		—	—	—
b. Obererzgebirgische	—	—		—	—	—	—	—	—	—	—	—
c. Sächsisch-Bayerische	20	31	—	9	60	14 u. 19	—	—	—	—	—	—
13 Württembergische	—	—	—	—	—	—		1	—	—	—	[illegible]
II. Privatbahnen												
a) unter Staatsverwaltg.												
14 Aach.-Düss. Ruhrorter a. Aach.-Düssel.	—	—	—	—	—	—						
b. Ruhrort-Crf.	—	—	—	—	—	—	—	—	1	—	—	[illegible]
15 Bergisch-Märkische a. Düss.-Dortm. b. Dortm.-Soest c. Ruhr-Sieg d. Witt.-Duisbg.	58	—	12	—	70	22,43	—	—	—	—	—	—
16 Prinz-Wilhelm-E.	31	—	7	—	38	18,66	—	—	—	—	—	—
17 Cöthen-Bernburger	—	—	—	—	—	—	—	—	—	—	—	—
18 a. Löbau-Zittauer	—	2	—	—	2	17	—	—	1	—	—	[illegible]
b. Zittau-Reichenberger	—	—	—	—	—	—	—	—	—	—	—	—
19 a. Oberschlesische	17	5	—	3	25	16,5 resp. 20,6	—	—	—	—	—	—
b. Breslau-Posen-Glogauer	—	—	—	3	3	20,57	—	—	—	—	—	—
20 Stargard-Posener	—	—	—	—	—	—	—	—	—	—	—	—
21 Rhein-Nahe	—	—	—	—	—	—	—	—	—	—	—	—
22 Wilhelms-Bahn	—	51	—	—	51	22	—	—	—	—	—	—
b) in Privatverwaltung.												
23 Aachen-Mastrichter	—	—	—	—	—	—						—
24 Alberts-Bahn	—	—	—	—		—	—	—	—	—	—	—
25 Holstein. Altona-Kieler 26 Rendsburg-Neumünster 27 Glückstadt-Elmshorner	—	5	—	5	10	17,80	—	—	—	—	—	—
28 Aussig-Teplitzer	—	—	—	—	—	—	—	—	—	—	—	—

	[illegible]	[illegible]	[illegible]	[illegible]	[illegible]	[illegible]
Bayerische **Ostbahnen** . .	—	—	—	—	—	—
Berlin-Anhaltische . . .	5	—	—	2	7	18,7 — 19,5
a. **Berlin-Hamburger** . . / b. **Hamburg-Bergedorfer** .	—	1	—	—	1	20,61
Berlin-Potsdam-Magdebg.	28	1	2	—	31	17,84 — 20,70
Berlin-Stettiner						
a. Berl.-Stettin-Stargard	—	14	—	4	18	15,00, 19,75 u. 21,00
b. Starg.-Cöslin-Colberg .	—	—	—	3	3	22 ½
Breslau-Schweidnitz-Freib.	—	—	—	—	—	—
Brieg-Neißer	—	—	—	—	—	—
Buschtěhrader a. Locom.-B. / b. Pferde-B.	—	—	—	—	—	—
Frankfurt-Hanauer . . .	—	—	—	—	—	—
Hessische Carl-Ludw.-Bahn	—	—	—	—	—	—
Graz-Köflacher	—	—	—	—	—	—
Hessische Ludwigs-E. . .	—	—	—	—		—
Kaiser Ferdinands Nordb.	793	5	—	—	798	12,44 — 23,6
Kaiserin Elisabeth a. Wien-Salzburg	—	1	—	1	2	22,1
Kaiserin Elisabeth b. Lambach-Gmundn.	—	—	—	—	—	—
Kaiserin Elisabeth c. Pferdeb. Lz.-Bdw.	—	—	—	—	—	—
Köln-Mindener	1	63	—	12	76	20 — 24
Kurf. Friedr. Wilh. Nordb.	—	—	—	—	—	—
Leipzig-Dresdener . . .	20	—	2	—	22	13
Ludwigs-E. (Nürnb.-Fürth)	81		5	—	86	8,6 u. 9,6
Lübeck-Büchener	—	1	—	—	1	21,1
Magdb.-Cöth.-Halle-Leipz.	—	—	—	—	—	—
Magdeburg-Halberstädter .	2	1	—	2	5	16,9
Magdeburg-Wittenbergesche	1	—	—	—	1	18,44
Mecklenburgische	12	—	1	—	13	16,75
Neisse-Brieger	—	—	—	—	—	—
Niederschlesische Zweigbahn	—	6	—	2	8	18
a. Oesterreich. nördliche .	1704	36	1	5	1746	13,5 — 23,33
b. Oesterreich. südöstliche .	—	27	—	2	29	23,33
c. Wien-Neu-Szönyer . .		2	—	—	2	18,0
a. Oesterreich. südliche . .	—	—	1	—	1	—
b. Nordtiroler	—	—	—	—	—	—
c. Venetianischen u. Südtirol.	—		—		—	—
Oppeln-Tarnowitzer . . .	—	—	—	—	—	—
a. Pfälzische Ludwigsbahn	—	—	—	—	—	—
b. Pfälzische Maximiliansb.	—	—	—	—	—	—
a. Rheinische	—*	—	—	—	—	—
b. Köln-Crefelder	—	—	—	—	—	—
Süd-Norddeutsche . . .	—	3	—	4	7	22,1
Taunus-Bahn	29	—	—	—	29	18,5
Theiß-Bahn	—	11	—	15	26	22,5
Thüringische	—	37	—	4	41	18 — 22
Werra-E.	—	—	—	—	—	—

Abschnitt F.

Uebersicht der angestellten Beamten und beschäftigt gewesenen Arbeiter.

Die betreffenden Nachrichten sind in der Statistik pro 1859 enthalten.

Abschnitt G.

Stand der Beamten-Pensions- und Unterstützungs-Kasse.

1	Badische	—*	—	—	—	—	—	—	—	—
2	Bayerische { a. Ludw.-Südnordb. b. Ludw.-Westbahn. c. Maximilians-B. d. 3 gepacht. Zweigb.	195 324	8667	17 646	11 429	—	3343	41 085	6839	7878
3	Braunschweigische	36 384	1327	9204	—	991	—	11 522	65	[illegible]
4	Hannoversche	—	—	—	—	—	—	—	—	—
5	Main-Neckar	5064	181	—	—	—	983	1164	—	—
6	Main-Weser	—*	—	—	—	—	—	—	—	—
7	Preuß. Niederschles.-Märk.	261 633	11580	23 680	6363	703	130	42 456	6010	5378
8	" Ostbahn	139 228	6263	17 588	10 944	622	216	35 633	69	[illegible]
9	a. " Saarbrücker b. " Saarbrücken-Trier	18 962	918	4946	1956	700	48	8568	—	68
10	" Westfälische	67 603	2931	8047	3270	4894	—	19 132	30	504
11	Sächsische östliche a. Sächsisch-Böhmische b. Sächsisch-Schlesische									
12	Sächsische westliche a. Niedererzgebirgische b. Obererzgebirgische c. Sächsisch-Bayerische	154 755	6627	12 252	6798	6	2225	27 908	948	[illegible]
13	Württembergische	71 086	3462	8648	857	--	1263	14 230	500	191
	II. Privatbahnen **a) unter Staatsverwaltg.**									
14	Aach.-Düss.-Ruhrorter { a. Aach./Düssel. b. Ruhrort-Crf.	62 909	2870	5241	2550	1836	1335	13 832	389	446
15	Bergisch-Märkische { a. Düss.-Dortm. b. Dortm.-Soest c. Ruhr-Sieg	110 932*	4556	13 595	3069	6587	1757	29 564	402	912
	d. Witt.-Duisbg.	12 318	515	026	1279	984	—	3704	—	—
16	Prinz-Wilhelm-E.									
17	Cöthen-Bernburger	—*	—	—	—	—	—	—	—	—
18	a. Löbau-Zittauer	—*	—	—	—	—	—	—	—	—
	b. Zittau-Reichenberger	—*		—	—	—	—	—	—	—
19	a. Oberschlesische b. Breslau-Posen-Glogauer	216 317	8948	17 274	7494	1306	562	35 644	7808	[illegible]
20	Stargard-Posener	56 629	1990	3897	3300	1843	—	11 030	1902	[illegible]
21	Rhein-Nahe	3267	331	7315	1986	...	750	10 382	—	22
22	Wilhelms-Bahn	42 096	2155	3421	3000	2974	95	11 645	201	[illegible]
	b) in Privatverwaltung.									
23	Aachen-Mastrichter	—	—	—	713	—	54	767	—	—
24	Alberts-Bahn	686*	27	—	—	—	86	113	—	—
25	Holsteinische { Altona-Kieler									
26	Rendsburg-Neumünster	42 373	2509	2121	—	—	1375	6005	341	[illegible]
27	Glückstadt-Elmshorner									
28	Aussig-Teplitzer	7080	545	1744	1091	—	—	3380	—	[illegible]

292	293	294	295	296	297	298	299	300	301		
Ausgabe pro 1860.									Im Jahre 1860 erhielten:		
Kinder-Erziehungsgelder.	Temporaire Unterstützungen.	Zurückerstattete Beiträge.	Coursverlust bei Werthpapieren.	Kur- und Verpflegungskosten, Honorar für Aerzte u. dergl.	Sonstige Ausgaben (als Druck- u. Schreibkosten rc.).	Ueberhaupt.	Bestand der Kasse ultimo 1860.	Zahl der Betheiligten.	a. eigentliche Pensionen.	b. temporaire Unterstützungen.	
Thlr.	Thlr.	Thlr.	Thlr.	Thlr.	Thlr.	Thlr.	Thlr.		Personen.		
—	—	—	—	—	—	—	—	—	—	—	1
—	2563	360	—	3297	258	21 201	215 208	6000	587	303	2
238	2480*	71	—	1164	—	4493	43 413	1751	82*	553	3
—	—	—	—	—	—	—	—	—	—	—	4
—	329	—	—	—	—	329	5899	—	—	31	5
—	—	—	—	—	—	—	—	—	—	—	6
1456	80	3521	—	—	166	16 613	287 476	1762	210*	2	7
575	—	1639	261	—	24	3611	171 250	1650	41	—	8
77	—	494	—	—	111	751	26 779	443	1	—	9
336	—	1245	—	—	2	2117	84 618	771	17	—	10
922	182	5463	61	—	82	10 225	172 438	2266	285	6	11, 12
102	14	291	—	1101	121	1222	84 094	1142	48	1	13
381	156	890	—	—	377	2639	74 102	398	15*	2	14
502	—	660	—	—	8	2484	138 012	927	31	—	15
—	—	—	—	—	1	1	16 021	68	—	—	16
—	—	—	—	—	—	—	—	—	—	—	17
—	—	—	—	—	—	—	—	—	—	—	18a
—	—	—	—	—	—	—	—	—	—	—	b
606	—	795	—	50	411	9670	242 291	1812	147	—	19
—	20	6650	—	315	3064	11 951	55 708	325	32	1	20
—	3	608	76	—	8	717	12 932	390	—	1	21
i. d. [illegible]	—	54	—	—	—	388	53 353	358	11	—	22
—	—	—	—	767	—	767	—	—	—	—	23
—	—	—	—	—	50	50	749	—	—	—	24
											25
84	256	—	—	421	32	2823	45 555	528	58	8	26, 27
—	—	61	—	—*	—	151	10 309	73	—	—	28

II. Privatbahnen. (Forts.)	281	285	286	287	288	289	290	291	
	Bestand am Schlusse des Jahres 1859.	Einnahme pro 1860.						Pensionen	
		Zinsen.	Einlagen der Betheiligten.	Zuschuß aus Gesellschafts- oder Staatsfonds.	Coursgewinn von Werthpapieren.	Außerordentliche Einnahmen (Strafgelder, Geschenke rc.).	Ueberhaupt.	a. an Beamte.	b. an Wittwen
	Thlr.	Thlr.	Thlr.	Thlr.	Thlr.	Thlr.	Thlr.	Thlr.	Thlr.
29 Bayerische Ostbahnen	28 330	1814	5488	.	—	1086	8368		56
30 Berlin-Anhaltische	114 140	5145	12 465	5684	2623	[illegible]	25 917	1325	877
31 a. Berlin-Hamburger	185 399	8588	8465	5000	649	3215	25 917	742	1859
b. Hamburg-Bergedorfer	—	—	—	—	—	—	—	—	—
32 Berlin-Potsdam-Magdebg.	48 756	2184	5087	1000	81	—	8352	3351	10[illegible]
33 Berlin-Stettiner									
a. Berl.-Stettin-Stargard	102 136	4819	7008	2160	—	327	14 314	640	1737
b. Starg.-Cöslin-Colberg	—	131	5128	—	—	171	5430	—	—
34 Breslau-Schweidnitz-Freib.	39 361	1626	2785	2500	481	1539	8931	1293	69[illegible]
35 Brünn-Rossitzer	—*	—	—	—	—	—	—	—	—
36 Buschtěhrader a. Locom.-B. b. Pferde-B.	26 312	1497	1717	747	—	562	4523	—	727
37 Frankfurt-Hanauer	7957	353	1140	—	—	131	1624	—	150
38 Galizische Carl-Ludw.-Bahn	13 529	2516	18 600	6667	—	—	27 783	—	141
39 Graz-Köflacher	—*	—	—	—	—	—	—	—	—
40 Hessische Ludwigs-E.	14 621	470	4002	1143	967	807	7389	77	—
41 Kaiser Ferdinands Nordb.	566 499	33 784	34 171	16 667	—		84 622	4030	6413
42 Kaiserin Elisabeth a. Wien-Salzburg b. Lambach-Gmdn. c. Pferdeb. Lz.-Bdw.	46 681	2375	10 078	10 078	1671	589	24 791	—	312
43 Köln-Mindener	192 601	8315	15 695	5636	11 828	3012	44 506	821*	139*
44 Kurf. Friedr. Wilh. Nordb.	49 869	2261	3202	800	—	2513	8776	353	445
45 Leipzig-Dresdener	88 157	4625	5837	5000	—	872	16 334	738	4543
46 Ludwigs-E. (Nürnb.-Fürth)	—	—	—	914	—	—	914	—	—
47 Lübeck-Büchener	11 637	587	849	—	—	348	1781	—	91
48 Magdb.-Cöth.-Halle-Leipz.	101 210	5402	4460	1000	396	2274	13 532	4211	2407
49 Magdeburg-Halberstädter	37 325	1534	1671	1289	54	146	4694	1710	517
50 Magdeburg-Wittenbergesche	43 415	1921	1964	600	395	920	5800	108	255
51 Mecklenburgische	31 948	1345	1551	800	—*	1934	5630	—	57
52 Neisse-Brieger	9374	406	530	600	125	330	1991	—	143
53 Niederschlesische Zweigbahn	16 094	668	699	1000	—	93	2460	26	132
54 a. Oesterreich. nördliche b. Oesterreich. südöstliche c. Wien-Neu-Szönyer	498 674	30 222	56 278	23 806	—	508	110 814	9947	[illegible]
55 a. Oesterreich. südliche b. Nordtiroler c. Venetianische u. Südtirol.	—*	—	—	—	—	—	—	—	—
56 Oppeln-Tarnowitzer	4460	196	2117	228	137	35	2713	—	—
57 a. Pfälzische Ludwigsbahn b. Pfälzische Maximiliansb.	58 712	4136	5144	2856	—	192	12 329	252	[illegible]
58 a. Rheinische	34 390	1859	7959	—	—	4558	14 376	1516	13[illegible]
b. Köln-Crefelder	6355	459	1023	1035	426	47	2990	—	—
59 Süd-Norddeutsche	15 924	1295	6623	—	4860	—	12 778	—	—
60 Taunus-Bahn	35 350	1459	1332	1714	—	197	4702	2939	[illegible]
61 Theiß-Bahn	45 314	2736	18 762	—	[illegible]	1120	22 618	—	—
62 Thüringische	117 815	5089	6379	3650	364	934	16 415	715	[illegible]
63 Werra-E.	3549	433	5805	2400	24	566	9228	—	

85	324	286	90	—	871	35 847	964	1	4	29
—	39	—	645	464	3353	136 704	940	53	—	30
—	77	—	—	794	3715	207 601	1081	91	—	31a
—	—	—	—	—	—	—	—	—	—	- b
200*	299	—	—	15	5006	52 102	595	95	—	32
—	217	—	—	48	2642	113 808	410	32	—	33a
—	2	—	—	79	81	5349	312	—	—	- b
15	218	—	—	230	2654	45 638	540	50	1	34
—	—	—	—	—	—		—	—	—	35
128	—	—	—	—	945	29 900	160	11	1	36
—	1	—	—		151	9430	150	4	—	37
73	14	—	—	162	393	40 919	620	2	2	38
—	—	—	—	—	—	—	—	—	—	39
—	—	—	—	—	77	21 933	374	4	—	40
1682	—	51	—	s. m. 104.*	13 681	657 440	1654	91	64	41
—	—	—	—	7	319	71 153	336	2	—	42
6539	—*	4704	—*	1174	13 498	223 609	2175	17	894	43
—	16	—	—	—	696	57 769	434	38	—	44
31	258	—	—	7	5577	98 914	582	117	5	45
—	—	—	—	—	—	914	—	—	—	46
—	—	56	—	20	208	16 213	104	5	—	47
10	226	—	—	85	6939	107 803	594	103	1	48
—	480	—	—	120*	2933	39 086	192	44	—	49
55	—	—	—	3	421	48 794	230	14	7	50
—	—	—*	—	23	80	37 498	107	3	—	51
—	259	—	220	47	689	10 676	79	6	—	52
—	—	39	—	2	199	18 355	149	—	5	53
6140	—	—	—	2616	18 703*	530 785	1556	45	12	54
—	—	—	—	—	—	—	—	—	—	55
—	78	—	—	5	83	7090	161	—	—	56
233		61	—	46	2660	68 380	703	4	33	57
416	45	—	2136	940	6665	42 101	1120	85	64	58a
—	205	—	—	6	211	9134	109	—	—	- b
157	2137	—	—	39	2333	26 369	375	—	1	59
—	211	—	—	—	3150	36 902	161	46	—	60
262	—	—	—	—	262	67 670	815	—	4	61
—	202	224	—	205	2740	131 490	761	39	—	62
—	—	15	—	656	671	12 106	372	—	—	63

Statistische Berichte

und

Erläuterungen zu den Tabellen

für das

Betriebs-Jahr 1860.

I. Staatsbahnen.

1. Großherzoglich Badische Staats-Eisenbahnen.

I. **Bahngebiet.** Die Badischen Staatsbahnen umfassen:

a) die Hauptbahn von Mannheim über Heidelberg, Bruchsal, Durlach, Carlsruhe (14,[illegible] Meilen), Oos, Appenweier und Freiburg nach Basel . . . . 36,[illegible] geogr. M.
und von Basel über Rheinfelden und Säckingen nach Waldshut . . . 7,[illegible] " "
zusammen 43,[illegible] geogr. M.,

b) die Zweigbahnen von Oos nach Baden (gen. Baden-Baden) . . . 0,[illegible] " "
und von Appenweier nach Kehl (Straßburg) . . . . 1,[illegible] " "

c) die Hafenbahn bei Mannheim, welche aber nur zum Güter-Transport benutzt wird, von . . . . 0,[illegible] " "

Zu der Gesammtlänge von . . . . 46,[illegible] geogr. M. = 45,[illegible] Preuß. M.
kommt noch die am 10. August 1859 eröffnete Strecke von Durlach nach Wilferdingen mit . . . . 1,[illegible] " "
mit welcher die Badischen Staatsbahnen eine Ausdehnung haben von . . . . 47,[illegible] Meilen.

II. **Verbindungsbahn Mannheim-Friedrichsfeld.** Die Badische Hauptbahn hat zwischen Mannheim und Friedrichsfeld zwei Geleise, von denen das eine ausschließlich für den Betrieb der Badischen Staatsbahn, das andere dagegen als Verbindungsbahn mit der Main-Neckar-Bahn benutzt und nur durch das Transportmaterial der letzteren Bahn befahren wird. Die Einnahmen aus dem Personen- und Güterverkehre dieser Verbindungsbahn bezieht die Großherzogl. Badische Eisenbahn-Verwaltung, wogegen sie an die Main-Neckar-Bahnverwaltung eine jährliche Vergütigung für die von ihr verwendeten Maschinen und Wagen nebst Fahrpersonal zahlt.

Die Beaufsichtigung dieser Verbindungsbahn geschieht durch die bei der Hauptbahn angestellten, zum Eisenbahn-Amtsbezirke Mannheim gehörigen Beamten und Bahnwärter.

III. **Verkehr und Ertrag.** Im Jahre 1860 wurden 120 948 Personen und 2 262 224 Ctr. Güter mehr befördert als im Vorjahre. Die Einnahmen betrugen 293 180 Thlr., die Ausgaben aber auch 143 248 Thlr. mehr. Der Ueberschuß ist von 1 314 457 Thlrn. auf 1 464 389 Thlr., mithin um 149 932 Thlr. gestiegen. Dieser Ueberschuß, gegen das Anlage-Kapital verglichen, ergiebt eine Verzinsung des letzteren zu 5,[illegible] Proc.

IV. **Beamten-Pensionskasse.** Für die Civil-Beamten der Badischen Staats-Verwaltung bestehen zwei Pensions- und Unterstützungskassen, wovon die eine die höheren Staatsbeamten (Staatsdiener), die andere die niederen Bediensteten (Subalterndiener) in sich schließt.

Außerdem besteht noch ein Privat-Unterstützungs-Verein unter den bei der Post- und Eisenbahn-Verwaltung angestellten Subalterndienern, durch welchen bei dem Ableben eines Mitgliedes dessen Hinterbliebene die Summe von 300 Fl. (171 Thlr. 13 Sgr.) ausgezahlt erhalten.

V. **Erläuterungen zu den Tabellen:**

zu Kol. 2b. Von diesen 9 Mitgliedern fungiren 3 für die Postverwaltung.
" " 13. Ohne die Hafenbahn wird die Bahnlänge in den Tarifen auf 47,[illegible] Meilen angenommen.
" " 75b. Für das Jahr 1860 ist das verwendete Anlage-Kapital einer genauern Berechnung und Spezi-

fikation unterzogen werden, in Folge dessen sich die Vertheilung auf die einzelnen Titel (Kol. 76—81) gegen die früheren Jahre anders gestaltete. Ferner ist es für besser gehalten worden, die Bau-Verwaltungskosten auf den Titel „Verarbeiten und sonstige Kosten" (Kol. 76) zu übertragen, da dieselben sich nicht mit Zuverlässigkeit für die übrigen Bautitel ausscheiden lassen.

zu Kol. 149b. Freigewicht beim Reisegepäck wird nur bei Beförderung von Auswanderern mit 100 Pfd., bei Beförderung von Personen im Mitteldeutschen und Westdeutschen Verbande mit 50 Pfd. und im Personenverkehre mit der Französischen Ostbahn mit 60 Pfd. pro Person, im inneren Verkehre der Badischen Bahnen dagegen nicht gewährt.

„ „ 150b u. c und 183b u. c. Die Eisenbahn- und sonstigen Fahrzeuge sind, je nachdem sie als Eilgut oder gewöhnliche Fracht zur Beförderung aufgegeben wurden, mit ihrem Gewicht in Kol. 151 und 153 und die Einnahme dafür in Kol. 177 u. 179 mitenthalten.

„ „ 284—301. Wegen der Pensions- und Unterstützungskasse ist oben sub Nr. IV das Nähere mitgetheilt.

2. Königl. Bayerische Staats-Eisenbahnen.

I. **Rechnungs-Periode.** Das Rechnungs- und Betriebsjahr umfaßt nicht, wie bei den meisten übrigen Deutschen Bahnen, die Periode des Kalenderjahres, sondern läuft vom 1. Oktober bis 1. Oktober. Die vorliegenden statistischen Notizen beziehen sich auf den Zeitraum vom 1. Oktober 1859 bis dahin 1860.

II. **Bahngebiet.** Die Bayerischen Staatsbahnen bestehen aus folgenden Linien:

A. der Ludwigs-Südnordbahn, von Lindau über Augsburg, Nürnberg und Hof bis zur Bayerisch-Sächsischen Grenze . . . . 74,55 Meilen
und der Verbindungsbahn von Lichtenfels bis zur Herzogl. Sächsischen Grenze bei Ebersdorf (1,07 Meilen) und von da bis Coburg . . . . . . 2,33 Meilen.
Diese 2,33 Meilen sind an die Werra-Eisenbahn-Gesellschaft verpachtet.
Von der Hauptbahn ist die Strecke von Hof bis zur Königl. Sächsischen Grenze . . . 1,33 „
an die Königl. Sächsische Staats-Eisenbahn-Verwaltung verpachtet, also im eigenen Betriebe 73,12 Meilen.

B. der Ludwigs-Westbahn, von Bamberg über Würzburg bis zur Kurhessischen Grenze bei Kahl, von . . . . 27,47 Meilen
Länge, von welcher die Strecke von Aschaffenburg bis zur Bayerisch-Hessischen Grenze bei Kahl . . . . 2,19 „
an die Frankfurt-Hanauer Eisenbahn-Gesellschaft verpachtet ist,
bleibt eine Betriebslänge von . . . . 25,28 „

C. der Maximiliansbahn, und zwar:
1) der Hauptbahn von Ulm über Augsburg, München ꝛc. bis zur Landesgrenze bei Salzburghofen (westlich Salzburg) . . . . 49,61 „
nebst der von der Königl. Württembergischen Staats-Eisenbahn-Verwaltung gepachteten Strecke von der Mitte der Donaubrücke (Landesgrenze) bis in den Bahnhof zu Ulm . 0,12 Meilen
und der von der Kaiserin Elisabeth-Bahn-Gesellschaft gepachteten, am 15. August 1860 eröffneten Strecke von der Landesgrenze bei Salzburghofen bis Salzburg . . . . 0,74 „
zusammen 50,46 „
2) der Zweigbahn von Rosenheim bis zur Tiroler Grenze bei Kiefersfelden 4,15 Meilen
und der von der Oesterreichischen südlichen Staats- ꝛc. Eisenbahn-Gesellschaft (jetzt Südbahn-Gesellschaft) gepachteten Strecke von der Tiroler Grenze bis Kufstein . . . . 0,18 „
zusammen 4,33 „

Zu der Gesammtlänge der Bayerischen Staatsbahnen von . . . . 144,42 Meilen
kommen noch die von der Staats-Eisenbahn-Verwaltung gepachteten Privatbahnen,
a) Neumarkt-Bayreuth . . . 2,88 Meilen
b) Pasing-Starnberg . . . . 2,84 „
c) Gunzenhausen-Ansbach . . 3,37 „
zusammen 9,09 „

Die Gesammt-Betriebslänge aller Bahnlinien beträgt also . . . . 153,51 Meilen.

Im Laufe des Betriebsjahres 1859/60 wurden eröffnet:
am 7. Mai 1860 die Strecke Rosenheim-Traunstein . . . 6,07 Meilen,
am 15. August 1860 die Strecke Traunstein-Landesgrenze . 4,31 „
und Landesgrenze-Salzburg . 0,74 „

Die erste Strecke war bis zum Schlusse des Betriebsjahres (30. September 1860) nur 4½ Monate und die beiden andern Strecken nur 1½ Monate im Betriebe. Deren Bahnlänge, nach Verhältniß der Betriebszeit reducirt, ergiebt einen mittlern Jahresdurchschnitt von . . . . 3,08 Meilen.
Hierzu die am Ende des vorigen Betriebsjahres (30. September 1859) im Betriebe befindlichen 141,45 „
ergiebt für sämmtliche Bahnlinien einen mittlern Jahresdurchschnitt von . . . . 144,53 Meilen,
welcher den Durchschnittsberechnungen Kol. 167, 189a ꝛc. zu Grunde gelegt ist.

III. **Pachtverhältnisse.** An Pachtzins für die vorstehend bezeichneten Privatbahnen wird jährlich gezahlt, und zwar für die Bahn ad a 55 000 Fl. (5 Proc. von 1 100 000 Fl. Baukapital) = 31 429 Thlr., für die Bahn ad b 45 000 Fl.(4½ Proc. von 1 000 000 Fl. Baukapital) = 25 714 Thlr., für die Bahn ad c 70 080 Fl. (pptr. 4½ Proc. von 1 560 000 Fl. Baukapital) = 40 046 Thlr., und für die Strecke von der Mitte der Donaubrücke bis Ulm (siehe oben ad C 1) 16 647 Fl. (3 Proc. von 551 567 Fl. Baukapital) = 9513 Thlr.

IV. **Verkehr und Ertrag.** Im Jahre 1860 wurden 237 322 Personen und 1 581 392 Ctr. Güter mehr befördert als im Vorjahre. Die Gesammt-Einnahmen stiegen um 281 223 Thlr., ebenfalls aber auch die Ausgaben um 407 961 Thlr., so daß der Ueberschuß gegen den des Vorjahres um 126 738 Thlr. zurückblieb.

V. **Beamten-Pensionskasse.** Für das niedere Personal der sämmtlichen Königl. Bayerischen Verkehrs-Anstalten (Eisenbahnen, Post, Telegraphie, Ludwigskanal- und Donau-Dampfschiffahrt) ist eine Pensions- und Unterstützungskasse eingerichtet, in welche die vorhandenen Bestände der Unterstützungsfonds, welche für das Personal der Eisenbahnen, Post, Kanal- und Donau-Dampfschiffahrt bestanden, geflossen sind. Ueber diese gemeinschaftliche Kasse enthalten die Tabellen (Kol. 284—301) das Nähere.

Die Pensionen der übrigen, nicht zur Klasse des niederen Personals gehörigen Angestellten werden aus den Bahn-Erträgnissen bestritten und sind unter den laufenden Betriebs-Ausgaben (Kol. 204 u. 216) aufgeführt.

VI. **Erläuterungen zu den Tabellen:**

zu Kol. 2. Zum Ressort der General-Direktion gehören außer der Verwaltung der Eisenbahnen auch die der Post und Telegraphen 2c. Der Besoldungs-Aufwand für die Oberleitung des Eisenbahn-Betriebes betrug 19 479 Thlr.

" " 75b. Von diesen 33 750 409 Thlrn. kommen auf die Hauptbahn Lindau-Hof resp. Bayerisch-Sächsische Grenze . . . . 33 186 012 Thlr.
und auf die Strecke der Verbindungsbahn (Lichtenfels-Coburg) von Lichtenfels bis zur Herzogl. Sächsischen Grenze bei Ebersdorf . . . . 564 397 "

Dagegen ist der Rechnungs-Abschluß für den Bau der andern Strecke der Verbindungsbahn von der Landesgrenze bis Coburg (Anschluß an die Werrabahn) noch nicht erfolgt.

" " 83. Aus diesem Grunde ist bei Berechnung dieser Durchschnittszahl die Länge der Strecke Landesgrenze-Coburg (1,65 Meilen) unberücksichtigt geblieben.

" " 112. Diese 1 267 189 Thlr. sind die Anschaffungskosten der Achsen und Räder für sämmtliche Wagen.

" " 117—124 u. 130. Der Brennmaterial-Verbrauch der verschiedenen Maschinen-Gattungen ist aus nachstehender Tabelle ersichtlich:

Klasse der Maschinen	Lieferung der Maschinen	Benennung der Brennmaterialien		Verbrauch pro Nutz-Meile	Verbrauch pro Achs-Meile	Klasse der Maschinen	Lieferung der Maschinen	Benennung der Brennmaterialien		Verbrauch pro Nutz-Meile	Verbrauch pro Achs-Meile
A.	I.	Stichtorf . .	Cbfß.	18,612	0,512	B.	I.	Coaks	Z.-Pfd.	23,133	0,612
		Preßtorf . . .	Z.-Pfd.	254,910	13,187			Rußkohlen . .	"	247,113	6,526
		Preßtorf . . .	"	170,278	6,537	B.	II.	Stichtorf . .	Cbfß.	28,263	0,563
		Rußkohlen . .	"	85,258	3,244	B.	III.	Stichtorf . .	"	22,706	0,324
		Coaks	"	2,541	0,102			Coaks	Z.-Pfd.	1,657	0,017
		Rußkohlen . .	"	163,316	6,166			Rußkohlen . .	"	279,138	3,313
A.	II.	Preßtorf . . .	"	238,927	8,194	B.	IV.	Preßtorf . . .	"	494,675	6,033
		Preßtorf . . .	"	186,716	3,776			Rußkohlen . .	"	313,723	4,180
		Rußkohlen . .	"	96,197	3,403			Preßtorf . . .	"	258,545	3,290
		Coaks	"	6,374	0,213			Rußkohlen . .	"	155,442	2,066
		Rußkohlen . .	"	150,955	5,783	B.	V.	Stichtorf . .	Cbfß.	30,881	0,497
A.	III.	Nur zum Stationsdienst verwendet.						Preßtorf . . .	Z.-Pfd.	429,785	5,036
A.	IV.	Stichtorf . .	Cbfß.	27,012	0,919			Coaks	"	29,553	0,360
		Stichtorf . .	"	28,643	1,192			Rußkohlen . .	"	210,257	2,790
		Preßtorf . . .	Z.-Pfd.	48,365	2,030			Preßtorf . . .	"	261,919	3,371
A.	V.	Stichtorf . .	Cbfß.	18,576	0,535			Rußkohlen . .	"	154,677	1,993
		Coaks	Z.-Pfd.	23,600	0,877	C.	I.	Coaks	"	11,112	0,437
		Rußkohlen . .	"	164,213	6,019			Rußkohlen . .	"	344,157	13,002
B.	I.	Stichtorf . .	Cbfß.	32,213	0,661	C.	II.	Coaks	"	29,694	0,438
								Rußkohlen . .	"	372,163	5,544

Anmerkung.
1) Bei Berechnung des Verbrauchs per Nutz- und Achsmeile wurden nur die mit regelmäßigen und Extrazügen durchlaufenen Meilen für den ganzen Brennmaterial-Verbrauch (incl. des Reservedienstes) angenommen, mit Ausnahme der Klassen C. I. und C. II., bei denen die Summen aller zurückgelegten Meilen in Rechnung kamen, da ihre Verwendung eine sehr mannigfache ist.
2) Die durch Klammern verbundenen Brennmaterial-Quantitäten wurden im Gemenge verbraucht, ohne Rücksicht auf ein bestimmtes Mischungs-Verhältniß.

zu Kol. 120c. Rußkohlen wurden verbraucht: mit Coaks vermischt 426 516 Ctr., mit Preßtorf vermischt 54 910 Ctr.

" " 124c. Stichtorf, gemischt mit Preßtorf, wurden 72 Klafter verbraucht.

" " 133a. In dieser Meilenzahl sind 1 693 358 Achsmeilen der Gepäckwagen enthalten.

zu Kol. 147a. Dies sind im Binnenverkehr beförderte und im direkten Verkehr abgegangene Personen.
" " 147b. Dies sind nur im direkten Verkehr angekommene Personen.
" " 149b. Freigewicht beim Reisegepäck wird nur im direkten Personen-Verkehre mit den Sächsischen und Preußischen Eisenbahnen, im inneren Verkehre der Bayerischen Staatsbahnen dagegen nicht gewährt.
" " 155. Hierunter sind auch die beförderten Baumaterialien mitbegriffen.
" " 159b. Die beförderten Eisenbahn-Fahrzeuge sind mit ihrem Gewicht unter dem der Frachtgüter der Normalklasse (Kol. 153) mitbegriffen.
" " 199. In diesem Betrage ist auch der Kostenaufwand für Ablösung der Bahnwärter mitenthalten.
" " 201. Ebenso hier die Beleuchtungskosten der optischen Signale.
" " 204 u. 216. In der Summe Kol. 204 sind 3000 Thlr. und in Kol. 216 7900 Thlr. an invalide Beamte gezahlte Pensionen enthalten (siehe ad V. dieses Berichts).
" " 205f. Diese 1117 Thlr. sind die für die Frachtgüter in den Lagerhallen gezahlte Versicherungs-Prämie.
" " 208. Hierin sind die Beleuchtungskosten der Stationen mitenthalten.

3. Herzogl. Braunschweigische Staats-Eisenbahnen.

I. **Bahngebiet.** Das Braunschweigische Eisenbahn-Netz besteht aus folgenden Linien:

1) der Hauptbahn von der Braunschweig-Hannoverschen Grenze über Braunschweig und Wolfenbüttel bis Oschersleben . . . . . . 11,[illegible] Meilen,
2) den Zweigbahnen, und zwar:
   a) von Wolfenbüttel über Börssum nach Harzburg . . . . . 4,[illegible] "
   b) von Börssum über Seesen und Gandersheim nach Kreiensen (Südbahn) . . . . 8,[illegible] "
   c) von Jerxheim über Schöningen nach Helmstedt (Schöninger Bahn) . . . . 2,[illegible] "

zusammen 26,[illegible] Meilen.

II. **Verkehrs-Verbindungen.** Mit dem 1. Januar 1860 ist die Verwaltung der Braunschweigischen Staats-Eisenbahnen in Gemeinschaft mit der Verwaltung der Berlin-Potsdam-Magdeburger und Magdeburg-Halberstädter Eisenbahnen aus dem Westdeutschen Eisenbahn-Verbande ausgeschieden und von diesem Zeitpunkte ab, bezüglich der Stationen Braunschweig, Wolfenbüttel und Oschersleben, dem Mitteldeutschen Verbande beigetreten, um den direkten Verkehr zwischen dem Osten und Westen Deutschlands zu vermitteln.

III. **Verkehr und Ertrag.** Im Jahre 1860 wurden 5827 Personen und 2 233 912 Ctr. Güter mehr befördert als im Vorjahre. Es haben sich in Folge dessen die Einnahmen um 171 775 Thlr. und die Ausgaben um 60 952 Thlr. vermehrt, so daß der Ueberschuß, welcher überhaupt 830 084 Thlr. beträgt, gegen das Vorjahr um 110 823 Thlr. gestiegen ist.

IV. **Pensions- und Unterstützungskasse.** Zu derselben gehören:

1) die im festen Lohne stehenden und 2) die zeitweilig, auch bei Neubauten beschäftigten Arbeiter.

Die Ersteren zählen zur Klasse A (ständige Mitglieder) und haben vor der Klasse B (zeitige Mitglieder) den Genuß von Pension, Wittwen- und Waisengeld voraus, während für die zeitigen Mitglieder nur Kranken- und Sterbegeld gezahlt wird. Jeder Arbeiter ist verpflichtet, von dem Augenblicke seiner Beschäftigung an der Unterstützungskasse als ständiges oder zeitiges Mitglied beizutreten. Das im Staatsdienste angestellte Beamten-Personal participirt an der allgemeinen Staatsdiener-Wittwenkasse.

V. **Erläuterungen zu den Tabellen:**

zu Kol. 14a. Der Betrieb der Hauptbahn wurde streckenweise zuerst am 1. Dezember 1838 bis Wolfenbüttel, von hier bis Oschersleben am 16. Juli 1843; der Zweigbahnen, und zwar a) Wolfenbüttel-Harzburg zuerst am 22. August 1840 und auf der ganzen Strecke am 31. Oktober 1841, b) Börssum-Kreiensen am 5. August 1856 und c) Jerxheim-Helmstedt am 20. Juli 1858 eröffnet.
" " 94d u. 97g. Außer den hier notirten Wagen besitzt die Verwaltung noch einen [illegible] Antheil an den gemeinschaftlichen Wagen der Gruppe des Norddeutschen Eisenbahn-Verbandes: Braunschweig, Hannover und Köln-Minden, und zwar an 24 Courierzug-Personenwagen, 12 Personenwagen mit Postcoupés und 27 Gepäckwagen, sämmtlich 6rädrig. Der Antheilswerth beträgt 36 [illegible] Thlr.
" " 131b. Coaks und Steinkohlen zusammen gemischt haben durchschnittlich 12,[illegible] Sgr. pro Z.-Ctr. gekostet.
" " 137b. Gußstählerne Achsen sind nur die in Kol. 102b aufgeführten 4 Stück vorhanden und deren Leistungen, wegen nur geringer Benutzung, unerheblich.
" " 138a. Zwei eiserne Radreifen von Pierenstock in Hermannshütte, wegen erfolgter Abnutzung ausrangirt, haben 40 472 Meilen durchlaufen.
" " 138b. Gußstahl-Radreifen sind für Wagen nicht vorhanden. Zwei Radreifen von Puddelstahl haben seit ihrer Anschaffung (14. April 1856) bis ult. Dezember 1860 durchlaufen 36 207 Meilen.
" " 160b. Außerdem sind noch 37 4rädrige Wagenladungen verschiedenes großes Vieh befördert worden.
" " 205d. In dieser Summe sind die Kosten für Beleuchtung der Telegraphen mitenthalten.
" " 228—233. Der Ueberschuß, welcher mit Hinzurechnung des Uebertrages von 314 [illegible] Thlrn. aus der Rechnung vom Jahre 1859 sich auf 1 144 [illegible] Thlr. beläuft, hat folgende Verwendung erhalten:

1) Ablieferung an die Staatskasse	694 535	Thlr.
2) Verwendung für Neubau-Gegenstände	85 817	"
3) Zuschuß zum Erneuerungsfonds	172 190	"
4) Uebertrag auf die Betriebsrechnung pro 1861 . . .	292 351	"
zusammen	1 144 893	Thlr.

zu Kol. 293. Von diesen 2480 Thlrn. sind 2355 Thlr. Krankengeld und 125 Thlr. Sterbegeld.

" " 301 a. Eigentliche Pensionen erhielten nur 3 Personen, die übrigen 79 Wittwen- und Waisengeld.

4. Königl. Hannoversche Staats-Eisenbahnen.

I. **Rechnungs-Periode.** Das Rechnungs- und Betriebsjahr umfaßt nicht, wie bei der Mehrzahl der Vereinsbahnen, die Periode des Kalenderjahres, sondern läuft vom 1. Juli bis 1. Juli. Die vorliegenden statistischen Notizen beziehen sich auf den Zeitraum vom 1. Juli 1859 bis dahin 1860.

II. **Bahngebiet.** Die Hannoverschen Bahnen haben, soweit sie Staats-Eigenthum sind, eine Ausdehnung von 100,81 Meilen.

Außerdem sind folgende Strecken gepachtet: a) von der Grenze bei Bückeburg bis Minden 0,37 Meilen, b) von Minden bis Löhne 2,77 Meilen, c) von Osnabrück bis Rheine 6,26 Meilen, d) von Rheine bis zur Grenze bei Salzbergen 0,16 Meilen, zusammen . . . . . . 10,42 "

Im Betriebe der Hannoverschen Verwaltung befinden sich also . . . . 110,23 Meilen.

Hiervon liegen im Königreiche Hannover 90,13 Meilen und im Auslande 20,36 Meilen, und zwar in folgenden Staaten:

in Kurhessen von der Grenze bis Haste . .	1,45 M.	in Preußen v. d. Grenze b. Velpe bis Rheine	4,87 M.
in Schaumburg-Lippe von der Grenze bis Bückeburg	3,36 "	" " " Rheine b. z. Grenze b. Salzbergen	0,16 "
in Preußen von der Grenze bis Minden .	0,37 "	im Gebiet der freien Stadt Bremen . . .	0,62 "
" " " Minden bis Löhne . . .	2,77 "	in Braunschweig von der Grenze bis Kreiensen	1,46 "
" " " Löhne bis zur Grenze bei Bruchmühlen	2,49 "	in Kurhessen von der Grenze bis Kassel . .	1,07 "
		zusammen	20,31 M.

III. **Betriebs- und Pachtverhältnisse.** Die Eigenthumsverhältnisse und die Abrechnungen über die außerhalb Hannovers belegenen Bahnstrecken sind sehr verschieden geordnet.

Von der Hannover-Braunschweigischen Bahn gehört die Strecke von Hannover bis zur Braunschweigischen Grenze zum Bahngebiet der Hannoverschen Staats-Eisenbahn-Verwaltung; der Betrieb wird aber zwischen Lehrte und Braunschweig gemeinschaftlich geführt, so daß einige Hannoversche Züge bis Braunschweig und einige Braunschweigische Züge bis Lehrte fahren. Die Leistungen werden in natura ausgeglichen, jede Bahn behält die für ihre Strecke entfallende Einnahme ganz. Die im Hessischen und Schaumburg-Lippeschen Gebiete liegenden Theile der Hannover-Mindener Bahn gehören den betreffenden Staaten. Der Betrieb wird von Hannover geführt, welches den Eigenthümern die Hälfte der Brutto-Einnahme herauszahlt, nachdem davon ½ Proc. des Anlage-Kapitals zu der Bildung eines Reservefonds für bauliche Ergänzungen abgesetzt worden ist.

Die in Preußen belegene Strecke der Hannover-Mindener Bahn gehört der Köln-Mindener Eisenbahn-Gesellschaft und ist von derselben gegen 5 Proc. des Anlage-Kapitals verpachtet. Die Strecke von Minden bis Löhne gehört ebenfalls derselben Eisenbahn-Gesellschaft und wird von Hannover für die Züge zwischen Minden und Osnabrück mitbenutzt gegen Zahlung einer festen jährlichen Pachtsumme von 40 000 Thlrn. Die Strecke von Löhne bis Osnabrück, einschließlich des im Preußischen Gebiete liegenden Theiles und des Bahnhofes Osnabrück, gehört Hannover.

Die Bahn von Osnabrück bis Rheine, einschließlich der Strecke im Hannoverschen Gebiete, ferner von Rheine bis zur Grenze bei Salzbergen gehört dem Preußischen Staate. Für die Benutzung dieser Bahnstrecke durch die Hannoversche Staatsbahn-Verwaltung wird eine Pachtsumme von 4 Proc. des Anlage-Kapitals gezahlt. Die ganze 13,46 Meilen lange Wunstorf-Bremer Bahn, einschließlich der Strecke im Bremenschen Gebiet, ist auf gemeinschaftliche Kosten von Hannover und Bremen erbaut. Bremen erhält die Hälfte der Netto-Einnahme. Diese Hälfte hat im letzten Jahre 139 443 Thlr. betragen.

Die ganze Hannover-Kasseler Bahn, auch die Strecken im Braunschweigischen Gebiete bei Kreiensen und im Kurhessischen Gebiete bei Kassel, sind auf Hannoversche Kosten erbaut, so daß eine Abrechnung über die Betriebs-Einnahmen nicht stattfindet. Nur der Bahnhof in Kassel ist gemeinschaftlich mit den Hessischen Bahnen.

IV. **Betriebsmittel.** Der Maschinenpark ist gegen das Vorjahr um 14 Lokomotiven und 14 Tender, der Wagenpark um 56 bedeckte und 46 offene Güterwagen vermehrt worden.

Außerdem sind in den eigenen Werkstätten noch viele Ergänzungen und Umbauten an Wagen ausgeführt, wofür die Ausgaben sich auf 44 150 Thlr. beliefen.

V. **Verkehrs-Verbindungen.** Die Hannoverschen Bahnen befinden sich für den direkten Personen- und Güterverkehr in zahlreichen Verbänden mit den benachbarten Bahnen. Die wichtigsten davon sind:

a) der Norddeutsche Verband mit den Endpunkten Berlin, Dresden, Harburg, Bremen und Köln;

b) der Westdeutsche Verband mit den Endpunkten Bremen, Harburg, Friedrichshafen und Waldshut;

c) der Ostfriesisch-Rheinische Verband von Emden bis Elberfeld;

d) der Ostfriesisch-Thüringische Verband von Emden bis Neuenburg;

e) der Verband mit Hessen, Thüringen, der Werrabahn und Bayern, seit Februar 1859, von den Nordseehäfen bis zum Bodensee und Tirol sich erstreckend.

Außerdem ist die Verwaltung der Hannoverschen Bahnen bezüglich der Strecke von Kreiensen bis Kassel wegen des Verkehrs von Berlin über Magdeburg 2c. nach Frankfurt a. M. auch dem Mitteldeutschen Verbande beigetreten.

VI. **Verkehr und Ertrag.** Im Betriebsjahre 1860 ist beim Personenverkehre ein Ausfall von 91 402 Personen gegen das Vorjahr eingetreten, wodurch eine geringere Einnahme von 50 270 Thlrn. erzielt wurde. Dagegen ist der Güterverkehr ein größerer gewesen, indem 1 476 613 Ctr. mehr (excl. des Equipage- und Viehverkehrs) befördert worden sind, so daß aus diesem Verkehrszweige eine Mehr-Einnahme von 213 121 Thlrn resultirte. Die Gesammt-Einnahme erhöhte sich von 4 693 386 Thlrn. (18[?]) auf 4 875 760 Thlr., mithin um 182 383 Thlr.; die Ausgaben verminderten sich dagegen um 206 869 Thlr., so daß der Betriebs-Ueberschuß 389 252 Thlr. mehr betrug als im Vorjahre.

VII. **Neue Bahnlinien.** Die auf gemeinschaftliche Kosten von Hannover und Bremen herzustellende Bahn von Bremen bis Geestemünde nebst Zweigbahn von Lesum bis Vegesack, zusammen 9 Meilen, ist seit dem 1. Juli 1859 in der Bau-Ausführung begriffen.

VIII. **Erläuterungen zu den Tabellen:**

zu Kol. 75b. In dieser Summe ist das Anlage-Kapital der gepachteten Bahnstrecken mitenthalten.

" " 76—80 u. 82. Die Vertheilung des Anlage-Kapitals auf die einzelnen Bautitel kann nicht stattfinden, da das Anlage-Kapital der gepachteten Bahnstrecken nur summarisch bekannt ist.

" " 83. Diese Durchschnittssumme ist correspondirend mit Kol. 75b nach dem Anlage-Kapital der eigenen und gepachteten Bahnstrecken berechnet.

" " 94d u. 97g. Außer den hier aufgeführten Wagen besitzt die Hannoversche Staats-Eisenbahn-Verwaltung noch gemeinschaftlich mit der Köln-Mindener und Braunschweigischen Verwaltung 24 Personenwagen, 12 Post- und Personenwagen und 27 Gepäckwagen. Der Hannoversche Antheil ist etwa ⅓ ($\frac{15}{41}$).

" " 107 u. 108. Hierin ist der Beitrag der Hannoverschen Verwaltung zur Anschaffung der in vorstehender Erläuterung erwähnten gemeinschaftlichen Wagen mitenthalten.

" " 118—124. Das Feuerungsmaterial der meisten Lokomotiven war ein Gemisch von Coaks und Steinkohlen, etwa zu gleichen Theilen. Einige Lokomotiven haben zeitweise sowohl Coaks, als auch Kohlen und Torf allein, oder auch letzteren mit Coaks und Kohlen vermischt, gefeuert. Wie viel Meilen aber mit jeder dieser Brennstoff-Mischungen zurückgelegt wurden, kann nicht angegeben werden. Nur 8 Lokomotiven, welche fast ausschließlich Torf feuerten, und zwar 81 218 Ctr., daneben aber auch noch 1570 Ctr. Coaks und 8463 Ctr. Kohlen verbrauchten, haben zusammen 27 297 Meilen zurückgelegt.

" " 125a u. 126. Bei Verausgabung von Steinkohlen und Torf werden von ersterem 1 Ctr. auf 1 Ctr. Coaks und von letzterem 2 Ctr. auf 1 Ctr. Coaks gerechnet; der wirkliche Nutzeffekt steht erfahrungsmäßig ungefähr in demselben Verhältnisse.

" " 160. Außer den hier notirten Thieren sind noch 2075 Wagenladungen Pferde (je circa 6 Stück) und 7728 Wagenladungen Rind- und sonstiges Vieh (letztere durchschnittlich zu 8 Stück gerechnet) befördert.

" " 162. Die Anzahl der Personenmeilen bezieht sich nur auf die, auf tarifmäßige Billets beförderten Personen (Kol. 141—143), wogegen in der Anzahl der Centnermeilen die vom Reisegepäck zurückgelegten Meilen mitenthalten sind.

" " 205. Hierunter sind die An- und Abfuhrkosten der Güter mitbegriffen.

5. Main-Neckar-Eisenbahn.

I. **Verbindungsbahn Friedrichsfeld-Mannheim.** Von der zur Großherzogl. Badischen Staatsbahn gehörigen zweigleisigen Strecke Friedrichsfeld-Mannheim wird das eine Geleise ausschließlich von der Badischen Staatsbahn, das andere dagegen als Verbindungsbahn mit der Main-Neckar-Bahn benutzt und nur durch das Transportmaterial der letztern Bahn befahren. Die Main-Neckar-Bahnverwaltung erhält für die von ihr verwendeten Maschinen und Wagen nebst Fahrpersonal jährlich eine entsprechende Vergütigung von der Großherzogl. Badischen Eisenbahn-Verwaltung, wogegen letztere die Einnahme aus dem Personen- und Güterverkehr dieser Strecke bezieht.

II. **Bahn-Anlagen.**

1. **Geleise.** Mit dem Bau eines Doppelgeleises wurde im Frühjahre 1860 begonnen und dasselbe soweit hergestellt, daß es auf mehren Strecken dem öffentlichen Verkehr übergeben werden konnte. Außerdem fand auf einigen Strecken eine Auswechselung der Schienen alten Profils gegen dergl. neuen Profils in einer Gesammtlänge von 2029 lfd. Ruthen, sowie auf einigen Stationen die Herstellung neuer Ausweichgeleise statt.
2. Von **Stationsbauten,** welche im Laufe des Jahres 1860 ausgeführt wurden, ist nur die Vollendung eines neuen großen Güterschuppens auf dem Bahnhofe Frankfurt hervorzuheben.

   Ferner wurden mehre Bahnwärter-Häuschen vergrößert und zu Wohnungen für die Bahnwärter eingerichtet.

III. **Verkehrs-Verbindungen.** Der direkte Verkehr mit andern Bahnen hat im Jahre 1860 eine neue Ausdehnung erhalten. Außer, daß einzelne weitere Stationen der Main-Neckar- und der Hessischen Ludwigs-Eisenbahn gegenseitig in direkten Personenverkehr gesetzt wurden, ist namentlich die Einrichtung direkter Billet-Ausgabe zwischen den Stationen Frankfurt a. M. und Darmstadt via Ulm einerseits und einzelnen Stationen der Königl. Bayerischen Staatsbahnen resp. Kaiserin-Elisabeth-Bahn (und zwar Kufstein, Salzburg, Linz und Wien) andererseits zu erwähnen, welche mit dem 15. August 1860 in's Leben trat.

Für den Güterverkehr wurden mit dem 1. Juni 1860 die Main-Neckar-Stationen mit den meisten Main-Weser-Stationen in direktes Kartirungs-Verhältniß gesetzt. Mit dem 15. Dezember 1860 begann der direkte Güterverkehr des Bayerisch-Badischen Verbandes, welchem die Main-Neckar-Bahn sich anschloß und der die bedeutenderen Stationen der Bayerischen Staatsbahnen zwischen Hof, Nürnberg und Aschaffenburg über Darmstadt mit der Station Heidelberg und mit der Großherzogl. Badischen Bahn in direkte Verbindung setzt.

IV. **Verkehr und Ertrag.** Im Jahre 1860 wurden 5497 Personen und 99 070 Ctr. Güter mehr befördert als im Vorjahre. Die Gesammt-Einnahme stieg zwar um 96 188 Thlr., dagegen betrug auch die Ausgabe 92 848 Thlr. mehr, so daß der Ueberschuß nur 3340 Thlr. höher war als der vorjährige.

V. Außer dem **Unterstützungsfonds** für niedere Angestellte, worüber in den Kol. 284—301 das Nähere mitgetheilt ist, besteht noch ein aus freiwillig beigetretenen Mitgliedern gebildeter Unterstützungsverein mit monatlich 30 Kr. Rh. Beitrag, der beim Ableben eines Mitgliedes dessen Hinterbliebenen die Summe von 300 Fl. auszahlt.

Die Großherzogl. Hessischen und die Großherzogl. Badischen Beamten und Bediensteten sind in die, in den betreffenden Staaten bestehenden Staats-Wittwenkassen aufgenommen.

VI. **Erläuterungen zu den Tabellen:**

zu Kol. 84. Diese 995 177 Thlr. sind die Kosten für den Bau der Brücken über den Main bei Frankfurt und den Neckar bei Ladenburg.

" " 133b. Die Personenwagen der Main-Neckar-Eisenbahn gehen in den Schnellzügen auf die Großherzogl. Badische Staatsbahn nach Baden, Kehl und Basel über. Diese Leistungen werden von der Badischen Verwaltung in natura ausgeglichen, weshalb hier keine Angabe gemacht werden kann.

" " 149b. Freigewicht wird nur im direkten Verkehr mit der Französischen Ostbahn, sowie im Verkehr mit dem Mitteldeutschen und Westdeutschen Verbande zu 60 resp. 50 Pfd. gewährt; es ist dieses Gewicht jedoch nicht besonders notirt werden.

" " 159b. Außer 8 Lokomotiven und 9 Tendern wurden 108 Achsen Eisenbahnwagen befördert.

" " 209. Die Wagenmiethe, sowohl diejenige, welche der Main-Neckar-Bahnverwaltung zu Gute kommt, als auch diejenige, welche sie zu zahlen hat, ist bei den Einnahmen aus dem Güterverkehre zur Ausgleichung gebracht.

6. Main-Weser-Bahn.

I. **Organisation der Verwaltung.** Die Central-Direktion besteht aus 4 Mitgliedern. Von diesen sind zwei von Kurhessen, eins vom Großherzogthum Hessen und eins von der freien Stadt Frankfurt bestellt.

II. **Wirkungskreis der Verwaltung.** Dieselbe erstreckt sich nicht nur auf die Betriebsleitung der Main-Weser-Bahn, sondern die Direktion derselben fungirt auch als geschäftsführende Verwaltung des Westdeutschen Eisenbahn-Verbandes.

III. **Benutzungs-Verhältnisse der Bahn.** Die doppelgeleisige Strecke Kassel-Guntershausen (1,88 Meilen) wird nebst den Bahnhöfen zu Kassel, Wilhelmshöhe und Guntershausen von der Kurfürst Friedrich Wilhelms Nordbahn gegen entsprechende Vergütigung mitbenutzt.

Die Unterhaltung dieser Strecke wird von der Main-Weser-Bahn bewirkt und von der Kurfürst Friedrich Wilhelms Nordbahn die Hälfte der Kosten getragen.

Die Königl. Hannoversche Südbahn, welche in den Hauptbahnhof zu Kassel mündet, benutzt das Empfangsgebäude zu Kassel gemeinschaftlich mit den beiden andern Verwaltungen, während sie eine gesonderte Güter- und Maschinen-Station angelegt hat.

IV. Die **Maschinen- und Reparatur-Werkstätte** in Kassel, sowie das dortige Materialien-Magazin werden von der Main-Weser-Bahn und der Kurfürst Friedrich Wilhelms Nordbahn gemeinschaftlich benutzt.

Außerdem sind noch für den eigenen Bedarf der Main-Weser-Bahn in Gießen und Frankfurt a. M. Maschinen- und Reparatur-Werkstätten vorhanden.

V. **Verbindungsbahn in Frankfurt a. M.** Die Bahnhöfe der Main-Weser-, Main-Neckar-, Taunus-, Offenbacher und Frankfurt-Hanauer Bahn sind durch Verbindungsgeleise mit einander verbunden.

VI. **Bahn-Anlagen.** Im Jahre 1860 wurden auf verschiedenen Stationen die vorhandenen Geleise um 5107 laufende Fuß vermehrt und hierdurch die Ein- resp. Verlegung vieler Weichen bedingt. Außerdem fand auf verschiedenen Stellen des Geleises eine Auswechselung der alten gegen neue Schienen in der Ausdehnung von 43 197 laufende Fuß statt.

VII. **Betriebsmittel.** Der Maschinenpark erhielt gegen das Vorjahr einen Zuwachs von 3 neuen Güterzugs-Maschinen, welche von Henschel und Sohn in Kassel geliefert werden sind. Der Wagenpark erlitt insofern eine Veränderung, als sämmtliche dreiachsige Güterwagen in dergleichen 4rädrige mit verstärkten Achsen umgebaut wurden.

VIII. **Verkehrs-Verbindungen.** Die Main-Weser-Bahn ist Mitglied des Mitteldeutschen und Westdeutschen Verbandes. Zu den Schnellzügen in diesen Verbänden werden auf den Linien Frankfurt a. M.-Guntershausen-Leipzig und Berlin, sowie Frankfurt a. M.-Wolfenbüttel-Berlin durchgehende Wagen alternirend von den betreffenden Verwaltungen gestellt.

IX. **Verkehr und Ertrag.** Im Jahre 1860 wurden zwar 18 804 Personen weniger befördert als im Vorjahre, die Einnahme war aber um 28 715 Thlr. höher. Güter wurden 75 706 Ctr. mehr befördert, die Einnahme aus dem Güterverkehre war um 8092 Thlr. höher als im Vorjahre. Die Gesammt-Einnahme überstieg die vorjährige um 36 448 Thlr. Die laufenden Betriebs-Ausgaben erhöhten sich gegen 1859 um 26 888 Thlr., so daß der Ueberschuß den vorjährigen nur um 9560 Thlr. überstieg.

X. **Ausnutzung der Transport-Fahrzeuge.** Jede der vorhandenen Lokomotiven legte ausschließlich des Rangirdienstes auf den Bahnhöfen 2705 Meilen zurück, wobei jedoch die 3 neuen, nur kurze Zeit während des Betriebsjahres 1860 im Dienst gewesenen Lokomotiven mit ihren Dienstleistungen ausgeschlossen sind, und beförderte pro Nutzmeile ein Brutto-Gewicht von 3486 Ctrn.; hiervon waren 21,17 Proc. Nettogewicht.

Auf jede Achsmeile der Personenwagen I. u. II. Klasse kamen 3,4 Personen, welche 15,97 Sgr. einbrachten, gegen 3,18 Personen mit einem Ertrage von 14,83 Sgr. in 1859. Auf jede Achsmeile der Personenwagen III. Klasse kamen 6,07 Personen mit einem Ertrage von 15,13 Sgr. gegen 6,18 Personen mit einem Ertrage von 16,17 Sgr. in 1859.

Auf jede Güterwagenachse kam pro Meile eine Belastung von 27,48 Ctr., eine Einnahme von 10,38 Sgr. gegen 26,18 Ctr. und 10,29 Sgr. in 1859. Die leer gelaufenen Wagen betrugen 17,61 Proc. gegen 17,94 Proc. in 1859; da jedoch der Güterverkehr in der Richtung nach Süden 60,19 Proc. und in der nach Norden 39,81 Proc. des ganzen Güterverkehrs betrug, der erstere also den letzteren um 20,38 Proc. überstieg, so sind viele Wagen mit nur theilweiser Belastung zurückgegangen.

XI. Eine **Beamten-Pensionskasse** besteht nicht, da die Beamten den für die Staatsdiener in den verschiedenen Ländern geltenden Pensions-Vorschriften unterliegen; dagegen ist eine auf volle Gegenseitigkeit gegründete Sterbekasse unter den Beamten, Dienern und Arbeitern der Bahn eingerichtet.

XII. **Erläuterungen zu den Tabellen:**

zu Kol. 13. Bei Berechnung der Tarife, bei Abtheilung der Bahn (von 0,01 zu 0,01 M.) und in allen sonstigen Beziehungen wird die geographische Meile, deren die Bahn 27 enthält, zu Grunde gelegt.

Von dieser Bahnlänge kommen auf a) Kurhessen . . . . 18,17 Meilen,
b) Großherzogthum Hessen . . . . 8,08 „
c) die freie Stadt Frankfurt . . . . 0,41 „
zusammen 26,66 Meilen.

„ „ 75b. Von dem Baukapitale, welches nach den Voranschlägen zu 15 428 000 Thlr. berechnet war, sind bis Ende 1860 13 889 319 Thlr. aufgewendet. Der Bau ist noch nicht beendet, indem noch Stationsbauten zu vollenden und Wärterwohnungen auszuführen sind.

Ferner ist die Fortsetzung des zweiten Geleises von Guntershausen bis Frankfurt a. M. herzustellen, die Kosten dafür sind aber unter der Anschlagssumme nicht begriffen.

„ „ 94d. Unter diesen Wagen befinden sich 2 Salonwagen, welche bei Berechnung der Sitzplätze (Kol. 95 u. 96) außer Acht gelassen sind.

„ „ 97g. Außerdem besitzt die Verwaltung noch einen Antheil an den gemeinschaftlichen 18 sechsrädrigen Packmeisterwagen des Mitteldeutschen Eisenbahn-Verbandes.

„ „ 114. Der Stationsdienst der Lokomotiven und der auf den Verbindungsbahnen (12 607 Stunden) ist hierunter nicht enthalten. Der Verbrauch bei diesen Diensten (100 Pfd. Kohlen pro Stunde) ist in den Angaben zu Kol. 118—129 **nicht** enthalten, während die entsprechende Ausgabe in den Beträgen der Kol. 205 enthalten ist.

„ „ 120a. Das Mischungsverhältniß der Steinkohlen und des Coaks ist nach dem Gesammt-Verbrauche angegeben, in Wirklichkeit ist aber zum größten Theile mit Steinkohlen ausschließlich, und nur zum kleinen Theile mit Steinkohlen und Coaks gefeuert.

„ „ 134. Für den Transport der Posteffekten wird je nach Bedürfniß der Raum eines halben oder ganzen Wagens gestellt; die so erforderlich gewesenen Achsmeilen sind hier angegeben.

„ „ 135a. Hierunter sind 7613 Achsmeilen, von Materialzügen für die Bahn-Unterhaltung zurückgelegt, mitbegriffen.

„ „ 149b. Freigepäck wird nur im Verkehr des Mitteldeutschen und Westdeutschen Verbandes, nicht aber im innern Verkehr und in dem mit der Main-Neckar-Bahn gewährt, da in den letzteren geringere Tarifsätze für den Personenverkehr zur Anwendung kommen. Bei Benutzung der III. Wagenklasse im innern Verkehre wird eine **Traglast** pro Person **frei** befördert.

„ „ 152, 165b u. 171b. Die vorstehend bei Kol. 134 erläuterte Einrichtung gestattet eine Notirung der Postgüter nicht.

„ „ 159b. Dies sind 4 Lokomotiven und 1 Tender; außerdem wurden 88 Achsen Waggons befördert.

„ „ 159c. Sonstige Fahrzeuge wurden in der Anzahl von 82 Achsen befördert.

„ „ 190. In dieser Summe sind auch die Gehalte der Hülfswärter und ständigen Arbeiter mitenthalten.

„ „ 191. Die hier aufgeführte Summe umfaßt auch die Kosten für Herstellung der sub No. VI. dieses Berichts erwähnten 5107 laufende Fuß Geleise-Vermehrung auf den Bahnhöfen und Auswechselung der alten gegen neue Schienen auf einzelnen Strecken.

„ „ 197. Diese Summe besteht aus den Heizungs- und Erleuchtungskosten der Wärterlokale, sowie der Büreaus für Bahn-Unterhaltung.

„ „ 204. Unter dieser Summe sind auch die weitern Emolumente, als: Meilen- und Nachtgelder, Coaksprämien, Vertretungskosten ꝛc. mitbegriffen.

„ „ 205d. Desgleichen hier die Beleuchtungskosten der Bahnhöfe und Bahntelegraphen.

zu Kol. 205 a. Ebenso hier die Kosten für Frachtbriefträger, Wagenschieber und für Bedienung der Drehscheiben.

" " 206 c. Diese Ausgabe wurde durch die hier verrechneten Kosten für Auswechselung einer großen Anzahl Achsen und Umbau des Restes der 3achsigen Güterwagen in 2achsige wesentlich gesteigert.

" " 247. Die Beschädigungen waren sämmtlich leicht und die Betroffenen nur wenige Tage von ihren gewöhnlichen Verrichtungen abgehalten.

" " 269 b. Dieser an einem Tender vorgekommene Achsbruch geschah nach vollendeter Fahrt auf dem Bahnhofe zu Frankfurt a. M.

" " 269 d. Achsbrüche an Lastwagen kamen 4 vor, jedoch nicht an eigenen, sondern an Wagen fremder Verwaltungen.

" " 284 — 301. Eine Beamten-Pensionskasse besteht nicht (siehe oben ad XI. dieses Berichts).

7. Königl. Preuß. Niederschlesisch-Märkische Eisenbahn.

I. **Bahngebiet.** Zur Niederschlesisch-Märkischen Eisenbahn gehören:

a) die Hauptbahn von Berlin bis Breslau in einer Länge von	47,38	Meilen
b) die Zweigbahn von Kohlfurt bis Görlitz mit	3,74	"
c) " Verbindungsbahn zwischen dem Niederschlesischen u. Oberschlesischen Bahnhofe zu Breslau mit	0,31	"
zusammen	51,43	Meilen.

Außerdem gehört noch zur Verwaltung der Königl. Direktion der Niederschlesisch-Märkischen Eisenbahn die aus Staatsmitteln erbaute, 1,24 Meilen lange Verbindungsbahn zu Berlin, welche die Bahnhöfe der daselbst einmündenden Bahnen untereinander verbindet. Ein Personenverkehr findet auf dieser Verbindungsbahn jedoch nicht statt, sondern es werden nur Güter und ausnahmsweise Extrazüge, sowie Lokomotiven und Wagen aus den Lokomotiv- und Wagenbau-Anstalten befördert. Eigene Betriebsmittel besitzt die Verbindungsbahn nicht, indem nur die, den verschiedenen Eisenbahnen gehörenden Wagen übergeführt werden, wozu die Niederschlesisch-Märkische Eisenbahn die erforderlichen Lokomotiven nebst Dampfkraft vorhält.

In die vorliegenden Tabellen ist die Berliner Verbindungbahn nicht mitaufgenommen.

II. **Bahn-Anlagen.**

1. **Doppelgeleise.** Der Neubau des zweiten Geleises ist im Jahre 1860 auf der ganzen Bahn vollendet worden und ist zur Zeit nur noch die Verbindungsbahn zu Breslau (vom Niederschlesisch-Märkischen bis zum Oberschlesischen Bahnhofe) eingeleisig.

2. **Einfriedigungen.** Mit Erneuerung der nur spärlich vorhandenen Einfriedigung der Bahn durch Hecken und Neuanlage derselben wurde im Jahre 1860 fortgefahren. Außerdem wurden die öden Umgebungen der Bahn an vielen Stellen mit Weiden, Birken, Akazien und Buschwerk bepflanzt.

III. **Industrielle Anlagen.** Um Pflänzlinge für Hecken-Anlagen zu ziehen, wurden an mehreren Stellen der Bahn Baumschulen angelegt. Insbesondere ist seit dem Jahre 1858 auf die Maulbeer-Plantagen, welche einen erfreulichen Erfolg gehabt haben, größere Rücksicht genommen worden.

IV. **Verkehrs-Verbindungen.** Es findet statt:

a) eine direkte Personen-Billet-Ausgabe und Gepäck-Expedition mit der Königl. Ostbahn, Stargard-Posener, Niederschlesischen Zweigbahn, Sächsisch-Schlesischen Staatsbahn, Leipzig-Dresdener, Breslau-Schweidnitz-Freiburger, Oberschlesischen, Wilhelmsbahn, Kaiser Ferdinands Nordbahn und Breslau-Posen-Glogauer Eisenbahn;

b) ein direkter Güter-Verkehr, außer mit den vorgenannten Bahnen, auch mit der Berlin-Hamburger Eisenbahn.

Außerdem findet in Vereinigung mit der Oberschlesischen und Breslau-Schweidnitz-Freiburger Eisenbahn ein direkter Kohlen- und Coaks-Transport von den Oberschlesischen Gruben bei Cosel, Gleiwitz, Zabrze, Morgenroth, Ruda, Königshütte, Kattowitz, Myslowitz und Neu-Berun, und von den Niederschlesischen Gruben im Waldenburger Grubenreviere nach allen Stationen der Niederschlesisch-Märkischen Eisenbahn statt. Endlich ist eine direkte Expedition von Vieh von den Stationen der Ostbahn und Stargard-Posener Bahn nach Berlin, Köpenick, Erkner, Fürstenwalde und Briesen, sowie von den Stationen der Breslau-Posen-Glogauer Bahn nach Berlin, Frankfurt und Görlitz, und umgekehrt, ebenso auch von den Stationen der Oberschlesischen Bahn nach allen Stationen der Niederschlesisch-Märkischen Bahn eingerichtet worden.

V. **Verkehr und Ertrag.** Im Jahre 1860 sind zwar 930 Personen weniger befördert worden als im Vorjahre, trotzdem aber ist die Einnahme um 47 971 Thlr. höher gewesen; der Güterverkehr (ausschließlich der Betriebsdienst- und Baugüter) ist um die bedeutende Quantität von 1 233 669 Ctrn. gestiegen und in Folge dessen aus diesem Verkehrszweige eine Mehr-Einnahme von 205 912 Thlrn. erzielt worden. Im Ganzen haben gegen das Vorjahr die Einnahmen 278 827 Thlr. mehr betragen, die laufenden Betriebs-Ausgaben ergeben gegen die vorjährigen ein Ersparniß von 104 815 Thlrn., so daß in Folge dieses sehr günstigen Resultats der Ueberschuß 383 642 Thlr. mehr betrug als im Vorjahre.

VI. **Versicherungswesen.** Die Versicherung für Reisegepäck, Equipagen, Vieh und Güter findet nach den Bestimmungen des Betriebs-Reglements statt. Die Garantie trägt die Bahnverwaltung selbst und hat sie ihrerseits keinerlei Versicherung mit Versicherungs-Gesellschaften geschlossen.

VII. **Erläuterungen zu den Tabellen:**

zu Kol. 2b. Außerdem ist noch ein Hülfsarbeiter gegen 60 Thlr. monatliche Diäten beschäftigt, desgleichen ein Syndikus mit 1500 Thlr. jährlicher Remuneration.

zu Kol. 75. Das concessionirte Anlage-Kapital besteht

a) in Stamm-Actien	10 000 000 Thlr.	
b) „ Prioritäts-Actien zum Ankauf der früheren Berlin-Frankfurter Bahn	4 175 000 „	
c) in Prioritäts-Obligationen	6 800 000 „	
zusammen		20 975 000 Thlr.
Davon waren ult. 1860 noch im Bestande		1762 „
mithin verwendet		20 973 238 Thlr.
Hierzu die Ueberweisungen aus Staatsfonds bis Ende 1860		
a) zum Bau des II. Geleises	4 059 794 Thlr.	
b) zu baulichen Erweiterungen	1 572 000 „	
	5 631 794 Thlr.	
Davon war ult. 1860 noch Bestand	198 374 „	
mithin verwendet		5 433 420 Thlr.
Ferner sind aus den Betriebs-Ueberschüssen in den Jahren 1852—1860 zur Erweiterung und Vervollständigung der Bahn-Anlagen, sowie zur Vermehrung der Transportmittel verwendet		3 095 009 „
Summa des bis ult. 1860 verwendeten Anlage-Kapitals		29 501 667 Thlr.

einschließlich von 1 414 173 Thlrn., welche für Agio, Werthstempel und Kosten für den Ankauf der Berlin-Frankfurter Bahn verausgabt wurden. Diese Summe von 1 414 173 Thlrn. ist unter den

„ „ 82. aufgeführten 2 899 409 Thlrn. mitbegriffen.

„ „ 84. Hiervon kommen auf den Neiße-Viadukt bei Görlitz 640 687 Thlr. und auf den Bober-Viadukt bei Bunzlau 423 386 Thlr.

„ „ 89. Diese 3 095 008 Thlr. sind, wie aus der Erläuterung zu Kol. 75 hervorgeht, in dem verwendeten Anlage-Kapitale mitenthalten.

„ „ 197. Die Kosten für die Heizung der Wärterlokale sind mit denjenigen für Heizung, Erleuchtung und Reinigung der Empfangszimmer und der Stations-Büreaus, sowie für Erleuchtung und Reinigung der Bahn nebst optischen Telegraphen und den Bahnhöfen in Kol. 200 mitenthalten.

„ „ 230. Dividenden werden bei der Niederschlesisch-Märkischen Bahn nicht gezahlt, sondern es kommen nur die im Privatbesitz verbliebenen, der Amortisation unterliegenden Stamm-Actien mit 4 Proc. zur Verzinsung.

„ „ 234 ꝛc. u. 238 ꝛc. Besondere Reserve- und Erneuerungsfonds giebt es bei der Königl. Niederschlesisch-Märkischen Bahn nicht. Es sind aber hier diejenigen vorgekommenen Ausgaben aufgeführt, welche bei Privatbahnen in der Regel aus diesen Fonds bezahlt werden, und zwar:

in Kol. 236 (übereinstimmend mit Kol. 235)

die in Folge von Elementar- oder Betriebs-Unfällen vorgekommenen Ausgaben und

in Kol. 240 (übereinstimmend mit Kol. 239)

die für Ersatz an Schienen, Schwellen und Ausweichen, sowie für größere Ersatzstücke an Lokomotiven und Wagen erwachsenen Kosten.

„ „ 269d. Hierunter befinden sich 16 Achsbrüche, welche in den Werkstätten bei Revision der Fahrzeuge entdeckt wurden.

„ „ 274b. Die hier notirten Schienenbrüche datiren vom 1. Januar 1850.

„ „ 301a. Die Pensionen wurden an 76 männliche und 134 weibliche, zusammen 210 Personen gezahlt; außerdem erhielten die hinterbliebenen Kinder von 58 verstorbenen Mitgliedern Kinder-Erziehungs-Gelder.

8. Königl. Preuß. Ostbahn.

I. **Bahngebiet.** Im Jahre 1860 erfolgte die Betriebs-Eröffnung der neuen Strecke Königsberg-Eydtkuhnen, und zwar wurde am 6. Juni die Strecke Königsberg-Stallupönen (18,44 Meilen) und am 15. August die Strecke Stallupönen-Eydtkuhnen (1,45 Meilen) dem Verkehre übergeben. Die Ostbahn umfaßt nunmehr

a) die Hauptbahn von Frankfurt a. O. bis zur Russischen Grenze bei Eydtkuhnen	96,11 Meilen,
b) die Zweigbahn von Dirschau nach Danzig	4,14 „
zusammen	100,25 Meilen.

Außerdem ist der Bau einer Zweigbahn von Bromberg über Thorn bis zur Russischen Grenze in Angriff genommen und soweit vorgeschritten, daß die Strecke Bromberg-Thorn in einer Länge von 6,42 Meilen am 24. Oktober 1861 in Betrieb gesetzt werden konnte.

II. **Bahn-Anlagen.** Im Jahre 1860 wurde auf dem Bahnhofe Kreuz eine Gasanstalt zur Beleuchtung des Bahnhofes erbaut und in Betrieb gesetzt, ebenso wurde der Bahnhof Bromberg für vollständige Gasbeleuchtung eingerichtet.

Auf dem Bahnhofe Königsberg wurde ein Lokomotivschuppen, verbunden mit einem Maschinenhause für die Dampfmaschine der Wasserstation, erbaut.

An verschiedenen Stellen der Bahn wurden massive Wärterwohnungen ausgeführt und mehrere andere aus Fachwerk in massive umgebaut.

III. **Industrielle Anlagen.** Ueber die Maschinenbau-Anstalt, die Ziegelei und die Cementfabrik enthält die Statistik pro 1859 ausführliche Mittheilungen.

Im Jahre 1860 wurde auf dem Bahnhofe Bromberg auch eine Imprägnir-Anstalt zum Tränken der Eisenbahnschwellen mit Creosot angelegt. Dieselbe besteht aus einem Tränkungsgebäude, in welchem sich eine Dampfmaschine und 2 Imprägnirungskessel befinden, einem zweitheiligen Trockenofen und einem Wohngebäude nebst Stall für den Aufseher und 2 Heizer.

IV. **Verkehr und Ertrag.** Im Jahre 1860 wurden (zum Theil aus Veranlassung der neu eröffneten Strecke Königsberg-Eydtkuhnen) 248 307 Personen mehr befördert als im Vorjahre. Dies ergab eine Mehreinnahme von 270 034 Thlrn. Der Güterverkehr überstieg den vorjährigen um 1 250 819 Ctr. mit einer Mehreinnahme von 190 988 Thlrn.

Die Gesammt-Einnahme belief sich auf 434 967 Thlr. höher als im Jahre 1859, dagegen haben auch die Betriebs-Ausgaben um 119 028 Thlr. zugenommen. Der Betriebs-Ueberschuß ist von 1 433 716 Thlrn. (1859) auf 1 749 655 Thlr., also um 315 939 Thlr. gestiegen.

V. **Erläuterungen zu den Tabellen:**

zu Kol. 14a. Die Betriebs-Eröffnung der einzelnen Bahnstrecken war folgende:

am 27. Juli 1851 Kreuz-Bromberg,
" 6. August 1852 Bromberg-Danzig,
" 19. Oktober 1852 Marienburg-Braunsberg,
" 2. August 1853 Braunsberg-Königsberg,
am 12. Oktober 1857 Dirschau-Marienburg (einschl. der Weichsel- u. Nogatbrücken) und Frankfurt-Kreuz,
" 6. Juni 1860 Königsberg-Stallupönen,
" 15. August 1860 Stallupönen-Eydtkuhnen.

" " 117b. Als Feuerungsmaterial ist im Jahre 1860 verwendet worden: bei den Schnellzügen fast ausschließlich Coaks, bei den Personenzügen eine Mischung von Coaks und Steinkohlen und bei circa 1/10 der Lokomotivmeilen nur Steinkohlen. Zwei Lokomotiven wurden mit Torf und eine dergleichen kurze Zeit versuchsweise mit Holzkohlen geheizt. Bei den Güter- und Materialienzügen wurden circa 2/3 der Lokomotivmeilen mit einer Mischung von Coaks und Steinkohlen und 1/3 mit Steinkohlen zurückgelegt. 8 Lokomotiven wurden mit Torf geheizt.

" " 128a u. c. Das verbrauchte Feuerungs-Material für Nebenleistungen, als: Leerfahrten, Anheizen und Stationiren, ist in den Angaben der Kol. 117—123 nicht mitenthalten, dagegen aber jenen in Kol. 128a u. c hinzugerechnet worden; ebenso ist in den Angaben

" " 129a der Verbrauch an Coaks zu den Nebenleistungen, sowie die Quantität der verbrauchten Holzkohlen (3546 Schfl.), auf Coaks reducirt, mitenthalten.

" " 149b. Das in Kol. 148 mitenthaltene Freigewicht kann nicht angegeben werden, da dasselbe nicht besonders notirt wird.

" " 234—241. Ein besonderer Reserve- und Erneuerungsfonds besteht nicht, sondern es werden die bezüglichen Ausgaben aus den laufenden Betriebs-Einnahmen bestritten. Die nachgewiesenen Ausgaben (Kol. 202 u. 213) vergrößern sich daher um die bezüglichen Beträge, sowie sich andererseits der nachgewiesene Betriebs-Ueberschuß (Kol. 227) um dieselbe Summe vermindert.

9. Königl. Preuß. Saarbrücker und Saarbrücken-Trier-Eisenbahnen.

I. **Wirkungskreis der Verwaltung.** Seit Auflösung der Königl. Direktion der Rhein-Nahe-Eisenbahn ist die Verwaltung dieser Bahn der Königl. Eisenbahn-Direktion zu Saarbrücken übertragen. Deren Wirkungskreis erstreckt sich seit dem 1. August 1859 auf die Betriebsleitung der Saarbrücker, der Saarbrücken-Trier- und der Rhein-Nahe-Eisenbahn. Letztere ist in den Tabellen unter Nr. 21 aufgeführt.

II. **Bahngebiet.**

1) Zur Saarbrücker Eisenbahn gehören außer der Hauptbahn, welche eine Ausdehnung von 4,20 Meilen hat, noch 9 nach Kohlenschächten führende Zweigbahnen, von denen die nach den Gruben „von der Heydt", „Heinitz" und „Reden" im Sulzbachthale die größeren sind, in einer Gesammtlänge von . . . . 1,92 "
Hierzu tritt die von der Französischen Ostbahn-Verwaltung gepachtete Strecke von der Französischen Grenze bis zur Station Forbach von . . . . 0,59 "
daher Betriebslänge 6,71 Meilen.

2) Die Saarbrücken-Trier-Eisenbahn, welche 400 Ruthen westlich vom Bahnhofe St. Johann-Saarbrücken der Saarbrücker Eisenbahn sich abzweigt und am 26. Mai 1860 bis Trier eröffnet wurde, umfaßt bis dahin (einschließlich der für beide Bahnen gemeinschaftlichen Strecke vom Bahnhofe Saarbrücken bis zum Anfangspunkte der Saarbrücken-Trier-Eisenbahn von 400 Ruthen = 0,10 Meilen) . . . . 11,60 "

Beide Bahnen, soweit sie am Schlusse des Jahres 1860 im Betriebe waren, haben eine Betriebslänge von . . . . 18,31 Meilen.

III. **Verkehrs-Verbindungen.**

a) Für den Personen- und Gepäckverkehr bestehen folgende direkte Verbindungen:

1) mit den sämmtlichen Stationen der Rhein-Nahe-Eisenbahn.

2) mit der Französischen Ostbahn für die Stationen Metz, Nancy, Chalons und Paris; letztere sind über die Rhein-Nahe-Bahn noch mit Mainz, Darmstadt, Frankfurt a. M. und Wiesbaden verbunden.
3) mit der Pfälzischen Ludwigsbahn bis Worms und der Pfälzischen Maximiliansbahn bis Weißenburg.
4) mit den Badischen, Württembergischen und Bayerischen Staatsbahnen via Pfälzische Bahn bis Basel, München und Donauwörth,
5) mit dem Mitteldeutschen Verbande via Pfälzische Bahn nach Berlin und Leipzig;

über die Rhein-Nahe-Eisenbahn

6) mit der Hessischen Ludwigsbahn bis Mainz, Worms, Darmstadt und Aschaffenburg,
7) mit der Taunusbahn nach Frankfurt a. M. und Wiesbaden,
8) mit den Bayerischen Staatsbahnen nach Würzburg, Schweinfurt, Bamberg, Lichtenfels, Hof, Fürth, Augsburg, München, Kufstein und Salzburg,
9) mit der Rheinischen Bahn nach Köln und Aachen,
10) mit der Köln-Mindener und der Niederländischen Rheinbahn bis nach Rehme, Emmerich, Amsterdam und Rotterdam,
11) mit dem Norddeutschen Verbande über Köln, Hannover nach Bremen und Harburg, über Magdeburg nach Berlin und Leipzig.

b) Die direkten Verbindungen für den Güterverkehr sind:
1) mit sämmtlichen Stationen der Rhein-Nahe-Eisenbahn,
2) mit der Französischen Ostbahn bezüglich der Stationen Paris, la Ferté sous Jouarre, Chateau Thierry, Epernay Rheims, Oiry-Avize, Chalons, Vitri, Bar le Duc, Commercy, Metz, Thionville, St. Avold, Nancy, Epinal, Luneville, Troyes, Chaumont, Langre, Gray.
(Der direkte Verkehr dieser Stationen ist über die Rhein-Nahe-Eisenbahn bis Mainz und Frankfurt a. M. ausgedehnt.)
3) mit den Pfälzischen (Ludwigs- und Maximilians-) Bahnen,
4) mit der Hessischen Ludwigsbahn über die Pfälzische Ludwigsbahn nach den Stationen Worms, Osthofen, Mettenheim, Alsheim und Guntersblum;

über die Rhein-Nahe-Eisenbahn

5) mit der Hessischen Ludwigsbahn über Mainz, einerseits bis Worms, andererseits über Darmstadt nach Frankfurt a. M. und Aschaffenburg,
6) mit der Taunus- und Rheinischen Eisenbahn.

IV. **Verkehr und Ertrag.** Im Jahre 1860 wurden auf der Saarbrücker Bahn zwar 43 101 Personen und 4 465 141 Ctr. Güter mehr befördert und hierdurch im Ganzen 53 682 Thlr. mehr eingenommen als im Vorjahre, dagegen haben die laufenden Betriebs-Ausgaben die vorjährigen um 136 943 Thlr. überstiegen, so daß der Ueberschuß gegen 1859 um 83 261 Thlr. zurückgeblieben ist.

Die Betriebs-Resultate der Saarbrücken-Trier-Bahn sind, da dieselbe im Jahre 1859 nur bis Merzig, ult. 1860 aber bis Trier sich im Betriebe befand, zu Vergleichungen mit dem Vorjahre nicht geeignet.

V. **Neue Bahnlinien.** Der Bau einer neuen Zweigbahn nach dem Ziehwalder Stollen der Grube „König" bei Neunkirchen ist im Jahre 1860 in Angriff genommen und die Erdarbeiten größtentheils ausgeführt.

VI. **Beamten-Pensionskasse.** Neben der Pensions-, Wittwen- und Unterstützungskasse für Beamte besteht noch eine, aus laufenden Beiträgen der Beamten und Arbeiter gebildete Krankenkasse, welche bei Erkrankungen unentgeldliche ärztliche Hülfe, sowie Arznei und außerdem ein mäßiges Pflegegeld gewährt.

VII. **Erläuterungen zu den Tabellen:**

zu Kol. 12. Da für den Betrieb der Saarbrücken-Trier-Eisenbahn eine 0,20 Meilen (400 Ruthen) lange Strecke der Saarbrücker Bahn (siehe oben ad II. 2) mitbenutzt wird, so beträgt die Betriebslänge eigentlich 11,16 + 0,20 M. = 11,36 Meilen.

„ „ 75 b. (Saarbrücker.) In dieser Summe befinden sich die Baukosten der noch nicht in Betrieb gesetzten zweiten Verbindungsbahn zwischen dem nach der Französischen Grenze führenden Theile der Saarbrücker Hauptbahn und der Zweigbahn nach der Grube „von der Heydt" (0,04 M.), sowie der noch im Bau begriffenen Zweigbahn nach dem Ziehwalder Stollen der Grube „König" östlich des Bahnhofes Neunkirchen (0,04 M.). Diese Baukosten beliefen sich Ende 1860 auf 46 912 Thlr. Für die im Betriebe stehende Bahn waren bis dahin 3 961 827 Thlr. verwendet.

„ „ 83. (Dieselbe.) Diese Durchschnittssumme ist nach den eben angegebenen 3 961 827 Thlrn. berechnet.

„ „ 167. (Beide Bahnen). Der Berechnung dieser Durchschnittszahlen ist nicht die Tariflänge, sondern die Betriebslänge im mittleren Jahresdurchschnitte zu Grunde gelegt.

„ „ 212. (Saarbrücker.) In dieser Summe sind 3130 Thlr. Restausgaben des Jahres 1859 enthalten.

„ „ 212. (Saarbrücken-Trier.) Desgleichen in diesen 8037 Thlrn. 103 Thlr. Ausgabereste des Vorjahres.

10. Königl. Preuß. Westfälische Eisenbahn.

I. Der **Wirkungskreis der Verwaltung** erstreckt sich nicht nur auf die Betriebsleitung der Westfälischen Eisenbahn, sondern die Direktion derselben steht auch dem Ostfriesisch-Rheinischen Verbande als geschäftsführende Direktion vor. Derselbe wird gebildet durch die Hannoversche Westbahn, die Westfälische, die Bergisch-Märkische und Köln-Mindener Eisenbahnen.

II. **Bahngebiet.** Die Westfälische Eisenbahn umfaßt folgende drei Strecken, welche theils als ehemalige Gesellschaftsbahnen an den Staat übergegangen, theils von demselben ausgebaut und zu verschiedenen Zeiten dem Verkehr übergeben sind:

a) von der Preuß.-Kurhessischen Grenze über Warburg bis Hamm (die ehemalige Köln-Minden-Thüringer Verbindungs-Eisenbahn) . . . . 17,91 Meilen,

b) von Hamm bis Münster (die ehemalige Münster-Hammer Bahn) . . . . 4,44 „

c) von Münster bis Rheine . . . . 5,12 „

zusammen 27,77 Meilen.

Die Bahnstrecke von der Kurhessischen Grenze bis Warburg . . . . 0,61 „

ist an die Direktion der Kurfürst Friedrich Wilhelms Nordbahn verpachtet,

so daß im eigenen Betriebe stehen . . . . 27,10 Meilen.

Auf diese Bahnlänge beziehen sich die vorliegenden statistischen Notizen und Betriebs-Resultate.

Außerdem ist von der Emden-Rheine-Löhner Bahnlinie die im Preußischen Gebiete belegene und 5,41 Meilen lange Strecke von Salzbergen bis Osnabrück von der Westfälischen Eisenbahn-Direktion aus Staatsmitteln gebaut, der Betrieb aber der Königl. Hannoverschen Eisenbahn-Verwaltung pachtweise überlassen worden.

III. **Verkehrs-Verbindungen.** Es besteht ein direkter Personen- und Güterverkehr mit gegenseitigem Wagen-Uebergange von den Hauptstationen der Westfälischen Eisenbahn nach denen der Hannoverschen Westbahn, der Köln-Mindener, Bergisch-Märkischen, Aachen-Düsseldorf-Ruhrorter, Thüringischen, Werra-Bahn und Kurfürst Friedrich Wilhelms Nordbahn, und zwar:

a) der Rheinisch-Thüringische Eisenbahn-Verband zwischen den Endpunkten Aachen, Rheine, Lichtenfels, Gera, Halle und Leipzig;

b) der Ostfriesisch-Rheinische Eisenbahn-Verband mit direkter Beförderung zwischen den Endpunkten Emden, Osnabrück, Elberfeld, Ruhrort, Emmerich, Köln und Warburg;

c) der Ostfriesisch-Thüringische Eisenbahn-Verband zwischen den Endpunkten Emden-Naumburg und Osnabrück-Warburg.

Außerdem findet eine direkte Personen- und Gepäck-Expedition statt:

d) durch Vermittelung der Westfälischen Verwaltung zwischen Köln und Kassel;

e) durch Vermittelung der Köln-Mindener Verwaltung zwischen Münster und den Norddeutschen Verbandstationen Bremen, Harburg, Hannover, Braunschweig, Magdeburg, Berlin, Leipzig und Dresden.

IV. **Verkehr und Ertrag.** Im Jahre 1860 wurden 20 844 Personen weniger, dagegen (exkl. der Betriebsdienst- und Baugüter) 560 258 Ctr. Güter mehr befördert als im Vorjahre. Demzufolge haben sich die Einnahmen aus dem Personenverkehre um 5322 Thlr. vermindert, die des Güterverkehrs aber um 19 419 Thlr. vermehrt, so daß die Gesammt-Einnahmen sich um 15 240 Thlr. höher stellten als pro 1859. Die laufenden Betriebs-Ausgaben verringerten sich um 46 143 Thlr. und der Ueberschuß hat deshalb 61 383 Thlr. mehr betragen als der vorjährige.

V. **Neue Bahnlinien.** Zur Abkürzung des Weges von Berlin nach Köln u. s. w. wird im Anschluß an eine, auf Herzogl. Braunschweigischem Gebiet im Bau begriffene Bahn von Kreiensen über Stadtoldendorf und Holzminden bis zur Landesgrenze eine Flügelbahn

von Altenbeken (zwischen Buke und Paderborn) über Driburg, Brakel und Hörter bis zur Braunschweigischen Grenze bei Holzminden

erbaut. Die Bahn wird eine Länge von circa 6 Meilen erhalten. Nach Vollendung der Vorarbeiten ist der Bau dieser Bahn im Sommer 1861 in Angriff genommen.

VI. **Beamten-Pensionskasse.** Außer der für nicht definitiv angestellte Beamte gegründeten Pensions- und Unterstützungskasse, für welche die Angaben der Kol. 284—301 das Nähere ergeben, bestehen noch 8 Krankenkassen, und zwar:

a) eine für die Lokomotivführer, Heizer und Arbeiter der Maschinen-Werkstätte;

b) sieben verschiedene Krankenkassen-Verbände für die gering besoldeten Betriebs-Beamten

mit zusammen 937 Theilnehmern, welche einen Jahresbeitrag von 4038 Thlrn. einzahlten. Der Bestand dieser Krankenkassen belief sich am Schlusse des Jahres 1860 auf 4633 Thlr. 18 Sgr. 4 Pf.

VII. **Erläuterungen zu den Tabellen:**

zu Kol. 75b—84. Die hier angegebenen Summen beziehen sich auf die sub No. II dieses Berichts erläuterte Bahnlänge von 27,77 Meilen.

„ „ 191. Hierunter ist auch ein Betrag von 23 514 Thlrn. für Erneuerungen mitbegriffen.

„ „ 195. Ebenso hier 1701 Thlr. für Erneuerungen.

„ „ 206d. Desgleichen hier 7015 Thlr.

„ „ 234—241. Ein Reserve- und Erneuerungsfonds besteht bei der Westfälischen Eisenbahn nicht. Diejenigen Ausgaben, welche bei Privatbahnen aus diesen Fonds bestritten werden, werden vorzugsweise aus den Betriebs-Ueberschüssen entnommen, zum Theil auch aus dem allgemeinen Eisenbahn-Fonds überwiesen.

11. Königl. Sächsische östliche Staats-Eisenbahnen.

I. **Verwaltung.** Die Sächsisch-Böhmische und die Sächsisch-Schlesische Bahn bilden die Königl. Sächsischen östlichen Staatsbahnen und stehen unter einer Verwaltung, der „Königl. Staats-Eisenbahn-Direktion zu Dresden".

Der Wirkungskreis dieser Direktion erstreckt sich außerdem auch auf die Betriebsleitung der angrenzenden Löbau-Zittauer und Zittau-Reichenberger Privatbahnen.

II. Die **Verbindungsbahn** in Dresden verbindet die Sächsisch-Böhmische Staatsbahn mit der Albertsbahn, der Leipzig-Dresdener Gesellschafts- und der Sächsisch-Schlesischen Staatsbahn.

III. Die **Betriebsmittel** der die östlichen Staatsbahnen bildenden Sächsisch-Böhmischen und Sächsisch-Schlesischen Bahnen sind in einen Maschinen- und Wagenpark vereinigt worden. Dem entsprechen die Angaben im Abschnitt C der Tabellen.

IV. **Erneuerungsfonds.** Der seit dem Jahre 1855 für die sämmtlichen Königl. Sächsischen Staats-Eisenbahnen bestehende Betriebsmittel-Erneuerungsfonds ist vom Jahre 1858 an auch auf die Oberbau-Materialien ausgedehnt worden und es erfolgt aus demselben nicht nur der Ersatz der in Folge natürlicher Abnutzung abgängig werdenden Betriebsmittel, sondern auch der zur Geleis-Unterhaltung verwendeten Schienen, Laschen, Schraubenbolzen, Unterlagsplatten und Nägel, der Weichen und der Schwellen nebst Imprägnirungs-Kosten, bei Stuhlschienen der Stühlchen, Dübel und Schließen.

Die Einnahmen zu diesem Fonds bestehen aus bestimmten Abnutzungsprocenten, den Erlösen für Materialien abgängig gewordener Betriebsmittel und abgenutzten Oberbau-Materials, sowie den Zinsen der werbend angelegten Bestände.

In den statistischen Nachrichten werden die für Erneuerung des Oberbaues verwendeten, dem Erneuerungsfonds entnommenen Beträge unter Kol. 191 mit zur Erscheinung gebracht, dergestalt, daß von der vollen Ausgabe vorerst noch die Erlöse von den gewonnenen alten Oberbau-Materialien verabzugt werden und nur der verbleibende Rest als wirkliche Ausgabe betrachtet wird.

In Kol. 231b erscheinen nur diejenigen Beträge, welche nach Abzug der Ausgaben dem Erneuerungsfonds von den berechneten Einlagen noch zukommen, dagegen in Kol. 239 resp. 240 die vollen Einlagen und Erlöse von den abgängig gewordenen Betriebsmitteln und abgenutzten Oberbau-Materialien, sowie die vollen Ausgaben für Erneuerung derselben.

Die Verwaltung des Erneuerungsfonds geschieht von einer Kasse bei dem Königl. Sächsischen Finanz-Ministerium.

V. **Beamten-Pensionskasse.** Die Pensions- und Unterstützungskassen sämmtlicher Königl. Sächsischen Staats-Eisenbahnen und der unter Staatsverwaltung stehenden Privatbahnen (Löbau-Zittauer und Zittau-Reichenberger), sowie des Staats-Telegraphen-Instituts sind in eine einzige, unter dem Namen: „Unterstützungskasse für das bei den Königl. Sächsischen Staats-Eisenbahnen und dem Staats-Telegraphen-Institut angestellte Personal" vereinigt. Die Verwaltung dieser Kasse wird derzeitig von der Staats-Eisenbahn-Direktion zu Dresden geführt.

a. Sächsisch-Böhmische Staatsbahn.

I. **Bahngebiet.** Die Bahnstrecke von der Sächsisch-Böhmischen Grenze bis Bodenbach (1,16 Meilen) ist Eigenthum der K. K. priv. Oesterreichischen Staats-Eisenbahn-Gesellschaft und wird von der Königl. Sächsischen Staats-Eisenbahn-Verwaltung pachtweise benutzt.

II. **Verkehr und Ertrag.** Im Jahre 1860 sind, wenn die im Vorjahre beförderten 41 176 Oesterreichische Militairs unberücksichtigt bleiben, gegen letzteres 11 148 Personen mehr befördert; auch ist die Centner-Zahl der transportirten Güter um 826 872 gestiegen. Die Einnahmen haben 21 153 Thlr. mehr und die Ausgaben 11 655 Thlr. weniger betragen, so daß in Folge dessen der Betriebs-Ueberschuß um 32 808 Thlr. gegen das Vorjahr gestiegen ist.

III. **Erläuterungen zu den Tabellen:**

zu Kol. 13. In den Tarifen wird die Bahnlänge auf 8,26 für den Personenverkehr und auf 8,38 Meilen für den Güterverkehr angenommen.

„ „ 96c. Außer den hier aufgeführten Lokomotiven sind noch 9 von den Löbau-Zittauer und Zittau-Reichenberger Privatbahnen benutzt worden und die von diesen zurückgelegten Meilen in Kol. 113 u. 114 mitenthalten.

„ „ 146. Außerdem sind noch Personen mit Extrazügen befördert worden. Von diesen wird aber nicht die Personenzahl, sondern nur die Einnahme notirt.

„ „ 152, 165b, 171b u. 178. Die Postgüter werden nicht besonders notirt, da die befördernde Bahn eine Staatsbahn ist und deshalb eine gegenseitige Abrechnung nicht stattfindet.

„ „ 161a. Das Gewicht der nach Stückzahl beförderten Thiere wird nicht notirt.

„ „ 173a. In dieser Summe sind 2164 Thlr. für Extrazüge mitenthalten (siehe Bem. zu Kol. 146).

„ „ 199. Diese 3461 Thlr. sind die Kosten für die außergewöhnliche Schnee-Beseitigung, da diejenigen für gewöhnliches Reinigen der Bahn vom Schnee sich von den übrigen Bahn-Unterhaltungskosten nicht scheiden lassen.

b. Sächsisch-Schlesische Staatsbahn.

I. **Bahngebiet.** Von der 13,54 Meilen langen Sächsisch-Schlesischen Staatsbahn liegen 1,37 Meilen (von der Sächsisch-Preußischen Grenze bis Görlitz) im Königreiche Preußen; es ist aber auch diese Bahnstrecke Eigenthum der Königl. Sächsischen Staats-Eisenbahn-Verwaltung.

II. **Verkehr und Ertrag.** Im Jahre 1860 sind 14 864 Personen und 979 866 Ctr. Güter mehr befördert worden als im Vorjahre. In Folge dessen hat die Einnahme 111 856 Thlr., dagegen aber auch die Ausgabe 28 729 Thlr. mehr betragen. Der Ueberschuß ist um 83 226 Thlr. gestiegen.

III. **Erläuterungen zu den Tabellen:**

zu Kol. 146. Außerdem sind noch Personen mit Extrazügen befördert worden. Von diesen wird aber nicht die Personenzahl, sondern nur die Einnahme notirt.

" " 152, 165b, 171b u. 178. Die Postgüter werden nicht besonders notirt, da die befördernde Bahn eine Staatsbahn ist und deshalb eine gegenseitige Abrechnung nicht stattfindet.

" " 161a. Das Gewicht der nach Stückzahl beförderten Thiere wird nicht notirt.

" " 173a. In diese Summe sind 532 Thlr. für Extrazüge mitaufgenommen (siehe Bem. zu Kol. 146).

" " 199. Diese 878 Thlr. sind die Kosten für die außergewöhnliche Schnee-Beseitigung, da diejenigen für gewöhnliches Reinigen der Bahn vom Schnee sich von den übrigen Bahn-Unterhaltungs-Kosten nicht scheiden lassen.

12. Königl. Sächsische westliche Staats-Eisenbahnen.

I. **Verwaltung.** Die Niedererzgebirgische, Obererzgebirgische und die Sächsisch-Bayerische Bahn bilden die Königl. Sächsischen westlichen Staatsbahnen, welche unter einer Verwaltung, der „Königl. Staats-Eisenbahn-Direktion zu Leipzig", stehen.

II. Die **Verbindungsbahn** in Leipzig verbindet die Sächsisch-Bayerische Staatsbahn mit der Leipzig-Dresdener und Magdeburg-Leipziger Bahn; es findet jedoch auf dieser Verbindungsbahn eine Personen-Beförderung nicht statt.

III. Die **Betriebsmittel** der die westlichen Staatsbahnen bildenden Bahnen sind in einen Maschinen- und Wagenpark vereinigt worden. Diesem Park sind auch die von der Chemnitz-Würschnitzer Eisenbahn-Gesellschaft übernommenen Betriebsmittel (cfr. Erläuterung zu Kol. 90c und 97a) einverleibt.

IV. **Erneuerungsfonds.** Ueber dessen Einrichtung ist das Nähere bei den Sächsischen östlichen Staatsbahnen unter No. IV mitgetheilt.

V. **Beamten-Pensionskasse.** Auch über deren Einrichtung ist das Nähere bei No. V des statistischen Berichts für die östlichen Staatsbahnen zu ersehen.

a. Niedererzgebirgische Staatsbahn.

I. **Bahngebiet.** Die Niedererzgebirgische Bahn besteht aus der früheren Chemnitz-Riesaer Staatsbahn v. 8,79 Meilen und deren Fortsetzung über Hohenstein und Glauchau nach Zwickau resp. über Meerane nach Gößnitz, welche theils hier, theils in Zwickau sich an die Sächsisch-Bayerische Staatsbahn anschließt, in einer Länge von . . . . . 8,06 "

zusammen 16,85 Meilen.

Außerdem ist seit dem 15. November 1858 die . . . . . 1,41 "
lange, von Wüstenbrand nach Lugau führende, auf Kosten einer Actien-Gesellschaft gebaute sogenannte „Chemnitz-Würschnitzer" Eisenbahn von der Königl. Sächsischen Staats-Eisenbahn-Verwaltung vorläufig auf 20 Jahre gepachtet, so daß sich deren Betrieb erstreckt auf . . . . . 18,26 Meilen.

II. **Verkehr und Ertrag.** Im Jahre 1860 wurden 115 450 Personen und 1 635 044 Ctr. Güter mehr befördert als im Vorjahre. Die Einnahmen sind um 129 804 Thlr. gestiegen, die Ausgaben jedoch um 70 128 Thlr. gefallen. Der Ueberschuß hat sich um 199 932 Thlr. erhöht.

III. **Erläuterungen zu den Tabellen:**

zu Kol. 2a. Das als unbesoldet aufgeführte Mitglied der Direktion ist ein Assessor, welcher nur zu gewissen Verhandlungen zugezogen wird und dafür eine jährliche Entschädigung von 120 Thlrn. erhält.

" " 13. In den Tarifen wird die Bahnlänge auf 17,8 Meilen für den Personenverkehr und auf 19,1 Meilen für den Güterverkehr angenommen.

" " 75b. Von diesem Anlage-Kapitale kommen . . . . . 7 230 852 Thlr.
auf die frühere Chemnitz-Riesaer Staatsbahn und . . . . . 4 813 597 "
auf deren Fortsetzung nach Zwickau und Gößnitz.

Ursprünglich war die Chemnitz-Riesaer Staatsbahn Eigenthum einer Actien-Gesellschaft, wurde aber vor Beendigung des Baues vom Staate angekauft. Das für Erwerbung dieser Bahn, für deren Vollendung und für die nöthige Ausrüstung derselben vom Staate bis Ende 1860 verwendete Kapital beläuft sich auf . . . . . 5 131 302 Thlr.

Mit Hinzurechnung der für den Bau der Strecke Chemnitz-Zwickau-Gößnitz aufgewendeten . . . . . 4 813 597 "
beträgt das aus Staatsmitteln bis Ende 1860 auf die Niedererzgebirgische Bahn verwendete Anlage-Kapital . . . . . 9 944 899 Thlr.

Hiernach reducirt sich die

" " 83 angegebene Durchschnittssumme des Anlage-Kapitals auf 590 202 Thlr. pro Meile.

" " 90c u. 97a. Von den hier aufgeführten Maschinen und Wagen werden 2 Lokomotiven und 20 vierrädrige offene Lastwagen, welche Eigenthum der Chemnitz-Würschnitzer Eisenbahn-Gesellschaft sind, von der Staats-Eisenbahn-Verwaltung vertragsweise benutzt.

zu Kol. 106 u. 108. In diesen Summen sind die Anschaffungskosten der vorstehend erwähnten Chemnitz-Würschnitzer Lokomotiven und Lastwagen nicht mitenthalten.

„ „ 146. Außerdem sind noch Personen mit Extrazügen befördert worden. Von diesen wird aber nicht die Personenzahl, sondern nur die Einnahme notirt.

„ „ 152, 165b, 171b u. 178. Die Postgüter werden nicht besonders notirt, da die befördernde Bahn eine Staatsbahn ist und deshalb eine gegenseitige Abrechnung nicht stattfindet.

„ „ 161a. Das Gewicht der nach Stückzahl beförderten Thiere wird nicht notirt.

„ „ 173a. Hierin sind 2569 Thlr. für Extrazüge mitenthalten (siehe Bem. zu Kol. 146).

„ „ 199. Diese 2405 Thlr. sind die Kosten für die außergewöhnliche Schnee-Beseitigung, da diejenigen für gewöhnliche Reinigung der Bahn vom Schnee sich von den übrigen Bahn-Unterhaltungs-Kosten nicht trennen lassen.

„ „ 227c. Der erste Procentsatz berechnet sich nach dem wirklich verwendeten Anlage-Kapitale von 12 044 149 Thlrn. und der zweite nach der vom Staate aufgewendeten Summe von 9 944 899 Thlrn. (cfr. Erläuterung zu Kol. 75b).

b. Obererzgebirgische Staatsbahn.

I. **Bahngebiet.** Die Obererzgebirgische Bahn besteht:

a) aus der Hauptbahn Zwickau-Schwarzenberg mit der Kohlenbahn von Zwickau nach den Steinkohlengruben bei Bockwa ꝛc. in einer Länge von . . . . 5,44 Meilen,

b) aus der am 19. September 1859 eröffneten Zweigbahn von Nieder-Schlema nach Neustädtel resp. Schneeberg von . . . . 0,[illegible] „

zusammen 6,[illegible] Meilen.

II. **Verkehr und Ertrag.** Im Jahre 1860 sind 19 665 Personen und 2 529 324 Ctr. Güter mehr befördert worden als im Vorjahre. In Folge dessen hat die Einnahme 43 669 Thlr., dagegen aber auch die Ausgabe 17 441 Thlr. mehr betragen. Der Ueberschuß ist um 26 228 Thlr. gestiegen.

III. **Erläuterungen zu den Tabellen:**

zu Kol. 146. Außerdem sind noch Personen mit Extrazügen befördert worden. Von diesen wird aber nicht die Personenzahl, sondern nur die Einnahme notirt.

„ „ 152, 165b, 171b u. 178. Die Postgüter werden nicht besonders notirt, da die befördernde Bahn eine Staatsbahn ist und deshalb eine gegenseitige Abrechnung nicht stattfindet.

„ „ 161a. Das Gewicht der nach Stückzahl zur Beförderung kommenden Thiere wird nicht notirt.

„ „ 166. Diese geringe Durchschnittszahl erklärt sich dadurch, daß die früher zur Sächsisch-Bayerischen Staatsbahn gehörige Kohlenbahn von Zwickau nach den Steinkohlenwerken bei Bockwa ꝛc. jetzt einen Theil der Obererzgebirgischen Staatsbahn bildet und der Hauptverkehr derselben auf der gedachten, circa ½ Meile langen Strecke stattfindet.

„ „ 173a. Hierin sind 226 Thlr. für Extrazüge mitenthalten (siehe Bem. zu Kol. 146).

c. Sächsisch-Bayerische Staatsbahn.

I. **Bahngebiet.** Die Bahnstrecke von der Sächsisch-Bayerischen Grenze bis Hof (1,45 Meilen) ist Eigenthum der Königl. Bayerischen Staatsregierung und wird von der Königl. Sächsischen Staats-Eisenbahn-Verwaltung pachtweise benutzt.

II. **Verkehr und Ertrag.** Ausschließlich der im Jahre 1859 beförderten Oesterreichischen Militairs wurden im Jahre 1860 76 241 Personen mehr befördert. Der Güterverkehr ist gegen den vorjährigen um 2 376 158 Ctr. gestiegen. Die Einnahmen haben 107 680 Thlr., dagegen aber auch die Ausgaben 37 366 Thlr. mehr betragen. Der Ueberschuß hat sich um 70 314 Thlr. erhöht.

III. **Erläuterungen zu den Tabellen:**

zu Kol. 13. In den Tarifen wird die Bahnlänge auf 23,1 Meilen für den Personenverkehr und auf 23,4 Meilen für den Güterverkehr angenommen.

„ „ 146. Außerdem sind noch Personen mit Extrazügen befördert worden. Von diesen wird aber nicht die Personenzahl, sondern nur die Einnahme notirt.

„ „ 152, 165b, 171b u. 178. Die Postgüter werden nicht besonders notirt, da die befördernde Bahn eine Staatsbahn ist und deshalb eine gegenseitige Abrechnung nicht stattfindet.

„ „ 161a. Das Gewicht der nach Stückzahl beförderten Thiere wird nicht notirt.

„ „ 173a. In dieser Summe sind 2531 Thlr. für Extrazüge mitenthalten (siehe Bem. zu Kol. 146).

„ „ 199. Diese 6973 Thlr. sind die Kosten für die außergewöhnliche Schnee-Beseitigung, da diejenigen für gewöhnliche Reinigung der Bahn vom Schnee sich von den übrigen Bahn-Unterhaltungs-Kosten nicht scheiden lassen.

13. Königl. Württembergische Staats-Eisenbahn.

I. **Rechnungs-Periode.** Das Rechnungs- und Betriebsjahr umfaßt nicht, wie bei den meisten übrigen Deutschen Bahnen, die Periode des Kalenderjahres, sondern läuft vom 1. Juli bis 1. Juli. Die vorliegenden statistischen Notizen beziehen sich auf den Zeitraum vom 1. Juli 1859 bis 30. Juni 1860.

II. **Organisation der Verwaltung.** Die Leitung des Eisenbahnwesens in Württemberg besorgt die „Königl. Württembergische Eisenbahn-Direktion" zu Stuttgart, ein aus 4 administrativen, 4 technischen und einem merkantilischen Mitgliede zusammengesetztes Kollegium. Die technischen Mitglieder und das merkantilische sind zugleich Mitglieder der Eisenbahnbau-Kommission, welche für den Bau neuer Bahnen als Behörde eingesetzt ist.

Die Eisenbahn-Direktion hat zu ihrer Unterstützung einen Betriebs-Inspektor, dessen Aufgabe es ist, den Fahr- und Abfertigungsdienst im Einzelnen zu überwachen.

III. **Bahngebiet.** Die Württembergischen Eisenbahnen bestehen, soweit sie für den öffentlichen Verkehr eröffnet sind, aus folgenden Linien:

1) der Hauptbahn von Bruchsal über Mühlacker, Bietigheim, Stuttgart, Plochingen, Ulm und Friedrichshafen 37,10 Meilen,

2) den Zweigbahnen a) von Bietigheim nach Heilbronn . . . . 3,50 „

b) von Plochingen nach Reutlingen (obere Neckarbahn genannt), welche am 20. September 1859 für den Personen- und Güterverkehr eröffnet wurde, ... 4,90 „

zusammen 45,50 Meilen.

Da die Zweigbahn ad b bis zum Schlusse des Betriebsjahres (30. Juni 1860) nur 9⅓ Monate im Betriebe war, so beträgt die Betriebslänge aller Linien im mittlern Jahresdurchschnitte 37,10 + 3,50 + 3,81 = 44,41 Meilen, welche den Durchschnittsberechnungen Kol. 167, 189a ꝛc. zu Grunde gelegt sind.

IV. **Bahn-Anlagen.** In der ersten Hälfte des Betriebsjahres wurde das Doppelgeleise auf den Strecken von Bietigheim bis Plochingen und von Geislingen bis Ulm in der Länge von zusammen 10,8 Meilen vollendet und dem Betriebe übergeben; auch fand auf einigen Bahnhöfen eine Vermehrung der Geleise statt. Ferner wurde die auf dem Bahnhofe Ulm befindliche hölzerne Brücke über den Blaukanal in eine eiserne umgebaut, der Holzbahnhof vergrößert, auf dem Bahnhofe Göppingen der Güterschuppen verlängert und auf dem Bahnhofe Aulendorf ein 3. Güterschuppen hergestellt.

V. **Betriebsmittel.** Sowohl der Maschinen- als auch der Wagenpark wurde durch Neuanschaffungen in dem Betriebsjahre 18$^{59}/_{60}$ vermehrt, nicht nur wegen des Hinzutritts neuer Bahnstrecken, sondern auch wegen der Zunahme des Verkehrs.

Die Zahl der dienstfähigen Lokomotiven beträgt 89, und zwar 10 Eilzugs-, 17 Güterzugs- und 62 Personenzugs-Maschinen, worunter 12 neubeschaffte Güterzugs-Maschinen zum Preise von je 16 971 Thlrn. und 4 Eilzugs-Maschinen à 17 143 Thlr. 6 für die Fahrt über die Alp verwendete Maschinen mit 3 festen Achsen wurden zu Güterzugs-Maschinen mit beweglichen Vordergestellen umgebaut.

Die 8rädrigen neuen Personenwagen III. Klasse unterscheiden sich von den älteren dadurch, daß sie für 80 Sitze statt bisheriger 72 eingerichtet sind. Die angeschafften 4rädrigen Langholzwagen, bei welchen das aufgeladene Langholz selbst die Kuppelung der beiden Wagen unter sich herstellt, haben eine Tragkraft von 160 Ctrn.; sie sind mit beweglichen Seiten- und Stirnwänden versehen, so daß sie auch zu andern Transporten benutzt werden können.

VI. **Verkehr und Ertrag.** Einschließlich des Verkehrs auf der neuen Strecke Plochingen-Reutlingen wurden im Betriebsjahre 18$^{59}/_{60}$ 279 751 Personen mehr und 122 578 Ctr. Güter weniger befördert als im Vorjahre. Die Verminderung im Gütertransport ist hauptsächlich im Rückschlage des internationalen und Transitverkehrs begründet.

Werden die Summen der Einnahme und Ausgabe mit den Ergebnissen des Vorjahres verglichen, wobei jedoch die vorjährige Darstellung nicht zu Grunde gelegt werden kann, weil darin Mehreres, was dem Betriebe nicht zu Gute kommt oder zur Last fällt, nicht ausgeschieden wurde, so ergiebt sich eine Mehr-Einnahme von 108 085 Thlrn. und eine Mehr-Ausgabe von 111 661 Thlrn.

VII. **Beamten-Pensionskasse.** Die höheren Beamten der Eisenbahn-Verwaltung (Staatsdiener) participiren an der allgemeinen Pensionsanstalt für die Hinterbliebenen der Civilstaatsdiener; für die niederen Bediensteten (Subalterndiener) besteht seit 1845 eine Unterstützungskasse, an der Theil zu nehmen sie verpflichtet sind. Die Verwaltung dieser Unterstützungskasse, welcher seit 1858 auch die niederen Bediensteten bei der Post-, Telegraphen-, Bodensee- und Neckar-Dampfschifffahrts-Anstalt angehören, besorgt die Centralbehörde für die Verkehrs-Anstalten.

VIII. **Erläuterungen zu den Tabellen:**

zu Kol. 2a. Das eine unbesoldete Mitglied ist das merkantilische; von den 4 technischen, welche, wie das merkantilische, zugleich für die Eisenbahnbau-Kommission fungiren, werden 2 ganz aus der Baukasse besoldet.

„ „ 76—82. Bis zum Schlusse des Rechnungsjahres (30. Juni 1860) hatte eine Vertheilung des Anlage-Kapitals auf die verschiedenen Bautitel noch nicht stattgefunden.

„ „ 98. Dies sind 4rädrige Langholzwagen.

„ „ 111. Diese 25 381 Thlr. repräsentiren die Anschaffungskosten der Postwagen.

„ „ 152 u. 178. Für die Beförderung der fahrenden Postbüreaus, der Posteffekten ꝛc. erhält die Eisenbahn von der Postverwaltung eine Aversional-Entschädigung, die in Kol. 187 mitenthalten ist.

„ „ 159, 160 u. 161. Die Anzahl der beförderten Fahrzeuge und Thiere resp. das Gewicht der letzteren ist nicht bekannt.

zu Kol. 163. Das Verhältniß in welchem die verschiedenen Wagenklassen benutzt wurden, ist

	bei gewöhnlichen Zügen:	bei Schnellzügen:
in I. Klasse	0,6 Proc.	5 Proc.
in II. Klasse	20,1 Proc.	95 Proc.
in III. Klasse	79,3 Proc.	—
	100 Proc.	100 Proc.

„ „ 194. Die Unterhaltungskosten der Telegraphen können nicht angegeben werden, da für dieselben eine von derjenigen der Eisenbahnen getrennte Verwaltung stattfindet.

IIa. Privatbahnen

unter Staatsverwaltung.

14. Aachen-Düsseldorf-Ruhrorter Eisenbahn.

Unter dieser Bezeichnung werden zwei verschiedene Bahnen, nämlich die Aachen-Düsseldorfer und die Ruhrort-Crefelder, verstanden, welche Eigenthum zweier Actien-Gesellschaften sind, aber seit dem Jahre 1850 vom Staate verwaltet werden. Der Betrieb beider Bahnen ist vereinigt und wird von der „Königl. Preuß. Direktion der Aachen-Düsseldorf-Ruhrorter Eisenbahn" geleitet. Die Rechte und Interessen der Gesellschaften werden der Königl. Direktion gegenüber durch zwei, aus je fünf Actionairen bestehende Deputationen wahrgenommen.

Die Betriebsmittel (Lokomotiven, Tender, Wagen und deren Ausrüstungsgegenstände) sind gemeinschaftliches Eigenthum beider Gesellschaften, und zwar zu ⅔ der Aachen-Düsseldorfer und zu ⅓ der Ruhrort-Crefelder. Hiervon ausgenommen sind die den Rheintrajekt vermittelnden Dampfschiffe und Hebewerke, von denen das Dampfboot „Delphin" alleiniges Eigenthum der Aachen-Düsseldorfer, die beiden andern Schiffe, die Ponten und Hebethürme aber alleiniges Eigenthum der Ruhrort-Crefelder Eisenbahn-Gesellschaft sind.

Sowohl die Direktionsmitglieder als der größte Theil der Beamten der Königl. Verwaltung fungiren gemeinschaftlich für beide Bahnen. Die Kosten der allgemeinen Verwaltung und des Betriebes werden nach Verhältniß der auf jeder Bahn zurückgelegten Achsmeilen von beiden Gesellschaften gemeinschaftlich, die Bahnunterhaltungs-Kosten ꝛc. dagegen von jeder Gesellschaft für ihre Strecke, und die Kosten der Homberg-Ruhrorter Trajekt-Anstalt von der Ruhrort-Crefelder Gesellschaft, der die Trajekt-Einnahmen zufallen, allein getragen.

a. Aachen-Düsseldorfer Eisenbahn.

I. **Eigenthums-Verhältnisse.** Die Strecke Aachen-Richterich-Kohlscheidt und die Zweigbahn von Kohlscheidt nach Kämpchen sind gemeinschaftliches Eigenthum der Aachen-Düsseldorfer und Aachen-Mastrichter Eisenbahn-Gesellschaften. Das Nähere siehe ad II bei Aachen-Mastricht.

II. **Bahn-Anlagen.** Außer der Geleise-Vermehrung auf einigen Stationen wurde auf dem Bahnhofe Erkelenz ein Lokomotivschuppen errichtet und in Obercassel (Rheinstation) das Stationsgebäude erweitert.

III. **Verkehr und Ertrag.** Im Jahre 1860 wurden 50 080 Personen weniger, aber 423 392 Ctr. Güter (excl. Vieh) mehr als im Vorjahre befördert. Die Einnahme aus dem Personenverkehr ist um 8893 Thlr., die aus dem Güterverkehr um 14 941 Thlr. und die Gesammt-Einnahme um 32 622 Thlr. größer gewesen als 1859.

Die reinen Betriebs-Ausgaben haben sich gegen das Vorjahr um 7343 Thlr., die Gesammt-Ausgaben um 4423 Thlr. vermindert. Der Betriebs-Ueberschuß ist von 272 879 Thlrn. auf 312 844 Thlr., mithin um 39 965 Thlr. gestiegen. Zur Verzinsung der mit 3½ Proc. garantirten Stamm-Actien war ein Staatszuschuß von 103 065 Thlrn., im Vorjahre dagegen 137 118 Thlrn. erforderlich, mithin 1860 weniger 34 053 Thlr.

IV. **Beamten-Pensionskasse.** Für die nicht definitiv angestellten Beamten der Aachen-Düsseldorfer und Ruhrort-Crefelder Eisenbahnen besteht eine gemeinschaftliche Beamten-Pensions- und Unterstützungskasse, über welche in den Kol. 284—301 die näheren Angaben gemacht sind.

Außerdem besteht für beide Bahnen gemeinschaftlich ein Pensionsfonds für die definitiv angestellten Beamten, welcher am Schlusse des Jahres 1860 einen Bestand von 14 217 Thlrn. mit 92 Betheiligten hatte.

V. **Erläuterungen zu den Tabellen:**

zu Kol. 26. Seit der Abgabe der Köln-Crefelder Eisenbahn an die Rheinische Eisenbahn-Gesellschaft (1. Juli 1860) ist die Zahl der Direktions-Mitglieder um 1 vermindert.

„ „ 98. Von diesen Arbeitswagen werden 2 permanent bei der Schwellen-Imprägnir-Anstalt zu Baal verwendet.

„ „ 115. Das zur Anheizung der Lokomotiven verwendete Holz bestand in sogenannten Reiserwellen von je 4' Länge und 1' Durchmesser, von denen je eine gleich ½ Cbffß. gerechnet worden ist.

zu Kol. 118a. Von diesen 8102 Z.-Ctrn. Coaks wurden 6934 Ctr. zur Anheizung und der Rest von 1168 Ctrn. zur Auflockerung des Feuers bei stark backenden Steinkohlen verwendet. Im Uebrigen ist nur mit Steinkohlen geheizt worden.

„ „ 230. Zur Verzinsung der mit 3½ Proc. garantirten Stamm-Actien waren im Ganzen 139 713 Thlr. erforderlich, wozu aus den Betriebs-Ueberschüssen nur 36 647 Thlr. vorhanden waren. Der Rest von 2,58 Proc. oder 103 066 Thlrn. mußte durch Staatszuschuß gedeckt werden.

„ „ 236a. Dies sind zum größten Theile (3820 Thlr.) Kosten, welche in Folge Beschädigungen durch Hochwasser, Brand, Stürme, Hagel und sonstige Elementar-Ereignisse entstanden sind.

„ „ 301a. Pensionen erhielten 4 Beamte und 11 Wittwen; außerdem wurden für 15 Kinder Erziehungsgelder gezahlt, deren Betrag in Kol. 292 aufgeführt ist.

b. Ruhrort-Crefelder Eisenbahn.

I. **Verkehr und Ertrag.** Im Jahre 1860 wurden zwar 58 248 Personen weniger, dagegen 702 207 Ctr. Güter (excl. Vieh) mehr befördert als im Vorjahre. Die Einnahme aus dem Personenverkehre ist gegen 1859 um 3169 Thlr. geringer, die aus dem Güterverkehre um 34 283 Thlr. und die Gesammt-Einnahme um 29 809 Thlr. größer gewesen.

Die reinen Betriebs-Ausgaben haben 11 885 Thlr. mehr betragen. Der Betriebs-Ueberschuß erhöhte sich nur um 27 984 Thlr. Von diesem verblieben, nachdem dem Reserve- und Erneuerungsfonds 60 779 Thlr. überwiesen waren, zur Verzinsung der mit 3½ Proc. garantirten Stamm-Actien 2,77 Proc., so daß der Staatszuschuß 0,73 Proc. oder 10 958 Thlr. betrug.

II. **Beamten-Pensionskasse.** Dieselbe ist mit der der Aachen-Düsseldorfer Eisenbahn gemeinschaftlich, worüber dort unter No. IV das Nähere zu ersehen ist.

III. **Erläuterungen zu den Tabellen:**

zu Kol. 84. Dies sind die Kosten der Trajekt-Anstalt, welche in Kol. 81 mitenthalten sind.

Ueber diese Trajekt-Anstalt resp. über die an beiden Ufern des Rheins erbauten hydraulischen Hebewerke sind in der Statistik pro 1855 Seite 2 ad II die näheren Mittheilungen enthalten.

„ „ 111. Unter dieser Summe sind 551 496 Thlr. Herstellungskosten der vorerwähnten Trajekt-Anstalt mitbegriffen.

„ „ 230. Zur Verzinsung der mit 3½ Proc. garantirten Stamm-Actien war ein Staatszuschuß von 0,73 Proc. = 10 958 Thlrn. erforderlich.

„ „ 236a. Von dieser Summe kommen 1147 Thlr. auf Herstellung von Beschädigungen, welche durch Hochwasser, Brand, Stürme, Hagel und sonstige Elementar-Ereignisse entstanden sind.

15. Bergisch-Märkische Eisenbahn.

I. **Verwaltung.** Die Bergisch-Märkische Eisenbahn ist Eigenthum einer Actien-Gesellschaft; die Verwaltung derselben ist aber für immer auf den Staat übergegangen und wird von der „Königl. Preuß. Eisenbahn-Direktion zu Elberfeld" geleitet.

Die Rechte und Interessen der Gesellschaft werden der Königl. Direktion gegenüber durch eine aus 9 Mitgliedern und 9 Stellvertretern bestehende Deputation der Actionaire vertreten.

Die Bahn wird in vier Abtheilungen verwaltet; die erste derselben umfaßt die Strecke Düsseldorf-Dortmund, die zweite die Strecke Dortmund-Soest, die dritte die im Jahre 1860 erst theilweise in Betrieb gesetzte Ruhr-Sieg-Eisenbahn, und die vierte bildet die ebenfalls noch im Bau begriffene Witten-Duisburger Eisenbahn.

II. **Bahngebiet.** Das Bergisch-Märkische Eisenbahn-Unternehmen hatte, soweit dessen einzelne Abtheilungen am Schlusse des Jahres 1860 im Betriebe waren, eine Ausdehnung von 24,75 Meilen. Davon kommen auf

a) die I. Abtheil. (Strecke Düsseldorf-Dortmund) . . . . 11,24 Meilen,
b) „ II. „ (Strecke Dortmund-Soest) . . . . 7,03 „
c) „ III. „ (Strecke Hagen resp. Herdecke-Altena) . . . . 4,29 „
d) „ IV. „ (Strecke Witten-Bochum resp. Engelsburg) . . . . 2,19 „

zusammen wie oben 24,75 Meilen.

III. **Vertheilung der gemeinschaftlichen Ausgaben.** Die Transport-Verwaltungs-Kosten werden nach Verhältniß der auf jeder Abtheilung durchlaufenen Lokomotiv- und Wagen-Achsmeilen repartirt, die Bahnunterhaltungs- ꝛc. Kosten dagegen von jeder Strecke allein getragen.

Zu den allgemeinen Verwaltungskosten trägt außer den vier ad I gedachten Abtheilungen der Bergisch-Märkischen Bahn auch die Prinz-Wilhelm-Eisenbahn bei, welche ebenfalls unter der Verwaltung der Königl. Eisenbahn-Direktion zu Elberfeld steht; die desfallsigen Kosten werden nach Verhältniß der Bahnlänge repartirt.

IV. **Bahn-Anlagen.**

1. **Geleise.** Das zweite Geleise ist hergestellt und dem Betriebe übergeben:

a) von Erkrath bis Hochdahl auf . . . . 774 Ruthen,
b) „ Elberfeld bis Schwelm auf . . . . 3 162 „
c) „ Gevelsberg bis zum Vereinigungspunkte der I. und II. Abtheilung auf . . . . . 9 940 „

mithin im Ganzen auf 13 876 Ruthen

oder 6,94 Meilen, während solches auf der Strecke Schwelm-Milspe auf 0,1 Meilen noch im Bau begriffen war.

2) **Stationsbauten.** Zur Vervollständigung der Bahn und deren Anlagen wurden folgende Bauten ausgeführt:
   a) Erweiterung der Bahnhöfe Düsseldorf und Erkrath, sowie Um- und Anbau des Wartesaals I. und II. Klasse auf erstgedachter Station;
   b) theilweise Ausführung eines größeren Anbaues an dem Stations-Gebäude auf Bahnhof Elberfeld zur Erweiterung der Büreau-Lokalien für die Central-Verwaltung;
   c) Fertigstellung neuer Güterschuppen zu Gevelsberg, Wetter und Herrde und Erweiterung eines solchen durch Anbau auf Station Herdecke;
   d) Umbau und Erweiterung der Station Witten zur Aufnahme der im Bau begriffenen Witten-Duisburger Eisenbahn;
   e) Erbauung eines neuen Stations-Gebäudes auf den Bahnhöfen Annen und Barop, sowie Beginn eines, mit der Westfälischen Eisenbahn gemeinschaftlichen, massiven Stations-Gebäudes auf Bahnhof Soest;
   f) Herstellung der Station Holzwickede zwischen den Stationen Aplerbeck und Unna der Abtheilung Dortmund-Soest;
   g) desgleichen der Station Cabel zwischen Hagen und Limburg an der Ruhr-Sieg-Bahn.

V. **Betriebsmittel.** Im Laufe des Jahres 1860 wurde der Maschinenpark um 4 Güterzug-Maschinen und der Wagenpark um 3 Personenwagen I. u. II. Klasse, 4 dergleichen III. Klasse, 6 Gepäckwagen, 50 bedeckte Güterwagen à 150 Ctr. Tragfähigkeit, 168 offene dergleichen à 200 Ctr. und 6 Holzwagen à 400 Ctr. vermehrt.

Es wurden ferner ein Personenwagen zu einem Salonwagen umgebaut, 242 Wagen mit neuen elastischen Buffern, statt der alten steifen Buffer, versehen und 83 Wagenkasten erneuert.

VI. **Verkehr und Ertrag.** Im Jahre 1860 wurden
   1) auf der Strecke Düsseldorf-Dortmund (I. Abtheilung) 42 923 Personen und 2 530 398 Ctr. Güter (excl. Vieh und der Bau- und Betriebsgüter) mehr als im Vorjahre befördert und hierdurch überhaupt eine Mehr-Einnahme von 131 243 Thlrn. erzielt, während die laufenden Betriebs-Ausgaben in Folge des gesteigerten Verkehrs sich um 33 869 Thlr. höher stellten als die des Vorjahres. Der Betriebs-Ueberschuß belief sich auf 795 602 Thlr. gegen 698 228 Thlr. in 1859 und wurde hiervon, nachdem zuvörderst dem für alle Bahnstrecken gemeinschaftlichen Reserve- und Erneuerungsfonds der Betrag von 182 542 Thlrn. resp. dem Baufonds 25 185 Thlr. überwiesen worden waren, eine Dividende von 5½ Proc. vertheilt, welche im Jahre 1859 sich auf 4½ Proc. stellte.
   2) Auf der Strecke Dortmund-Soest (II. Abtheilung) wurden gegen das Vorjahr 37 014 Personen und 289 502 Ctr. Güter (excl. Dienst- und Baugüter und Vieh) weniger befördert, was einen Einnahme-Ausfall von 2197 Thlrn. zur Folge hatte. Die Betriebs-Ausgaben überstiegen die vorjährigen um eine geringe Summe (473 Thlr.). Von dem 192 190 Thlr. betragenden Ueberschusse, welcher sich im Vorjahre auf 194 860 Thlr. stellte, ist, nachdem zuvörderst dem Reserve- und Erneuerungsfonds 45 011 Thlr. und dem Baufonds 15 502 Thlr. überwiesen waren, eine, der vorjährigen gleiche Dividende (4 Proc.) vertheilt.
   3) Auf der Strecke Hagen-Altena der Ruhr-Sieg-Bahn (III. Abtheilung), von welcher die Strecke von Letmathe nach Altena am 16. Juli 1860 in Betrieb gesetzt wurde, sind überhaupt 141 261 Personen und 3 285 978 Ctr. Güter (excl. Dienstgüter und Vieh) befördert. Die Einnahme betrug im Ganzen 132 585 Thlr., die Ausgaben 79 382 Thlr. und der Ueberschuß 53 203 Thlr. Eine Vergleichung der Betriebs-Resultate mit den vorjährigen läßt sich nicht anstellen, da die Betriebslänge nicht dieselbe geblieben ist.
   4) Auf der am 26. Oktober 1860 eröffneten Strecke Witten-Bochum der Witten-Duisburger Eisenbahn (IV. Abtheilung) wurden überhaupt 16 083 Personen und 278 637 Ctr. Güter (excl. Dienstgüter und Vieh) befördert und im Ganzen 11 512 Thlr. eingenommen. Die Betriebs-Ausgaben betrugen 4622 Thlr. Auch hier lassen sich Vergleichungen der Betriebs-Resultate mit denen des Vorjahrs nicht vornehmen, weil das Jahr 1860 das erste Betriebsjahr dieser Abtheilung ist.

VII. **Beamten-Pensionskasse.** Für die Beamten der Bergisch-Märkischen und Prinz-Wilhelm-Eisenbahn besteht:
   a) eine gemeinschaftliche Pensions- und Unterstützungskasse, an welcher sämmtliche Beamte Theil nehmen;
   b) ein gemeinschaftlicher Pensions-Fonds, an dem aber nur die definitiv angestellten Beamten beider Bahnen Theil nehmen.

Der Fonds der ad a bezeichneten Kasse hatte ult. 1860 einen Bestand von 138 012 Thlrn. mit 927 Theilnehmern. Der ad b genannte Pensions-Fonds hatte ult. 1860 einen Bestand von 16 021 Thlrn mit 68 Theilnehmern.

Außerdem besteht für die Bergisch-Märkische Eisenbahn noch eine besonders verwaltete Kranken- und Unterstützungskasse, der die sämmtlichen Angestellten unter 500 Thlrn. Gehalt und die ständigen Arbeiter angehören. Diese Kasse hatte am Schlusse des Jahres 1860 einen Bestand von 7402 Thlrn. und gehörten zu derselben 1178 Mitglieder.

VIII. **Erläuterungen zu den Tabellen:**

zu Kol. 13. (III. Abtheilung.) In den Tarifen wird die Bahnlänge bezüglich der Strecke Hagen-Altena auf 4 Meilen, bezüglich der Strecke Herdecke-Altena auf 3,7 Meilen angenommen.

„ „ 13. (IV. Abtheilung.) Diese 1,6 Meilen beziehen sich nur auf die Strecke Witten-Bochum.

„ „ 14a. (I. Abtheilung.) Der Betrieb wurde zuerst am 20. Dezember 1838 von Düsseldorf bis Erkrath, am 1. September 1841 bis Elberfeld, am 9. Oktober 1847 von Elberfeld bis Schwelm und am 23. Dezember 1848 bis Dortmund eröffnet.

„ „ 76—82. (III. u. IV. Abtheilung.) Die Vertheilung des verwendeten Anlage-Kapitals auf die verschiedenen Bautitel kann erst nach vollständigem Baurechnungs-Abschlusse stattfinden.

zu Kol. 85b u. 86. (III. Abtheilung.) Die in Kol. 85b aufgeführten 12 250 000 Thlr. sind 3½ procentige Prioritäts-Obligationen III. Serie behufs Beschaffung des Baukapitals für die Ruhr-Sieg-Eisenbahn. Bis ult. 1860 waren hiervon 7 934 500 Thlr. emittirt mit einem baaren Erlöse von 5 955 651 Thlrn. 6 Sgr. 7 Pf., also zum Durchschnittscourse von 75,06 Proc. Die Staats-Garantie für dieselben beträgt 3½ Proc.

„ „ 167. (Dieselbe.) Der Berechnung dieser Durchschnittszahlen ist nicht die Tariflänge, sondern die Betriebslänge nach dem mittleren Jahresdurchschnitte zu Grunde gelegt.

„ „ 167. (IV. Abtheilung.) Ebenso hier, nur mit dem Unterschiede, daß bei Berechnung der Durchschnittszahl zu Kol. 167a nur 0,56 Meilen angenommen sind, weil dies die eigentliche mittlere Betriebslänge derjenigen Strecke (nämlich Witten-Bochum) ist, auf welcher ein Personenverkehr stattfand, während die Durchschnittszahl in Kol. 167b nach der mittleren Betriebslänge der ganzen betriebsfähigen Strecke (0,76 Meilen) ermittelt worden ist.

„ „ 236a. Hierunter sind die Kosten der generellen Bearbeitung einer Bahnlinie von Limburg resp. Letmathe nach Iserlohn im Betrage von 335 Thlrn. mitbegriffen.

„ „ 284—301. Die hier gemachten Angaben beziehen sich, und zwar die erste mit 110 932 Thlrn. beginnende Zeile auf die oben unter No. VIIa näher bezeichnete Pensions- und Unterstützungskasse, die zweite Zeile auf den ebendaselbst ad b gedachten besondern Pensionsfonds.

16. Prinz-Wilhelm-Eisenbahn.

I. Die **Verwaltung** dieser, einer Actien-Gesellschaft gehörenden Bahn ist auf den Staat übergegangen. Der Betrieb wird von der „Königl. Preuß. Eisenbahn-Direktion zu Elberfeld", welche auch die Bergisch-Märkische Bahn verwaltet, geleitet. Die Rechte und Interessen der Gesellschaft werden der Königl. Direktion gegenüber durch eine aus 5 Actionairen bestehende Deputation wahrgenommen.

Zu den allgemeinen Verwaltungskosten trägt die Prinz-Wilhelm-Eisenbahn nach Verhältniß ihrer Bahnlänge bei, wogegen sie alle übrigen Kosten selbst bestreitet.

II. **Bahn-Anlagen.** Außer der Vermehrung der Geleise auf den Bahnhöfen wurden im Jahre 1860 folgende größere Bauten ausgeführt:

a) Verlegung des Deilbachs und Herstellung einer Brücke über denselben;
b) Erweiterung der Station Kupferdreh;
c) Errichtung einer Centesimal-Waage von 500 Ctrn. Tragfähigkeit auf dem Werkstättenhofe der Station Langenberg;
d) Bau eines neuen Güterschuppens auf Station Neviges, dessen Vollendung aber durch den frühzeitig erfolgten Frost unterbrochen wurde;
e) Erbauung einer 38füßigen Drehscheibe auf Station Vohwinkel und Herstellung eines Nebengleises im Vohwinkeler Einschnitte.

III. **Betriebsmittel.** Der Wagenpark wurde im Jahre 1860 um 2 neue offene Güterwagen à 200 Ctr. Ladefähigkeit vermehrt. Außerdem wurden von einigen zurückgestellten alten Kieswagen 4 Stück unter theilweiser Benutzung der alten Eisentheile neu gebaut, sowie an 74 offenen Güterwagen die Gestelle, Kasten und Böden erneuert.

IV. **Verkehr und Ertrag.** Im Jahre 1860 wurden 6663 Personen weniger, aber 730 543 Ctr. Güter mehr befördert als im Vorjahre. Die Gesammt-Einnahmen stellten sich um 19 087 Thlr. und die Betriebs-Ausgaben um 5423 Thlr. höher, so daß der Ueberschuß von 104 696 Thlrn. (1859) auf 117 760 Thlr. sich erhöhte und eine Dividenden-Vertheilung von 2 Proc. (im Vorjahre 1½ Proc.) gestattete.

V. **Beamten-Pensionskasse.** Außer den mit der Bergisch-Märkischen Bahn gemeinschaftlichen beiden Pensionsfonds, worüber dort unter No. VII das Nähere mitgetheilt ist, besteht seit dem 1. Januar 1856 für die Angestellten (mit weniger als 500 Thlrn. Gehalt) und die ständigen Arbeiter der Prinz-Wilhelm-Eisenbahn eine besondere Kranken- und Unterstützungskasse, welche ult. 1860 einen Bestand von 1636 Thlrn. mit 158 Theilnehmern hatte.

17. Cöthen-Bernburger Eisenbahn.

I. **Verkehr und Ertrag.** Im Jahre 1860 haben sich die Betriebs-Ergebnisse ungünstiger gestaltet als im Vorjahre. Es wurden nämlich 563 Personen weniger befördert; der Güterverkehr ist zwar quantitativ größer gewesen, hinsichtlich der Einnahme aber geringer als 1859. Im Ganzen betrugen die Einnahmen 3100 Thlr. weniger, die Betriebs-Ausgaben dagegen 5067 Thlr. mehr als die vorjährigen, so daß der Ueberschuß sich von 16 743 Thlrn. (1859) auf 8516 Thlr., also fast um die Hälfte ermäßigte.

II. **Erläuterungen zu den Tabellen:**

zu Kol. 13. Im den Tarifen wird die Länge der Hauptbahn auf 3 Meilen und die der Kohlenzweigbahn auf 1 Meile angenommen.

„ „ 75b u. 83. Diese beiden Summen beziehen sich nur auf die 2¾ Meilen lange Hauptbahn, da das für die Kohlenbahn verwendete Anlage-Kapital noch nicht festgestellt ist.

„ „ 76—82. Die Vertheilung des Anlage-Kapitals auf die einzelnen Bautitel kann nicht stattfinden, da der Bau ursprünglich von einer Privat-Gesellschaft ausgeführt worden ist und die zu den betr. Angaben erforderlichen Materialien nicht vorhanden sind.

zu Kol. 167a. Diese Durchschnittszahl bezieht sich nur auf die Hauptbahn, da nur auf dieser eine Personen-Beförderung stattfindet.

„ „ 209. In dieser Summe sind 3439 Thlr. Miethe für fremde Maschinen enthalten.

„ „ 228. Die Betriebs-Ueberschüsse werden an den Eisenbahnfonds abgeliefert, aus dem die mit 2½ Proc. garantirten Zinsen der Stamm-Actien bestritten werden.

„ „ 284. Eine Beamten-Pensionskasse ist nicht vorhanden.

18a. Löbau-Zittauer Eisenbahn.

I. **Verwaltung.** Die Löbau-Zittauer Eisenbahn ist Eigenthum einer Actien-Gesellschaft, der Betrieb wird aber von der Königl. Sächsischen Staats-Eisenbahn-Verwaltung vertragsweise geleitet, derzeitig von der „Königl. Staats-Eisenbahn-Direktion“ zu Dresden.

Die Gesellschaft wird nach Außen hin durch das aus 3 Mitgliedern bestehende Direktorium, welches zugleich auch für die Zittau-Reichenberger Eisenbahn fungirt, vertreten und steht diesem ein aus 9 Gesellschafts-Mitgliedern bestehender Ausschuß berathend und beaufsichtigend zur Seite.

II. **Verkehr und Ertrag.** Die Löbau-Zittauer Eisenbahn gehört seit Januar 1860 dem Vereine an und wird jetzt zum ersten Male in die Deutsche Eisenbahn-Statistik aufgenommen.

Nach den Angaben der betriebsleitenden Verwaltung sind im Jahre 1860 14 514 Personen und 493 633 Ctr. Güter mehr befördert worden als im Vorjahre. In Folge dessen sind die Einnahmen um 23 173 Thlr., dagegen aber auch die Ausgaben um 10 172 Thlr. gestiegen, so daß der Ueberschuß sich um 13 001 Thlr. höher gestellt hat.

III. **Beamten-Pensionskasse.** Für die Angestellten der sämmtlichen Königl. Sächsischen Staats- und der unter Staats-Verwaltung stehenden Privatbahnen besteht eine einzige „Unterstützungskasse“, welche von der Staats-Eisenbahn-Direktion zu Dresden verwaltet wird. Das Nähere hierüber ist unter Nr. V des statistischen Berichts für die Sächsischen östlichen Staatsbahnen zu ersehen.

IV. **Erläuterungen zu den Tabellen:**

zu Kol. 2. Die Zahl und die Gehalte rc. der Mitglieder der Direktion sind bei den Sächsischen östlichen Staatsbahnen aufgeführt.

„ „ 161a. Das Gewicht der nach Stückzahl beförderten Thiere wird nicht notirt.

„ „ 199. Diese 1331 Thlr. sind die Kosten für die außergewöhnliche Schnee-Beseitigung, da diejenigen für Reinigen der Bahn vom Schnee in gewöhnlichen Fällen sich von den übrigen Bahn-Unterhaltungs-Kosten nicht trennen lassen.

„ „ 284 — 301. Wegen der Pensionskasse siehe oben ad III dieses Berichts.

18b. Zittau-Reichenberger Eisenbahn.

I. **Verwaltung.** Die mit 0,44 Meilen im Königreiche Sachsen und mit 2,88 Meilen im Königreiche Böhmen liegende, zusammen also 3,33 Meilen lange Zittau-Reichenberger Eisenbahn ist Eigenthum einer Actien-Gesellschaft, der Betrieb wird jedoch von der Königl. Sächsischen Staats-Eisenbahn-Verwaltung vertragsweise geleitet, derzeitig von der „Königl. Staats-Eisenbahn-Direktion“ zu Dresden.

Die Gesellschaft wird nach Außen hin durch das aus 3 Mitgliedern bestehende Direktorium, welches zugleich auch für die Löbau-Zittauer Eisenbahn fungirt, vertreten und steht diesem ein aus 9 Gesellschafts-Mitgliedern bestehender Ausschuß berathend und beaufsichtigend zur Seite.

II. **Verkehr und Ertrag.** Ueber die Betriebs-Resultate dieser Bahn lassen sich Vergleichungen mit den Vorjahren nicht vornehmen, da dieselbe erst am 1. Dezember 1859 dem Betriebe übergeben worden ist.

III. **Beamten-Pensionskasse.** Für die Angestellten der sämmtlichen Königl. Sächsischen Staats- und der unter Staats-Verwaltung stehenden Privatbahnen besteht eine einzige „Unterstützungskasse“, welche von der Staats-Eisenbahn-Direktion zu Dresden verwaltet wird. Das Nähere hierüber ist unter Nr. V des statistischen Berichts für die Sächsischen östlichen Staatsbahnen zu ersehen.

IV. **Erläuterungen zu den Tabellen:**

zu Kol. 2. Die Zahl und die Gehalte rc. der Mitglieder der Direktion sind bei den Sächsischen östlichen Staatsbahnen aufgeführt.

zu Kol. 146. Außerdem sind noch Personen mit Extrazügen befördert worden. Von diesen wird aber nicht die Personenzahl, sondern nur die Einnahme notirt.

„ „ 161a. Das Gewicht der nach Stückzahl beförderten Thiere wird nicht notirt.

„ „ 173. In dieser Summe sind 22 Thlr. für Extrazüge enthalten (siehe Bemerkung zu Kol. 146).

„ „ 191 u. 201. Diese beiden Beträge beziehen sich nur auf die Monate Juni bis incl. Dezember, da der in dem Zeitraume vom 1. Januar bis Ende Mai entstandene Bahnunterhaltungs-Aufwand noch aus dem Baufonds bestritten worden ist.

„ „ 284 — 301. Wegen der Pensionskasse siehe oben ad III dieses Berichts.

19a. Oberschlesische Eisenbahn.

I. **Bahngebiet.** Das Unternehmen der Oberschlesischen Eisenbahn-Gesellschaft ist im Jahre 1860 durch die Inbetriebsetzung einer neuen Zweigbahn von Schwientochlowitz nach Königshütte um 0,31 Meilen erweitert worden. Dasselbe umfaßt nunmehr:

1) die Hauptbahn von Breslau bis zur Landesgrenze bei Myslowitz . . . 26,30 Meilen,

2) folgende Zweigbahnen:

a) Abzweigung nach der Gleiwitzer Hütte bei Gleiwitz . . . . 0,53 „
b) von Zabrze nach der „Königin Louise-Grube" . . . . 0,57 „
c) „ Morgenroth nach Tarnowitz . . . . 2,35 „
d) „ Morgenroth nach der „Karl Emanuel-Grube" . . . . 0,34 „
e) „ Schwientochlowitz nach Königshütte . . . . 0,34 „
f) „ Kattowitz nach der „Emanuelsegen-Grube" und „Idahütte" . . . . 1,57 „
g) „ Kattowitz nach der „Carolinen-Grube (Hohenlohehütte)" . . . . 0,61 „
h) „ Scoppinitz (bei Kattowitz) nach der Landesgrenze bei Sosnowitze . . . . . 0,31 „
i) „ Myslowitz nach Neuberun . . . . 2,60 „

3) die schmalspurigen Zweigbahnen im Oberschlesischen Bergwerks- und Hütten-Reviere in einer Gesammt-Ausdehnung von . . . . 11,81 „

zusammen 46,15 Meilen.

Davon sind jedoch die Strecke Myslowitz-Slupna (Landesgrenze) — 0,20 M. — an die Kaiser Ferdinands Nordbahn und die Zweigbahn Kattowitz-Emanuelsegen-Idahütte (1,57 M.) an die Wilhelmsbahn verpachtet.

Die Eingangs gedachte Zweigbahn Schwientochlowitz-Königshütte wurde bis zu Ende des Jahres 1860 noch für Rechnung des Baufonds betrieben. Diese, sowie die verpachteten beiden Strecken und die schmalspurigen Zweigbahnen sind in die vorliegenden Tabellen nicht aufgenommen.

Von den oben ad 3 gedachten Zweigbahnen wurden bis 1. Oktober 1860 6,05 Meilen mit Lokomotiven und 5,76 Meilen mit Pferden befahren, wogegen von dem gedachten Zeitpunkte ab auf allen Linien der Pferdebetrieb eingeführt und das gesammte Frachtfuhr-Geschäft einem Privat-Unternehmer auf die Dauer von 12 Jahren pachtweise überlassen ward.

Das Beförderungs-Quantum des Jahres 1860, hauptsächlich aus Steinkohlen, Gallmei, Eisenerz und Roheisen bestehend, umfaßte 10 108 759 Ctr. mit 11 720 440 Centnermeilen und einer Einnahme von 150 894 Thlrn.

II. **Betrieb fremder Bahnen.** Die Stargard-Posener Eisenbahn, welche Eigenthum der gleichnamigen Eisenbahn-Gesellschaft ist, wird für Rechnung dieser Gesellschaft Seitens des Staats durch die Königl. Direktion der Oberschlesischen Eisenbahn verwaltet, welche die gedachte Gesellschaft auch nach Außen hin vertritt, während der Staats-Verwaltung gegenüber die Gesellschaft durch einen aus 5 Mitgliedern bestehenden Verwaltungsrath vertreten wird, welcher in wichtigen Angelegenheiten mit seinem Beirathe zu hören ist.

III. **Industrielle Anlagen.** Zum Oberschlesischen Eisenbahn-Unternehmen gehören eine Haupt-Reparatur-Werkstätte zu Breslau und 2 kleinere Werkstätten zu Lissa und Kattowitz; letztere war im Jahre 1860 vorzugsweise mit der Reparatur der Lokomotiven und Wagen der schmalspurigen Zweigbahnen beschäftigt. Seit Verpachtung derselben (1. Oktober 1860) werden dort nur noch Ersatzstücke für den Maschinen- und Wagenpark der Hauptbahn gefertigt.

Außerdem gehört zum Unternehmen der Oberschlesischen Bahn eine Coaks-Anstalt in Zabrze, sowie eine hiermit verbundene Chamottfabrik. Seit Einführung der Steinkohlenfeuerung der Lokomotiven wird die Coaks-Anstalt in nur geringem Umfange betrieben, indem während des Jahres 1860 durchschnittlich nur 16 Dulait'sche Oefen im Gange waren. Es wurden 30 414 Tonnen Kleinkohlen verarbeitet und daraus 66 540 Ctr. Stück-Coaks und 18 145 Ctr. Klein-Coaks gewonnen. In der Chamottfabrik wurden 141 803 Stück gewöhnliche feuerfeste Ziegel und 25 553 Stück Ziegel für besondere Bauzwecke angefertigt.

IV. **Verkehr und Ertrag.** Im Jahre 1860 wurden 89 545 Personen und 4 741 836 Ctr. Güter mehr befördert als im Vorjahre. Die Gesammt-Einnahmen sind hierdurch um 337 369 Thlr., die Ausgaben um 94 563 Thlr. gestiegen. Der Ueberschuß erhöhte sich um 242 806 Thlr. An Dividende kamen 7 1/10 Proc., im Vorjahre dagegen 6 1/4 Proc., zur Vertheilung.

V. **Neue Bahnlinien.** Zur Inangriffnahme des Baues der Verbindungsbahn zwischen Neuberun und Oswiecim (circa 1/2 M.) sind die erforderlichen Einleitungen getroffen.

VI. **Beamten-Pensionskasse.** Außer der, für im Staatsdienste nicht definitiv angestellte Beamte bestehenden Pensions- und Unterstützungskasse, wofür die Angaben in Kol. 264 — 301 gelten, ist noch eine Pensionskasse für definitiv im Staatsdienste angestellte Beamte eingerichtet, deren Bestand am Schlusse des Jahres 1860 sich auf 10 407 Thlr. belief.

VII. **Erläuterungen zu den Tabellen:**

zu Kol. 75. Die in Kol. 75a angezeigte Summe bezieht sich auf sämmtliche Unternehmungen der Oberschlesischen Eisenbahn-Gesellschaft, mit Ausschluß der Breslau-Posen-Glogauer Eisenbahn, wogegen die in Kol. 75b angegebene Summe nur das zum Bau der Hauptbahn verwendete Anlage-Kapital betrifft.

„ „ 120 u. 129. Die Lokomotiven wurden mit Steinkohlen und Coaks, versuchsweise auch mit Braunkohlen geheizt. Bei Reduktion auf den Heizeffekt von Steinkohlen kamen 5 Pfd. Coaks auf 6 Pfd. Steinkohlen, sowie 18 Pfd. Braunkohlen auf 7 Pfd. Steinkohlen.

„ „ 227a. Dem Ueberschusse von 1 944 333 Thlrn. treten noch aus dem Betriebsfonds der schmalspurigen Zweigbahnen 6621 Thlr. hinzu, welche bei Vertheilung des Ueberschusses mitverwendet und deshalb in Kol. 228—233 nachgewiesen worden sind.

„ „ 236a. Hiervon kommen auf die an die General-Staatskasse gezahlte nachträgliche Superdividende aus dem Jahre 1858 nebst Zinsen 73 935 Thlr., welche dem Reservefonds in jährlichen Raten von 10 000 Thlrn. aus dem Betriebsfonds erstattet werden.

19b. Breslau-Posen-Glogauer Eisenbahn.

I. Die **Verwaltung** dieser Bahn, welche einen Theil des Unternehmens der Oberschlesischen Eisenbahn-Gesellschaft bildet, führt seit dem 1. Januar 1857 die Königl. Direktion der Oberschlesischen Eisenbahn. Die Breslau-Posen-Glogauer Eisenbahn bildet aber insofern ein von den übrigen Bahnen der Gesellschaft getrenntes Unternehmen, als der Staat vertragsmäßig die Garantie für einen jährlichen Reinertrag von 3½ Proc. des in demselben angelegten Kapitals übernommen hat, soweit der dem Staate statutenmäßig zustehende dritte Theil des Reinertrages der Oberschlesischen Eisenbahn über 5 Proc. und die über 3½ Proc. aufkommende Dividende des Staats-Antheiles an dem Actien-Kapitale der Gesellschaft zur Leistung der erforderlichen Zuschüsse nicht hinreichen.

II. **Verkehr und Ertrag.** Im Jahre 1860 wurden 13 178 Personen weniger, dagegen 553 937 Ctr. Güter mehr befördert als im Vorjahre. Die Einnahmen stiegen um 84 026 Thlr., aber auch die Ausgaben um 28 607 Thlr., so daß der Ueberschuß von 356 678 Thlrn. auf 412 097 Thlr. sich erhöhte, mithin 55 419 Thlr. mehr betrug als im Vorjahre; derselbe reichte aber zur Verzinsung sämmtlicher Anleihen nicht aus, so daß Seitens des Staats ein Zuschuß von 110 148 Thlrn. (im Vorjahre 165 567 Thlr.) erforderlich war.

III. **Erläuterungen zu den Tabellen:**

zu Kol. 120 u. 129. Die Lokomotiven wurden mit Steinkohlen und Coaks, versuchsweise auch mit Braunkohlen gefeuert. Bei Reduktion auf den Heizeffekt von Steinkohlen kamen 5 Pfd. Coaks auf 6 Pfd. Steinkohlen, sowie 18 Pfd. Braunkohlen auf 7 Pfd. Steinkohlen.

" " 228. Zur Berichtigung der vom Staate garantirten Zinsen gewährte der Ueberschuß nur die hier aufgeführte Summe. Das Mehr-Erforderniß von 110 148 Thlrn. wurde durch Staatszuschuß gedeckt.

20. Stargard-Posener Eisenbahn.

I. **Verwaltung.** Die Stargard-Posener Eisenbahn, welche Eigenthum der gleichnamigen Eisenbahn-Gesellschaft ist, wird für Rechnung der letztern vom Staate durch die Königl. Direktion der Oberschlesischen Eisenbahn verwaltet, welche auch die Gesellschaft nach Außen hin vertritt, während der Staatsverwaltung gegenüber die Gesellschaft durch einen aus 5 Mitgliedern bestehenden Verwaltungsrath repräsentirt wird, welcher in wichtigen Angelegenheiten mit seinem Beirathe zu hören ist.

II. **Bahngebiet.** Mit dem 1. Januar 1860 ist die bis dahin gepachtet gewesene Zweigbahn Stettin-Stargard (4,88 M.) in den Betrieb der Eigenthümerin, der Berlin-Stettiner Eisenbahn-Gesellschaft, zurückgegangen. Seit jener Zeit erstreckt sich der Betrieb nur auf die Stargard-Posener Eisenbahn.

III. **Bahn-Anlagen.** Auf dem Bahnhofe Posen wurde Gasbeleuchtung eingerichtet und bei 21 Wärter-Stationen, wo es an einem guten Unterkommen für die Wärter mangelte, neue massive Wärter-Etablissements erbaut.

Die Pflanzungen zur Einfriedigung der Bahn und Bahnhöfe an Stelle der todten Zäune und zum Schutze gegen Schneeverwehungen sind vervollständigt worden.

Die alten ausrangirten Bahnschwellen, welche früher verkauft worden sind, wurden zur Herstellung von Schneezäunen zum Schutze der Bahneinschnitte, in 1—1½ Ruthen Entfernung vom Rande derselben, verwendet. Die hierdurch erzielten Resultate können nach den im Winter 18⁵⁹/₆₀ gemachten Beobachtungen als sehr befriedigende bezeichnet werden.

IV. **Betriebsmittel.** Von den 40 Lokomotiven der Stargard-Posener Bahn wurden nach der Auflösung des Pachtverhältnisses der Stettin-Stargarder Zweigbahn 2 Lokomotiven an die Neisse-Brieger Eisenbahn-Gesellschaft verkauft.

Die höchste Meilenzahl, nämlich 44 305, hat die Maschine „Boreas", welche im September 1848 in Betrieb genommen wurde, durchlaufen.

V. **Verkehr und Ertrag.** Im Betriebsjahre 1860 sind, da mit dem Beginn desselben die bis dahin gepachtet gewesene Zweigbahn Stettin-Stargard an die Eigenthümerin zurückgegeben wurde, gegen das Vorjahr 110 290 Personen und 174 947 Ctr. Güter weniger befördert, wodurch die Gesammt-Einnahmen um 117 659 Thlr., ebenso aber auch die Betriebs-Ausgaben um 197 753 Thlr. sich reducirten. Der Ueberschuß überstieg den vorjährigen um 79 994 Thlr. Zur Berichtigung der vom Staate mit 3½ Proc. garantirten Zinsen der Stamm-Actien war nur noch ein Zuschuß von 79 495 Thlrn. (im Vorjahre 147 727 Thlr.) erforderlich.

VI. **Einführung neuer Einrichtungen.** Mit dem 1. Januar 1860 wurde die 4. Wagenklasse, welche bis dahin nur auf der Stettin-Stargarder Zweigbahn eingeführt war, auch auf der Stargard-Posener Eisenbahn für einzelne Züge eingeführt und gleichzeitig die bisher bestandene Einrichtung der Ausgabe von sogenannten Tagebillets für gewisse Touren aufgehoben. Der Fahrpreis der 4. Wagenklasse beträgt 1½ Sgr. für die Person u. Meile.

VII. **Beamten-Pensionskasse.** Außer dieser Kasse, worüber in den Kol. 284—301 die näheren Angaben enthalten sind, besteht noch eine Beamten-Sterbekasse mit einem Fonds von 1369 Thlrn. Ende 1860.

VIII. **Erläuterungen zu den Tabellen:**

zu Kol. 230b. Zur Berichtigung der vom Staate mit 3½ Proc. garantirten Zinsen waren 175 000 Thlr. erforderlich; der Betriebs-Ueberschuß gewährte hierzu nur 95 505 Thlr., der Ueberrest wurde durch Staatszuschuß gedeckt.

21. Rhein-Nahe-Eisenbahn.

I. **Verwaltung.** Die Rhein-Nahe-Eisenbahn, welche vom Mäusethurm bei Bingen (Bingerbrück) über Kreuznach bis Neunkirchen, wo sie in die Saarbrücker Bahn mündet, sich erstreckt und in dieser ganzen Ausdehnung am 26. Mai 1860 für den öffentlichen Verkehr eröffnet wurde, ist Eigenthum einer Actien-Gesellschaft. Den Bau und die Verwaltung hat der Staat für Rechnung der Actionaire übernommen. Die zu diesem Behufe eingesetzte „Königl. Preuß. Direktion der Rhein-Nahe-Eisenbahn“ wurde aber am 1. August 1859 aufgelöst und alle Rechte und Pflichten, welche der Staat vertragsmäßig übernommen, insbesondere die gerichtliche und außergerichtliche Vertretung der Rhein-Nahe-Eisenbahn-Gesellschaft, bis auf Weiteres der „Königl. Preuß. Eisenbahn-Direktion zu Saarbrücken“ übertragen.

II. **Verkehrs-Verbindungen.** Schon vor Eröffnung der ganzen Bahn wurde darauf Bedacht genommen, nach allen Seiten hin direkte Verbindungen mit andern Bahnen anzuknüpfen, da die Rhein-Nahe-Bahn vorzugsweise die Vermittlerin des direkten Verkehrs zwischen Frankreich, dessen Seehäfen und Belgien einerseits und dem Mittelrhein, Nord- und Süddeutschland andererseits ist. Ferner hat die Bahn nicht nur einen sehr großen, wohlhabenden, gewerbreichen und romantischen Theil der Rheinprovinz erschlossen und auf Preußischem Gebiete mit dem Rheine verbunden, sondern sie ist auch der nächste Weg für die reichen Saarkohlen-Gruben zum Rhein und Main, sowie von den Eisensteingruben der Lahn zu den großartigen Eisenhütten-Etablissements der Saar. Es sind daher rücksichtlich des Personenverkehrs folgende Anknüpfungen erzielt:

mit der Saarbrücker und Saarbrücken-Trier-E., der Französischen Ostbahn, der Hessischen Ludwigsbahn, der Rheinischen E., der Taunusbahn, den Bayerischen Staatsbahnen, der Köln-Mindener und Niederländischen Rhein-Eisenbahn, sowie mit dem Norddeutschen Verbande für die Stationen Magdeburg, Leipzig, Berlin, Hannover, Harburg, Bremen, und mit dem Mitteldeutschen Verbande für die Stationen Leipzig, Dresden und Berlin.

Für den Güterverkehr sind folgende direkte Verbindungen hergestellt:

mit der Saarbrücker und Saarbrücken-Trier-E., der Hessischen Ludwigsbahn, der Rheinischen, Köln-Mindener, Niederländischen Rhein-E., der Taunusbahn, der Französischen Ostbahn, der Main-Neckar-E. und den Sächsischen Staatsbahnen.

III. **Verkehr und Ertrag.** Zur Vergleichung sind die Betriebs-Resultate mit den vorjährigen nicht geeignet, da die Rhein-Nahe-Eisenbahn erst am 26. Mai 1860 in ihrer ganzen Ausdehnung eröffnet wurde.

IV. **Erläuterungen zu den Tabellen:**

zu Kol. 115. Zum Anheizen der Lokomotiven kommen sogenannte Reiserwellen zur Verwendung, welche stückweise berechnet werden; im Ganzen sind 10 721 Stück und pro Nutzmeile 0,19 Stück verbraucht.

22. Wilhelms-Bahn.

I. **Die Verwaltung** der Wilhelms-Bahn, welche Eigenthum einer Actien-Gesellschaft ist und von dieser seit dem Beginn des Baues (24. April 1844) verwaltet wurde, ging auf Grund des mit der Staatsregierung unterm 22. April 1857 abgeschlossenen Vertrages auf den Staat über. Dieser übertrug die spezielle Leitung der Bahn der „Königl. Preuß. Direktion der Wilhelms-Bahn“, welche in wichtigen Angelegenheiten den Verwaltungsrath der Gesellschaft mit seinem Beirathe zu hören hat.

II. **Bahngebiet.** Zur Wilhelms-Bahn gehören:

1) die Hauptbahn: Cosel-Kendza-Ratibor-Preuß. Grenze . . . . 7,13 Meilen
und die von der Kaiser-Ferdinands-Nordbahn gepachtete Strecke von der Preuß. Grenze bis Oderberg . . . . 0,44 „
zusammen 7,57 Meilen,

2) die Zweigbahnen a) Ratibor-Leobschütz . . . . 5,09 „
b) Kendza-Nicolai-Idahütte . . . . 9,39 „

Hierzu tritt noch die von der Oberschlesischen Eisenbahn-Verwaltung gepachtete Strecke Kattowitz-Idahütte-Emanuelsegen . . . . 1,41 „

Die gesammte Betriebslänge beträgt also . . . . 23,46 Meilen.

III. **Bahn-Anlagen.** Auf der Station Czernitz wurde im Jahre 1860 das im Vorjahre bis zum Fundament hergestellte Stationsgebäude unter Dach gebracht; weitere bemerkenswerthe Stationsbauten oder Bahn-Anlagen sind nicht zu erwähnen.

IV. **Verkehrs-Verbindungen.** Ein direkter Personenverkehr findet mit der Oberschlesischen, Niederschlesisch-Märkischen und Warschau-Wiener Bahn statt — und ein direkter Güterverkehr mit den beiden erstgenannten Bahnen. Außerdem vermittelt die Wilhelms-Bahn den Durchgangs-Personenverkehr zwischen Wien-Breslau, Wien-Berlin und Wien-Stettin. Dagegen ist der seit 3 Jahren bestandene direkte Güterverkehr zwischen Danzig und Wien aufgehoben worden, da derselbe sich als unerheblich herausgestellt hat.

V. **Verkehr und Ertrag.** Im Jahre 1860 hat sich sowohl der Personen- als auch der Güterverkehr gegen das Vorjahr günstiger gestaltet. Es wurden nämlich 43 524 Personen und 757 073 Ctr. Güter (excl. Vieh) mehr befördert, so daß dadurch eine Mehr-Einnahme von 46 593 Thlrn. erzielt worden ist. Die laufenden Betriebs-Ausgaben erhöhten sich nur um 5652 Thlr. Der Ueberschuß stieg in Folge dieser günstigen Betriebsresultate von 236 092 Thlrn. (1859) auf 277 033 Thlr., mithin um 40 941 Thlr.

VI. **Beamten-Pensionskasse.** Außer der für nicht definitiv angestellte Beamte bestehenden Pensions- und Unterstützungskasse, worüber in den Kol. 284—301 die näheren Angaben enthalten sind, ist noch ein Pensionsfonds für definitiv angestellte Beamte vorhanden, welcher Ende 1860 aus 6854 Thlrn. 16 Sgr. 10 Pf. bestand. Ferner ist auch für die Arbeiter eine Krankenkasse begründet, deren Fonds am Schlusse des Jahres 1860 mit 1500 Thlrn. abschloß.

VII. **Erläuterungen zu den Tabellen:**

zu Kol. 14a. Von der Hauptbahn wurde die erste Strecke am 1. Januar 1846 und die ganze Bahn am 1. September 1848 eröffnet.

Die Zweigbahnen wurden auf den Strecken Ratibor-Leobschütz und Kendzia-Oderberg am 1. Oktober 1856, Orzesche-Nicolai am 30. Dezember 1856 und Nicolai-Idahütte resp. Kattowitz am 20. Dezember 1858 eröffnet.

„ „ 85b. Diese 1500000 Thlr. sind Prioritäts-Stamm-Actien.

„ „ 94d u. 97g. Außer den hier aufgeführten Wagen besitzt die Wilhelms-Bahn noch gemeinschaftlich mit der Oberschlesischen Bahn 6 Personenwagen I. und II. Klasse und 2 Gepäckwagen, welche für die durchgehenden Schnellzüge bestimmt, zu ½ aus dem Fonds der Oberschlesischen und zu ½ aus dem Fonds der Wilhelms-Bahn beschafft worden sind.

„ „ 120a. Die Mischung der Steinkohlen mit Coaks ist nach keinem bestimmten Verhältnisse resp. Procentsatze erfolgt.

„ „ 238—241. Ein besonderer Erneuerungsfonds ist nicht vorhanden, da der Reservefonds den Zweck des ersteren miterfüllt.

IIb. Privatbahnen

in eigener Verwaltung.

23. Aachen-Mastrichter Eisenbahn.

I. **Die Organisation der Verwaltung** der Aachen-Mastrichter Eisenbahn ist insofern von der der übrigen Deutschen Eisenbahnen verschieden, als die Gesellschaft durch zwei Directionen vertreten wird. Die eine hat ihren Sitz in Aachen, die andere in Mastricht. Jede besteht aus 5 Mitgliedern. Beide Directionen treten als eine gemeinschaftliche für diejenigen Gegenstände zusammen, die nach dem Statute ihrem Beschlusse vorbehalten sind. Der Spezial-Director fungirt bei beiden Directionen.

II. **Eigenthums-Verhältnisse.** Die Aachen-Mastrichter und die Aachen-Düsseldorfer Eisenbahnen laufen von Aachen bis Richterich auf einem gemeinschaftlichen Bahnkörper. Bei Richterich trennen sie sich, indem eine Linie über Gladbach nach Düsseldorf, die andere über Mastricht und Hasselt nach Landen führt, wo sie in die Belgische Staatsbahn mündet. Die Strecke von Aachen bis zum Trennpunkte bei Richterich (0,75 M.) ist doppelgeleisig und gemeinschaftliches Eigenthum der Aachen-Mastrichter und Aachen-Düsseldorfer Eisenbahn-Gesellschaften. Vom Trennpunkte Richterich bis Mastricht (4,07 M.) ist die Bahn eingeleisig, das Terrain für das zweite Geleise jedoch vorhanden. Ein Theil der Erdarbeiten, sowie alle Kunstbauten sind auch für Doppelgeleise ausgeführt.

Ferner ist die doppelgeleisige, 780 Ruthen lange Strecke von Richterich bis Kohlscheidt (auf der Linie von Aachen nach Düsseldorf), sowie die eingeleisige 730 Ruthen lange Kohlenzweigbahn von Kohlscheidt bis zur Grube Kämpchen gemeinschaftliches Eigenthum der genannten beiden Gesellschaften.

III. **Bahngebiet.** Die Aachen-Mastrichter Bahn (4,52 M.) hat durch die am 1. October 1856 in Betrieb gesetzte Verlängerung von Mastricht bis Hasselt (3,66 M.) eine Ausdehnung von . . . . 8,18 Meilen,
erhalten. Gleichzeitig hat die Gesellschaft die Strecke von Hasselt bis Landen . . . . . . 3,92 „
im Anschlusse an die Belgische Staatsbahn gegen Vergütung von 50 Proc. der Brutto-Einnahme übernommen und seit dem 1. October 1856 im Betriebe . . . . 12,10 Meilen.

IV. **Verkehr und Ertrag.** Im Jahre 1860 wurden 21 167 Personen und 225 301 Ctr. Güter mehr befördert als im Vorjahre. Die Einnahmen haben sich um 38 464 Thlr. und die Betriebs-Ausgaben um 14 367 Thlr. erhöht. Der Betriebs-Ueberschuß ist um 24 097 Thlr. gegen den vorjährigen gestiegen.

V. **Erläuterungen zu den Tabellen:**

zu Kol. 2c. Die Directionsmitglieder beziehen keinen Gehalt, sondern eine Tantième aus dem Reinertrage nach Maßgabe der zur Vertheilung kommenden Dividende.

„ „ 4. Von den 10 Mitgliedern der Control-Commission wohnen 5 auf Preußischem und 5 auf Niederländischem Gebiete.

„ „ 76—82. Die Vertheilung des Anlage-Kapitals auf die einzelnen Titel resp. die genaue Angabe der Baukosten kann erst erfolgen, wenn die Rechnungen über die mit der Aachen-Düsseldorfer Eisenbahn-Gesellschaft gemeinschaftlich ausgeführten Bahnstrecken und Bauten festgestellt sind und gegenseitige Abrechnung stattgefunden hat. Von dem Anlage-Kapitale kommen demnächst noch diejenigen Beträge in Abzug, welche die Aachen-Düsseldorfer Eisenbahn-Gesellschaft in Folge jener Abrechnung der Aachen-Mastrichter Eisenbahn-Gesellschaft zu erstatten hat.

„ „ 118 u. 131. Das zur Feuerung der Locomotiven verwendete Brennmaterial besteht aus einer Mischung von Coaks und Briquetten. Im Jahre 1860 wurden verbraucht: 14 795 Ctr. Coaks und 31 247

Ctr. Briquetten, zusammen 46 042 Ctr. incl. Anheizen, Stationiren und Stationsdienst. Der Durchschnittspreis dieses Brennmaterials stellt sich auf 9,08 Sgr. pro Centner.

zu Kol. 187. In dieser Summe sind 19 198 Thlr. Reinertrag der Steinkohlengrube bei Kirchrath enthalten.

24. Alberts-Bahn.

I. **Bahngebiet.** Zur Alberts-Bahn gehören außer der Hauptbahn (Dresden-Tharandt) von . . . 1,81 Meilen, noch 6 nach Kohlenschächten ꝛc. führende Zweigbahnen in einer Gesammtlänge von . . . . 3,30 „

zusammen also 5,11 Meilen.

Die Hauptbahn, welche als Anfang einer Verbindungsbahn zwischen Dresden und Zwickau (über Freiberg und Chemnitz) anzusehen ist, wird mittelst eines einfachen Geleises mit der Sächsisch-Böhmischen Staatsbahn verbunden, durch welche wiederum eine direkte Verbindung mit den gleichfalls in Dresden mündenden Sächsisch-Schlesischen Staats- und Leipzig-Dresdener Eisenbahnen stattfindet. Der Bahnhof zu Dresden ist durch ein Schienengeleise von 8500 Fuß Länge mit den Verschiffungsplätzen an der Elbe verbunden, in welches ein Strang der Sächsisch-Böhmischen Staatsbahn, die Verbindung mit dem Packhofe am Elbquai herstellend, mündet.

II. **Verkehr und Ertrag.** Im Jahre 1860 wurden 5462 Personen und 466 078 Ctr. Güter mehr befördert als im Vorjahre. Die Einnahmen erhöhten sich um 13 183 Thlr., die Ausgaben um 2854 Thlr. und der Ueberschuß um 10 331 Thlr. gegen das Vorjahr.

III. **Erläuterungen zu den Tabellen:**

zu Kol. 5. Der Bevollmächtigte bezieht außer seinem Gehalte noch eine Tantième von der Brutto-Einnahme.

„ „ 76. In der hier angegebenen Summe sind außer dem Aufwande für Vorarbeiten die Kosten der Haupt- und Bauverwaltung, sowie der Bauaufsicht während einer 3jährigen Bauzeit mitenthalten.

„ „ 100. Diese 4 Tender-Lokomotiven sind zum Betriebe der Zweigbahnen besonders erbaut, 4achsig und von kleinen Dimensionen; dieselben werden indessen auch auf der Hauptbahn mitbenutzt.

„ „ 155. Bei Berechnung des Gewichts der in Tonnen zur Beförderung kommenden Kohlen und Coaks ist die Tonne Kohlen zu 4 Ctr. und die Tonne Coaks zu 2 Ctr. als Norm angenommen worden.

„ „ 167a. Da nur auf der Hauptbahn ein Personenverkehr stattfindet, so ist hier deren Länge mit 1,81 Meilen der Durchschnittsberechnung zu Grunde gelegt worden.

„ „ 212. In dieser Summe ist die Ueberführungsfracht für die von und nach der Alberts-Bahn direkt beförderten Güter, welche an die Sächsisch-Böhmische Staatsbahn-Verwaltung gezahlt wird, in Höhe von 7801 Thlrn. mitenthalten.

„ „ 284—301. Eine Beamten-Pensionskasse besteht zur Zeit noch nicht; die hier notirten Beiträge sind aber als vorläufiger Fonds zu einer später einzurichtenden derartigen Kasse zu betrachten.

25. Altona-Kieler Eisenbahn.

I. **Bahngebiet und Betriebsleitung fremder Bahnen.** Bis zum Schlusse des Jahres 1860 hatte die Direktion der Altona-Kieler Eisenbahn-Gesellschaft den Betrieb der 4,[illegible] Meilen langen Rendsburg-Neumünsterschen Eisenbahn gegen die Summe von 30 750 Thlrn. gepachtet, so daß sich die Betriebs-Resultate (Kol. 141—203 und 224—226) auf die Altona-Kieler und Rendsburg-Neumünstersche Bahnen beziehen.

Außerdem leitet, wie früher, die Direktion der Altona-Kieler Eisenbahn-Gesellschaft noch den Betrieb der angrenzenden Elmshorn-Glückstadt-Itzehoer Eisenbahn.

II. Auf der **geneigten Ebene** bei Altona wird der Betrieb durch eine stehende Dampfmaschine mittelst Drahtseiles ausgeführt.

III. **Verkehr und Ertrag.** Im Jahre 1860 wurden gegen 1859 auf der Altona-Kieler und der Rendsburg-Neumünsterschen Eisenbahn 9822 Personen mehr, dagegen 64 892 Ctr. Güter weniger befördert. Die Einnahmen sind um 8243 Thlr. gestiegen, wogegen die Ausgaben 9940 Thlr. weniger betrugen, so daß der Ueberschuß für Altona-Kiel sich um 18 183 Thlr. erhöhte.

An Dividende wurden 8⅓ Proc., 1859 dagegen nur 8½ Proc. gezahlt.

IV. **Neue Bahnlinien.** Die Vorbereitungen zum Bau einer Verbindungsbahn zwischen Hamburg und Altona nebst einer Zweigbahn nach Blankenese sind soweit gediehen, daß der Bauausführung nunmehr nichts im Wege steht.

V. **Erläuterungen zu den Tabellen:**

zu Kol. 5. Der ausführende Direktor ist Mitglied der Direktion und in Kol. 2b mitaufgeführt. Sein Gehalt beträgt 2800 Thlr.

„ „ 270. Der letzte Achsbruch an Wagen ist im Jahre 1855 vorgekommen.

26. Rendsburg-Neumünstersche Eisenbahn.

I. **Betriebsleitung.** Während des Jahres 1860 hatte die Direktion der Altona-Kieler Eisenbahn-Gesellschaft den Betrieb der Rendsburg-Neumünsterschen Eisenbahn für die Summe von 30 750 Thlrn. gepachtet.

Dies Pachtverhältniß wurde von der Rendsburg-Neumünsterschen Eisenbahn-Gesellschaft gekündigt und mit dem 1. Januar 1861 die Verwaltung und Betriebsleitung dieser Bahn von ihr selbst übernommen.

II. **Verkehr und Ertrag.** Da wegen dieses Pachtverhältnisses eine getrennte Buchführung über die Betriebs-Resultate der Rendsburg-Neumünsterschen Eisenbahn nicht stattgefunden hat, so können auch keine Vergleichungen mit dem Vorjahre vorgenommen werden.

27. Glückstadt-Elmshorner Eisenbahn.

I. Der **Betrieb** der Glückstadt-Elmshorner Eisenbahn wird von der Direktion der Altona-Kieler Eisenbahn-Gesellschaft geleitet.

II. **Verkehr und Ertrag.** Im Jahre 1860 wurden gegen 1859 8790 Personen und 59 896 Ctr. Güter weniger befördert. Die Einnahmen stellten sich um 3044 Thlr. und die Ausgaben um 4092 Thlr. geringer, der Ueberschuß jedoch 1048 Thlr. höher als 1859. Eine Dividende konnte nicht vertheilt werden.

28. Aussig-Teplitzer Eisenbahn.

I. **Organisation der Verwaltung.** Die obere Leitung der Verwaltung liegt einem aus 12 Mitgliedern bestehenden Verwaltungsrathe ob, welcher mit der speziellen Führung der Geschäfte eine Direktion von 2 Mitgliedern betraut hat. Das eine Mitglied hat die allgemeine Administration zu führen und die Gesellschaft in amtlichen und privatrechtlichen Angelegenheiten zu vertreten, das zweite Mitglied den Eisenbahn- und kommerziellen Betrieb zu leiten.

II. **Verkehr und Ertrag.** Im Jahre 1860 wurden 5550 Personen und 1 793 020 Ctr. Güter mehr befördert als im Vorjahre. Die Einnahmen erhöhten sich um 19 019 Thlr., die laufenden Betriebs-Ausgaben verminderten sich um 7608 Thlr. Der Ueberschuß betrug gegen den vorjährigen 26 627 Thlr. mehr. An Dividende für die Stamm-Actien konnten 4 Proc. (im Vorjahre nur 2 Proc.) gezahlt werden.

III. **Neue Bahnlinien.** Die Gesellschaft beabsichtigt, die Aussig-Teplitzer Bahn bis Komotau (und später bis Carlsbad) zum Anschlusse an die projektirte und von der Sächsischen Regierung bereits concessionirte Bahn von Schwarzenberg (Endpunkt der Obererzgebirgischen Staatsbahn) nach Komotau fortzuziehen. Die entsprechenden Vorarbeiten sind bereits angefertigt worden.

Eine im Bau begriffene Kohlenzweigbahn von der Station Karbitz nach dem Förderungsschachte Herbitz wurde vollendet und im Dezember 1860 in Betrieb gesetzt.

IV. **Erläuterungen zu den Tabellen:**

zu Kol. 24. Die Höhe der an die Mitglieder des Verwaltungsraths zu zahlenden Tantième ist von dem jedesmaligen Beschlusse der General-Versammlung der Actionaire abhängig.

„ „ 13. Für den Personenverkehr wird die Tariflänge auf 3 und für den Güterverkehr auf 3,15 Meilen angenommen.

„ „ 159a u. 160b. Die Anzahl der beförderten Equipagen und Thiere ist nicht bekannt; dem Gewichte nach aber wurden von ersteren 210 Ctr. und von letzteren 3430 Ctr. transportirt.

„ „ 173a. In dieser Summe sind die für Separatzüge eingekommenen 294 Thlr. mitenthalten.

„ „ 232. Der Zuschuß zum Pensionsfonds Seitens der Gesellschaft ist bereits in den laufenden Betriebs-Ausgaben mitenthalten.

„ „ 236. Kur- und Verpflegungskosten, Honorar für Aerzte ꝛc. werden aus dem Pensionsfonds nicht bestritten, da für dergleichen Ausgaben eine besondere Krankenkasse gegründet ist.

29. Bayerische Ostbahnen.

I. **Rechnungs-Periode.** Das Rechnungs- und Betriebsjahr umfaßt nicht, wie bei den meisten übrigen Deutschen Bahnen, die Periode des Kalenderjahres, sondern läuft, wie bei den Bayerischen Staats- und den Pfälzischen Eisenbahnen, vom 1. Oktober bis ult. September. Die vorliegenden statistischen Notizen beziehen sich auf den Zeitraum vom 1. Oktober 1859 bis ult. September 1860.

II. **Bahngebiet.** Am Schlusse des vorigen Betriebsjahres (30. September 1859) waren im Betriebe die Strecken
München-Landshut, am 3. November 1858 eröffnet, ... 9,45 Meilen,
und Nürnberg-Hersbruck, am 9. Mai 1859 eröffnet, ... 3,15 „
zusammen 13,60 Meilen.

Im Laufe des Betriebsjahres 18$^{59}/_{60}$ wurden eröffnet, und zwar
am 12. Dezember 1859 die Strecken Hersbruck-Regensburg-Geiselhöring . . . . 19,60 „
und Landshut-Straubing . . . . 7,75 „
am 20. September 1860 die Strecke Straubing-Passau . . . . 10,35 „

Am Schlusse des Rechnungsjahres (30. September 1860) waren also im Betriebe . . . . 51,30 Meilen.

Diese, nach Verhältniß der Betriebszeit der zuletzt gedachten 3 Strecken reducirt, ergeben einen mittlern Jahresdurchschnitt von . . . . 35,47 Meilen, welche den Durchschnittsberechnungen Kol. 167 ꝛc. zu Grunde gelegt sind.

Von den im Jahre 1860 noch im Bau begriffenen Strecken Schwandorf-Cham . . . . . . 6,40 „
und Cham-Furth-Landesgrenze . . . . 3,44 „
wurde erstere am 7. Januar 1861 und letztere am 20. September dess. Js. eröffnet.

Die am 1. September 1861 in Betrieb gesetzte Strecke von Passau bis zur Landesgrenze 0,20 M. ist an die Kaiserin-Elisabeth-Bahngesellschaft verpachtet.

Seit dem 20. September 1861 befinden sich sämmtliche Linien der Bayerischen Ostbahnen, welche eine Ausdehnung von . . . . 61,04 Meilen haben, im Betriebe.

Die vorliegenden statistischen Notizen beziehen sich aber **nur** auf die bis Ende des Betriebsjahres 1860 eröffneten . . . . 51,10 Meilen.

III. **Verkehr und Ertrag.** Die Betriebs-Resultate des Jahres 1860 sind mit denen des Vorjahres zu Vergleichungen nicht geeignet, da in diesem 13,40 Meilen, in jenem aber 51,10 Meilen im Betriebe waren.

IV. Außer der **Beamten-Pensionskasse**, worüber in den Kol. 284—301 das Nähere enthalten ist, besteht noch ein „Arbeiter-Unterstützungsfonds", welcher ult. September 1860 (dem Schlusse des Betriebsjahres) einen Bestand von 15 859 Thlrn. hatte.

V. **Erläuterungen zu den Tabellen:**

zu Kol. 14b. Die letzte Strecke der Bahn wurde erst im folgenden Betriebsjahre, am 20. September 1861, eröffnet (siehe oben ad II).

„ „ 75b u. 76—82. Die Höhe des verwendeten Anlage-Kapitals und die Vertheilung desselben auf die einzelnen Bautitel kann erst nach dem Abschluß sämmtlicher Baurechnungen angegeben werden.

„ „ 111. Dies sind die Anschaffungskosten der Räder sämmtlicher Wagen und der Reservestücke zu den Lokomotiven.

„ „ 144. Diese 512 Personen sind auf Tour- und Retour-Billets befördert worden.

„ „ 197. Diese 4448 Thlr. sind für Beleuchtung der Bahnhöfe verausgabt worden.

„ „ 227c. Mit Bezug auf die Bemerkung zu Kol. 75b kann die Verzinsung des Anlage-Kapitals noch nicht angegeben werden.

30. Berlin-Anhaltische Eisenbahn.

I. **Bahngebiet.** Das Unternehmen der Berlin-Anhaltischen Eisenbahn-Gesellschaft umfaßt folgende Bahnlinien:

1) die Hauptbahn von Berlin über Wittenberg und Bitterfeld nach Halle . . . . 21,44 Meilen,
2) deren Zweigbahnen a) von Wittenberg über Dessau nach Cöthen . . . . 7,64 „
b) „ Jüterbog nach Roederau . . . . 10,80 „
(einschließlich 0,23 Meilen von Roederau bis zur Einmündung in die Leipzig-Dresdener E.)
c) „ Dessau nach Bitterfeld . . . . 3,37 „
d) „ Bitterfeld nach Leipzig . . . . 4,35 „

zusammen 47,60 Meilen.

II. **Bahn-Anlagen.** Im Jahre 1860 wurde in Klein-Wittenberg eine Haltestelle eingerichtet und der Bahnhof Dessau mit dem an der Elbe neu angelegten sogenannten Wallwitz-Hafen durch ein Schienengeleise verbunden. Ferner wurde in Dessau eine neue Station, bestehend aus einem großen Lagerspeicher und einem Expeditions-Gebäude mit Kohlenrutschen nach der Elbe hin angelegt, auch ein Krahn (zur Verladung von Schiffsgütern) und eine Drehscheibe aufgestellt.

Auf dem Bahnhofe Halle wurde der massive Güterspeicher durch einen Anbau von Fachwerk in gleichen Dimensionen vergrößert.

III. **Verkehrs-Verbindungen.** Es findet ein direkter Personen- und Güterverkehr nach und von den Stationen des Mitteldeutschen Verbandes statt, welchem die Berlin-Anhaltische Bahn als Mitglied angehört und der im Jahre 1860 durch den Hinzutritt der Werra-Bahn erweitert worden ist. Auf der Tour zwischen Berlin und Frankfurt a. M. werden die Personen- und Gepäckwagen nicht mehr gewechselt, sondern sie durchlaufen, abwechselnd von den betheiligten Bahnen gestellt, die ganze Tour. Nach Dresden, Teplitz, Prag und Brünn, sowie über Riesa und Chemnitz und über Hof nach München und bis Lindau findet ebenfalls ein direkter Personen- und Güterverkehr statt.

IV. **Verkehr und Ertrag.** Die Betriebs-Resultate des Jahres 1860 sind mit denen des Vorjahres zu Vergleichungen nicht geeignet, da die vorliegenden statistischen Notizen sich auf 47,60 Meilen, die vorjährigen aber nur auf 30,46 Meilen beziehen.

An Dividende wurden 6⅓ Proc., 1859 dagegen 7⅓ Proc. vertheilt.

V. **Beamten-Pensionskasse.** Mit dem 1. Juli 1859 ist die Seitens der Verwaltung veranlaßte Reform resp. Ausdehnung der bisherigen Beamten-Pensionskasse zu einer „Beamten-Pensions-, Wittwen-Pensions- und Unterstützungskasse" in's Leben getreten, nach deren Statut auch den Beamten-Wittwen lebenslängliche Pensionen und deren Kindern bis zum 16. event. 18. Lebensjahre Erziehungsgelder gewährt werden.

VI. **Erläuterungen zu den Tabellen:**

zu Kol. 14a. Die Betriebs-Eröffnung der einzelnen Bahnstrecken fand in nachstehender Reihenfolge statt:

a) ältere Linien
am 1. September 1840 Cöthen-Dessau,
„ 1. Juli 1841 Berlin-Jüterbog,
„ 18. August 1841 Dessau-Coswig,
„ 28. August 1841 Coswig-Wittenberg,
„ 10. September 1841 Wittenberg-Jüterbog,
am 1. Juli 1848 Jüterbog-Herzberg,
„ 1. Oktober 1848 Herzberg-Roederau;

b) neuere Linien
„ 17. August 1857 Dessau-Bitterfeld,
1. Februar 1859 Bitterfeld-Halle u. Leipzig,
„ 3. August 1859 Wittenberg-Bitterfeld.

zu Kol. 117—124. Zur Feuerung der Lokomotiven wurden im Jahre 1860 verbraucht:

bei Schnellzügen 29 900 Ctr. Coaks und 32 743 Ctr. Steinkohlen,

" Personenzügen 27 443 Ctr. Coaks, 35 778 Ctr. Steinkohlen und 185 Ctr. Braunkohlen.

" Güterzügen 35 919 Ctr. Coaks, 104 205 Ctr. Steinkohlen, 4476 Ctr. Braunkohlen und 7 Ctr. Torf,

für leer gelaufene Meilen 1393 Ctr. Coaks und 1782 Ctr. Steinkohlen,

" den Reservedienst 17 592 Ctr. Coaks, 4574 Ctr. Steinkohlen und 855 Ctr. Braunkohlen.

" " 125—127. Diese Verhältnißzahlen sind nach dem Preise der verschiedenen Brennstoffe berechnet.

" " 150b. Die hier aufgeführten Eisenbahn-Fahrzeuge sind mit ihrem Gewichte auch in Kol. 154 enthalten.

" " 150c. Ebenso die beförderten sonstigen Fahrzeuge, das Stück zu 80 Ctrn. gerechnet, in Kol. 154.

31a. Berlin-Hamburger Eisenbahn.

I. **Organisation der Verwaltung.** Außer der Direktion, welche ihren Sitz in Berlin hat, besteht noch eine Direktions-Deputation in Hamburg, deren Geschäfte ein dorthin abgeordnetes Mitglied der Direktion versieht.

II. **Bahngebiet.** Durch die Berlin-Hamburger Eisenbahn-Gesellschaft sind erbaut:

a) die Hauptbahn von Berlin bis Bergedorf . . . . 35,45 Meilen,
b) die Zweigbahn von Büchen bis Lauenburg . . . . 1,72 "
zusammen 37,17 Meilen.

Außerdem hat die Gesellschaft die von der Hamburg-Bergedorfer Eisenbahn-Gesellschaft erbaute Bahn von Bergedorf bis Hamburg pachtweise übernommen . . . . 2,29 "

In ungetheiltem Betriebe der Berlin-Hamburger Eisenbahn-Verwaltung befinden sich also . 39,46 Meilen.

Sämmtliche in den vorliegenden Tabellen unter „Berlin-Hamburger" Eisenbahn aufgeführte statistische Notizen (ausschließlich der Kolonnen 75—86, hinsichtlich deren auf die betreffende nachfolgende Erläuterung verwiesen wird) beziehen sich auf die vorgenannten im Betriebe vereinigten drei Bahnstrecken.

III. **Bahn-Anlagen.** Zur Erneuerung der **Geleise** sind Schienen und Schwellen im Werthe von 304 940 Thlrn. verwendet, und zwar aus den Betriebs-Einnahmen für 89 844 Thlr. und aus dem Reservefonds für 215 096 Thlr.

Mehrere der größeren **Brücken** wurden mit Asphalt abgedeckt, eine derselben hat einen neuen Drehkranz von Gußstahl erhalten.

An neuen **Gebäuden** sind aufgeführt worden: auf dem Bahnhofe Berlin ein zweiter massiver Lokomotivschuppen, zu Wittenberge ein Kesselhaus nebst 2 Dampfkesseln und ein Holzschuppen.

31 hölzerne optische **Telegraphen** sind gegen eben so viele neue eiserne ausgewechselt worden.

IV. **Industrielle Anlagen.** Die Gesellschaft besitzt 2 Reparatur-Werkstätten zu Berlin und Hamburg, 2 Coaksbrennereien zu Wittenberge und Bergedorf mit zusammen 44 Oefen, und 1 Schwellen-Imprägnir-Anstalt zu Berlin.

V. **Verkehr und Ertrag.** Im Jahre 1860 war zwar der Personenverkehr schwächer als im Vorjahre, indem 2508 Personen weniger befördert wurden, dessenungeachtet überstieg die Einnahme die vorjährige um 61 977 Thlr. Es erklärt sich dies aus der stärkeren Benutzung der I. und II. Wagenklasse im Jahre 1860 und durch geringere Militairtransporte in der III. Wagenklasse. Der Güterverkehr (excl. des Viehverkehrs, welcher allein um 188 737 Ctr. stieg und 81 832 Thlr. Einnahme mehr als im Vorjahre einbrachte) hat eine Zunahme von 508 952 Ctrn. ergeben und würde sich noch lebhafter gestaltet haben, wenn nicht die immer noch bestehenden Lauenburgischen, Beiderstädtischen und besonders die Mecklenburgischen Transitzölle ihn belasteten. Von den auf der Berlin-Hamburger Bahn beförderten Gütern sind im Jahre 1860 allein 293 615 Thlr. 25 Sgr. 7 Pf. und bis Ende 1861 überhaupt 3 575 068 Thlr. derartiger Transitzölle entrichtet worden. Um diese enorme, dem vierten Theile des gesammten Bau-Kapitals oder fast der Hälfte des ganzen Actien-Kapitals gleichkommenden Summe sind die Beförderungskosten zum Nachtheile der Frachtzahler und der Bahnverwaltung vertheuert worden.

Die Gesammt-Einnahme hat 256 312 Thlr., die Betriebs-Ausgabe 122 809 Thlr. und der Ueberschuß 133 503 Thlr. mehr betragen als im Vorjahre. Nachdem, wie im Vorjahre, 140 000 Thlr. dem Reservefonds überwiesen worden, ist eine Dividende

von 6½ Proc. für die Stamm-Actien Litr. A (5 000 000 Thlr.) und
" 5½ " " " " " B (3 000 000 Thlr.) gezahlt,

welche im Vorjahre 5⅔ Proc. für A und 4⅔ Proc. für B betrug.

VI. **Einführung neuer Einrichtungen.** Für den Personen-Verkehr ist seit dem 1. Januar 1855 das Edmonsonsche Billetsystem mit dem besten Erfolge in Anwendung. An den Güterwagen sind die harten unbiegsamen Achsfedern sämmtlich durch elastische ersetzt. Dadurch ist das erfreuliche Resultat erzielt worden, daß die Zahl der Achsbrüche in den letzten 5½ Jahren gegen früher sich ungemein vermindert hat; im Jahre 1860 sind nur zwei Achsbrüche, im Vorjahre sogar nicht ein einziger Achsbruch an Güterwagen vorgekommen.

VII. **Erläuterungen zu den Tabellen:**

zu Kol. 5. Der Vorsitzende der Direktion ist zugleich Ober-Ingenieur und Betriebs-Direktor.

" " 75—85. Die gegen das concessionirte Anlage-Kapital (Kol. 75a) weniger verwendeten 97 350 Thlr. sind als Bestand des Baufonds vorhanden.

Das Anlage-Kapital (Kol. 75—85) ist in der Weise angegeben, wie es von der Berlin-Hamburger Eisenbahn-Gesellschaft für die durch sie erbauten 37,57 Meilen (Kol. 10) verwendet worden ist. Für die im Betriebe vereinigten 39,44 Meilen (siehe oben unter II), also einschließlich der gepachteten Hamburg-Bergedorfer Bahn, beträgt das Gesammt-Anlage-Kapital:

Kol.				Kol.		
75a.	Im Ganzen sind concessionirt	16 298 000 Thlr.		80.	Bahnhöfe	2 474 532 Thlr.
75b.	Im Ganzen bis ult. 1860 verwendet	16 200 641 „		81.	Betriebsmittel	1 581 094 „
	und zwar:			82.	Insgemein	1 423 111 „
76.	Vorarbeiten	927 636 „		83.	pro Meile Bahnlänge	408 488 „
77.	Grunderwerb	1 457 440 „		84.	Ungew. kostspielige Bauwerke	2 200 000 „
78.	Bahnkörper	4 106 500 „		85a.	Stamm-Actien	9 548 000 „
79.	Oberbau	4 230 338 „		85b.	Prioritäts-Actien	6 750 000 „

zu Kol. 87. Die Ausgaben aus dem Reservefonds betragen:

	bis Ende 1859.	pro 1860.
Neubau und Erweiterung der Gebäude	94 556 Thlr.	23 488 Thlr.
Anlage der Wärterhäuser	51 196 „	2090 „
Neue Drehscheiben, Krahne u. s. w.	21 335 „	— „
Gasleitungen, Wasserleitungen u. s. w.	19 381 „	— „
Telegraphenleitungen	13 896 „	— „
Summa	200 364 Thlr.	25 578 Thlr.
zusammen	225 942 Thlr.	

„ „ 88. Aus den Betriebs-Ueberschüssen sind bis Ende 1860 verwendet:

a) für Ergänzung der Betriebsmittel . . . . 1 390 507 „

b) für Erweiterung der Bahnanlagen, Neubau von Gebäuden, Telegraphenleitungen, eiserne optische Telegraphen, Dampfkessel in den Werkstätten, Dampfpumpen, Wasserleitungen, Drehscheiben, Centesimalwaagen . . . . 229 569 „

im Ganzen also 1 846 018 Thlr.

wie in Kol. 89 angegeben ist.

„ „ 152 u. 178. Das Gewicht der Postgüter bezieht sich nur auf diejenigen, welche gegen Frachtzahlung befördert wurden, dagegen sind in der Einnahme für Postgüter (Kol. 178) die Vergütigung für die tägliche Beförderung der Postwagen auf der Bahnstrecke zwischen Hamburg und Bergedorf, sowie die vertragsmäßigen Pauschsummen für Postsendungen, deren spezielle Gewichtsermittelung nicht stattfindet, mitenthalten. Hierdurch erklärt sich die geringe Gewichtsangabe im Verhältnisse zu der Fracht-Einnahme für Postgüter.

„ „ 159b u. c. Die beförderten Eisenbahn- und sonstigen Fahrzeuge sind mit ihren, der Frachtberechnung entsprechenden Gewichten in Kol. 153 u. 154 mitenthalten.

„ „ 205e. Diese Summe enthält die Kosten der Güter-Expedienten und Bodenarbeiter, sowie für An- und Abfuhr der Güter, soweit letztere in den Frachtsätzen miterhoben, die Leistungen also durch die Bahn-Verwaltung bewirkt werden.

„ „ 222. Dies ist der Pachtzins für die Hamburg-Bergedorfer Bahnstrecke und die fortlaufende Vergütigung an die Magdeburg-Wittenbergesche Eisenbahn-Gesellschaft für den Bau der Elbbrücke.

„ „ 229. Der Betrag der Eisenbahnsteuer (32 500 Thlr.) ist statutenmäßig zur Amortisation der Stamm-Actien Litr. B verwendet und in Kol. 228b mitenthalten.

„ „ 230a. An Dividenden sind gezahlt für die Stamm-Actien Litr. A 6½ Proc., für Litr. B 5½ Proc., durchschnittlich also 6,22 Proc.

„ „ 237. Außerdem sind Materialbestände im Werthe von 190 324 Thlrn. vorhanden, einschließlich deren das Vermögen des Reservefonds am Jahresschlusse 752 803 Thlr. betrug.

„ „ 238—241. Ein besonderer Erneuerungsfonds ist nicht vorhanden, da der Zweck desselben durch ausreichende Verwendungen aus den Betriebs-Einnahmen (vergleiche Kol. 88) miterfüllt wird.

„ „ 270. Von diesen 81 Achsbrüchen, welche sich auf der Berlin-Hamburger Eisenbahn ereigneten, kommen 56 auf die eigenen und 25 auf fremde Betriebsmittel. Außerdem erlitten die Berlin-Hamburger Wagen auf fremden Bahnen 20 Achsbrüche.

31b. Hamburg-Bergedorfer Eisenbahn.

I. **Verwaltung.** Die Hamburg-Bergedorfer Eisenbahn ist an die Berlin-Hamburger Eisenbahn-Gesellschaft auf unbestimmte Zeit verpachtet. Die Direktion dieser Gesellschaft leitet den Betrieb und ertheilt der Hamburg-Bergedorfer Eisenbahn-Gesellschaft vierteljährlich genaue Berechnungen der Betriebs-Resultate.

Im Uebrigen wird auf die ausführlichen Mittheilungen in den vorhergehenden Jahrgängen der Statistik verwiesen.

II. **Verkehr und Ertrag.** Von den Transporten der Berlin-Hamburger Bahn sind über die Strecke Hamburg-Bergedorf im Jahre 1860 befördert worden: 320 760 Personen, 6 105 771 Ctr. Güter u. s. w., wie dies in Kol. 141—160 der Tabellen unter „Hamburg-Bergedorf" näher angegeben ist.

Von der Brutto-Einnahme für diese Transporte (nach Vorwegnahme von 19 033 Thlrn. pro rata der Hamburg-Bergedorfer Bahnstrecke für An- und Abfuhr-, Auf- und Abladekosten, Brückengeld u. s. w.) hat der Betriebs-Antheil der Hamburg-Bergedorfer Gesellschaft betragen:

	Brutto-Einnahme der Strecke Hamburg-Bergedorf.	Davon 50 Proc. als Betriebs-Antheil.
für Personen-Beförderung	75 262 Thlr.	37 631 Thlr.
„ Reisegepäck	2095 „	1048 „
„ Eil- und Frachtgüter	100 672 „	50 336 „
„ Equipagen	137 „	68 „
„ Vieh-Transporte	17 931 „	8965 „
„ Extraordinaria	2115 „	1058 „
„ Beförderung der Postgüter	5204 „	2602 „
zusammen	203 416 Thlr.	101 708 Thlr.

Die Brutto-Einnahme ist in den Tabellen Kol. 173—186 aufgeführt. Davon hat die Hamburg-Bergedorfer Eisenbahn-Gesellschaft die Hälfte (101 708 Thlr.) als Betriebs-Antheil erhalten; die übrigen, der Berlin-Hamburger Eisenbahn-Gesellschaft für den Betrieb verbliebenen 101 708 Thlr. sind in Kol. 202 u. 213 (33 651 Thlr. + 68 057 Thlr.) als Betriebs-Ausgaben aufgeführt.

Außer jenem Betriebs-Antheile hat die Hamburg-Bergedorfer Eisenbahn-Gesellschaft noch 65 342 Thlr. Zinsen für die Bahnhöfe (siehe Bemerkung zu Kol. 187) von der Berlin-Hamburger Eisenbahn-Gesellschaft gezahlt erhalten.

Eine Vergleichung der Frequenz und Einnahmen mit dem Vorjahre ergiebt, daß im Jahre 1860 2011 Personen weniger, dagegen 436 991 Ctr. Güter mehr befördert wurden. Die Netto-Einnahmen sind um 8621 Thlr. gestiegen.

Der pro 1860 verbliebene Ueberschuß gewährte außer den statutenmäßigen Zinsen von 4 Proc. eine Dividende von 4 Proc. für die Actionaire und die Uebertragung eines Saldos von 795 Thlrn. (Kol. 233) auf die neue Rechnung.

III. **Erläuterungen zu den Tabellen.** Die unter „Berlin-Hamburger" Eisenbahn in den Tabellen aufgeführten Notizen der Betriebsresultate umfassen, wie ad II des betreffenden Berichts angegeben, gleichzeitig die Strecke Hamburg-Bergedorf. Um den Verkehr und Ertrag derselben ersichtlich zu machen, sind die speziell auf die Strecke Hamburg-Bergedorf bezüglichen Notizen in den Tabellen (Kol. 141—186, 202, 203 u. 213) besonders aufgeführt, zur Unterscheidung von den Berlin-Hamburger Notizen (unter denen dieselben mitenthalten sind) aber durch kleineren Zahlendruck dargestellt. Alle übrigen, ausschließlich das Hamburg-Bergedorfer Unternehmen betreffende Notizen (Kol. 1—14, 75—85, 187—189 u. 221—233) sind mit den gewöhnlichen Ziffern gedruckt.

Zu Kol. 77. Nach jetzt erfolgter vollständiger Regulirung des Gesammt-Grund-Eigenthums beträgt das Kapital für das Areal der Bahnanlage 327 322 Thlr.

„ „ 174. In dieser Summe sind 2115 Thlr. Extraordinarien (Einnahme für Extrazüge &c.) enthalten.

„ „ 187. Dies sind die von der Berlin-Hamburger Eisenbahn-Gesellschaft für die Bahnhöfe empfangenen Zinsen im Betrage von 65 342 Thlrn. nebst anderweitig eingenommenen 1313 Thlr. für Zinsen und Diskonto-Gewinn.

„ „ 228—231. Die Zinsen, Dividenden und Eisenbahnsteuern werden in Banko-Mark bezahlt, deren Betrag hier zum Durchschnitts-Course der Einnahmen auf Thlr. reducirt ist, weshalb auch der Procentsatz der Zinsen und Dividenden nicht genau übereinstimmt.

„ „ 233a. Außer diesen 795 Thlrn. Ueberschuß des Jahres 1860 sind noch 690 Thlr. Ueberschüsse früherer Jahre vorhanden.

32. Berlin-Potsdam-Magdeburger Eisenbahn.

I. **Bahn-Anlagen.** Während des Jahres 1860 sind folgende größere Bauten zur Ausführung gekommen:

1) die Verlängerung des dritten Geleises auf dem Bahnhofe Potsdam;
2) die Anlage eines neuen Trottoirs, und zwar längs des alten Empfangsgebäudes auf dem Bahnhofe Potsdam, in Mosaikpflaster mit eisernen Prellpfählen;
3) der Bau eines neuen Werkschuppens für Lokomotiv-Reparaturen von 231½ Fuß Länge und 88½ Fuß Breite, massiv mit eisernen Säulen und Schieferdach;
4) der Bau eines neuen Wasserstations-Gebäudes nebst Rohrleitungen und Dampfmaschine zur Wasserhebung auf dem Bahnhofe Brandenburg;
5) die Anlage von Eiskellern auf der Fasanerie- (Wildpark-) Station bei Potsdam und auf den Bahnhöfen Brandenburg, Genthin und Burg.

II. **Verkehr und Ertrag.** Sowohl der Personen- als auch der Güterverkehr hat sich gegen das Vorjahr nicht unwesentlich gehoben; es wurden nämlich 20 711 Personen und 215 346 Ctr. Güter mehr befördert und hierdurch eine Mehr-Einnahme von 119 108 Thlr. erzielt. Auch in den laufenden Betriebs-Ausgaben wurde gegen das Vorjahr eine Ersparniß von 25 066 Thlrn. erzielt, so daß der Ueberschuß von 861 973 Thlrn. (pro 1859 auf 1 000 130 Thlr., mithin um 144 166 Thlr. sich erhöhte, von dem, wie im Vorjahre, 9 Proc. Dividende gezahlt worden sind, jedoch nicht nur für die alten Stamm-Actien, sondern auch noch für die im Jahre 1850 neu emittirten 5000 Actien; außerdem wurden noch zu einer Extra-Reserve 51 865 Thlr. erübrigt.

III. **Erläuterungen zu den Tabellen:**

zu Kol. 2d. Einschließlich der an 5 besoldete Mitglieder gezahlten Gehälter beträgt die Tantième 15 500 Thlr.

" " 4. Außerdem gehören noch 6 stellvertretende Mitglieder zum Verwaltungsrathe.

" " 14b. Die Elbbrücken bei Magdeburg wurden erst 2 Jahre nach der Eröffnung der ganzen Bahn, nämlich am 19. August 1848, dem Betriebe übergeben.

" " 233b. Hiervon kommen 86 765 Thlr. auf die Tilgung einer zur Vermehrung der Betriebsmittel kontrahirten Schuld und 51 865 Thlr. auf Ausgabe-Reste pro 1860 et retro.

" " 293. Diese 200 Thlr. sind Begräbnißgelder.

33. Berlin-Stettiner Eisenbahn.

I. **Bahngebiet.** Das Unternehmen der Berlin-Stettiner Eisenbahn-Gesellschaft umfaßt

die Bahnstrecke von Berlin nach Stettin, die Stammbahn,	17,85	Meilen
und die Zweigbahnen Stettin-Stargard	4,64	"
Stargard-Belgard-Cöslin	18,01	"
Belgard-Colberg	4,79	"
zusammen	45,29	Meilen.

Der Betrieb der Zweigbahn Stettin-Stargard ist am 1. Januar 1860 aus der Verwaltung der Königl. Direktion der Oberschlesischen Bahn wieder in die der Berlin-Stettiner Eisenbahn-Gesellschaft zurückgegangen. Die vorliegenden Tabellen umfassen daher die Bahnstrecken Berlin-Stettin-Stargard und Stargard-Cöslin-Colberg, letztere Strecke mußte aber wegen der dem Anlage-Kapitale Seitens des Staats gewährten Zinsgarantie von der ersteren getrennt verwaltet werden.

II. **Vertheilung der gemeinschaftlichen Ausgaben.** Die Transport-Verwaltungskosten werden auf beiden Bahnstrecken Berlin-Stettin-Stargard und Stargard-Coeslin-Colberg zufolge des mit der Staats-Regierung abgeschlossenen Vertrages nach Verhältniß der von den Lokomotiven und Wagen durchlaufenen Nutz- resp. Achsmeilen, die Kosten der allgemeinen Verwaltung nach Verhältniß der Bahnlängen repartirt, dagegen die Bahn-Unterhaltungs- 2c. Kosten von jeder Strecke allein getragen.

III. **Coaksbrennerei.** Der für den Betrieb erforderliche Coaks wird aus den eigenen Brennereien der Gesellschaft bezogen. Es befinden sich zu diesem Zwecke 18 Coaksöfen auf der Bahnstrecke Berlin-Stettin.

IV. **Verkehr und Ertrag.**

a) **Berlin-Stettin-Stargard.** Eine spezielle Vergleichung der Frequenz und der Einnahme mit dem Vorjahre läßt sich nicht anstellen, da die Zweigbahn Stettin-Stargard, wie bereits unter Nr. I bemerkt, am 1. Januar 1860 in die eigene Verwaltung von der Königl. Direktion der Oberschlesischen Eisenbahn, als Vertreterin der Stargard-Posener Eisenbahn-Gesellschaft, zurückgenommen ist und für die Vorjahre spezielle Frequenz-Notizen nicht vorliegen. Im Allgemeinen muß jedoch, was den Verkehr auf der Stammbahn (Berlin-Stettin) betrifft, bemerkt werden, daß sich derselbe in allen Zweigen vermehrt hat, ausgenommen die Militair- und Pferde-Transporte, die gegen das Jahr 1859, in welchem dieselben in Folge der angeordneten Kriegsbereitschaft sehr bedeutend waren, zurückgeblieben sind. Die Zahl der mehr beförderten Personen (excl. Militairs) gegen das Vorjahr beläuft sich auf 30 669 Personen und die Mehr-Einnahme auf 38 568 Thlr. Einen erheblichen Zuwachs hat auch der Viehtransport erfahren, bei dem sich eine Mehr-Einnahme von 13 223 Thlrn. ergab. An Frachtgütern sind 191 077 Ctr. mehr als im Jahre 1859 befördert worden. Die Einnahmen aus diesem Verkehrszweige sind indessen gegen die des Vorjahres um 8352 Thlr. zurückgeblieben, ein Ausfall, der in der eingetretenen Ermäßigung des Frachtgut-Tarifes seinen Grund hat.

Was die Zweigbahn Stettin-Stargard anlangt, so sind bei derselben gegen das Vorjahr für Personen, Gepäck, Equipagen, Pferde und Hunde 3882 Thlr., für Eil-, Post- und Frachtgüter, sowie Vieh 28 057 Thlr. mehr eingenommen.

b) **Stargard-Coeslin-Colberg.** Auch hier lassen sich Vergleichungen der Betriebs-Resultate mit denen des Jahres 1859 nicht vornehmen, da der Betrieb dieser Zweigbahn erst am 1. Juni 1859 eröffnet wurde, dieselbe also nur 7 Monate während dieses Jahres im Betriebe war.

V. **Neue Bahnlinien.** Die General-Versammlung der Actionaire der Berlin-Stettiner Eisenbahn-Gesellschaft hat am 15. April 1861 den Bau der Vorpommerschen Bahn von Stralsund über Greifswald, Anklam, Pasewalk und Prenzlau nach Angermünde (zum Anschluß an die Stammbahn Berlin-Stettin) nebst der Zweigbahn von Züssow nach Wolgast und der Verbindungsbahn von Pasewalk nach Stettin unter Beschaffung der dazu erforderlichen Geldmittel durch Emission 4½ procentiger, vom Staate garantirter Prioritäts-Obligationen beschlossen. Der Bau wurde am 30. Juni 1861 in Angriff genommen und ist soweit vorgeschritten, daß die Betriebs-Eröffnung der beiden Strecken Angermünde-Anklam und Pasewalk-Stettin zum Oktober 1862 in Aussicht steht.

VI. **Beamten-Pensionskasse.** Bei der Uebernahme des Betriebes der Zweigbahn Stettin-Stargard in die eigene Verwaltung sind die von der Königl. Direktion der Oberschlesischen Bahn für dieselbe angestellten Beamten zwar in den Gesellschaftsdienst mit übergetreten, es sind denselben jedoch ihre unter der früheren Verwaltung erworbenen Pensions-Ansprüche vorbehalten worden und besteht daher eine besondere Pensionskasse für die Beamten der Strecke Stettin-Stargard, deren Fonds sich ult. 1860 auf 8665 Thlr. belief und an Betheiligten 75 Personen zählte.

Außer der für die Stammbahn bestehenden Beamten-Pensionskasse, worüber in den Kol. 284—301 das Nähere enthalten ist, bestehen noch:

a) eine Beamten-Sterbekasse mit einem Fonds (einschließlich der nach dem Course vom 31. Dezember 1860 berechneten Effekten) von 8518 Thlrn. und

b) eine Werkstattsarbeiter- Kranken- und Sterbekasse mit einem baaren Bestande von 308 Thlrn.

VII. Erläuterungen zu den Tabellen:

a. Berlin - Stettin - Stargard.

zu Kol. 131c. Diese 12,44 Sgr. sind der Preis pro 100 Z.-Pfd. Haushaltkohlen, welche außer dem Holze zum Anheizen verwendet werden.

„ „ 187. In dieser Summe sind 3158 Thlr. Bestand vom Jahre 1859 mitenthalten.

b. Stargard - Coeslin - Colberg.

zu Kol. 77. Der hier aufgeführte Betrag ist für das Terrain im Saatziger Kreise gezahlt worden, wogegen die übrigen Kreise den zum Bahnkörper erforderlichen Grund und Boden frei hergegeben haben.

„ „ 131c. Diese 12,44 Sgr. sind der Preis pro 100 Z.-Pfd. Haushaltkohlen, welche außer dem Holze zum Anheizen der Lokomotiven verwendet wurden.

34. Breslau-Schweidnitz-Freiburger Eisenbahn.

I. **Einrichtung des Betriebes.** In Liegnitz besitzt die Verwaltung einen eigenen Bahnhof nicht. Es findet vielmehr der Personen-, Gepäck- und Güterverkehr von dem dortigen Bahnhofe der Königl. Niederschlesisch-Märkischen Bahn statt. Den Stations- und Expeditionsdienst für die Breslau-Schweidnitz-Freiburger Eisenbahn besorgen auf Grund der mit der Königl. Direktion der Niederschlesisch-Märkischen Bahn getroffenen Vereinbarung die Beamten dieser Bahn gegen entsprechende Vergütigung.

II. **Anschluß an andere Bahnen.** Direkter Anschluß der Bahn an die Königl. Niederschlesisch-Märkische Eisenbahn wird in Liegnitz vermittelt. Ebenso ist in Breslau durch ein Schienengeleise, welches in die zur Königl. Niederschlesisch-Märkischen Eisenbahn gehörige, von dem Bahnhofe derselben nach dem Central-Bahnhofe der Oberschlesischen und Breslau-Posen-Glogauer Bahn führende Verbindungsbahn eingelegt worden, der direkte Verkehr mit jenen Bahnen hergestellt.

III. **Bahn-Anlagen.**

1. **Geleise.** Um dem durch den gesteigerten Verkehr immer fühlbarer werdenden Bedürfniß einer Geleise-Erweiterung auf den Bahnhöfen der Strecke Breslau-Waldenburg Rechnung zu tragen, sind im Jahre 1860 zunächst die Bahnhöfe Breslau, Saarau, Königszelt, Freiburg und Waldenburg um 579,2 lfde. Ruthen Geleise vermehrt worden; außerdem fand eine theilweise Erneuerung des Geleises statt, wozu 952 Stück 5" hohe und 1767 Stück 4½" hohe Schienen, 587 Stück eichene und 6494 Stück kieferne Querschwellen und 187 Stück Weichenschwellen im Ganzen verwendet worden.

2. **Stationsbauten.** Auf dem Bahnhofe zu Breslau ist mit der Herstellung eines massiven Lokomotivschuppens von 118½' Länge, 50' Tiefe und 20½' Höhe in den Wänden und mit einer Englischen Asphaltfilz-Bedachung begonnen und bis auf den inneren und äußeren Abputz vollendet worden; außerhalb dieses Gebäudes sind 4 neue Feuerkanäle erbaut worden. Ferner ist ein Entwässerungskanal zur Abführung des auf dem Bahnhofe sich ansammelnden Tagewassers angelegt worden, welcher 419½' lang, 3' hoch, 3' weit und massiv mit Granitplatten überdeckt ist. Endlich ist noch die Anlage einer neuen Abfahrtstraße von dem Dreschkenplatze vor dem Ankunftsperron nach der Magazinstraße zu erwähnen.

Auf der Haltestelle Schmolz ist der Abbruch und Ersatz des alten Holzperrons durch einen neuen 145' langen massiven Perron und Errichtung einer 28' langen, 5½' hohen Mauer zur Abgrenzung des Perrons von den Kohlenplätzen daselbst vorgenommen worden. An weiteren Neubauten ist noch die Verlängerung des Güterschuppens auf dem Bahnhofe zu Waldenburg um 61½' und Anlage von Kellerräumen unter einem Theile des Anbaues hervorzuheben.

IV. **Industrielle Anlagen.**

1. Auf dem Bahnhofe zu Königszelt ist eine zur Erzeugung von Steinkohlen-Gas eingerichtete **Gasanstalt** vorhanden.

2. Zur Fabrikation des zur Heizung der Lokomotiven ꝛc. erforderlichen Coaks befindet sich auf dem Bahnhofe zu Freiburg eine **Coaksbrennerei**, aus 18 Oefen bestehend.

3. In der **Maschinen-Reparatur-Werkstatt**, welche auf dem Bahnhofe zu Breslau sich befindet, ist zum besseren und umfangreicheren Betriebe eine Dampfmaschine aufgestellt worden.

V. **Verkehrs-Verbindungen.** Es findet statt:

a) ein direkter **Personenverkehr** mit der Königl. Niederschlesisch-Märkischen, den Sächsisch östlichen (Sächsisch-Schlesischen und Sächsisch-Böhmischen) Staatsbahnen und der Leipzig-Dresdener Eisenbahn;

b) ein direkter **Güterverkehr** mit der Niederschlesisch-Märkischen Bahn, sowie seit März 1860 auch mit der Sächsisch-Schlesischen und Leipzig-Dresdener Eisenbahn.

VI. **Verkehr und Ertrag.** Im Jahre 1860 hat sich der Verkehr gegen den vorjährigen nicht unbedeutend gehoben, indem 12808 Personen und 1457213 Ctr. Güter (excl. Vieh und Betriebsdienst- resp. Baugüter) **mehr** befördert wurden. Die Gesammt-Einnahme stellte sich um 67962 Thlr. höher, die Ausgaben betrugen trotz des gesteigerten Verkehrs 27479 Thlr. **weniger** als im Vorjahre, so daß sich der Betriebs-Ueberschuß von 465946 Thlrn. (1859) auf 561387 Thlr. erhöhte, wovon an Dividende, obwohl der Erneuerungsfonds wiederum mit 112000 Thlrn. dotirt worden ist, dennoch 5½ Proc., im Vorjahre nur 4 Proc., gewährt wurden.

VII. **Beamten-Pensionskasse.** Außer dieser Kasse besteht seit dem Jahre 1856 noch ein Fonds zur Unterstützung für verunglückte, insbesondere auf den Bahnhöfen permanent beschäftigte Arbeiter, der getrennt verwaltet wird.

VIII. **Erläuterungen zu den Tabellen:**

zu Kol. 2a. Außerdem gehören zum Direktorium noch 3 stellvertretende Mitglieder.

" " 4. Ebenso hier 7 stellvertretende Mitglieder des Verwaltungsraths.

" " 75b. Das verwendete Gesammt-Anlage-Kapital beträgt eigentlich . . . . 8 627 438 Thlr.
Es mußten aber hierauf angerechnet und daher wieder abgerechnet werden:
a) diverse, während der Bauzeit erzielte Einnahmen im Betrage von . . . . 206 547 Thlrn.
b) im Jahre 1850 aus dem Betriebsfonds bestrittene . . 3 814 "
zusammen 210 361 "
so daß also, wie in Kol. 75b angegeben, nur . . . . 8 417 077 Thlr.
als verwendet zu betrachten sind.

" " 88b. Die hier aufgeführte Summe, welche die Ueberschreitung des concessionirten Anlage-Kapitals repräsentirt, ist nur vorschußweise aus den Betriebs-Ueberschüssen entnommen.

" " 143. Unter dieser Anzahl befinden sich 1642 transportirte Verbrecher und deren Transporteure, weil vertragsmäßig für diese der Fahrpreis III. Klasse zu entrichten ist.

" " 145. Als zu ermäßigten Fahrpreisen beförderte Personen sind erachtet und nachgewiesen:

a) Personen auf Tagesbillets II. Klasse 3 986
b) " " " III. " 44 932
c) Militairs 23 275
d) Civilpersonen zum halben Fahrpreise der III. Klasse 2 642
e) mit Extrazügen beförderte Personen 14 148
f) Postfreipaß-Inhaber 43
zusammen 89 026 Personen.

" " 159e. Dies ist die Anzahl der zur Beförderung gekommenen Militairfahrzeuge.

" " 190—212. Die in dieser Summe mitenthaltenen, für Mitbenutzung des Bahnhofes Liegnitz an die Königl. Niederschlesisch-Märkische Bahnverwaltung gezahlten Entschädigungen betragen
zusammen . . . . 8298 Thlr. 27 Sgr. 3 Pf.
1859 betrugen sie nur . . . . 7520 " 11 " 4 "
mithin 1860 mehr . 778 Thlr. 15 Sgr. 11 Pf.

" " 206e. Hierunter sind die an fremde Bahnverwaltungen für die an den eigenen Lastwagen ausgeführten Reparaturen gezahlten Vergütigungen im Betrage von 962 Thlr. 22 Sgr. 4 Pf. mitbegriffen.

" " 239. In dieser Summe sind 244 Thlr. Coursgewinn für angekaufte Prioritäts-Obligationen enthalten.

35. Brünn-Rossitzer Eisenbahn.

I. **Rechnungs-Periode.** Das Rechnungs- und Betriebsjahr umfaßt, abweichend von den meisten übrigen Deutschen Bahnen, die Periode vom 1. April bis 31. März. Die vorliegenden statistischen Notizen beziehen sich auf den Zeitraum vom 1. April 1860 bis 31. März 1861.

II. **Verkehr und Ertrag.** Im Betriebsjahre 1860 wurden 1317 Personen und 237 355 Ctr. Güter mehr befördert als im Vorjahre. Die Einnahmen haben sich hierdurch um 12 219 Thlr., die Ausgaben aber auch um 7268 Thlr. erhöht. Der Ueberschuß ist nur um 4951 Thlr. höher gewesen als der vorjährige.

An Dividende wurden den Stamm-Actien 1 Proc. und den Prioritäts-Actien 7 Proc. gewährt.

III. **Erläuterungen zu den Tabellen:**

zu Kol. 115. Als Feuerungsmaterial der Lokomotiven dienen in der Regel „Rossitzer“ Stückkohlen, und zwar mit gutem Erfolge; dennoch mußte, namentlich auf den Gebirgsstrecken, mitunter auch mit Holz nachgeholfen werden, um eine schnellere Dampferzeugung zu erzielen. Der hierauf entfallende Verbrauch wird nicht von dem zur Anheizung verwendeten ausgeschieden und ist in dem Gesammt-Verbrauchsquantum (Kol. 115a) mitenthalten, woraus sich der pro Nutzmeile ergebende größere Quotient (Kol. 115b) erklärt.

" " 238—241. Ein besonderer Erneuerungsfonds besteht nicht, sondern derselbe ist mit dem Reservefonds vereinigt.

" " 284—301. Eine Beamten-Pensionskasse ist nicht vorhanden. Zur Unterstützung der Diener und bei der Bahn verwendeten Arbeiter in Erkrankungsfällen ist ein Kranken-Unterstützungsfonds errichtet, welcher aus 2 Proc. Rücklaß von den an die Mitglieder zu zahlenden Löhnungen und Strafbeträgen gebildet ist. Derselbe schloß am Ende des Rechnungsjahres 1860 mit einem Vermögen von 792 Thlrn. ab.

36. Buschtěhrader Eisenbahn.

a. Lokomotivbahn.

I. **Bahngebiet.** Die Lokomotivbahn ist mit der Pferdebahn durch den beiderseitigen Anschluß an einen Theil der Kladno-Kutschiper Erzbahn unter Mitbenutzung dieser Strecke in Verbindung gesetzt.

Die Länge der beiden Anschlüsse beträgt 0,10 Meilen und die gemeinschaftlich benutzte Strecke der Kladno-Kutschiper Bahn 0,41 Meilen.

II. **Verkehr und Ertrag.** Im Jahre 1860 wurden wiederum 3423 Personen und 1 576 227 Ctr. Güter mehr befördert als im Vorjahre; es wurden hierdurch an Einnahme 6429 Thlr. mehr erzielt, dagegen steigerten sich auch die Ausgaben um 7443 Thlr., so daß der Ueberschuß gegen den des Vorjahres um 1014 Thlr. zurückblieb.

An Dividende konnten demungeachtet 9,51 Proc. (im Vorjahre 9,13 Proc.) gezahlt werden.

III. **Beamten-Pensionskasse.** Außer dieser für beide Bahnen (Lokomotiv- und Pferdebahn) gemeinschaftlichen Kasse, worüber die Angaben in den Kol. 284—301 Näheres ergeben, besteht noch ein Handwerker-Unterstützungsfonds im Betrage von 1175 Fl.

IV. **Erläuterungen zu den Tabellen:**

zu Kol. 11b. Dies ist die von der Prager Eisen-Industrie-Gesellschaft erbaute Strecke der Kladno-Kutschiper Bahn, wofür kein Pachtzins entrichtet wird, da die Unterhaltungskosten gemeinschaftlich getragen werden und die genannte Gesellschaft auch Seitenarme der Buschtiehrader Eisenbahn benutzt.

" " 216. Ein Pachtzins für die gepachtete Strecke wird aus dem in der vorstehenden Erläuterung angegebenen Grunde nicht gezahlt.

b. Pferdebahn.

I. **Betrieb.** Durch die ad I des vorstehenden Berichts erwähnte Verbindung der Pferdebahn mit der Lokomotivbahn wird die Kohle aus dem Buschtiehrader Grubenfelde mittelst Lokomotiven in einzelnen, auf offenen Waggons lose stehenden Kisten bis zur Station Weshybka geschafft, woselbst die Kisten auf die Pferdebahn-Waggons mittelst Krahnen übergeladen werden.

II. **Verkehr und Ertrag.** Der Personenverkehr ist ganz untergeordneter Natur, indem im Jahre 1860 nur 300 Personen befördert wurden. Aus diesem Grunde, sowie aus dem, daß die Bahn nur mit Pferdekraft, die übrigen Vereinsbahnen dagegen mit Dampfkraft betrieben werden, ist die Personen-Frequenz zur Vergleichung mit andern Bahnen nicht geeignet.

Der Güterverkehr ist um 141 771 Ctr. gegen das Vorjahr gestiegen, die Einnahmen haben sich um 12 870 Thlr., die Betriebs-Ausgaben um 7480 Thlr. und der Ueberschuß um 5386 Thlr. vermehrt.

III. **Erläuterungen zu den Tabellen:**

zu Kol. 76—82. Die Vertheilung des Anlage-Kapitals auf die einzelnen Bautitel kann nicht stattfinden, weil der Bau von der früheren Gesellschaft ausgeführt worden ist und die betreffenden Notizen nicht vorhanden sind.

" " 206f. Dies sind die Kosten für die Unterhaltung der Zugpferde.

37. Frankfurt-Hanauer-Eisenbahn.

I. **Bahngebiet.** Die Frankfurt-Hanauer Eisenbahn-Gesellschaft erbaute auf eigene Kosten die Bahn von Frankfurt a. M. über Hanau bis zur Kurhessisch-Bayerischen Landesgrenze bei Kahl . . . . 3,18 Meilen
und pachtete von der Königl. Bayerischen Regierung die . . . . 2,17 "
lange Strecke von der Grenze bei Kahl bis Aschaffenburg gegen eine 3procentige Verzinsung des auf diese Strecke verwendeten Anlage-Kapitals.

Der Betrieb der Frankfurt-Hanauer Eisenbahn-Gesellschaft erstreckt sich also auf . . . . . . 5,34 Meilen.

II. **Verkehrs-Verbindungen.** Außer dem mit den Königl. Bayerischen Staatsbahnen und den Hauptstationen der Taunus-Eisenbahn bestehenden direkten Güterverkehre ist noch ein solcher zwischen Frankfurt a. M. und den Stationen der Kaiserin Elisabeth-Bahn: Salzburg und Wien seit dem 1. Dezember 1860 eingerichtet.

III. **Verkehr und Ertrag.** Im Jahre 1860 wurden zwar 13 334 Personen weniger, dagegen an Gütern 239 408 Ctr. mehr befördert als im Vorjahre. An Einnahmen wurden hierdurch 10 422 Thlr. mehr erzielt, die laufenden Betriebs-Ausgaben betrugen 5285 Thlr. weniger, so daß der Betriebs-Ueberschuß den vorjährigen um 5707 Thlr. überstieg.

IV. **Erläuterungen zu den Tabellen:**

zu Kol. 149b. An Freigewicht wurden beim Reisegepäck im Lokalverkehr 40 Pfd. und im Verkehre mit Sachsen 50 Pfd. pro Person gewährt, dagegen ist im Verkehre mit Bayern und der Schweiz kein Freigewicht gestattet.

" " 173a. In dieser Summe sind die Einnahmen für Militair- und Extrafahrten im Betrage von 1678 Thlrn. miteinbehalten.

" " 224 u. 230b. Das Plus der hier als verwendet nachgewiesenen Summen gegen die des Ueberschusses (Kol. 227a) ist aus dem Reservefonds entnommen.

38. Galizische Karl-Ludwig-Bahn.

I. **Bahngebiet.** Von der Galizischen Karl-Ludwig-Bahn waren bis Ende 1859 im Betriebe
die Hauptbahn auf der Strecke Krakau-Tarnow-Przemysl 25,44 Oesterreichische = 25,85 Preuß. Meilen,
die Zweigbahnen Bierzanow-Wieliczka . . . . 0,71 "
und Podleze-Niepolomice . . . . 0,65 "
zusammen 27,21 Meilen.

Uebertragen 27,31 Meilen.
Am 4. November 1860 wurde die Strecke Przeworsk-Przemysl . . . . 6,41 „ eröffnet.
Am Jahresschlusse waren also im Betriebe 33,72 Meilen
und im mittlern Jahresdurchschnitte, wenn die neu eröffnete Strecke nach Verhältniß der Betriebszeit (vom 4. November bis 31. Dezember) reducirt wird, ... 28,19 Meilen.

Die im Bau begriffene Fortsetzung der Bahn von Przemysl bis Lemberg (12,44 M.) wurde im folgenden Jahre vollendet und am 5. November 1861 in Betrieb gesetzt.

II. **Bahn-Anlagen.** Die kostspielige Unterhaltung der hölzernen Brücken auf der Strecke Krakau-Debica macht eine Beseitigung derselben dringend nothwendig. Im Jahre 1860 wurde mit dem Umbau der Brücke über den Wisloka-Fluß begonnen; dieselbe erhält Pfeiler aus Quadersteinen und eine Fahrbahn nach Schifkorns System. Die Herstellungskosten sind auf 120 000 Thlr. veranschlagt.

III. **Verkehr und Ertrag.** Im Jahre 1860 wurden 114 567 Personen weniger, dagegen 1 069 559 Ctr. Güter mehr als im Vorjahre befördert. Der Grund des bedeutend verminderten Personenverkehrs ist in dem Ausfall der außergewöhnlich starken Militair-Transporte des Jahres 1859 zu suchen. Die Einnahmen erhöhten sich um 157 148 Thlr., die Ausgaben aber auch um 107 217 Thlr. gegen das Vorjahr. Der Ueberschuß überstieg den vorjährigen nur um 49 931 Thlr.

IV. **Erläuterungen zu den Tabellen:**

zu Kol. 14b. Die letzte Strecke der Bahn (von Przemysl bis Lemberg) wurde erst im folgenden Betriebsjahre, und zwar am 5. November 1861 eröffnet.

„ „ 116 u. 119. Zur Feuerung der Lokomotiven wurden auf der Strecke Krakau-Debica Steinkohlen und zwischen Debica und Przemysl Holz verwendet. Dabei wurden 108 Cbfß. (1 Klafter) Holz = 16 Z.-Ctr. Kohlen gerechnet. Reducirt man die verbrauchten 6511 Klftr. Holz auf Steinkohlen, so stellt sich der Gesammtverbrauch auf 209 765 + 104 176 = 313 941 Ctr. Kohlen und pro Nutzmeile auf 409,34 Pfd.

Der Verbrauch an Brennstoff bei den einzelnen Zuggattungen ist aus nachstehender Tabelle ersichtlich:

Gattung der Züge.	Durchschnittliche Belastung. Zoll-Centner.	Brennmaterial-Verbrauch auf Kohlen reducirt.	
		pro Meile Z.-Pfd.	pro 1000 Meilen Z.-Ctr.
Personen-Züge . . .	1778	241	135
Gemischte „ . . .	3567	308	86
Last- u. Militair-Züge	7021	455	65
Material-Züge . . .	2521	441	175
Bei sonstigen Fahrten .	—	350	84

„ „ 297a. Diesem Ueberschusse treten noch die aus dem Vorjahre übertragenen 159 354 Thlr. hinzu; beide Summen von zusammen 851 128 Thlrn. sind in den Kol. 230—233 als verwendet nachgewiesen.

„ „ 236a. Diese 422 Thlr. sind zurückvergütete Zinsen auf angekaufte 1860er Loose.

39. Graz-Köflacher Eisenbahn.

I. **Anderweitige Besitzungen der Gesellschaft.** Als integrirender Theil des Eisenbahn-Unternehmens gehören noch mehrere Kohlenbergwerke bei Voitsberg und Köflach, sowie die von den größeren Werken nach den Stationen angelegten und für Pferdebetrieb eingerichteten Kohlenbahnen zum Eigenthum der Graz-Köflacher Eisenbahn-Gesellschaft.

II. **Verkehr und Ertrag.** Ueber die Verkehrs-Resultate des Jahres 1860 lassen sich Vergleichungen mit dem Vorjahre nicht anstellen, da die Bahn erst am 3. April 1860 in Betrieb gesetzt wurde.

III. **Erläuterungen zu den Tabellen:**

zu Kol. 75a. Von dem concessionirten Anlage-Kapitale waren bis Ende 1860 erst die in Kol. 85 aufgeführten Aktien ausgegeben.

„ „ 90e, 94d u. 97g. Eigenthümlich besitzt die Gesellschaft nur 7 Personen-, 15 Kohlen- und 2 gedeckte Güterwagen; dagegen sind die aufgeführten 5 Lokomotiven nebst Tender, sowie die überschießenden Lastwagen und 1 Schneepflug von der K. K. priv. Südbahn-Gesellschaft gegen eine jährliche Pachtsumme von 1000 Thlrn. pro Maschine und 113⅓ Thlr. pro Wagen auf 4 Jahre gemiethet.

„ „ 137 u. 138. Hierüber lassen sich keine Angaben machen, da sämmtliche Transportmittel in bereits gebrauchtem Zustande übernommen wurden.

„ „ 155b u. 181b. Diese 137 313 Ctr. Kohlen wurden in der Vorbetriebs-Periode vom 1. Januar bis 2. April 1860 auf der Strecke Oberdorf-Graz befördert und dafür 16 172 Thlr. (Kol. 181b) eingenommen.

„ „ 167. Diese Durchschnittszahlen sind nicht nach der Tariflänge der Bahn, sondern nach dem mittlern Jahresdurchschnitte (Kol. 12) berechnet.

Ebenso die Durchschnittssummen in Kol. 189a, 203, 224a u. 227b.

zu Kol. 212. Diese 6080 Thlr. sind für gemiethete Transportmittel an die Südbahn-Gesellschaft gezahlt worden.

" " 221. Da die allgemeine Verwaltung sich auch auf das Bergwerks-Unternehmen der Gesellschaft erstreckt, so sind die hier angesetzten 1798 Thlr. nur der auf die Eisenbahn-Verwaltung fallende Antheil.

" " 284 - 301. Eine Beamten-Pensions- und Unterstützungskasse ist noch nicht gegründet.

40. Hessische Ludwigs-Eisenbahn.

I. **Organisation der Verwaltung.** Die obere Leitung liegt einem aus 9 Mitgliedern bestehenden, von der General-Versammlung der Actionaire erwählten Verwaltungsrathe ob. Derselbe hat als ausführenden Beamten einen Direktor, der zugleich theilweise die Geschäfte eines Spezial- und die eines Betriebs-Direktors versieht.

Das Neubauwesen leitet im Einvernehmen mit dem Direktor ein Ober-Ingenieur, der zugleich Bahn-Ingenieur für die im Betriebe befindlichen Strecken ist. Für das Maschinenwesen ist ein besonderer Maschinenmeister bestellt.

Als kontrolirende Behörde Seitens des Staats ist dem Verwaltungsrathe ein Mitglied als Großherzogl. Hessischer Regierungs-Kommissair von der Regierung beigegeben.

Als kontrolirende Behörde Seitens der Actionaire fungirt ein Revisionsausschuß, der, von der General-Versammlung jährlich erwählt, besonders das gesammte Rechnungswesen prüft und darüber an die folgende General-Versammlung berichtet.

II. **Bahngebiet.** Die Hessische Ludwigs-Eisenbahn umfaßt gegenwärtig folgende Bahnstrecken:

a) von Mainz über Oppenheim, Osthofen und Worms bis zur Hessisch-Bayerischen Grenze .	6,16	Meilen,
b) von Mainz über Ingelheim nach Bingen und Bingerbrück	4,33	"
c) von Mainz über Großgerau und Darmstadt nach Aschaffenburg (die Main-Rhein-Bahn)	9,64	"
zusammen	20,13	Meilen.
Von der Linie ad a ist die Strecke von Worms bis zur Bayerischen Grenze . . . . . an die Pfälzische Ludwigsbahn-Gesellschaft gegen 55 Proc. der Brutto-Einnahme verpachtet.	0,97	"
Im eigenen Betriebe befinden sich	19,16	Meilen.

III. **Besitzverhältnisse.** Die Nahe-Brücke bei Bingen zwischen der Station Bingen der Hessischen Ludwigsbahn und den beiden Stationen Bingerbrück der Rhein-Nahe- und der Rheinischen Bahn ist zur Hälfte Eigenthum der Rheinischen Eisenbahn-Gesellschaft, indem diese den eisernen Oberbau, die Ludwigsbahn-Gesellschaft dagegen den Unterbau hergestellt hat.

Der Bahnhof Aschaffenburg der Königl. Bayerischen Staatsbahn ist zugleich die Endstation der Strecke Mainz-Aschaffenburg. Das Königl. Bayerische Personal versieht daselbst ausschließlich den Stationsdienst.

In Darmstadt ist der zur Main-Neckar-Bahn gehörige Bahnhof theilweise gepachtet. Die Personen-, Gepäck- und Equipagen-Expedition wird durch das Personal dieser Bahn besorgt, für den Güterdienst besteht dagegen ein getrennter Bahnhofs- und Betriebsdienst.

IV. **Bahn-Anlagen.** Auf der älteren Bahnstrecke Mainz-Worms fand auf den Stationen Nierstein, Oppenheim und Guntersblum die Errichtung neuer massiver Güterschuppen statt und auf dem Bahnhofe Worms wurden verschiedene Veränderungen vorgenommen.

Auf der Strecke Mainz-Bingen wurde der Bahndamm in der Feldmark Bingen vollständig zweispurig vollendet und zwischen der Station Bingen und der Landesgrenze das Doppelgeleise gelegt. Die rückständigen Arbeiten an der Brücke über die Nahe wurden ausgeführt. Ebenso fand auf der genannten Station die Vollendung der provisorischen Gebäude, eines Verladeplatzes und eines Krahns statt, die Geleise wurden vollständig gelegt, Einfriedigung und Trottoirs theilweise hergestellt und für den Güterverkehr eine Brückenwaage errichtet. Auf den Stationen Budenheim, Heidesheim und Gaualgesheim wurden Verladeplätze angelegt und in letzterer Station ein Krahn aufgestellt. Auf der Station Ingelheim wurden die Fundamente für Stationsgebäude und Güterschuppen errichtet, die Fundamente für die Drehscheibe und Pfeiler eines Kohlenlagers aufgeführt und die Zufuhrstraße nach der Station angeschüttet.

Die Bahnwärterhäuser auf der ganzen Strecke wurden vollendet und die Einfriedigung vervollständigt. In der Stadt Mainz wurde vom Fischthore bis zu den Brückengebäuden die vollständige Breite der Bahn für zwei Geleise hergestellt.

Auf dem Schloßhofe wurden Seitengeleise gelegt, die Verbindung mit dem ausländischen Hafen bewerkstelligt und ebenso mittelst der Anlage zweier Drehscheiben und eines Doppelgeleises eine Schienenverbindung mit dem Hauptzollamte hergestellt, so daß die einer zollamtlichen Behandlung unterworfenen Güter unmittelbar in die zu diesem Zwecke errichtete neue Zollhalle gebracht werden können. Auf dem Central-Bahnhofe trat die Ausführung der früher begonnenen Veränderungen und Erweiterungen und die Vollendung des dritten Geleises in der Richtung nach Ludwigshafen durch die Festungswälle ein. Vor dem Neuthore zu Mainz wurde das disponible Terrain mit Parallelgeleisen belegt, welche unter sich mit Weichen und Drehscheiben zum bequemen Rangiren verbunden wurden, sodann auf diesem Terrain ein neues Werkstattsgebäude für Wagenreparaturen errichtet und ferner das Gaswerk zur Beleuchtung des Bahnhofes umgebaut und durch Anlage eines zweiten größeren Gasometers dem Bedürfnisse abgeholfen.

Auf der Mainz-Aschaffenburger Strecke wurden die Einschnitte in der Dieburger Mark theilweise verbreitert, die Böschungen hergestellt und die Entwässerungsgräben vollständig angelegt. In der Station Weiterstadt wurde der Bahndamm verbreitert und ein Ausweich-Geleise angelegt, sowie in dem provisorischen Stationsgebäude durch Aufsetzen eines zweiten Stockes eine Wohnung für den Expedienten errichtet. Auf dem Bahnhofe zu Darmstadt trat Vervollständigung aller Geleise und Vollendung der Kohlenlager ein. Eine Wagenhalle wurde erbaut, die Dienstgebäude unter Dach gebracht und die Verbindungs-Gallerie mit der Main-Neckar-Bahn errichtet. Für den Güterverkehr fand daselbst die Erbauung eines geräumigen Verladeplatzes, die Errichtung eines Krahns und die Aufstellung einer Brückenwaage statt. Ferner sind zu erwähnen, die Errichtung der Fundamente für ein neues Stationsgebäude in Dieburg, die Erbauung eines Magazins in Messel und die Einfriedigung dieser Station. Auch auf dieser Bahnstrecke wurden sämmtliche Bahnwärterhäuser vollendet und die Einfriedigungen vollständig hergestellt.

Zur Verbindung der rechts- und linksseitigen Bahnstrecken wird eine Brücke von der neuen Anlage oberhalb Mainz aus nach der Mainspitze in schiefer Richtung über den Rhein geführt. Die Richtung der Brücke erhält zu der neu projektirten Uferlinie eine Neigung von 70 Grad neuer Theilung. Die linksseitige Auffahrtsrampe schließt sich mit einer Curve von 360 Meter Radius an die Brücke an und mündet in die bestehende Bahn von Mainz nach Worms bei deren Austritt aus dem Festungswalle. Diese Bahn und die Straße nach Worms werden in der Nähe des Brückenkopfes unter der Auffahrtsrampe mittelst Viadukte durchgeführt. Die eigentliche Strom- und Fluthbrücke liegt in einer geraden Linie. Der außer dem nöthigen Fluthraume noch aus fortifikatorischen Rücksichten herzustellende Viadukt liegt theilweise in einer Curve von 750 Meter Radius und theilweise in einer geraden Linie. Der sich an den Viadukt anschließende Bahndamm mündet 1750 Meter landeinwärts in die bestehende Bahn von der Mainspitze nach Darmstadt und Aschaffenburg. Bei der Bestimmung der lichten Weite der Brückenöffnungen mußte hauptsächlich auf die Flößerei Rücksicht genommen und derselbe Spielraum, bei der größten zulässigen Breite der Flöße, wie bei der Kölner Brücke geschaffen werden.

Die Brücke wird nur für den Eisenbahnverkehr mit zwei Geleisen und zwei Trottoirs für Fußgänger errichtet, für jetzt jedoch nur das stromaufwärts gelegene Geleise und ein Trottoir ausgeführt; die Pfeiler dagegen werden sogleich für zwei Geleise vollendet. Der Oberbau wird ganz in Schmiedeeisen konstruirt, und zwar nach dem System des Königl. Bayerischen Oberbaudirektors v. Pauli in München. In Folge des Brückenbaues müssen auf beiden Rheinufern bedeutende Korrektionen vorgenommen werden, indem die Genehmigung zur Ausführung der Brücke nur unter der Bedingung ertheilt wurde, daß oberhalb derselben der Rhein auf seine Normalbreite von 375 Meter durch Bauten eingeschränkt werde.

Die Kosten der Ausführung des auf die Höhe des Mittelwassers zu legenden, 1875 Meter langen Parallelbaues längs der sogenannten Bleiaue werden zu [illegible] vom Staate und zu [illegible] von der Eisenbahn-Gesellschaft getragen.

Durch die linksseitige Uferkorrektion, welche sich von der Brücke 1440 Meter abwärts erstreckt, wird die starke Curve vor dem Neuthore abgeschnitten und hierdurch die günstigste Gelegenheit zur Anlage eines sehr geräumigen Sicherheitshafens geboten, welcher sowohl für die Stadt Mainz und die Hessische Ludwigsbahn-Gesellschaft, als auch für die Schifffahrt von großem Nutzen sein wird. Der Hafendamm schließt sich unmittelbar an den Brückenkopf an und erstreckt sich in einer Länge von 750 Meter bis zum Bockthore, woselbst die Einfahrt in den Hafen projektirt ist. Zur Verbindung dieses Hafendammes mit dem linken Ufer wird über der Einfahrt eine Pontonbrücke errichtet. Der anzulegende Sicherheitshafen wird in Folge einer Uebereinkunft nach seiner Vollendung Eigenthum der Stadt Mainz. Längs des Bahnhofes zu Mainz wird durch die Rheinufer-Erweiterung zugleich der nöthige Raum zur Vergrößerung dieses Bahnhofes geschaffen. Der hohe Wasserstand des Rheins im Jahre 1860 ist zwar den Arbeiten im Strome sehr hinderlich gewesen, indessen läßt sich doch mit Sicherheit erwarten, daß die Brücke im Laufe des Jahres 1862 dem Betriebe wird übergeben werden können.

V. **Verkehrs-Verbindungen.** Der direkte Personenverkehr, welcher im Jahre 1859 bestand und auf die Pfälzischen Bahnen, die Königl. Saarbrücker Bahn, die Französische Ostbahn, die Königl. Bayerischen Staatsbahnen, die Königl. Württembergische Bahn, die Großherzogl. Badische Bahn, die Main-Neckar-Bahn, die Taunusbahn, die Rhein-Nahe- und die Rheinische Bahnen sich erstreckte, ist im Juni 1860 auf den Rheinischen Verbandsverkehr ausgedehnt worden. Für den Güterverkehr ist gleichfalls durch Anknüpfung neuer direkter Verbindungen nach Thunlichkeit dem Interesse des Handels Rechnung getragen worden.

VI. **Verkehr und Ertrag.** Im Jahre 1860 wurden 309 251 Personen und 1 836 848 Ctr. Güter mehr befördert und hierdurch eine Mehr-Einnahme von 252 839 Thlrn. gegen das Vorjahr erzielt. Die Ausgaben erhöhten sich um 98 492 Thlr. Der Ueberschuß überstieg den vorjährigen um 154 347 Thlr.

An Dividende wurden 5[illegible] Proc. (im Vorjahre 5[illegible] Proc.) gezahlt.

VII. **Neue Bahnlinien.** Die Vorarbeiten für die projektirte Bahn von Bischofsheim nach Frankfurt wurden, nachdem der mit der Taunusbahn-Gesellschaft abgeschlossene Vertrag die Genehmigung Seitens der Nassauischen Regierung nicht erlangt hatte, wieder aufgenommen, das Projekt festgestellt und zur Genehmigung vorgelegt. Nach diesem Projekte wird die Bahn von der Main-Rhein-Bahn in der Station Bischofsheim abzweigen, südlich der Orte Rüsselsheim und Raunheim vorbeiziehen, den Mönchwald durchschneiden und bei Kelsterbach in das Gebiet der freien Stadt Frankfurt treten. Hier durchschneidet die Bahn den Frankfurter Stadtwald, überschreitet südlich des Oberforsthauses die Main-Neckar-Bahn mit einem Viadukte und mündet an der Mainbrücke in die Offenbacher Bahn ein.

Es ist angenommen, daß der Bahnhof der Main-Neckar-Bahn in Frankfurt so lange provisorisch mitbenutzt werde, bis ein besonderer Bahnhof erbaut ist. Die Bahn erhält von der Abzweigung bei Bischofsheim bis Frankfurt eine Länge von 29 350 Meter = 3,90 Meilen, wovon 22 130 Meter (2,94 Meilen) auf die geraden Strecken und 7220 Meter (0,96 Meilen) auf die Curven entfallen. Die Steigungsverhältnisse sind günstig und beträgt die stärkste Steigung 1 : 208 auf eine Länge von 2025 Meter. Die auszuführenden Erdarbeiten sind nicht bedeutend, indem die größte Ausdämmung auf eine kurze Strecke 7,5 Meter und der tiefste Einschnitt 5 Meter beträgt. Außer der Erbauung mehrerer Viadukte und kleinerer Brücken im Frankfurter Gebiete kommen keine Kunstbauten vor. In den Feldmarken Bischofsheim, Rüsselsheim und Raunheim ist die Bahnlinie definitiv vermessen und die Meßbriefe für die anzukaufenden Ländereien größtentheils angefertigt.

VIII. **Erläuterungen zu den Tabellen:**

zu Kol. 14a. Die Betriebs-Eröffnung der einzelnen Bahnstrecken fand statt:

am 23. März 1853 Mainz-Oppenheim,	am 1. August 1858 Mainz-Darmstadt,
„ 7. August 1853 Oppenheim-Osthofen,	„ 2. Dezbr. 1858 Darmstadt-Aschaffenburg,
„ 24. August 1853 Osthofen-Worms,	„ 17. Oktober 1859 Mainz-Bingen,
„ 23. November 1853 Worms-Landesgrenze,	„ 27. Dezember 1859 Bingen-Bingerbrück.

„ „ 84. In dieser Summe sind die Kosten der Brücke über den Main bei Stockstadt mit 240 000 Thlrn. und die der Brücke über die Nahe bei Bingen zur Hälfte mit 85 714 Thlrn. enthalten, indem die andere Hälfte die Rheinische Bahn trägt.

„ „ 90d. Diese beiden Lokomotiven sind von der Kurfürst Friedrich Wilhelms Nordbahn-Verwaltung alt gekauft und werden nur zum Bahnhofs-Rangirdienst verwendet.

„ „ 113b. Außerdem sind die Lokomotiven zum Bahnhofs- und Rangirdienst 1200 Tage benutzt worden.

„ „ 115. Das zum Anheizen der Lokomotiven gebräuchliche Holz sind sogenannte Reiserwellen, auf die sich die hier gemachten Angaben beziehen.

„ „ 205a. Diese Feuerungskosten beziehen sich nicht nur auf die Lokomotiven, sondern auch auf die Dampfschiffe.

„ „ 205d. Hierin sind auch die Beleuchtungskosten der Bahn und Bahnhöfe enthalten.

41. Kaiser Ferdinands Nordbahn.

I. **Das Bahngebiet** hat im Jahre 1860 eine Veränderung nicht erlitten. Die Bahn, welche von Wien nach Krakau führt, hat mit ihren Zweigbahnen eine Ausdehnung von . . . . 80,44 Meilen.
Davon ist die Strecke von Oderberg bis zur Preuß. Grenze bei Annaberg . . . . 0,13 „
an die Preuß. Wilhelmsbahn-Verwaltung verpachtet. Im eigenen Betriebe befinden sich . . 80,31 Meilen.

II. **Bahn-Anlagen.** Die Wiener Verbindungsbahn ist im Jahre 1860 mit dem Personen-Bahnhofe der Kaiser Ferdinands Nordbahn in unmittelbaren Anschluß gebracht worden. Ferner wurde zur unmittelbaren Verbindung mit der Donau-Dampfschifffahrt von der Station Floridsdorf aus eine Zweigbahn an das linke Donau-Ufer erbaut.

Zur Vergrößerung des Wiener Waaren-Bahnhofes wurde im Prater ein Lagerplatz errichtet und durch einen Damm mit dem Waaren-Bahnhofe verbunden.

Die von Ostrau nach Witkowitz führende Kohlenzweigbahn wurde käuflich erstanden und zur Fortsetzung derselben bis Michalkowitz für den Lokomotiv-Betrieb mit dem Bau begonnen.

Die Bahnhöfe in Wien, Krakau und Krzeszowice wurden durch Zubauten vergrößert und mit der Auswechslung der hochkantigen Schienen gegen breitfüßige Schienen, sowie Legung von Doppelgeleisen fortgefahren.

III. **Verkehr und Ertrag.** Im Jahre 1860 wurden zwar in Folge des Ausfalls der im Jahre 1859 stattgefundenen außerordentlich großen Militair-Transporte 776 988 Personen weniger befördert, dagegen hatte der Güterverkehr (excl. des Viehes) eine Zunahme um 4 613 754 Ctr. gegen das Vorjahr. Die Gesammt-Einnahme erhöhte sich um 188 431 Thlr., die Ausgabe um 152 073 Thlr. Der Ueberschuß betrug 6 510 611 Thlr. An Dividende konnten, wie im Vorjahre, 15⅗ Proc. gezahlt werden.

IV. **Erläuterungen zu den Tabellen:**

zu Kol. 152, 165b, 171b u. 178. Wegen Beförderung der Postgüter besteht mit der Staatsregierung ein besonderes Uebereinkommen, weshalb diese Güter nicht gebucht werden.

„ „ 220. Hierin sind die Seitens der Gesellschaft gezahlten 16 067 Thlr. Zuschuß zum Pensionsfonds (siehe Kol. 287) mitenthalten.

„ „ 227a. Dem Ueberschusse von 6 510 611 Thlrn. treten noch die im Betriebsjahre 1859 unverwendet gebliebenen und der Rechnung pro 1860 vorgetragenen 86 864 Thlr. hinzu. Die Gesammtsumme von 6 597 475 Thlrn. ist in den Kol. 228—233 als verwendet nachgewiesen.

„ „ 229. Diese Summe repräsentirt die Einkommen-, Erwerb-, Grund- und Häusersteuer, sowie Stempel und Taxen.

„ „ 248. Der eine hier aufgeführte Unfall eines Reisenden war die Folge seines eigenmächtigen Oeffnens der Wagenthüre.

42. Kaiserin Elisabeth-Bahn.

I. **Bahngebiet.** Von der Hauptbahn, welche von Wien über Linz nach Salzburg führt, war bis Ende 1859 eröffnet die Strecke Wien-Linz-Lambach . . . . 29,76 Meilen.
Im Laufe des Jahres 1860 wurden in Betrieb gesetzt
am 1. März die Strecke Lambach-Frankenmarkt . . . . 5,48 „
„ 1. August „ „ Frankenmarkt-Salzburg . . . . 6,09 „
„ 15. August „ „ von Salzburg bis zur Bayerischen Grenze . . 0,78 Meilen, welche an die Bayerische Staats-Eisenbahn-Verwaltung verpachtet ist.
Die Betriebslänge der Hauptbahn beträgt . . . . 41,33 Meilen,
im mittlern Jahresdurchschnitte aber nur 29,76 + 4,48 + 2,41 = ... 36,93 Meilen,
da die neu eröffneten Strecken nur 10 resp. 5 Monate im Betriebe waren.

Uebertragen 41,33 Meilen

An die Hauptbahn schließen sich an

eine **Zweigbahn** von Lambach nach Gmunden, welche mit kleinen Lokomotiven betrieben wird, 3,70 „

und eine **Pferdebahn** von Linz nach Budweis . . . . 17,35 „

(Die Gesellschaft ist verpflichtet, diese Pferdebahn bis spätestens den 7. September 1874 in eine Lokomotivbahn nach dem Systeme der Hauptbahn umzubauen.)

zusammen 62,37 Meilen,

auf welche sich die vorliegenden statistischen Notizen beziehen.

Um den Uebergang der Wagen von der Kaiserin Elisabeth-Bahn auf die in Wien anschließenden Bahnen zu ermöglichen, wurde eine Verbindungsbahn von Penzing nach Hetzendorf . . 0,18 „ erbaut, im Jahre 1860 aber nur zu Probefahrten benutzt.

Die im Bau begriffene **Flügelbahn** von Wels bis zur Bayerischen Grenze bei Passau 10,15 Meilen wurde im folgenden Jahre vollendet und am 1. September 1861 in Betrieb gesetzt, gleichzeitig auch die kleine Strecke von der Landesgrenze bis Passau . 0,28 „ von der Bayerischen Ostbahn-Verwaltung pachtweise übernommen. 10,43 „

Sämmtliche Linien der Kaiserin Elisabeth-Bahn haben eine Betriebslänge von . . . . 73,80 Meilen.

II. **Verkehr und Ertrag.** Die Betriebs-Resultate des Jahres 1860 lassen sich mit den vorjährigen nicht vergleichen, da in Folge der Eröffnung neuer Bahnstrecken die Elisabeth-Bahn im Jahre 1860 eine größere Ausdehnung hatte als im Vorjahre.

III. **Beamten-Pensionskasse.** Außer dem für Beamte, deren Wittwen und Waisen bestehenden Pensionsfonds, über dessen Stand die Kol. 284—301 der vorliegenden Tabellen das Nähere enthalten, ist noch eine Kranken- und Unterstützungskasse für die niederen Beamten und Arbeiter der Gesellschaft vorhanden. Das Vermögen dieser Kasse betrug ult. 1860 13 235 Thlr.

IV. **Erläuterungen zu den Tabellen:**

a. Hauptbahn Wien-Salzburg.

zu Kol. 81. In dieser Summe sind auch die Anschaffungskosten der zum Betriebe der Pferdebahn (Linz-Budweis) erforderlichen Pferde mitenthalten.

„ „ 85b. Die hier aufgeführten 22 149 567 Thlr. bestehen:
a) in 15 750 000 Fl. = 10 500 000 Thlrn. Anleihe der K. K. priv. Oesterreichischen Kredit-Anstalt (in 132 Annuitäten rückzahlbar),
b) in 12 000 000 Fl. = 8 000 000 Thlrn. emittirte Silber-Anleihe und
c) in 5 474 350 Fl. = 3 649 567 Thlrn. Einlösungs-Kapital der 1. Eisenbahn (Linz-Budweis-Gmunden).

„ „ 86. Die Zinsgarantie des Staats erstreckt sich nicht nur auf die Stamm-Actien (Kol. 85a), sondern auf das gesammte concessionirte Anlage-Kapital.

„ „ 94d. Außerdem sind noch 4 Wagen des Kaiserlichen Hofes vorhanden, welche bei Angabe der Sitzplätze (Kol. 95) unberücksichtigt geblieben sind.

„ „ 102a. Diese 2322 Achsen befinden sich unter den Wagen.

„ „ 167. Diese Durchschnittszahlen sind nicht nach der Tariflänge der Bahn, sondern nach dem mittlern Jahresdurchschnitte (Kol. 12) berechnet.

„ „ 227c. Der Ueberschuß aller 3 Bahnlinien beträgt 1 008 760 Thlr. Diese, gegen das Anlage-Kapital (Kol. 75b) verglichen, ergeben eine Verzinsung desselben zu 2,83 Proc.

„ „ 232. Die Gesellschaft leistet statutenmäßig zur Pensionskasse alljährlich einen der Jahres-Summe aller Einlagen der Betheiligten gleichkommenden Zuschuß; derselbe betrug pro 1860 10 078 Thlr. Außerdem wird von der Gesellschaft ein Beitrag zur Kranken- und Unterstützungskasse geleistet, der pro 1860 2024 Thlr. betrug. Beide Zuschüsse sind bereits in den laufenden Betriebs-Ausgaben mitenthalten.

b. Zweigbahn Lambach-Gmunden.

zu Kol. 106. In dieser Summe sind 134 400 Thlr. Anschaffungskosten der vorhandenen Reserve-Garnituren enthalten.

„ „ 122c. Die Braunkohlen wurden nicht mit Steinkohlen, sondern mit Holz gemischt.

„ „ 205e. Diese 6017 Thlr. sind gezahlte Pferdemiethe für den Transport der Güter zwischen der Stadt und dem Bahnhofe Gmunden.

„ „ 205f. Dies sind die Erhaltungskosten der Magazin-Geräthschaften und des Deckzeuges.

„ „ 236a. Diese 25 890 Thlr. sind zur Verminderung der aufgelaufenen Zinsen des Anlage-Kapitals während der Bauzeit verwendet.

c. Pferdebahn Linz-Budweis.

zu Kol. 199. In diesen 2765 Thlrn. sind die Erhaltungskosten der Schneepflüge und der sonstigen zum Reinigen der Bahn vom Schnee erforderlichen Werkzeuge enthalten.

„ „ 204. Ebenso hier die Löhnung der Kutscher und Transportknechte.

zu Kol. 265. Von dieser Summe kommen

108 684 Thlr. auf die Fütterungskosten der eigenen Pferde, das Leihgeld für fremde Pferde, die Miethe für Stallungen, Futterböden und Magazine, Auslagen für Futtersäcke, Kosten der Stall-Utensilien und Beleuchtung, des Einstreustrohes, nach Abzug des Erlöses für den gewonnenen Dünger,

14 917 „ auf die Erhaltungskosten der Pferdegeschirre, des Hufbeschlages, der Bespannungsrequisiten und Straßen-Fuhrwerke, und

1987 „ auf die Kurkosten erkrankter Pferde.

„ „ 267. Diese 8620 Thlr. sind für angeschaffte neue Pferde, nach Abzug des Erlöses der ausrangirten, ausgegeben.

43. Köln-Mindener Eisenbahn.

I. **Bahngebiet.** Die Ausdehnung der Köln-Mindener Eisenbahn ist im Jahre 1860 unverändert geblieben.

Die Hauptbahn führt von Köln (Deutz) über Düsseldorf, Oberhausen und Hamm nach Minden 34,51 Meilen,
und von Minden bis zur Schaumburg-Lippeschen Grenze . . . . 0,31 Meilen,
welche an die Königl. Hannoversche Eisenbahn-Verwaltung verpachtet sind;
die Zweigbahnen a) von Duisburg nach dem Duisburger Hafen . . . . 0,37 „
b) „ Oberhausen nach Ruhrort . . . . 1,28 „
c) „ Oberhausen nach Emmerich . . . . 8,07 „
und von Emmerich bis zur Niederländischen Grenze . . . 1,11 Meilen,
welche an die Niederländische Rhein-Eisenbahn-Gesellschaft verpachtet sind.
Auf diese . . . . . 44,33 Meilen

beziehen sich die vorliegenden statistischen Notizen.

Ferner gehören zum Unternehmen der Köln-Mindener Eisenbahn-Gesellschaft die Köln-Gießener Eisenbahn und die feste Rheinbrücke bei Köln. Erstere war nur streckenweise, und zwar von Deutz bis Eitorf (5,70 M.) seit 15. Oktober 1859 und von Eitorf bis Wissen (3,75 M.) seit 1. August 1860 im Betriebe. Die Rheinbrücke wurde am 15. Oktober 1859 eröffnet. Da der Betrieb derselben, sowie derjenige der Köln-Gießener Bahnstrecken im Jahre 1860 noch für Rechnung der betreffenden Baufonds geführt wurde, so sind Beide in die vorliegenden Tabellen nicht aufgenommen.

II. **Bahn-Anlagen.**

1. **Geleise.** In der kurrenten Bahn haben sich die Schienen-Geleise im Jahre 1860 nicht verändert, dagegen ist auf den Bahnhöfen bei den Haupt-Geleisen eine Vermehrung von 115,51 Ruthen und bei den Neben-Geleisen eine Verminderung von 163,51 Ruthen eingetreten.

2. **Wärterhäuser.** Statt der alten, 14 Jahre im Gebrauch befindlichen hölzernen Wärter- und Weichensteller-Buden wurden im Jahre 1860 55 neue aus Fachwerk hergestellt und 5 dieser Häuser, welche von Ortschaften entlegen sind, mit der entsprechenden Anzahl Backhäuser versehen.

3. **Bahn-Telegraph.** Die Telegraphen-Apparate in den Stationen sind sämmtlich mit den nach dem Kirchhoffschen Systeme konstruirten Blitzableitern, worüber in dem statistischen Berichte pro 1855 Ausführliches enthalten ist, versehen und hierdurch gegen Blitzschläge geschützt worden.

Die versuchsweise Anwendung eines von Dr. Meidinger in Heidelberg neu konstruirten Elementes hat gegen die bisher angewandten Daniellschen Elemente wesentliche Vortheile, namentlich in Bezug auf die billigere Unterhaltung der Batterien, ergeben.

Seit dem 15. August 1860 wurde auf den bedeutenderen Stationen der Telegraph auch zur Beförderung von Privat-Depeschen benutzt; eine Vermehrung des Personals ist in Folge dessen bisher nicht erforderlich gewesen.

4. **Einfriedigungen.** Die Maulbeerpflanzungen (zu lebenden Hecken) sind gegen den Bestand des Jahres 1859 um 2600 laufende Ruthen vermehrt worden. Das gute Fortkommen und der erheblich geringere Kosten-Aufwand für Anlage derselben im Verhältniß zu Weißdornhecken läßt es räthlich erscheinen, mit der weitern Ausdehnung dieser Pflanzungen fortzufahren.

Die bedeutenden, und namentlich die in der Umgegend von Wesel stattgehabten orkanähnlichen Stürme haben einen großen Theil der Spriegelzäune zerstört und deren Erneuerung erforderlich gemacht.

III. **Industrielle Anlagen.** Zwischen Hamm und der Grenze der Regierungs-Bezirke Münster und Minden wurden von den an der Bahn öde liegenden Ländereien, bestehend aus zur Seite des Bahnkörpers liegenden Schachtgruben und ausgeziegtem Boden circa 21 Morgen theils durch zweckentsprechende Besaamung, theils durch Anlage von Nutzholz- und Obstbaumpflanzungen nutzbar gemacht. Ein gleiches geschah auf einzelnen Strecken an der Oberhausen-Arnheimer Zweigbahn; es wurden hier im Ganzen 4100 Stück Kiefern und Birken, 8200 Stück Eichen, Akazien, Buchen, Ahorn, Rüstern und Roßkastanien, größtentheils aus eigener Aussaat gewonnen, sowie 11 970 Stück Erlen gepflanzt.

IV. **Betriebsmittel.**

1. **Feuerung der Lokomotiven.** Die schon im Jahre 1859 eingeführte Mitverwendung von Kohlen zur Feuerung der Lokomotiven wurde mit Rücksicht auf die günstigen Resultate der Vorjahre und bei der Möglichkeit, Stückkohlen zu mäßigem Preise zu erhalten, weiter ausgedehnt.

Einzelne Versuche mit den englischen Einrichtungen von Jenkins und Lee, welche auf möglichste Beseitigung des für Personal wie Publikum gleich lästigen Qualmens abzielten, haben ein wesentlich günstig-

Resultat nicht geliefert. Dagegen hat sich ein etwas noch vorn geneigter Rost und etwas engere Lage der Roststäbe, sowie die Einrichtung, einen direkten Dampfstrahl zur Erzeugung des Zuges in den Kamin zu leiten, zur Zeit, wo die Maschine nicht arbeitet, durchweg als sehr zweckmäßig herausgestellt.

2. **Gußstahlräder.** Die seit Anfang vorigen Jahres gemachten Versuche mit der neuen Art von Gußstahlrädern des Bochumer Vereins für Gußstahlfabrikation haben im Vergleich zu den bisherigen Leistungen der Radbandagen vollkommen befriedigt, weshalb den Resultaten der inzwischen gemachten größeren Bestellungen mit Beruhigung entgegengesehen werden darf.

V. **Verkehrs-Verbindungen.** Außer dem bereits im vorjährigen Berichte (Statistik pro 1859 S. 55) erwähnten direkten Güterverkehr mit der Rheinischen Eisenbahn wurden im Jahre 1860 folgende direkte Verkehrs-Verbindungen vereinbart:

1) vom 1. Juli ab eine direkte Expedition von Personen und Reisegepäck nach und von den Hauptstationen der linksrheinischen Bahnen;
2) von demselben Tage ab im Niederländisch-Rheinischen Verkehr ebenfalls eine direkte Personen- und Gepäck-Expedition von Düsseldorf nach London via Rotterdam, und
3) vom 23. August ab eine Ausgabe von Coupons-Heften I. u. II. Klasse für die Reisenden von London nach Düsseldorf und Köln.

Die Personentarife des Binnen- und des Norddeutschen Verkehrs, sowie die Gütertarife des Binnen- und des Rheinisch-Bergischen Verkehrs wurden einer durchgreifenden, wenn auch wesentlich nur redaktionellen Umarbeitung unterworfen.

VI. **Verkehr und Ertrag.** Im Jahre 1860 wurden zwar 277 291 Personen weniger als im Vorjahre befördert, dagegen hat die Einnahme aus diesem Verkehrszweige um 30 525 Thlr. überhaupt, durchschnittlich pro Person um 2,08 Sgr., pro Person und Meile 2,15 Pfge. zugenommen. Es läßt sich diese Erscheinung auf die erhebliche Abnahme des kleinen Lokalverkehrs und die fast gleich starke Zunahme des großen durchgehenden, speziell des Norddeutschen Verkehrs und auf das hiermit zusammenhängende, progressiv steigende Benutzungs-Verhältniß der höheren Wagenklassen und Eilzüge zurückführen.

Das Quantum der beförderten Güter (einschließlich der Dienstgüter) hat um 7 346 122 Ctr. oder 14 Proc., der Ertrag um 482 956 Thlr. oder 15 Proc. zugenommen. Diese enorme Steigerung des Güterverkehrs ist wesentlich der Ausdehnung des Kohlen- und Coaks-Versands zuzuschreiben, welcher an der Gesammtbewegungs- und Ertrags-Zunahme mit 5 759 703 Ctrn. resp. 250 772 Thlrn. betheiligt ist. Die Gesammt-Einnahme hat um 567 116 Thlr. oder 10,81 Proc. zugenommen, dagegen haben sich die laufenden Betriebs-Ausgaben trotz der bedeutenden Verkehrssteigerung um die Summe von 131 501 Thlrn. (oder 6,44 Proc.) verringert. In Folge dieser günstigen Betriebs-Resultate ist der Ueberschuß von 2 580 230 Thlrn. (1859) auf 3 268 937 Thlr., mithin um 688 707 Thlr. oder 21⅓ Proc. gestiegen und gewährte eine Dividende von 10⅔ Proc., im Vorjahre dagegen nur 7½ Proc.

VII. **Ausnutzung der Transportmittel.**

1. **Personenverkehr.** Das Ausnutzungs-Verhältniß der bewegten Personenwagen hat sich, namentlich bei der I. u. II. Klasse, nicht unerheblich vortheilhafter als im Vorjahre gestellt; im Durchschnitt aller Klassen war von 3,33 Plätzen 1 Platz besetzt.

2. **Güterverkehr.** Von der Gesammtladefähigkeit der auf der Bahn bewegten eigenen und fremden Güterwagen, circa 80 Ctr. pro Achse, sind etwas über 50 Proc. oder 9 Proc. mehr als im Vorjahre, ausgenutzt worden. Dies erklärt sich aus der Zunahme der Kohlen-Transporte und des großen durchgehenden Verkehrs.

VIII. **Neue Bahnlinien.**

1. **Köln-Gießener Eisenbahn.** Die Aufnahme des Bahnterrains im Herzogthum Nassau wurde erst gegen Ende des Jahres 1860 vollendet; seitdem sind die Grunderwerbs-Verhandlungen eingeleitet; die eigentliche Bauthätigkeit beschränkte sich, und zwar nur an wenigen Stellen, auf die Anlieferung von Materialien.

In Folge des lebhaften Betriebes der Erdarbeiten auf den Strecken bis Siegen und bis zur Nassauischen Grenze wurden bis zum Jahresschlusse 206 250 Schachtruthen Erd- und Feldmassen gefördert. Die Länge des fertig gestellten Planums betrug bis Ende 1860 etwa 17½ Meilen.

Die Arbeiten an den großen Brücken auf der Strecke von Deutz bis Siegen und von Betzdorf bis zur Nassauischen Grenze (15 an der Zahl), wurden dergestalt betrieben, daß noch pptr. 2250 Schachtruthen Mauerwerk auszuführen bleiben.

Die anzulegenden 12 Tunnels konnten am Jahresschlusse im Wesentlichen als vollendet angesehen werden.

Die Oberbauarbeiten wurden so beschleunigt, daß im Anschluß an die am 1. August 1860 eröffnete Strecke Siegburg-Wissen (cfr. ad I. dieses Ber.) schon am 10. Januar 1861 die weitere 3,74 Meilen lange Strecke Wissen-Betzdorf-Siegen dem Betriebe übergeben werden konnte.

2. **Rheinbrücke zu Köln.** Die Bauthätigkeit des Jahres 1860 beschränkte sich hauptsächlich auf Beendigung der mit der Brücke in unmittelbarer Berührung stehenden fortifikatorischen Anlagen, Herstellung des 4. Oelfarben-Anstrichs des eisernen Oberbaues und Aufführung der Portalthürme, von welchen die beiden am linken Ufer ganz, die beiden am rechten Ufer etwa zur Hälfte vollendet wurden.

IX. **Beamten-Pensionskasse.** Außer der für Beamte bestehenden Pensions- und Unterstützungskasse, über welche in den Rel. 284—301 das Nähere enthalten ist, sind noch folgende Unterstützungskassen vorhanden:

1) eine Unterstützungskasse für Wittwen und Waisen der beim Betriebe definitiv Angestellten,
2) eine Krankenkasse für die Arbeiter der Maschinen-Werkstätte,
3) eine Krankenkasse für die Arbeiter der Wagen-Werkstätte,
4) eine Krankenkasse für die Lokomotivführer und Heizer,

b) eine Krankenkasse für die ständigen Bahn- und Bahnhofsarbeiter jeder der vier Betriebs-Inspektionen.

Die Bestände dieser verschiedenen Kassen schlossen ult. 1860 mit zusammen 99 353 Thlrn. ab.

X. Erläuterungen zu den Tabellen:

zu Kol. 85b. Hiervon sind 3 500 000 Thlr. à 5 Proc., 9 774 500 Thlr. à 4½ Proc. und 5 000 000 Thlr. à 4 Proc.

" " 94 u. 97. Außerdem besitzt die Gesellschaft gemeinschaftlich mit der Königl. Hannoverschen und Herzogl. Braunschweigischen Eisenbahn 12 kombinirte Personen-Postwagen und 24 Courierzug-Personenwagen mit zusammen 264 Plätzen I. Klasse und 960 Plätzen II. Klasse, imgleichen 27 Gepäckwagen mit einer Gesammt-Tragfähigkeit von 3240 Ctrn. Unter diesen gemeinschaftlichen Wagen sind 41 eiserne und 234 stählerne Achsen vorhanden. Der Geldantheil von Köln-Minden an den Beschaffungskosten der Wagen beträgt 120 464 Thlr.

" " 106. Von dieser Summe sind 412 241 Thlr. für Rechnung des Köln-Gießener Baufonds verausgabt.

" " 108. Ebenso hier 573 527 Thlr.

" " 133b u. 135b. Hierin sind auch die auf der Köln-Gießener Bahn durchlaufenen Achsmeilen mitenthalten, nämlich 129 010 von den Personenwagen und 320 867 von den Lastwagen.

" " 136a. Hiervon kommen 401 274 Achsmeilen auf die in der Erläuterung zu Kol. 94 u. 97 erwähnten gemeinschaftlichen Personenwagen.

" " 136b. Desgleichen 352 572 Achsmeilen auf die gemeinschaftlichen Gepäckwagen.

" " 140. Von dieser Summe sind 56 006 Thlr. Miethe von Kohlenzechen.

" " 162b, 166, 167b u. 172. Die hierunter nicht mitenthaltenen Dienstgüter (Kol. 157) haben zusammen 9 670 298 Centnermeilen zurückgelegt, wovon auf jede Meile Bahnlänge 216 886 Ctr. kommen. Jeder Centner hat durchschnittlich $7{,}11$ Meilen durchfahren und pro Meile $1{,}02$ Pfge. eingebracht.

" " 165e u. 171e. Hierunter sind die sonstigen Güter mitbegriffen.

" " 184. Die in Kol. 184a aufgeführten 8087 Thlr. sind die Einnahme aus der im Personenverkehr erfolgten Beförderung von 1082 Luxus- und 102 Militair-Pferden; die Fracht für die im Güterverkehr expedirten 4298 Koppelpferde und Fohlen ist in Kol. 184b mitenthalten.

" " 201. Von diesen 88 204 Thlrn. sind 75 175 Thlr. für Neu- und Ergänzungsbauten (cfr. Kol. 88b) ausgegeben.

" " 204—221. Der vertragsmäßig nach Verhältniß der durchlaufenen Lokomotiv- und Wagen-Achsmeilen, resp. nach Verhältniß der Bahnlänge berechnete Antheil der Köln-Gießener Eisenbahn an den Kosten für die Transport- resp. allgemeine Verwaltung ist hier überall natürlich abgesetzt.

" " 206d. Dies sind die Kosten für Unterhaltung der Lokomotiv- und Wagenschuppen, der Wasserstations- und Werkstatts-Gebäude, der Wasserhebungs-Maschinen, der stehenden Dampfmaschinen in den Werkstätten, der Arbeitsmaschinen, Werkzeuge und sonstigen Betriebsmittel.

" " 215. Die Mitglieder der Direktion und des Administrationsraths beziehen von dem Betriebs-Ueberschusse, welcher sich nach Abzug der Aktienzinsen ergiebt, eine Tantième, welche in Kol. 225 mitenthalten ist.

" " 216. Von dieser Summe sind 1844 Thlr. als Beitrag zu den Besoldungen der Angestellten im Abrechnungs-Büreau für den Norddeutschen, Rheinisch-Bergischen und Ostfriesisch-Rheinischen Verband gezahlt worden.

" " 226. Von diesen Ausgaben kommen 23 971 Thlr. auf Kommunalsteuern und öffentliche Lasten.

" " 228a. Außerdem waren zur Deckung des Ausfalls an den Zinsen des Anlage-Kapitals der Oberhausen-Ruhrorter Zweigbahn noch 9821 Thlr. erforderlich, welche der Staat aus dem Garantiefonds zuzuschießen hatte.

" " 231a. Nachdem die Maximalhöhe des Reservefonds bis auf Weiteres auf 1 000 000 festgesetzt worden ist, soll jährlich zur Deckung der aus demselben entnommenen Beträge in maximo ½ Proc. des gesammten Anlage-Kapitals aus den laufenden Betriebs-Einnahmen in den Reservefonds gelegt werden.

" " 231b. Für die Berechnung der Einlagen in den Erneuerungsfonds ist vom Jahre 1860 ab ein Regulativ zur Anwendung gekommen, dessen Grundzüge allgemein bestimmen, daß alljährlich für Lokomotiven und Tender (incl. Achsen und Räder) 5 Proc. von den Anschaffungskosten derselben, dagegen für Wagen und die zu denselben gehörigen Achsen und Räder die in dem Regulativ für jede Wagengattung speziell angegebenen Sätze in den Erneuerungsfonds zurückgelegt werden sollen.

" " 232. Dieser Zuschuß zum Pensionsfonds ist nur ein außerordentlicher; der alljährliche Zuschuß von 5000 Thlrn. ist aus den laufenden Betriebs-Einnahmen als Verwaltungs-Ausgabe geleistet worden und in Kol. 220 mitenthalten.

" " 235 u. 239. In diesen beiden Summen befinden sich außer den Einlagen (Kol. 231a u. b) noch Beiträge von 342 Thlrn. zum Reservefonds und von 15 691 Thlrn. zum Erneuerungsfonds, welche der Köln-Gießener Baufonds vertragsmäßig zu leisten hatte.

" " 236a. Aus dem Reservefonds werden nur die durch nicht vorherzusehende Schäden verursachten Ausgaben bestritten. Die hier aufgeführten 5667 Thlr. sind solche Ausgaben.

" " 241a. Hiervon sind 74 Thlr. fortlaufende Unterstützungen für 3 Angestellte, welche wegen relativer Invalidität entlassen worden sind.

zu Kol. 291b u. 292. Dies sind fortlaufende Unterstützungen für Wittwen und minorenne Kinder von im Dienste verunglückten Angestellten.

„ „ 294 u. 296. Reglementsmäßig werden Beiträge nicht zurückerstattet, resp. Kur- und Verpflegungskosten nicht bewilligt.

44. Kurfürst Friedrich Wilhelms Nordbahn.

I. **Organisation der Verwaltung.** Von den Mitgliedern der Direktion sind 3 von der Kurfürstlichen Regierung bestellt und 4 von den Actionairen gewählt. Die letzteren beziehen keinen Gehalt, vielmehr nur eine Entschädigung von je 100 Thlrn. jährlich für die mit der Funktion verbundenen Ausgaben.

II. Der **Wirkungskreis der Verwaltung** erstreckt sich nicht nur auf die Betriebsleitung der Kurfürst Friedrich Wilhelms Nordbahn, sondern die Direktion dieser Bahn fungirt auch als geschäftsführende Verwaltung des Rheinisch-Thüringischen Eisenbahn-Verbandes. Derselbe wird von der Westfälischen, Kurfürst Friedrich Wilhelms Nordbahn, Thüringischen, Bergisch-Märkischen und Aachen-Düsseldorf-Ruhrorter Eisenbahn gebildet.

III. **Bahngebiet.** Die Kurfürst Friedrich Wilhelms Nordbahn, welche von Gerstungen bis zur Kurhessischen Grenze bei Haueda führt, hat mit der 2⅓ Meilen langen Zweigbahn Hümme-Carlshafen (Carlsbahn) eine Ausdehnung von . . . . 19,30 Meilen.

Außerdem ist von der Verwaltung die zur Westfälischen Bahn gehörige Strecke von der Kurhessischen Grenze bei Haueda bis Warburg . . . . 0,61 „
gegen 50 Proc. der Brutto-Einnahme gepachtet.

Die vorliegenden statistischen Notizen, mit Ausnahme des Anlage-Kapitals, beziehen sich auf die Betriebslänge von . . . . 19,91 Meilen,
das Anlage-Kapital (Kol. 75—86) dagegen nur auf die eigene Bahn.

IV. **Besitz-Verhältnisse.** Die Bahnstrecke von Kassel bis Guntershausen (1,43 Meilen), sowie die Bahnhöfe zu Kassel, Wilhelmshöhe und Guntershausen sind mit der Main-Weser-Bahn gemeinschaftlich und bezieht jede Bahn die Einnahme von ihren Zügen.

V. Die **Maschinen- und Reparatur-Werkstätte** in Kassel nebst dem dortigen Materialien-Hauptmagazine ist ebenfalls mit der Main-Weser-Bahn gemeinschaftlich.

Maschinen- oder Wagenbau-Anstalten besitzt die Kurfürst Friedrich Wilhelms Nordbahn nicht.

VI. **Verkehr und Ertrag.** Im Jahre 1860 wurden sowohl 9542 Personen als auch 153 441 Ctr. Güter mehr befördert als im Vorjahre. Die Einnahmen sind um 35 237 Thlr., die Ausgaben um 7690 Thlr. und der Ueberschuß um 27 547 Thlr. höher gewesen. An Dividende konnten 2½ Proc., gegen 2 Proc. pro 1859, gezahlt werden.

VII. **Beamten-Pensionskasse.** Außer dieser Kasse, worüber in den Kolonnen 284—301 das Nähere mitgetheilt ist, sind noch 2 Unterstützungsfonds gebildet, von denen einer zur Unterstützung der im Dienste verunglückten Beamten und der andere für sonstige außergewöhnliche Fälle dient.

VIII. **Erläuterungen zu den Tabellen:**

zu Kol. 94 u. 97. Außer den hier aufgeführten Wagen hat die Verwaltung noch einen Antheil an 6 Personenwagen des Rheinisch-Thüringischen Verbandes und an 18 sechsrädrigen Packmeister-Wagen des Mitteldeutschen Eisenbahn-Verbandes, welche für die Güterzüge desselben angeschafft worden sind.

„ „ 152. Nach dem mit der Postverwaltung abgeschlossenen Vertrage wird für den Transport der Post-effekten der Raum eines ganzen, beziehungsweise eines halben Wagens zur Disposition gestellt, weshalb die wirklich transportirten Postgüter nach Gewicht nicht notirt werden.

„ „ 157. Hierüber sind keine Nachweisungen geführt worden.

„ „ 160. Außerdem wurden noch 399 Achsladungen Pferde und 1075 dergleichen Rindvieh ꝛc. befördert.

„ „ 227a. Dem Ueberschusse von 362 960 Thlrn. ist noch ein Bestand von 1643 Thlrn. aus dem Vorjahre hinzugetreten, so daß 364 603 Thlr. in den Kolonnen 228, 230b, 231a u. 233a als verwendet nachgewiesen worden sind.

45. Leipzig-Dresdener Eisenbahn.

I. **Bahngebiet.** Außer der 15,31 Meilen langen Leipzig-Dresdener Bahn besitzt die Gesellschaft noch 1,54 Meilen von der Magdeburg-Leipziger Bahnlinie, nämlich die Strecke vom Leipziger Bahnhofe bis zur Preußischen Grenze. Diese Strecke ist an die Magdeburg-Leipziger Eisenbahn-Gesellschaft gegen 50 Proc. der Brutto-Einnahme verpachtet.

II. **Verkehr und Ertrag.** Im Jahre 1860 wurden zwar 43 556 Personen und 510 226 Ctr. Güter mehr befördert als im Vorjahre, dagegen 34 521 Thlr. weniger eingenommen; da aber auch die Betriebs-Ausgaben sich um 32 718 Thlr. verringerten, so stellte sich der Betriebs-Ueberschuß nur um 1803 Thlr. niedriger als 1859. An Dividende kamen, ebenso wie im Vorjahre, 16 Proc. zur Vertheilung.

III. **Neue Bahnlinien.** Das Unternehmen der Leipzig-Dresdener Eisenbahn-Compagnie ist durch Anlage einer Zweigbahn von Coswig nach Meissen (1,44 Meilen) erweitert worden; der Bau derselben war trotz der den Arbeiten so außerordentlich hinderlichen Witterung des Sommers 1860 so weit vollendet worden, daß die Bahn bereits am 1. Dezember 1860 dem Betriebe übergeben werden konnte.

IV. **Erläuterungen zu den Tabellen:**

zu Kol. 5. Außerdem erhält der Bevollmächtigte neben seinem firirten Gehalte eine Tantième vom Reingewinn (Betriebs-Ueberschuß), welche pro 1860 sich auf 3055 Thlr. belief.

„ „ 85b. Unter diesen hier aufgeführten 4 000 000 Thlrn. befinden sich 500 000 Thlr. in Kassenscheinen und die am 1. Dezember 1860 zum Bau der Cosswig-Meißener Zweigbahn kontrahirte Anleihe von 500 000 Thlrn.

„ „ 115—124. Der Verbrauch an Brennmaterial läßt sich nach dem Schema der vorliegenden statistischen Tabellen nicht beantworten, da für die gewöhnliche Feuerung eine geregelte Mischung von Coaks und Kohlen, als alleiniges Material, nicht stattfindet.

Was die Heizung der Lokomotiven für die Personenzüge betrifft, so geschieht dieselbe fast durchgängig nur mit Coaks, und blos in außerordentlichen Fällen, wie bei starkem Winde, überhaupt wenn größere Dampferzeugung erforderlich ist, wird der Coaks mit Kohle vermischt. In neuerer Zeit jedoch sind mehrere Maschinen mit Rauchverbrennungs-Apparaten versehen worden und erlaubt diese Einrichtung auch das Heizen mit Kohlen ohne Coaks.

Die Güterzugsmaschinen hingegen werden blos mit Kohlen geheizt, nur das sogenannte erste Feuer geschieht mit Coaks.

Für die Personenzüge wurden im Jahre 1860 verbraucht: 102 505 Ctr. Coaks und 19 713 Ctr. Kohlen, pro Nutzmeile 131 Pfd. Coaks und 25 Pfd. Kohlen,

für die Güterzüge 15 356 Ctr. Coaks und 68 982 Ctr. Kohlen, pro Nutzmeile 31 Pfd. Coaks und 139 Pfd. Kohlen.

Braunkohlen und Torf werden zur Feuerung der Lokomotiven nicht verwendet.

„ „ 160. Außerdem sind noch 290½ Wagenladungen Pferde und 3008 Wagenladungen Rindvieh, Schweine und sonstige Thiere befördert worden.

„ „ 185. Diese 4330 Thlr. sind die aus Extrazügen erzielte Einnahme.

„ „ 187. Hierunter ist der Pachtzins der Magdeburg-Leipziger Eisenbahn-Gesellschaft für die von ihr gepachtete Bahnstrecke im Betrage von 55 341 Thlrn. mitbegriffen.

„ „ 229. Diese 15 000 Thlr. sind eine an die Postverwaltung gezahlte Entschädigung.

46. Ludwigs-Eisenbahn (Nürnberg-Fürth).

I. **Verkehr und Ertrag.** Im Jahre 1860 sind sowohl 48 034 Personen, als auch 18 688 Ctr. Güter mehr befördert worden als im Vorjahre. Hierdurch wurden 1444 Thlr. mehr eingenommen; dagegen erforderte der Betrieb an Ausgaben 3000 Thlr. mehr, so daß der Ueberschuß gegen den vorjährigen um 1556 Thlr. zurückblieb. An Dividende konnten aber ebenso wie im Vorjahre 15 Proc. gezahlt werden.

II. **Beamten-Pensionskasse.** Erst bei Gelegenheit des 25jährigen Jubiläums der Bahn am 7. Dezember 1860 ist die Gründung eines Unterstützungsfonds für das Dienstpersonal angeregt und durch Bewilligung einer Schenkung von 1000 Fl. als Stamm-Kapital, sowie einer alljährlich nach Maßgabe der bestehenden Verhältnisse zu votirenden Summe Seitens der Gesellschaft zur Ausführung gebracht und dabei bestimmt worden, daß die gemachten Geldbewilligungen verzinslich angelegt und so lange fortgesammelt werden sollen, bis aus den Erträgnissen des Kapitals Unterstützungen gewährt werden können.

III. **Erläuterungen zu den Tabellen:**

zu Kol. 75a. Das ursprüngliche Anlage-Kapital bestand aus 1770 Stück Stamm-Actien à 100 Fl. = 177 000 Fl. Nach Ablauf des ersten Betriebsjahres schon mußte zur Vergrößerung des Wagenparkes sowohl, als auch zur Anschaffung einer zweiten Lokomotive geschritten werden; es wurde daher ein Kapital in der Form einer Prioritäts-Anleihe im Betrage von 40 000 Fl. aufgenommen. Im Jahre 1855 wurde eine II. Prioritäts-Anleihe von 15 000 Fl. emittirt, die aber in dem Zeitraume von 1856—1858 aus den laufenden Einnahmen, von der I. Anleihe dagegen in den Jahren 1851—1855 die Summe von 3500 Fl. zurückgezahlt wurde, so daß zur Zeit diese Anleihe auch bis auf 36 500 Fl. amortisirt ist und die Zinsen hiervon aus den laufenden Betriebs-Einnahmen bestritten werden.

„ „ 83. Da die Bahn nur 0,8 Meilen lang ist, so kann hier auch nur das auf diese Bahnlänge verwendete Anlage-Kapital angegeben werden.

„ „ 114. Es wurden 9420 Dampffahrten zurückgelegt, jede zu 0,8 Meilen = 7536 Meilen. Außerdem fanden noch eine Anzahl Pferdefahrten statt, diese sind aber unberücksichtigt geblieben, da die statistischen Notizen sich nur auf die Leistungen der Lokomotiven beziehen.

„ „ 145. Dies sind die von und bis zur Kreuzung Muggenhof beförderten Personen. Die in Kol. 141 bis 143 aufgeführten Personen (zusammen 674 541) haben die ganze Bahn (von Nürnberg bis Fürth und umgekehrt) durchfahren.

„ „ 164b. Dies ist die Anzahl der beförderten Schweine; andere Viehgattungen sind nicht transportirt worden.

„ „ 167a. Da die Bahn noch nicht eine volle Meile lang ist, so ist diejenige Personenzahl hier aufgeführt worden, welche die ganze Bahn durchfahren hat (siehe Bemerkung zu Kol. 145).

„ „ 204d. Diese Summe repräsentirt die Unterhaltungskosten der Pferde.

„ „ 228. Wegen Verzinsung und Amortisation der Anleihen siehe die Erläuterung zu Kol. 75a.

47. Lübeck-Büchener Eisenbahn.

I. **Verkehrs-Verbindungen.** Eine direkte Personenbeförderung zwischen Berlin und Hamburg einerseits, Kopenhagen und Gothenburg andererseits ist zwischen den betheiligten Eisenbahn-Verwaltungen und der Direktion der Hallandichen Dampfschiffahrts-Gesellschaft vereinbart und mit dem April 1861 zur Ausführung gebracht.

Hinsichtlich der Güter wurde ein direkter Verkehr Lübecks mit den Bayerischen Eisenbahn-Stationen vom 1. November 1860 an eingeführt, wodurch zugleich eine sehr wesentliche Frachtermäßigung gewonnen wurde. Ebenso trat mit dem 1. März 1861 ein direkter Verkehr für nordische Produkte mit den Stationen Altenburg und Hof in's Leben, für welchen gleichfalls ein Frachtermäßigung erreicht wurde.

II. **Verkehr und Ertrag.** Im Jahre 1860 wurden 7339 Personen und 26 271 Ctr. Güter **mehr** befördert als im Vorjahre. Die Einnahmen haben in Folge dessen um 11 296 Thlr. zugenommen, aber auch die Ausgaben überstiegen die des Vorjahres um 7006 Thlr., so daß der Ueberschuß nur 4290 Thlr. **mehr** betrug als im Jahre 1859.

An Dividende kamen 3½ Proc. zur Vertheilung (½ Proc. **mehr** als im Vorjahre).

III. **Versicherungswesen.** Die Versicherung für Equipagen, Vieh und Güter findet nach den Bestimmungen des Betriebs-Reglements statt. Für Reisegepäck wird ohne Prämienzahlung 1 Thlr. pro Pfund garantirt. Bei verlangter höherer Versicherung — jedoch nur bis zum Maximalbetrage von 5 Thlrn. — wird eine Prämie von 3 Sgr. pro 100 Thlr. für die ersten 10 Meilen, für jede folgenden 10 Meilen 1 Sgr. mehr erhoben; angefangene 100 Thlr., sowie angefangene 10 Meilen werden für voll gerechnet.

IV. **Neue Bahnlinien.** Das Projekt einer Verbindungsbahn zwischen Lübeck und Hamburg über Oldesloe und Wandsbeck befindet sich im Stadium der Vorarbeiten.

V. **Erläuterungen zu den Tabellen:**

zu Kol. 234. Als Bestand des Reservefonds am Schlusse des Jahres 1859 waren in der vorjährigen Statistik 96 801 Thlr., in der vorliegenden sind aber 105 268 Thlr. aufgeführt. Die Differenz zwischen beiden Summen (8467 Thlr.) bilden die Kosten für die Vorarbeiten der Lübeck-Hamburger Verbindungsbahn, welche vorschußweise aus dem Reservefonds entnommen und demnächst demselben erstattet worden sind.

„ „ 238—241. Ein Erneuerungsfonds ist nicht vorhanden, da der Reservefonds den Zweck desselben miterfüllt.

48. Magdeburg-Cöthen-Halle-Leipziger Eisenbahn.

I. **Bahngebiet.** Das Unternehmen der Magdeburg-Leipziger Eisenbahn-Gesellschaft umfaßt:

a) die Hauptbahn von Magdeburg bis zur Preußisch-Sächsischen Grenze . . . . 14,33 Meilen

b) die Zweigbahn von Schönebeck bis Staßfurt 2,84 Meilen } zusammen . . . . 3,49 „
und von dort bis zum Kohlenschacht Löderburg 0,65 „ }

Außer diesen . . . . 17,82 Meilen

hat die Gesellschaft die, der Leipzig-Dresdener Eisenbahn-Kompagnie gehörige, von der Preuß. Grenze bis zum Bahnhofe Leipzig führende Strecke von . . . . 1,31 „

sowie die auf Kosten der Grubenbesitzer hergestellten Kohlen-Zweigbahnen, nämlich

a) nach der Grube „Gottesjegen" bei Mühlingen . . . . 0,170 Meilen

b) „ „ „ „Alexander Carl" . . . . 0,141 „

c) „ „ „ „Carl" bei Förderstädt . . . . 0,300 „

0,611 „

pachtweise übernommen, so daß sich im Betriebe der Magdeburg-Leipziger Eisenbahn-Gesellschaft befinden . . . . 19,741 Meilen.

II. **Verkehr und Ertrag.** Im Jahre 1860 wurden 4100 Personen und 1 680 842 Ctr. Güter **mehr** befördert als im Vorjahre. Die Einnahmen erhöhten sich um 86 333 Thlr. und die Ausgaben verminderten sich um 46 148 Thlr., so daß ein um 132 481 Thlr. höherer Ueberschuß erzielt wurde als im Jahre 1859. An Dividende konnten daher 15 Proc., im Vorjahre nur 12 Proc. vertheilt werden.

III. **Beamten-Pensionskasse.** Außer der Beamten-Pensions- und Wittwenkasse, worüber in den Kol. 284—301 das Nähere mitgetheilt ist, besteht noch ein Waisen-Unterstützungsfonds, welcher am Schlusse des Jahres 1860 ein Vermögen von 9641 Thlrn. hatte.

IV. **Erläuterungen zu den Tabellen:**

zu Kol. 4. Außer diesen 24 Mitgliedern sind noch 12 Stellvertreter vorhanden.

„ „ 12. Wie bereits unter Nr. 1 dieses Berichts erwähnt, hat die Verwaltung außerdem noch 3 nach Kohlengruben führende Zweigbahnen in Betrieb genommen, dieselben sind jedoch in den vorliegenden Tabellen unberücksichtigt geblieben.

„ „ 261. Dieser Unfall ereignete sich auf dem Bahnhofe Leipzig in Folge unvorsichtigen Ueberschreitens der Geleise.

49. Magdeburg-Halberstädter Eisenbahn.

I. Den **Betrieb** dieser Bahn leitet vertragsmäßig die Berlin-Potsdam-Magdeburger Eisenbahn-Verwaltung gegen eine Vergütigung von 45 Proc. der Brutto-Einnahme.

II. **Verkehr und Ertrag.** Im Jahre 1860 wurden gegen das Vorjahr 3498 Personen und 910 791 Ctr. Güter mehr befördert und dadurch 81450 Thlr. mehr eingenommen. Die laufenden Betriebs-Ausgaben verminderten sich gegen die vorjährigen um 16158 Thlr., so daß der Ueberschuß von 377954 Thlrn. auf 478562, mithin um 100608 Thlr. sich erhöhte und von demselben an Dividende 18½ Proc., gegen 13 Proc. im Vorjahre, gezahlt werden konnten.

III. **Erläuterungen zu den Tabellen:**

zu Kol. 237. Zu dieser Summe tritt noch die aus den Betriebs-Ueberschüssen des Jahres 1850 zurückbehaltene Extra-Reserve im Betrage von 36008 Thlrn.

" " 297. Hierin sind 80 Thlr. Begräbnißgelder mitenthalten.

50. Magdeburg-Wittenbergesche Eisenbahn.

I. **Industrielle Anlagen.** Auf dem Bahnhofe zu Wittenberge befindet sich eine der Gesellschaft eigenthümlich gehörige Coaksbrennerei von 10 Oefen.

II. **Verkehr und Ertrag.** Im Jahre 1860 wurden 2410 Personen und 17939 Ctr. Güter mehr befördert als im Vorjahre. Die Einnahmen erhöhten sich zwar nur um 1988 Thlr., dagegen betrugen die Betriebs-Ausgaben 33024 Thlr. weniger als die vorjährigen, so daß ein Ueberschuß von 35012 Thlrn. erzielt worden ist, welcher den Actionairen eine Dividende von 2 Proc., im Vorjahre aber nur 1½ Proc., gewährte.

III. **Erläuterungen zu den Tabellen:**

zu Kol. 10. Zu der eigentlichen Bahnlänge von 14,20 Meilen kommt noch die Verbindungsbahn in Magdeburg mit 157,1 Ruthen (= 0,078 Meilen) Länge.

" " 13. In den Tarifen für den innern Verkehr wird die Länge der Bahn rund auf 15 Meilen angenommen.

" " 109 u. 110. Die Anschaffungskosten der Arbeitswagen und Draisinen können, da hierüber keine Notizen vorhanden sind, nicht angegeben werden.

" " 129. Zur Heizung der Lokomotiven wurden Coaks und Steinkohlen verwendet; wie viel von jeder Sorte, kann jedoch nicht angegeben werden.

51. Mecklenburgische Eisenbahn.

I. **Organisation der Verwaltung.** Die Direktion besteht aus 5 Mitgliedern, nämlich 3 Actionairen und 2 Beamten. Von ersteren führt einer den Vorsitz; die Beamten sind der Spezial-Direktor und der Betriebs-Direktor.

II. **Feuerung der Lokomotiven.** Der Versuch der Steinkohlen-Feuerung wurde im Jahre 1860 noch weiter ausgedehnt. Da nach den gemachten Erfahrungen die Annahme gerechtfertigt erscheint, daß mit 100 Pfd. Steinkohlen derselbe Heizeffekt zu erzielen ist, als mit 100 Pfd. Coaks, so wird darin eine erhebliche Ersparung bei der Zugkraft gefunden, indem der im Jahre 1860 verbrauchte Coaks 12,6 Sgr. pro Z.-Ctr. kostete, während die Steinkohlen auf 9,6 Sgr. pro Z.-Ctr. zu stehen kamen. Da sich schädliche Einflüsse bei den Lokomotiven in Folge der Steinkohlen-Feuerung nicht bemerklich gemacht haben, so kann der Preis-Unterschied der Steinkohlen und des Coaks als positive Ersparniß angesehen werden.

III. **Verkehr und Ertrag.** Die Hoffnung, daß das Jahr 1859 als ein ungünstiges vereinzelt dastehen werde, ist in Ansehung des Jahres 1860 in Erfüllung gegangen. Es wurden 32465 Personen, 22856 Ctr. Güter und 56269 Ctr. Vieh mehr befördert als im Vorjahre. Im Personenverkehre wurden 18576 Thlr., im Güterverkehre (einschließlich der Vieh-Transporte) 19722 Thlr. mehr vereinnahmt. Die Gesammt-Einnahme des Jahres 1860 überstieg die vorjährige um 37086 Thlr., die des Jahres 1858 um 9297 Thlr. Die Betriebs-Ausgaben verminderten sich um 7443 Thlr., so daß der Ueberschuß von 201608 Thlrn. auf 240137 Thlr., mithin um 44529 Thlr. sich erhöhte.

Die pro 1860 vertheilte Dividende von 2½ Proc. war um ½ Proc. höher als die des Vorjahres und um ½ Proc. höher als die höchste bis dahin überhaupt gezahlte, obgleich der Reserve- und Erneuerungsfonds namhaft stärker dotirt wurde als bisher.

IV. **Neue Bahnlinien.** Auf dem im November und Dezember 1860 versammelt gewesenen Landtage sind die Gewährungen einer Landeshülfe für die projektirte Mecklenburgische Ostbahn Gegenstand der Verhandlungen gewesen, nachdem die Regierung sich mit der Mecklenburgischen Eisenbahn-Gesellschaft über gewisse eventuelle Leistungen der letzteren für das neue Unternehmen verständigt hatte. Die Geldmittel erschienen durch das Resultat der Landtags-Verhandlungen so gut wie gesichert; es wurde jedoch von Seiten des Landtages die Bedingung einer Reform des Steuer- und Zollwesens an die gemachten Bewilligungen geknüpft. Außerdem aber ist die Ausführung noch von dem Anschlusse nach Stettin abhängig, dessen Erlangung eine Verständigung mit Preußen rücksichtlich der Concessionirung der Strecke von Pasewalk bis an die Mecklenburgische Grenze vorangehen muß. Es kann deshalb zur Zeit weder in einer, noch andern Hinsicht über Erfolge berichtet werden.

V. **Erläuterungen zu den Tabellen:**

zu Kol. 2c. Das Gehalt des Spezial-Direktors, sowie das des technischen Direktors beträgt 2400 Thlr. (incl. 300 Thlr. Mieths-Entschädigung). Außerdem bezieht Ersterer 200 Thlr. und Letzterer 150 Thlr. Reisekosten-Entschädigung. Die drei übrigen Direktoren sind nicht Beamte, sondern aus den Actionairen gewählt und erhalten an Entschädigung: der Vorsitzende 500 Thlr., die beiden übrigen Mitglieder je 300 Thlr.

" 5. Die obersten ausführenden Beamten, der Spezial-Direktor und der Betriebs-Direktor, sind Mitglieder der Direktion und als solche in Kol. 2 mitaufgeführt.

zu Kol. 81. In dieser Summe sind 100 086 Thlr. Einrichtungskosten des Betriebes enthalten.

" " 82. Ebenso hierin 714 179 Thlr. Zinsen des Anlage-Kapitals während der Bauzeit, Provision und Courtage.

" " 86b. Von diesen 1 948 000 Thlrn. bestehen 1 600 000 Thlr. in Prioritäts-Obligationen, 348 000 Thlr. in Schuldverschreibungen zweiter Priorität.

" " 97f. Hierunter befinden sich 4 kombinirte Post- und Gepäckwagen, welche zu ½ Eigenthum der Großherzogl. Mecklenburgischen Postverwaltung sind.

" " 106. Die Anschaffungskosten der Maschinen und Wagen sind mit 625 107 Thlrn. aus dem Anlage-Kapital und mit 146 793 Thlrn. aus dem Erneuerungsfonds entnommen.

" " 137. Diese Meilenzahl ist seit dem Jahre 1855, von wo ab die Leistungen der Achsen notirt sind, zurückgelegt.

" " 149b. Jedem Reisenden ist ein Gepäck-Freigewicht bis 50 Pfd. gewährt. Das Gewicht der Ueberfracht und das Freigewicht kann nicht angegeben werden, da beides nicht besonders notirt wird.

" " 152 u. 165b. Nach dem mit der Großherzogl. Postverwaltung abgeschlossenen Kontrakte wird für die Beförderung der Postgüter eine Vergütigung von 1240 Thlrn. gezahlt. Das Quantum der beförderten Postgüter kann nicht angegeben werden.

" " 155 u. 165e. Da für Kohlen und Coaks eine besondere Tarifklasse nicht existirt, so konnten solche in den vorliegenden Tabellen nicht getrennt von den übrigen Gütern aufgeführt werden. Es kann Betreffs dieser nur angegeben werden, daß im Ganzen im Binnenverkehr 137 176 Ctr. und im direkten Verkehr 1298 Ctr. Kohlen und Coaks befördert wurden. In Kol. 154 sind die transportirten Güter einschließlich der Kohlen aufgeführt.

" " 288 u. 295. Die für die Pensionskasse angekauften Effekten werden mit dem Werthe, welchen sie kosten, in Einnahme gestellt resp. als Bestand vorgetragen. Coursgewinn oder Verlust kommt nur bei etwaigem Wiederverkauf der Effekten in Rechnung.

52. Neisse-Brieger Eisenbahn.

I. **Betriebs-Organisation.** Die Leitung des Betriebes ist einem in Grottkau wohnenden Betriebs-Dirigenten und Bahn-Ingenieur übertragen, während die oberste Beaufsichtigung des technischen Betriebes von dem Betriebs-Direktor und Ober-Ingenieur der Oppeln-Tarnowitzer Eisenbahn ausgeübt wird.

II. **Bahngebiet.** Die Bahn läuft vom Bahnhofe der Oberschlesischen Eisenbahn bis zur Paulau-Briegischdorfer Grenze 690 Ruthen = ... $0{,}35$ Meilen
auf dem Doppelgeleise dieser Bahn, zweigt sich dann von derselben ab und geht als selbstständiger Bahnkörper über Grottkau nach Neisse. Die Entfernung vom Abzweigungspunkte bis Neisse beträgt $5{,}81$ "
die ganze Betriebslänge der Bahn also . . . . $6{,}16$ Meilen.

Für die Mitbenutzung der gedachten $0{,}35$ Meilen, welche in den Tabellen Kol. 11b als gepachtet aufgeführt sind, zahlt die Neisse-Brieger Eisenbahn-Gesellschaft eine jährliche Rente von 2 Proc. des Bau-Kapitals dieser Strecke an die Oberschlesische Eisenbahn-Verwaltung.

III. **Verkehr und Ertrag.** Im Jahre 1860 wurden zwar 13 507 Personen weniger, dagegen 197 450 Ctr. Güter mehr befördert als im Vorjahre. Die Gesammt-Einnahme hat sich hierdurch um 9122 Thlr. gesteigert, die Betriebs-Ausgaben haben sich dagegen um 967 Thlr. vermindert, so daß der Betriebs-Ueberschuß 10 089 Thlr. höher als der vorjährige gewesen ist. An Dividende kamen 2½ Proc., im Vorjahre 2 Proc., zur Vertheilung.

IV. **Erläuterungen zu den Tabellen:**

zu Kol. 13. Die Bahnlänge wird in den Tarifen auf 6 Meilen für den Güterverkehr und auf $6{,}1$ Meilen für den Personenverkehr angenommen.

" " 78. In dieser Summe sind 48 479 Thlr. Kosten für die Anschlußstrecke bei Brieg mitenthalten.

" " 79. Ebenso hier die Herstellungs- und Einrichtungskosten der Reparatur-Werkstätte zu Grottkau im Betrage von 25 462 Thlrn.

" " 203 u. 224a. Die Durchschnittskosten der Bahnunterhaltung pro Meile sind nach der eigenen Bahnlänge von $5{,}81$ Meilen berechnet, indem die gepachtete Strecke von der Oberschlesischen Verwaltung unterhalten wird.

" " 222. Dies ist die an die Oberschlesische Bahnverwaltung gezahlte Rente von dem Bau-Kapitale des Bahnhofes Brieg und der Bahn-Anschlußstrecke an denselben (siehe oben ad II).

" " 236b. Diese 3464 Thlr. bestehen theils in Erneuerungskosten der Inventarienstücke, theils in dem Kaufgelde für einen erworbenen Güterschuppen und theils in den Umbaukosten des alten Güterschuppens auf dem Bahnhofe Grottkau in einen Lokomotivschuppen.

" " 238—241. Ein besonderer Erneuerungsfonds ist nicht vorhanden, da der Reservefonds gleichzeitig denselben in sich schließt.

53. Niederschlesische Zweigbahn.

I. **Bahn-Anlage.** Im Jahre 1860 wurde mit der Verbesserung der Kiesbettung und mit der Entwässerung des Bahnkörpers durch Sickerkanäle der Anfang gemacht. Die Gesammtlänge der vorhandenen Geleise ist um 250 Ruthen neue Bahnhofs-Geleise vermehrt worden.

Neu Stationsbauten sind zu erwähnen: die Aufstellung eines in Sprottau entbehrlich gewordenen Wagenschuppens auf Station Glogau als Wagenreparatur-Schuppen; die völlige Erneuerung des Empfangs-Gebäudes der Station Klopschen und vortheilhaftere Eintheilung desselben im Innern, sowie die Einrichtung eines ebendaselbst befindlichen, früher als Wagen- und Güterschuppens benutzten Gebäudes lediglich zum Güterschuppen. Außerdem wurde auf Station Waltersdorf von einem Privat-Unternehmer ein Postgebäude erbaut, in welchem die Eisenbahn-Expeditions-Räume miethsweise untergebracht worden sind.

Mehrere hölzerne kleine Brücken sind in massive umgewandelt worden.

II. **Feuerung der Lokomotiven.** Bei den zu Personenzügen benutzten Maschinen kommt kiefernes Scheitholz, das in der Nähe der Bahn noch immer zu soliden Preisen zu haben ist, zur Anwendung. Eine dieser Personenzug-Maschinen wurde am Schlusse des III. Quartals 1860 zur Steinkohlenfeuerung eingerichtet und im IV. Quartal mit Steinkohlen gefeuert. Das Feuerungsmaterial der Güterzug-Maschinen besteht nur aus reinen Steinkohlen.

III. **Verkehrs-Verbindungen.** Mit den Breslau-Posen-Glogauer, Niederschlesisch-Märkischen, Sächsisch-Schlesischen und Leipzig-Dresdener Bahnen findet ein direkter Personen- und Güterverkehr, dagegen mit der Stargard-Posener Bahn nur ein direkter Güterverkehr statt.

IV. **Verkehr und Ertrag.** Während die Niederschlesische Zweigbahn im Jahre 1859 zu den wenigen Preußischen Eisenbahnen gehörte, welche sich einer Verkehrssteigerung zu erfreuen hatten, ist sie im Jahre 1860 die einzige dieser Bahnen, die eine nicht unbedeutende Verminderung sowohl des Personen- als auch des Güterverkehrs zu beklagen hat. Es wurden nämlich gegen das Vorjahr 15 760 Personen und 562 001 Ctr. Güter weniger befördert, im Ganzen aber nur 3241 Thlr. weniger eingenommen. Diesen ungünstigen Verkehrs-Resultaten gegenüber ist die Verwaltung mit großer Sorgfalt auf eine entsprechende Verminderung der Ausgaben bedacht gewesen und hat in dieser Beziehung wesentlich günstigere Resultate erzielt als im Jahre 1859, indem die Gesammt-Betriebs-Ausgaben 38 473 Thlr. (nahezu 33 Proc.) weniger betragen haben, was zum Theil durch die Einführung der Kohlenfeuerung und die damit verbundene Prämiirung der Lokomotivführer für Brennmaterial-Ersparnisse herbeigeführt worden ist.

Von dem 35 232 Thlr. mehr betragenden Ueberschusse konnte ebenso wie im Vorjahre ½ Proc. Dividende vertheilt werden.

V. **Versicherungswesen.** Die Versicherung für Reisegepäck, Equipagen, Vieh und Güter findet nach den Bestimmungen des Betriebs-Reglements statt, und hat die Direktion sämmtliche Güter ec. in den Güterschuppen, in den Wagen auf den Bahnhöfen und in den auf der Fahrt begriffenen Zügen bei der Schlesischen Feuer-Versicherungs-Gesellschaft versichert.

VI. Mit dem **Bahn-Telegraphen** wurden auch 805 Privat- und 36 kostenfreie Staats-Depeschen befördert und hierfür 253 Thlr. 13 Sgr. 3 Pfen. eingenommen. Dadurch sind 45 % der Unterhaltungskosten gedeckt worden.

VII. Neben der **Beamten-Pensionskasse**, worüber in den Kol. 284—301 das Nähere mitgetheilt ist, besteht noch eine Kasse zur Unterstützung der Arbeiter in Krankheits- und Sterbefällen.

VIII. **Erläuterungen zu den Tabellen:**

zu Kol. 4. Hiervon sind 9 wirkliche und 3 stellvertretende Mitglieder.

" " 5. Außerdem erhält der hier aufgeführte Beamte noch eine Wohnungs-Entschädigung von 250 Thlrn.

" " 95e. Außer den gewöhnlichen Sitzplätzen enthalten die Personenwagen III. Klasse noch 112 Nothsitze.

" " 115b. Die mit Holz geheizten Lokomotiven haben zum Anheizen pro Nutzmeile durchschnittlich 1,63 Cbfß. Holz und die mit Kohlen geheizten 0,12 Cbfß. Holz zum Anheizen verbraucht.

" " 116e. Die Holzfeuerung hat pro Nutzmeile (excl. Anheizen) 8,01 × 1,16 Sgr. = 10,45 Sgr. gekostet.

" " 119e. Die Kohlenfeuerung hat 1,33 × 10,33 Sgr. = 13,91 Sgr. pro Nutzmeile (excl. Anheizen) gekostet.

" " 236. Die hier sub a aufgeführte Summe ist für Wiederherstellung der abgebrannten Wagen-Reparatur-Anstalt u. die sub b notirte für Einrichtung v. Güterwagen zur Personen-Beförderung ausgegeben.

54. Oesterreichische nördliche, südöstliche und Wien-Neu-Szönyer Eisenbahn.

I. **Bahngebiet.** Im Jahre 1860 befanden sich folgende Bahnlinien im Betriebe:

1) Die nördliche Staats-Eisenbahn, von Brünn und Olmütz über Böhmisch-Trübau, Pardubitz und Prag bis zur Böhmisch-Sächsischen Grenze jenseits Bodenbach . . . . 63,17 Meilen.

Davon war die Strecke von Bodenbach bis zur Grenze . . . . 1,70 "

an die Königl. Sächsische Staats-Eisenbahn-Verwaltung verpachtet, daher im eigenen Betriebe 61,47 Meilen.

2) Die südöstliche Staats-Eisenbahn, von Marchegg über Pesth, Czegled, Szegedin, Temesvar bis Basias an der Donau . . . . 85,60 Meilen,

nebst der von Jassenowa abzweigenden Bergwerksbahn im Banate nach Oravicza 5,50 "

Die Fortsetzung von Oravicza nach Steyerdorf resp. Lissawa ist noch im Bau begriffen.

zusammen 91,10 Meilen.

3) Die Wien-Neu-Szönyer Eisenbahn . . . . 21,74 "

Gesammtlänge aller Linien 174,31 Meilen.

II. **Anderweitige Besitzungen der Gesellschaft.** Außer den verzeichneten Eisenbahn-Linien sind noch verschiedene Berg- und Hüttenwerke, Domainen in Böhmen und im Banate, die Wiener Maschinenfabrik (welche, wie beiläufig bemerkt wird, in solcher Ausdehnung betrieben wurde, daß sie im Jahre 1860 außer einer beträchtlichen Menge von Nebenerzeugnissen 47 Lokomotiven und 820 Wagen meist für fremde Rechnung liefern konnte und einen

Rein-Ertrag von 206 851 Fl. Oestr. Währ. abwarf), das Amtsgebäude Nr. 42 und das Waaren-Magazin Nr. 387 in Wien in das Eigenthum der Gesellschaft übergegangen. Dieselbe hat seit dem Monat Juli 1859 zur Hebung des Verkehrs auf der südöstlichen Bahnlinie eine Dampfschifffahrts-Verbindung zwischen den Uferstädten Basias, Semlin, Belgrad und Widdin in einer Entfernung von 13,5 Meilen stromaufwärts und 21,6 Meilen stromabwärts mit 4 Dampfschiffen von 60 Pferdekraft und mehreren eisernen Schleppschiffen in's Leben gerufen.

III. Das **Anlage-Kapital** für das gesammte Unternehmen, sowohl die Eisenbahnen als auch Bergwerke und sonstigen Besitzungen der Gesellschaft, ist auf Höhe von 168 000 000 Fl. Oestr. Währ. = 112 000 000 Thlrn. concessionirt. Davon bestehen 84 000 000 Fl. in Stamm-Actien und 84 000 000 Fl. in Prioritäts-Obligationen. Die von der Staatsverwaltung der Gesellschaft gewährleistete Jahresrente von 5,3 Proc. steigt bis zur Höhe von 10 400 000 Franken.

Die Stamm-Actien, jede zu 210 Fl. Oestr. Währ. (den Gulden zu 2,50 Franks gerechnet), werden seit 1. Januar 1858 durch jährliche Verloosung einer bestimmten Anzahl innerhalb 90 Jahren getilgt. Die Emission der Prioritäts-Obligationen, jede zu 210 Fl. = 500 Franks, ist in der Art festgesetzt, daß der Nennwerth derselben mit 3 Proc. verzinst wird. Diese Obligationen wurden ursprünglich mit 105 Fl., später aber nach den jeweiligen Börsencoursen ausgegeben, und werden gleich den Stamm-Actien in 90 Jahren durch Verloosung mit ihrem Nennwerthe eingelöst, haben aber an der auf die Stamm-Actien fallenden Dividende keinen Antheil.

Ende 1860 stellte sich die Berechnung des concessionirten Anlage-Kapitals von . . . 112 000 000 Thlrn. wie folgt dar:

1. für die im Betriebe stehenden Eisenbahnen		
a) die nördliche Linie	30 433 945 Thlr.	
b) " südöstliche Linie	42 661 595 "	
c) " Wien-Neu-Szönyer Linie	10 352 093 "	
zusammen	83 447 633 Thlr.	
2. für das übrige Eigenthum der Gesellschaft		
a) die Berg- und Hüttenwerke und Domainen	14 042 466 "	
b) deren, am 31. Dezember 1860 vorhandene Inventar- und Baumaterial-Vorräthe	4 277 839 "	
c) das für die Eisenbahnen vorräthige Bau- u. Betriebsmaterial	4 999 854 "	
d) die für die Dampfschifffahrt angeschafften Dampf- u. Schleppschiffe ꝛc.	268 090 "	
e) die sonstigen Realitäten (Amtsgebäude Nr. 42 u. das Waaren-Magazin Nr. 387 in Wien)	441 838 "	
überhaupt		107 477 720 "
Der Rest von		4 522 280 Thlrn.

besteht in noch nicht ausgegebenen Prioritäts-Obligationen.

IV. **Bahn-Anlagen.**

1. **Geleise.** Im Laufe des Jahres 1860 wurden auf der nördlichen Linie 10 633 Klafter neue Geleise gelegt, theils zur Vermehrung der Seitengeleise in 12 Stationen, theils zur Vervollständigung des zweiten Geleises in der 6,3 Meilen langen Strecke zwischen Brünn und Lettowitz.

Auf der südöstlichen Linie wurden in 8 Stationen 4800 Klafter und auf der Wien-Neu-Szönyer Linie in 2 Stationen 1025 Klafter Ergänzungsgeleise neu gelegt.

In Folge der jährlich wiederkehrenden Schneeverwehungen wurde das Niveau der letztern Bahn streckenweise erhöht, dann Erddämme und Flechtzäune aufgeführt.

2. **Stationsbauten.** Auf der nördlichen Linie wurde das durch Feuersbrunst zerstörte Waaren-Magazin auf der Station Hohenstadt in doppelter Ausdehnung des frühern neu hergestellt. Auf der südöstlichen Linie wurden in den Stationen Pesth und Neuhäusel Waaren-Magazine erbaut, in anderen Stationen Vergrößerungen und Vervollständigungen vorgenommen. Auf der Wien-Neu-Szönyer Linie wurden in der Station Bruck die erforderlichen Zubauten an der Reparatur-Werkstätte vollzogen.

3. **Brückenbauten.** Auf der nördlichen Linie wurden bei 14 Brücken mit 6 bis 300 Fuß weiten Durchfluß-Oeffnungen die vorhandenen Holzüberlagen durch solide Eisenkonstruktionen ersetzt.

V. **Betriebsmittel.** Der Wagenpark wurde außer sonstigen Neuanschaffungen durch die im Jahre 1859 von der Aussig-Teplitzer Bahn übernommenen Wagen noch um 135 Stück vermehrt. Ferner sind Maschinen für die Reparatur-Werkstätten in Pesth und Temeswar und 50 000 Fruchtsäcke angeschafft worden.

VI. **Verkehr und Ertrag.** Im Jahre 1860 war der Personenverkehr auf allen 3 Linien schwächer, dagegen der Güterverkehr ein weit lebhafterer als im Vorjahre. Es wurden nämlich

auf der nördlichen Linie . . .	240 330	Personen weniger und	4 433 321	Ctr. Güter mehr,
" " südöstlichen Linie . . .	617 975	" " "	5 129 763	" " "
" " Wien-Neu-Szönyer Linie	58 817	" " "	987 975	" " "

befördert. Auch die Viehtransporte waren auf allen 3 Linien nicht unbedeutend größer als im Vorjahre. Der sehr bedeutende Ausfall beim Personenverkehr gegen das Jahr 1859 (auf allen 3 Linien zusammen 917 122 Personen weniger) hat seinen Grund in den Militair-Transporten, welche 1859 in so großen Dimensionen stattfanden.

Die Betriebs-Einnahmen haben sich für die nördliche Linie um . . . . 639 396 Thlr.
„ südöstliche Linie um . . . . 14 661 „
„ Wien-Neu-Szönyer Linie um . . . . 158 504 „
zusammen um 812 561 Thlr.

erhöht. Die Betriebs-Ausgaben sind gegen das Vorjahre
bei der nördlichen Linie um. . . . . 57 450 Thlr.
„ „ südöstlichen Linie um . . . . 67 917 „
„ „ Wien-Neu-Szönyer Linie um . . . . 44 607 „
zusammen um 169 974 Thlr.

gestiegen. Die Betriebs-Ueberschüsse waren a) für die nördliche Linie um 581 946 Thlr. höher, b) für die südöstliche um 53 256 Thlr. geringer und c) für die Wien-Neu-Szönyer um 113 897 Thlr. höher, im Ganzen um 642 587 Thlr. höher als im Vorjahre.

An Dividende wurden 8,33 Proc., im Vorjahre dagegen 8,16 Proc. vertheilt, da dem Reservefonds eine bedeutend höhere Summe als im Jahre 1859 zugewiesen worden ist.

VII. **Beamten-Pensionskasse.** Bis zum Schlusse des Jahres 1859 bestanden zwei Pensionskassen, eine für die Beamten der nördlichen und südöstlichen Linie, die andere für die Angestellten der Wien-Neu-Szönyer Bahn. Beide Kassen sind seit dem 1. Januar 1860 in eine einzige vereinigt worden.

VIII. **Erläuterungen zu den Tabellen:**

zu Kol. 76, 77, 79 u. 80. (Alle 3 Bahnen.) Die Vertheilung des Anlage-Kapitals auf die einzelnen Bautitel kann, da die Bahnen bereits im vollendeten Zustande für eine runde Summe übernommen worden, nicht erfolgen. Die Angabe in Kol. 78 gilt für die Kol. 76—80.

„ „ 81. (Nördliche und südöstliche.) Die bedeutende Erhöhung des Kapitalwerthes der Betriebsmittel auf der nördlichen Linie gegen das Vorjahr rührt von der Transferirung von Lokomotiven, Tendern und Lastwagen der südöstlichen Linie her, weshalb bei letzterer der Kapitalswerth der Betriebsmittel sich gegen 1859 verminderte.

Alle 3 Bahnen.

„ „ 84. Aus dem in der Bemerkung zu Kol. 76 &c. angeführten Grunde können die Kosten der ungewöhnlich kostspieligen Bauwerke nicht angegeben werden.

„ „ 111. Dies sind die Anschaffungskosten der stehenden Maschinen für die Wasser-Reservoirs, ferner für die Ausrüstung der Heizhäuser und Werkstätten, sowie die Anschaffungskosten der Reserveräder, Garnituren, Wagendecken, Fruchtsäcke &c.

„ „ 132. In diesen Summen sind die Lohnbeträge, welche für Zutragen, Abmessen und Aufladen des Brennmaterials auf die Tender entstanden sind, mitenthalten, und zwar für die nördliche Linie 15 364 Thlr., südöstliche 15 538 Thlr. und Wien-Neu-Szönyer 383 Thlr.

„ „ 149b. Jedem Reisenden wird für sein Gepäck 50 Z.-Pfd. Freigewicht gewährt, dasselbe aber nicht besonders notirt.

„ „ 196. In dieser Summe sind auch die Ausrüstungskosten der Züge, Stationen und der Bahnwärter enthalten.

„ „ 197. Die Heizung der Wärterlokale haben die Bahnwärter auf eigene Kosten zu bestreiten.

„ „ 198. Hierin sind die Assekuranzkosten für Verluste und Feuerschäden beim Verkehr der Züge und die Gebäudesteuer mitverrechnet worden.

„ „ 201. Ebenso hier die Kosten für Beleuchtung der Bahn und für Herstellungen, die durch Elementar-Ereignisse und Bahnunfälle veranlaßt wurden.

„ „ 212. Dies sind die Erhaltungs- und Erneuerungskosten der Plachen, Decken und Fruchtsäcke, sowie die Kosten für Aufsicht und Verrechnung der Verbrauchsmaterialien und Inventargegenstände.

„ „ 220. Hier sind die Kosten für Erhaltung und Erneuerung der Einrichtungsstücke und Verwaltungs-Lokalitäten, Miethszinse, Beiträge zur Beamten-Pensionskasse und zur Unterstützungskasse für die Diener und Arbeiter, Unterstützungen, Wohlthätigkeitsspenden, sowie verschiedene allgemeine Unkosten aufgenommen.

„ „ 228—233. Dem Ueberschusse aller 3 Linien von 4 240 788 + 3 189 979 + 873 731 = 8 304 498 Thlrn. treten hinzu die Ueberschüsse aus dem Betriebe der Maschinenfabrik, Bergwerke und Domainen mit . . . . 384 283 „
aus dem Zinsen-Gewinn- und Verlust-Conto . . . . 1 187 787 „
Diese . . . . 9 876 568 Thlr.
sind in den Kol. 228—233 als verwendet nachgewiesen.

„ „ 234. Außerdem sind noch 328 473 Thlr. nicht vertheilte Betriebs-Ueberschüsse früherer Jahre in dem Reservefonds deponirt.

„ „ 270. Die hier notirten Achsbrüche sind die wirklich stattgefundenen. Außerdem sind in Folge der Maßregel „für jede Entdeckung einer anbrüchigen Achse eine bestimmte Prämie zu bezahlen“ noch auf der nördlichen Bahn 54, auf der südöstlichen 14 und auf der Wien-Neu-Szönyer Bahn 2 Achsen als anbrüchig entdeckt worden.

55. Bahnen der Oesterreichischen Südbahn-Gesellschaft.

I. Bahngebiet. Die der „K. K. priv. südlichen Staats-, Lombardisch-Venetianischen und Central-Italienischen Eisenbahn-Gesellschaft" concessionirten Eisenbahnlinien sind in folgende 6 Gruppen eingetheilt:

	Im Betriebe. Meilen.	Im Bau. Meilen.	Noch zu bauen. Meilen.
1. Südbahn Wien-Triest mit den Zweigbahnen nach Laxenburg und Oedenburg	80,91	. .	. .
Kärnthener Linie Marburg-Klagenfurt-Villach	. .	22	. .
Kroatische Linien Steinbrück-Sissek und Agram-Carlstadt	. .	17,8	4,7
2. Ungarische Linien Pragerhof-Stuhlweissenburg-Ofen	43,7	. .	. .
und Uj-Szöny-Stuhlweissenburg	11,3	. .	. .
Oedenburg-Kanizsa	. .	. .	22
3. Tiroler Linien Innsbruck-Kufstein	9,88	. .	. .
und Verona-Trient-Botzen	19,48	. .	. .
Botzen-Innsbruck	. .	. .	18,4
4. Venetianische Linien Nabresina-Casarsa-Verona-Peschiera	44,6	. .	. .
und Verona-Mantua	4,5	. .	. .
Padua-Rovigo	. .	. .	5,7
5. Lombardische Linien Peschiera-Mailand-Buffalora	23,7	. .	. .
Mailand-Como (5,8 M.) und Rho-Gallarate	9,3	. .	. .
Mailand-Piacenza (8,4 M.) und Mailand-Pavia	. .	12,9	. .
Gallarate-Sestocalende, Bergamo-Lecco und Treviglio-Cremona	. .	16,1	. .
6. Central-Italienische Linien Piacenza-Bologna	19,1	. .	. .
Bologna-Pistoja (12,8 M.) u. Bologna-Ponte-Lagoscuro	. .	19,0	. .
zusammen	266,50	87,8	50,8

Die ersten 4 Gruppen bilden das Oesterreichische, die letzten beiden das Italienische Bahnnetz. Jedes Netz steht unter der Leitung eines eigenen, unabhängigen Verwaltungsraths. Das Band zwischen beiden Verwaltungsräthen bildet ein Comité mit dem Sitze in Paris, die Einheit des gesammten Unternehmens repräsentirt die General-Versammlung.

Die Wirksamkeit des für das Italienische Bahnnetz eingesetzten Verwaltungsraths hat mit dem 1. Januar 1861 begonnen.

Die Gesellschaft, insofern sie die auf Oesterreichischem Gebiete liegenden und von ihr verwalteten Bahnen vertritt, hat im Jahre 1861 ihre Firma in „K. K. priv. Südbahn-Gesellschaft" geändert.

Die vorliegenden statistischen Notizen beziehen sich nur auf das Oesterreichische Bahnnetz, und zwar auf die Gruppen 1, 3 u. 4, da von der Gruppe 2 die erste Strecke (Pragerhof-Kanizsa) erst am 11. April 1860 in Betrieb gesetzt wurde.

a. Südliche Staats-Eisenbahn.

I. **Verkehr und Ertrag.** Im Jahre 1860 wurden 174 013 Personen weniger, dagegen 4 345 980 Ctr. Güter mehr befördert als im Vorjahre. Die Einnahmen verminderten sich um 2 632 742 Thlr., die Ausgaben um 1 727 315 Thlr. und der Ueberschuß um 905 427 Thlr.

II. **Erläuterungen zu den Tabellen:**

zu Col. 75a. Diese Summe bezieht sich auf alle 6 Gruppen der Gesellschaft. Wie viel davon auf die, in die Tabellen aufgenommenen Gruppen 1, 3 u. 4 trifft, kann nicht angegeben werden.

„ „ 84. Dies sind die Kosten der Bauwerke über den Semmering (zwischen Gloggnitz und Mürzzuschlag).

„ „ 85b. Dies ist der Geldbetrag der bis 31. Dezember 1860 ausgegebenen Prioritäts-Obligationen.

„ „ 106—112. Die Anschaffungskosten der Maschinen und Wagen betragen 10 777 889 Thlr. Wie viel aber im Einzelnen, kann nicht angegeben werden, da die Betriebsmittel von der frühern Verwaltung übernommen sind.

„ „ 133—136. Dies sind nicht Achsmeilen, sondern die von den Wagen (ohne Rücksicht auf die Anzahl ihrer Achsen) zurückgelegten Meilen.

„ „ 205f. Dies sind die Kosten des Waiserstations-Dienstes.

„ „ 228—233. Dem Betriebs-Ueberschusse aller 3 Bahnen von zusammen 5 061 627 Thlrn. treten noch hinzu der aus dem Jahre 1859 übertragene Rest des Ueberschusses und die Betriebs-Ueberschüsse der im Bau begriffenen, aber theilweise eröffneten Linien, so daß sich der Ueberschuß des Jahres 1860 auf 8 227 537 Thlr. belief, welche in den Col. 230—233 als verwendet nachgewiesen sind.

„ „ 230. Die Actien sind noch nicht voll, sondern durchschnittlich erst zu 58 Proc. eingezahlt. Die Dividende von 10 Proc. bezieht sich auf das wirklich eingezahlte Actien-Kapital.

„ „ 284—301. Eine Beamten-Pensionskasse ist erst mit dem 1. Januar 1861 in's Leben getreten.

b. Nordtiroler Eisenbahn.

I. **Verkehr und Ertrag.** Im Jahre 1860 wurden 62 141 Personen und 237 975 Ctr. Güter weniger befördert als im Vorjahre. Die Einnahmen sind um 76 524 Thlr. gefallen, die Ausgaben haben 14 644 Thlr. und der Ueberschuß 61 880 Thlr. weniger betragen als 1859.

II. **Erläuterungen zu den Tabellen:**

zu Kol. 75b—83. Die Bahn ist vom Staate gebaut und im Jahre 1858 in den Besitz der Gesellschaft übergegangen. Zu den Angaben für die Kol. 75b—83 fehlen die erforderlichen Notizen.

c. Venetianische und Südtiroler Eisenbahn.

I. **Verkehr und Ertrag.** Die Betriebs-Resultate sind zur Vergleichung mit dem Vorjahre nicht geeignet, da die Bahn in ihrer ganzen Ausdehnung erst am 1. Oktober 1860 in Betrieb gesetzt wurde.

II. **Erläuterungen zu den Tabellen:**

zu Kol. 75b—83. Die speziellen Angaben über das verwendete Anlage-Kapital können erst nach dem Abschluße sämmtlicher Baurechnungen gemacht werden.

„ „ 133—135. Dies sind nicht Achsmeilen, sondern die von den Wagen (ohne Rücksicht auf die Anzahl ihrer Achsen) durchlaufenen Meilen.

„ „ 167. Diese Durchschnittszahlen sind nicht nach der Tariflänge der Bahn, sondern nach dem mittlern Jahresdurchschnitte (Kol. 12) berechnet.

56. Oppeln-Tarnowitzer Eisenbahn.

I. **Organisation der Verwaltung.** Die Direktion der Oppeln-Tarnowitzer Eisenbahn, deren Sitz in Breslau ist, hat zur Leitung des Betriebes einen Betriebs-Direktor, der zugleich Ober-Ingenieur ist und welchem die Verantwortlichkeit für die Regelmäßigkeit des Betriebes (der Aufsichts-Behörde gegenüber) obliegt, angestellt; derselbe versieht auch die Geschäfte des Spezial-Direktors.

Der Sitz der Central-Betriebsleitung befindet sich in Oppeln.

II. **Verkehrs-Verbindungen.** Es findet eine direkte Personen- und Gepäck-Beförderung mit der Oberschlesischen Eisenbahn und ein direkter Güterverkehr, außer mit der ebengenannten, auch mit der Breslau-Posen-Glogauer Eisenbahn statt.

III. **Verkehr und Ertrag.** Im Jahre 1860 wurden 7695 Personen weniger, dagegen 316 215 Ctr. Güter mehr befördert als im Vorjahre. Die Einnahmen erhöhten sich um 13 647 Thlr., die Ausgaben aber betrugen 1541 Thlr. weniger. Der Ueberschuß stieg von 20 908 Thlrn. (1859) auf 36 096 Thlr.

IV. **Versicherungswesen.** Die Versicherung für Reisegepäck, Equipagen, Vieh und Güter findet nach den Bestimmungen des Tarifs statt.

Die Garantie trägt die Oppeln-Tarnowitzer Eisenbahn-Gesellschaft selbst und hat sie ihrerseits in dieser Beziehung keinerlei Versicherung mit Versicherungs-Gesellschaften geschlossen.

V. **Beamten-Pensionskasse.** Außer der Beamten-Pensions- und Unterstützungskasse besteht noch eine Arbeiter-Krankenkasse, welche am Schlusse des Jahres 1860 einen Bestand von 2316 Thlrn. hatte.

VI. **Erläuterungen zu den Tabellen:**

zu Kol. 94d u. 95e. Außerdem ist noch ein 6rädriger Salonwagen zu 24 Sitzplätzen vorhanden.

„ „ 134. Postwagen sind nicht vorhanden, dagegen ist in vier Packwagen je ein Coupé eingerichtet und an die Postverwaltung vermiethet, weshalb die Achsmeilen in Kol. 135a mitenthalten sind.

57a. Pfälzische Ludwigsbahn.

I. **Rechnungs-Periode.** Das Rechnungs- und Betriebsjahr umfaßt nicht, wie bei den meisten übrigen Deutschen Bahnen, die Periode des Kalenderjahres, sondern läuft vom 1. Oktober bis 1. Oktober. Die vorliegenden statistischen Notizen beziehen sich auf den Zeitraum vom 1. Oktober 1859 bis ult. September 1860.

II. **Organisation der Verwaltung.** Mit der Verwaltung der Pfälzischen Ludwigsbahn ist die Betriebsleitung und Verwaltung der Pfälzischen Maximiliansbahn in der Art vereinigt, daß die Actien-Gesellschaften beider Bahnen (zur Erzielung einer einheitlichen Administration und Verminderung der Verwaltungskosten) durch gemeinschaftliche Organe vertreten werden, nämlich durch einen gemeinschaftlichen Verwaltungsrath, bestehend aus 24 Mitgliedern, und eine gemeinschaftliche Direktion, die „Direktion der Pfälzischen Eisenbahnen."

Das Rechnungswesen, die gesammte Buchführung und Kassenverwaltung werden für jede Bahn getrennt geführt.

III. **Bahngebiet.** Die Pfälzische Ludwigsbahn umfaßt die . . . . 16,52 Meilen
lange Hauptbahn von der Bayerischen Grenze bei Berbach bis zur Hessischen Grenze bei Worms
und deren Zweigbahnen:

a) von Schifferstadt nach Speyer . . . . 1,93 Meilen,
b) von Homburg nach Zweibrücken . . . . 1,48 „ 2,41 „

zu übertragen 19,33 Meilen.

Uebertragen 19,55 Meilen.

Hierzu tritt noch die von der Hessischen Ludwigsbahn-Gesellschaft gepachtete Strecke von der Hessischen Grenze bis Worms mit . . . . 0,85 „

so daß sich die Betriebslänge erstreckt auf . . . . 20,40 Meilen.

IV. **Verkehrs-Verbindungen.** In Folge der Betriebs-Eröffnung der linksrheinischen Bahn von Köln bis Mainz, welche am 22. Dezember 1859 stattfand, ist ein direkter Schnellzug zwischen Basel und Köln ohne Wagenwechsel und ein direkter Personen- und Güterverkehr eingerichtet.

Durch den seit Kurzem eröffneten direkten Güterverkehr im Rheinischen Verbande sind die wichtigeren Stationen der Ludwigsbahn (nämlich: Frankenthal, Ludwigshafen, Speyer, Neustadt, Kaiserslautern, Homburg, Zweibrücken, Landau u. Weißenburg) in unmittelbare Verbindung mit den Stationen Herbesthal, Aachen, Stollberg, Eschweiler, Düren, Crefeld, Neuß, Köln, Bonn, Remagen, Andernach, Neuwied, Coblenz, Boppard und Bacharach gesetzt.

V. **Verkehr und Ertrag.** Im Betriebsjahre 18$^{59}/_{60}$ wurden 45 950 Personen weniger und 545 495 Ctr. Güter mehr befördert als im vorhergehenden. An Einnahmen sind 3880 Thlr. weniger erzielt. Da die Betriebs-Ausgaben 24 940 Thlr. mehr betrugen, so reducirte sich der Ueberschuß gegen den vorjährigen um 28 720 Thlr. An Dividende kamen 9 Proc. (im Vorjahre 9,40 Proc.) zur Vertheilung.

VI. **Neue Bahnlinien.** Die Verhandlungen über den projektirten Bau einer Eisenbahn-Brücke über den Rhein, zwischen Ludwigshafen und Mannheim, sind in neuerer Zeit wieder aufgenommen worden, haben jedoch noch zu keinem Resultate geführt.

Das Projekt einer Eisenbahn von Winden nach dem Rheine bei Maximiliansau ist, nachdem die nöthigen Terrain-Aufnahmen stattgefunden haben, vollständig ausgearbeitet u. die Concession höhern Orts nachgesucht worden.

VII. **Erläuterungen zu den Tabellen:**

zu Kol. 85b. In Folge eines Beschlusses der General-Versammlung und mit Genehmigung der Königl. Staats-Regierung ist das Prioritäts-Actien-Kapital von . . . . 3 200 000 Fl. Rhein.
behufs Fortsetzung des zweiten Geleises, Vermehrung der Betriebsmittel rc.
noch durch eine vierte Anleihe im Betrage von . . . . 800 000 „ „
à 4½ Proc. zusammen auf . . . . 4 000 000 Fl. Rhein.
= 2 285 714 Thlr. erhöht worden. Von den drei ersten 5procentigen
Anleihen sind bis ult. September 1860 (dem Rechnungsschlusse) . . . 113 800 „ „
amortisirt worden, so daß sich das Prioritäts-Kapital auf . . . . . 3 886 200 Fl. Rhein.
oder 2 220 686 Thlr. ermäßigt hat.

„ „ 162b. Hiervon kommen auf Kohlentransporte 80 765 451 Centnermeilen.

57b. Pfälzische Maximiliansbahn.

I. **Rechnungs-Periode.** Das Rechnungs- und Betriebsjahr läuft, wie bei der Pfälzischen Ludwigsbahn, vom 1. Oktober bis 1. Oktober. Die vorliegenden statistischen Notizen beziehen sich auf den Zeitraum vom 1. Oktober 1859 bis ult. September 1860.

II. Die **Verwaltung und Betriebsleitung** der Maximiliansbahn ist mit der der Pfälzischen Ludwigsbahn vereinigt, worüber dort unter No. II das Nähere mitgetheilt ist.

III. **Verkehr und Ertrag.** Während die Betriebs-Resultate bei der Ludwigsbahn pro 18$^{59}/_{60}$ gegen die vorjährigen ungünstiger waren, sind dieselben hier günstiger zu nennen. Es wurden nämlich 3232 Personen und 336 173 Ctr. Güter mehr als im Vorjahre befördert. Die Einnahmen stiegen um 3524 Thlr. und die Ausgaben haben nur eine ganz geringe Summe mehr betragen. Der Ueberschuß überstieg den vorjährigen um 3172 Thlr.

IV. **Beamten-Pensionskasse.** Das ganze Beamtenpersonal der Maximiliansbahn ist der Pensions- und Unterstützungskasse der Ludwigsbahn beigetreten und genießt die Vortheile dieser Anstalt gleich den Angestellten der Ludwigsbahn.

V. **Erläuterungen zu den Tabellen:**

zu Kol. 162b. Von diesen 12 689 669 Centnermeilen kommen 7 888 529 auf Kohlen-Transporte.

„ „ 212. Hierin sind 2085 Thlr. Vergütigung für die Mitbenutzung der Französischen Ostbahnstrecke von der Bayerischen Grenze bis Weißenburg mitenthalten.

„ „ 230. Da die Stamm-Actien vom Staate zu 4½ Proc. garantirt sind, der Ueberschuß von 98 596 Thlrn. aber nur zur Zahlung von 3,85 Proc. Zinsen ausreichte, so mußte der Mehrbetrag von 14 547 Thlrn. durch Staatszuschuß gedeckt werden.

58. Rheinische Eisenbahn.

I. **Bahngebiet.** Seit der am 1. Juli 1860 erfolgten Verschmelzung der Köln-Crefelder Bahn mit der Rheinischen umfaßt das Unternehmen der Gesellschaft folgende Linien:

a) Köln-Aachen-Herbesthal . . . . 11,53 Meilen,
b) Köln-Bonn-Koblenz-Bingen . . . . 20,36 „
c) Kölner Ringbahn (soweit sie in den Strecken ad a u. b nicht mitenthalten ist) . . . 0,18 „
d) Köln-Crefeld . . . . 7,03 „

zusammen 39,10 Meilen.

Die Köln-Crefelder Bahn, welche pro 1860 noch für Rechnung der früheren Actionaire verwaltet wurde, ist in den vorliegenden Tabellen besonders aufgeführt.

II. **Verkehr und Ertrag.**

a) **Herbesthal-Köln-Bingen.** Im Jahre 1860 wurden 127 911 Personen und 2 747 289 Ctr. Güter mehr befördert als im Vorjahre. Die Einnahmen sind um 660 113 Thlr., die Ausgaben um 238 515 Thlr. und der Ueberschuß um 421 598 Thlr. gegen das Vorjahr gestiegen.

b) **Köln-Crefeld.** Im Jahre 1860 wurden zwar 71 892 Personen weniger, dagegen 177 733 Ctr. Güter mehr befördert als im Vorjahre. Die Einnahmen haben 9511 Thlr., die Betriebs-Ausgaben 3725 Thlr. und der Ueberschuß 5786 Thlr. mehr betragen als 1859.

III. **Beamten-Pensionskasse.** Mit der Pensionskasse für das Beamten-Personal ist auch eine Kranken- und Sterbekasse verbunden. Außerdem sind für die Werkstätten- und Bauarbeiter besondere Krankenkassen eingerichtet.

Für das Beamten-Personal der Köln-Crefelder Bahn besteht eine Pensions- und Unterstützungskasse für die nicht definitiv angestellten Beamten, worüber die Col. 284—301 das Nähere ergeben, und ein Pensionsfonds für definitiv angestellte Beamte, welcher ult. 1860 mit einem Bestande von 1474 Thlrn. abschloß.

IV. **Erläuterungen zu den Tabellen:**

a) Herbesthal-Köln-Bingen.

zu Col. 2a. Von diesen 12 Directions-Mitgliedern sind 6 wirkliche und 6 stellvertretende.

„ „ 4. Außerdem gehören noch 9 stellvertretende Mitglieder zum Administrationsrath.

„ „ 86. Eine Garantie für die Stamm-Actien hat der Staat nicht übernommen, dagegen hat derselbe die Zinsen von 1 250 000 Thlrn. Prioritäts-Obligationen mit 3½ Proc. garantirt.

„ „ 91b u. c. Von den 74 Locomotiven sind 3 mit variabler Expansion mit einem Schieber nach Stephenson, 2 mit Cabry'scher Expansion, 23 mit variabler Expansion durch Schieberüberdeckung und Coulissen, 31 mit Coulissen-Steuerung, 8 mit Expansion durch Doppelschieber und 7 mit Gabelsteuerung.

„ „ 113g. Hierin sind die beim Rangiren der Züge zurückgelegten Meilen mitenthalten.

„ „ 114. Von der mit kleineren Ziffern gedruckten Nutzmeilen-Zahl kommen 11 326 Meilen auf Belgische Locomotiven, welche auf der Strecke Nenheide-Herbesthal sämmtliche Züge befördern, und 1415 Meilen auf Köln-Mindener Locomotiven, die diese Anzahl Nutzmeilen auf der Strecke Köln-Bingen zurückgelegt haben.

„ „ 115. Zum Anheizen der Locomotiven wurde theils Scheitholz, theils Reiserwellen verwendet, von denen je eine gleich 1 Cbfß. Holz gerechnet wurde.

„ „ 155b. Die von der Köln-Mindener Bahn aus dem Ruhr-Revier nach Rheinischen Stationen zum Transport gelangten Steinkohlen und Coaks wurden zum Binnenverkehr gerechnet, weil noch keine directe Kartirung der Güter von und nach der Köln-Mindener Eisenbahn eingeführt war.

„ „ 206e. Diese 25 376 Thlr. sind die Kosten der Anfuhr, Verladung und Abfuhr der Güter.

„ „ 206f. Hierin ist die Entschädigung an die Belgische Staats-Eisenbahn-Verwaltung für die Beförderung der Züge zwischen Nenheide und Herbesthal mitenthalten.

„ „ 212. Von diesen 83 997 Thlrn. kommen auf:

1) Bedienung, Unterhaltung, Heizung der Wasserhebe-Maschinen	12 164	Thlr.
2) Unterhaltung der Schuppen für Locomotiven, Wagen, Coaks ꝛc.	1620	„
3) Unterhaltung der Utensilien in den Magazinen incl. Coakskörbe und der sonstigen Betriebsmittel	2467	„
4) Unterhaltung und Ersatz der Arbeitsmaschinen in den Werkstätten ꝛc.	11 244	„
5) Feuerversicherung der Fahrzeuge und Lebensversicherung der Beamten	2966	„
6) Löhne an Gepäckträger, Wagenschieber und andere Stations-Hülfs-Arbeiter	26 549	„
7) Unterhaltung der Wagendecken und Zug-Utensilien	5075	„
8) Unterhaltung der Möbel, Brückenwaagen, Hebekrahnen ꝛc.	5157	„
9) Bauliche Unterhaltung der Güterschuppen	14 738	„
10) Feuerversicherung des Inventars	2017	„
Summa wie oben	83 997	Thlr.

„ „ 230. An Dividende sind gezahlt:

a) auf 13 750 000 Rheinische Stamm- und Prioritäts-Actien 4½ Proc. mit	618 750	Thlrn.
b) auf 1 051 200 Thlr. frühere Bonn-Kölner Actien die in minimo zugesicherten 5½ Proc.	57 816	„
zusammen	676 566	Thlr.

„ „ 236a. Der Reservefonds ist nur zur Ersatzleistung bei ungewöhnlichen Ereignissen bestimmt und umfaßte im Jahre 1860 Entschädigungen für Brand, Wiederherstellung der Bahn bei vorgekommener Bergrutschung, desgl. der Betriebsmittel bei Entgleisungen u. s. w.

„ „ 274—276. Bei den alten Schienen leichten Profils kamen Schienenbrüche häufiger vor, wurden aber früher nicht genau notirt; die leichten Schienen sind aus den Hauptgeleisen jetzt fast ganz entfernt und bei den Schienen schweren Profils sind noch keine Brüche vorgekommen.

b) Köln-Crefeld.

„ „ 113g. Einschließlich der von den Locomotiven beim Rangiren der Züge zurückgelegten Meilen.

„ „ 236a. Von diesen 413 Thlrn. kommen 291 Thlr. auf die Wegräumung des Schnees und 122 Thlr. auf diverse kleine Beschädigungen der Bahn.

59. Süd-Norddeutsche Verbindungsbahn.

I. **Verkehr und Ertrag.** Obgleich der Personenverkehr im Jahre 1860 gegen den des Vorjahres der Personenzahl nach geringer war, nämlich um 56 507, so sind dessenungeachtet die Einnahmen aus diesem Verkehrszweige um 8173 Thlr. gestiegen; der Güterverkehr hatte gegen 1859 eine Zunahme von 742 710 Ctrn. Im Ganzen erhöhten sich die Einnahmen um 126 787 Thlr., und da sich auch die Betriebs-Ausgaben um 2985 Thlr. ermäßigten, so ist der Ueberschuß gegen den vorjährigen um 129 672 Thlr. gestiegen.

II. **Erläuterungen zu den Tabellen:**

zu Kol. 75b. Die Baurechnung schloß ult. Dezember 1859 mit einer höhern Summe als die hier aufgeführte ab, die Differenz erklärt sich aus der genaueren Feststellung der Baurechnung pro 1860.

" " 122c, 128a u. b. Von diesen 109 627 Ctrn. kommen auf Steinkohlen 106 771 Ctr. und auf Braunkohlen 2856 Ctr. Diesen Quantitäten entsprechen auch die in Kol. 127a u. b gemachten Angaben.

" " 149. Gepäcküberfracht resp. Freigewicht wird nicht besonders notirt.

60. Taunus-Eisenbahn.

I. **Verkehr und Ertrag.** Im Jahre 1860 wurden 25 872 Personen mehr, aber 120 151 Ctr. Güter weniger befördert als im Vorjahre. Die Einnahme stieg um 34 916 Thlr., die Ausgabe nur um 6978 Thlr. und der Ueberschuß um 27 938 Thlr. gegen 1859. An Dividende wurden, ebenso wie im Vorjahre, 8 Proc. gezahlt.

II. **Erläuterungen zu den Tabellen:**

zu Kol. 2c. Die Mitglieder des Verwaltungsraths beziehen keinen Gehalt, sondern nur bei Geschäften außerhalb ihres Wohnortes Diäten.

" " 5. In dieser Summe sind auch diejenigen Beträge mitenthalten, welche der Bahn-Direktor für Auslagen bei auswärtigen Geschäften liquidirt.

" " 85b. Prioritäts-Actien sind nicht vorhanden, dagegen bestehen 2 Anleihen,
eine von 285 714 Thlrn. (500 000 Fl. Rhein.), zu 3½ Proc. verzinslich, und
eine von 114 286 Thlrn. (200 000 Fl. Rhein.), zu 4 Proc. verzinslich,
welche beide zum Zwecke des Ausbaues der Bahn und Vermehrung der Transportmittel verwendet worden sind. Von diesen Anleihen waren bis ult. 1860 durch Rückzahlung getilgt:
a) von der Anleihe à 3½ Proc. (96 250 Fl.) = 55 000 Thlr.
b) von der Anleihe à 4 Proc. (20 000 Fl.) = 11 429 "
zusammen 66 429 Thlr.

" " 145. Kinder unter 10 Jahren und Militairs in Uniform werden in allen Wagenklassen zum halben Fahrpreise befördert, es ist deshalb die Anzahl der zu ermäßigten Preisen beförderten Personen in den verschiedenen Klassen (Kol. 141—143) mitenthalten.

" " 208. In diesem Betrage sind auch die Beleuchtungskosten der Züge enthalten.

" " 211. Desgleichen hier die Kosten der Billetdruckerei.

" " 229. Diese 8080 Thlr. sind Gewerbesteuer, welche im Herzogthum Nassau zu entrichten ist.

" " 233. Der Amortisationsfonds, dessen Kapitalbestand Ende 1860 bereits 20 582 Thlr. betrug, hat den Zweck, bei dem Erlöschen der Concession einen Ersatz für etwaigen Minderwerth der Bahn bei Uebergang derselben auf den Staat nach und nach zu schaffen.

61. Theiß-Eisenbahn.

I. **Bahngebiet.** Nach Vollendung und Betriebs-Eröffnung der Strecke Miskolcz-Kaschau umfaßt das Unternehmen der Theiß-Eisenbahn-Gesellschaft folgende Strecken:

a) von Czegled nach Szolnok . . . . 3,50 Meilen.
(Diese seit dem Jahre 1847 im Betriebe befindliche Strecke wurde von der Oesterreichischen Staats-Eisenbahn-Gesellschaft, zu deren südöstlichen Linie sie gehörte, für den Preis von 941 594 Thlrn. käuflich erworben und ging am 23. November 1857 in den eigenthümlichen Besitz und in die Verwaltung der Theiß-Eisenbahn-Gesellschaft über.)
b) von Szolnok nach Debreczin, am 23. November 1857 eröffnet . . . . 16,03 "
c) von Debreczin nach Miskolcz, am 24. Mai 1859 eröffnet . . . . 18,11 "
d) von Miskolcz nach Kaschau, am 14. August 1860 eröffnet . . . . 11,38 "
e) von Püspök-Ladany nach Großwardein, am 24. April 1858 eröffnet . . . . 9,03 "
f) von dem Abzweigungspunkte bei Szolnok nach Arad, am 25. Oktober dess. Jahres eröffnet . 18,93 "
zusammen 77,47 Meilen.

II. **Verkehr und Ertrag.** Im Jahre 1860 wurden 88 391 Personen weniger, dagegen 2 010 760 Ctr. Güter mehr befördert als im Vorjahre. Die Einnahmen haben sich um 313 597 Thlr., die Ausgaben um 181 732 Thlr. und der Ueberschuß um 131 865 Thlr. erhöht. Bei Vergleichung dieser Betriebs-Resultate muß jedoch in Betracht gezogen werden, daß im Jahre 1859 die Betriebslänge der Bahn im mittlern Jahresdurchschnitte 58,41 Meilen betrug, während dieselbe pro 1860 sich auf 70,31 Meilen stellt, mithin 11,44 Meilen mehr beträgt.

III. **Neue Bahnlinien.** Außer den im vorjährigen statistischen Bericht erwähnten, noch zu bauenden Strecken von Pesth über Jasz-Bereny und Erlau nach Miskolcz, sowie von Nyiregyhaza über Nameny nach Szigeth wird der Bau einer im Sajothale von Miskolcz über Rosenau nach Dobschau führenden Flügelbahn vorbereitet.

IV. **Erläuterungen zu den Tabellen:**

zu Kol. 14a. Die Eröffnungszeiten der verschiedenen Bahnstrecken sind in Nr. I. dieses Berichts speziell angegeben.

" " 76. Hierunter sind sowohl die für die Strecke Szegled-Szolnok als Kaufpreis gezahlten 941 594 Thlr., als auch 3 066 364 Thlr. erstattete Bau-Auslagen an den Staat, welche derselbe für die Strecken Szolnok-Debreczin und Püspök-Ladany-Großwardein bestritten hat, mitenthalten.

" " 85b. Die ersten 10 500 000 Thlr. sind die bis zum Jahre 1906 zu tilgende Prioritätsschuld, und die zweiten 10 500 000 Thlr. (15 750 000 Fl. Oestr. Währ.) die in 66 Jahren zu tilgende Lotterie-Anleihe.

" " 86. Nicht nur die Stamm-Actien, sondern das Gesammt-Anlage-Kapital ist vom Staate mit 5,2 Proc. garantirt.

" " 112. Die Postwagen (in Kol. 97 mitaufgenommen) werden von der Bahnverwaltung gestellt. Deren Anschaffungskosten sind in Kol. 108 mitenthalten.

" " 167. Der Berechnung dieser Durchschnittszahlen ist nicht die Tariflänge, sondern der mittlere Jahresdurchschnitt (Kol. 12) zu Grunde gelegt.

" " 228 x. Der Ueberschuß wurde, soweit er dazu ausreichte, zur Bezahlung der Zinsen der ausgegebenen Actien verwendet. Der Ueberrest der nicht gedeckten Zinsen wurde aus dem Baufonds (d. h. dem Anlage-Kapitale selbst) entnommen.

62. Thüringische Eisenbahn.

I. **Bahngebiet.** Im Jahre 1860 ist die Zweigbahn Weißenfels-Gera zum ersten Male für ein volles Betriebsjahr in Betracht gekommen, so daß die vorliegenden statistischen Notizen, welche im Jahre 1859 nur eine durchschnittliche Betriebslänge von 36,05 Meilen umfaßten, nunmehr auf die Gesammt-Bahnlänge des Thüringischen Eisenbahn-Unternehmens sich beziehen. Letzteres besteht aus folgenden Linien:

a) der Hauptbahn von Halle über Erfurt und Eisenach nach Gerstungen mit . . . . . . 25,16 Meilen,
b) der Zweigbahn von Corbetha nach Leipzig mit . . . . 4,38 "
c) der Zweigbahn von Weißenfels nach Gera mit . . . . 7,92 "
zusammen 37,46 Meilen

II. **Betriebsleitung fremder Bahnen.** Zufolge eines mit dem Verwaltungsrathe der Werra-Eisenbahn-Gesellschaft abgeschlossenen Vertrages hat die Direktion der Thüringischen Eisenbahn-Gesellschaft die Betriebsleitung der Werra-Eisenbahn auf vorläufig 10 Jahre übernommen, so daß sich einschließlich der der Königl. Bayerischen Regierung eigenthümlich gehörigen, von dieser aber an die Werrabahn-Gesellschaft pachtweise abgetretenen Strecke Coburg-Lichtenfels im ungetheilten Betriebe der Thüringischen Verwaltung 37,46 + 22,44 Meil. = 59,90 Meilen befinden.

III. **Bahn-Anlagen.** Von größeren Bauausführungen im Jahre 1860 sind folgende erwähnenswerth:

1. **Geleise.** Auf der Strecke Halle-Sulza war das Geleise zum Theil aus leichten Schienen von nur 15—16 Z.-Pfd. Gewicht pro lfd. Fuß hergestellt. Diese sind im Jahre 1860 aus den Hauptgeleisen entfernt und durch Schienen von circa 23 Pfd. Gewicht pro lfd. Fuß ersetzt worden. Nur noch in den Nebengeleisen der Bahnhöfe dieser Strecke liegen theilweise Schienen unter 20 Pfd. Gewicht pro lfd. Fuß.

2. **Stationsbauten.** Auf dem Bahnhofe Halle war Mangel an Speisewasser für die Lokomotiven eingetreten, zu dessen Beseitigung in der Nähe des Bahnhofes ein neuer Brunnen angelegt wurde, aus welchem vermittelst einer Dampfmaschine das Wasser gehoben und durch eine eiserne Röhrenleitung den Wasserbassins des Bahnhofs zugeführt wird.

Die auf demselben Bahnhofe belegene und seit einer Reihe von Jahren außer Betrieb gesetzte Coaksbrennerei ist zu einem Wohngebäude umgebaut worden.

Auf der Station Erfurt fand eine Vergrößerung des Güterschuppens, der Neubau eines dritten geräumigen Schuppens nebst einigen kleinen Nebengebäuden statt. Auch ist eine Schiebebühne angelegt, die Zahl der Schienenstränge vermehrt und die An- und Abfuhr bequemer eingerichtet worden.

Das Empfangsgebäude in Eisenach wird seit Eröffnung der dort einmündenden Werrabahn von beiden Gesellschaften gemeinschaftlich benutzt und hat zur Herstellung der erforderlichen Räumlichkeiten an beiden Giebelseiten Anbaue erhalten.

IV. **Betriebsmittel.** Die Zahl der Lokomotiven ist durch die Neubeschaffung von 4 Stück aus der Fabrik von A. Borsig vermehrt worden.

Ein Achsbruch an den Transportmitteln ist seit 3 Jahren nicht vorgekommen.

V. **Verkehr und Ertrag.** Im Jahre 1860 sind die Betriebs-Resultate in allen Verkehrszweigen günstiger gewesen als im Vorjahre. Die Mehrbeförderung bestand in 13 827 Personen auf 174 086 Meilen, 10 771 Ctrn. Gepäck, 1 105 075 Ctrn. Gütern (6 249 313 Centnermeilen), 21 296 Stück Vieh und 79 Equipagen. Die Mehr-Einnahme hat in Folge dessen 218 487 Thlr. betragen. Da die Betriebs-Ausgaben sich sogar um 40 424 Thlr. gegen die vorjährigen reducirten, so stieg der Ueberschuß von 1 076 160 Thlrn. (1859) auf 1 334 071 Thlr., mithin um 258 911 Thlr.

An Dividende wurden 6⅓ Proc., im Vorjahre dagegen 5¼ Proc., gezahlt.

VI. **Beamten-Pensionskasse.** Außer der Beamten- und Wittwen-Pensionskasse besteht noch eine Waisenkasse, welche zwar für sich verwaltet wird, in den Kol. 284—301 der vorliegenden Tabellen aber mit ersterer Kasse vereinigt ist. Der Bestand der Waisenkasse betrug ult. 1860 3905 Thlr.

VII. **Erläuterungen zu den Tabellen:**

zu Kol. 4. Die drei Kommissare der bei dem Unternehmen betheiligten Staats-Regierungen von Preußen, Sachsen-Weimar und Sachsen-Coburg-Gotha sind sowohl Mitglieder der Direktion als auch des Verwaltungsraths und deshalb in der Mitgliederzahl des Letzteren nochmals aufgeführt.

" " 94 u. 97. Außer den hier aufgeführten Transportmitteln besitzt die Gesellschaft noch einen Eigenthums-Antheil an 6 Personenwagen des Rheinisch-Thüringischen und 18 Gepäckwagen des Mitteldeutschen Verbandes.

" " 95. Außer den angegebenen Sitzplätzen ist in den Personenwagen noch ein, gegenwärtig für den Postdienst eingerichteter Raum zu 48 Sitzplätzen vorhanden.

" " 118, 120 u. 125. In der Regel wird Coaks nur zum Anfeuern der Maschinen verwendet und die Feuerung mit Steinkohlen allein fortgesetzt; ein bestimmtes Mischungs-Verhältniß ist deshalb nicht festgestellt. Zur Verwendung kommen theils Westfälische, theils Sächsische Kohlen; erstere sind schwerer als die letzteren, weshalb 110 Pfd. von den leichteren und 140 Pfd. von den schwereren gleich 100 Pfd. Coaks gerechnet werden. Im Durchschnitt beider Sorten sind in Berücksichtigung der verwendeten Quantitäten circa 120 Pfd. Kohlen gleich 100 Pfd. Coaks zu rechnen.

" " 227c. Der Procentsatz des Ueberschusses ist nicht von dem bis jetzt verwendeten, sondern von dem ganzen concessionirten Anlage-Kapitale berechnet worden, weil dasselbe vollständig aus dem Betriebsfonds verzinst wird.

" " 229. Die hier mit 16 067 Thlrn. angesetzte Eisenbahnsteuer ist für das Jahr 1859 entrichtet. Dieselbe wird erst nach dem Abschlusse der Betriebs-Rechnung festgesetzt und abgeführt, aus welchem Grunde sie erst im folgenden Betriebsjahre zur Verrechnung kommt.

63. Werra-Eisenbahn.

I. **Organisation der Verwaltung.** Nach den statutarischen Bestimmungen hat die Werra-Eisenbahn-Gesellschaft ihr Domizil in Meiningen und wird durch einen aus 12 Mitgliedern bestehenden Verwaltungsrath vertreten. In Folge eines zwischen dem Verwaltungsrathe und der Direktion der Thüringischen Eisenbahn-Gesellschaft abgeschlossenen Vertrages hat jedoch die letztere den Bau und die Betriebsleitung der Bahn vorläufig auf 10 Jahre übernommen.

II. **Bahngebiet.** Dasselbe umfaßt die Hauptbahn von Eisenach über Meiningen nach Coburg . . 17,28 Meilen,
nebst deren Abzweigung von hier bis Sonneberg . . . . 2,64 "
Außer diesen . . . . 19,92 Meilen
hat die Werra-Eisenbahn-Gesellschaft noch die Fortsetzung der Hauptbahn von Coburg bis zur Bayerischen Landesgrenze jenseits Ebersdorf . . . . 1,68 Meilen
für Rechnung der Königl. Bayerischen Regierung gebaut und den Betrieb dieser Strecke sowohl, als denjenigen der von der Königl. Bayerischen Regierung selbst ausgeführten Strecke von der Landesgrenze bis Lichtenfels . . . . 1,03 "
pachtweise übernommen. Diese gepachtete Bahnstrecke von Coburg bis Lichtenfels ist . . . . 2,71 "
lang, die Verwaltung erstreckt sich mithin auf ein Bahngebiet von überhaupt . . . . 22,63 Meilen.

III. **Verkehrs-Verbindungen.** Die Werra-Eisenbahn ist bereits seit dem Herbst 1858 Mitglied des Rheinisch-Thüringischen Verbandes, in Folge dessen ein direkter Verkehr mit den Verbandstationen der Westfälischen, Bergisch-Märkischen und Aachen-Düsseldorf-Ruhrorter Eisenbahn stattfindet. Ebenso ist seit dem 20. Februar 1859 ein direkter Güterverkehr mit den Verwaltungen der Königl. Hannoverschen Bahnen, der Kurfürst Friedrich Wilhelms Nordbahn, der Thüringischen Bahn und den Königl. Bayerischen Staatsbahnen in's Leben getreten.

Ferner sind seit dem 1. Oktober 1860 in Folge Vereinbarung mit dem Mitteldeutschen Verbande die Stationen Meiningen und Wernshausen der Werrabahn in direkten Güterverkehr mit mehreren Stationen der Main-Weser-, Main-Neckar-, der Großherzogl. Badischen und der Königl. Württembergischen Bahn und von gleichem Zeitpunkte ab die Station Coburg mit den Stationen Marburg und Gießen der Main-Weser-Bahn in direkten Güterverkehr getreten.

Auch wurde vom 1. Oktober 1860 an ein direkter Verkehr für Personen, Gepäck und Güter zwischen Berlin und mehreren Stationen der Werrabahn eingerichtet und behufs eines direkten Güterverkehrs zwischen Hamburg (Altona) und Magdeburg einerseits und den Stationen der Thüringischen und Werrabahn andererseits ein Tarif vereinbart, der mit dem 1. Januar 1861 Gültigkeit erlangt hat.

IV. **Verkehr und Ertrag.** Im Jahre 1860 wurden zwar 5578 Personen weniger, dagegen 376 560 Ctr. Güter mehr befördert als im Vorjahre. Die Einnahmen haben sich um 52 900 Thlr. erhöht, die Ausgaben aber um 19 935 Thlr. verringert, so daß der Ueberschuß von 39 621 Thlrn. (1859) auf 112 456 Thlr., mithin um 72 835 Thlr. stieg.

V. **Erläuterungen zu den Tabellen:**

zu Kol. 75b—83. Da die Baurechnung noch nicht abgeschlossen ist, so können hier keine Angaben gemacht werden.

zu Kol. 117b. Zu Anfang des Jahres 1860 ist zum Theil noch Coaks zur Lokomotiv-Feuerung verwendet, nach Aufräumung des Vorraths aber ausschließlich Kohlenfeuerung eingeführt worden.

" " 222. Die hier ausgeworfene Summe besteht aus dem Pachtzins für die Strecke Coburg-Lichtenfels im Betrage von 57 142 Thlrn. (4 Proc. des Baukapitals derselben), sowie aus einer Amortisations-Rate von 6286 Thlrn. für das antheilig auf die Bahnstrecke von Coburg bis zur Herzoglich Sachsen-Coburgischen und Königl. Bayerischen Landesgrenze fallende Baukapital, nach dessen Tilgung diese Bahnstrecke in das Eigenthum der Werra-Eisenbahn-Gesellschaft übergeht.

" " 227a. Zu dem Ueberschusse kommt noch bei der Nachweisung über die Verwendung desselben der Zuschuß der betheiligten Staats-Regierungen im Betrage von 209 759 Thlrn. in Betracht, so daß also in den Kol. 228a, 230, 231a und 233 im Ganzen 322 215 Thlr. als verwendet nachgewiesen sind.

www.ingramcontent.com/pod-product-compliance
Lightning Source LLC
Chambersburg PA
CBHW030255170426
43202CB00009B/753

* 9 7 8 3 7 4 3 3 6 4 2 8 8 *